A Juan Gabriel Roca-Paisley,
nuestro querido hijo bilingüe, y a mi
madre, a quien le debo el mantenimiento
y desarrollo de la lengua materna, y lo
mucho que me enseñó de la vida.

NUEVOS MUNDOS

Lectura, cultura y comunicación

CURSO DE ESPAÑOL PARA BILINGÜES

TERCERA EDICIÓN

ANA ROCA

Florida International University

WILEY

JOHN WILEY & SONS, INC.

DIRECTOR	Magali Iglesias
EDITORIAL ASSISTANT	Leslie Baez
MARKETING MANAGER	Rolando Hernandez
SENIOR PRODUCTION EDITOR	Sujin Hong
PRODUCTION MANAGEMENT SERVICES	Preparé, Inc.
SENIOR PHOTO EDITOR	Mary Anne Price
PHOTO RESEARCHER:	Lisa Passmore
SENIOR DESIGNER	James O'Shea
COVER PHOTO	© Ana Roca

Preface

To the Instructor

Nuevos mundos: Lectura, cultura y comunicación is designed primarily for Hispanic bilingual students whose home language is Spanish but whose dominant and school language is English. Depending on the students' abilities, it can be used in intermediate or advanced courses. Its emphasis on reading and communication skills makes the text—with minor adaptations—suitable for high-intermediate to advanced courses for non-native speakers.

Nuevos mundos is based on the cultures and voices of the major Hispanic groups in the United States, as well as those of Latin America and Spain, to familiarize students with a variety of issues and topics that are sometimes controversial and always thought-provoking.

Nuevos mundos contains eight units or chapters that are structured thematically. A selection of high-interest topics is presented vis-à-vis literary, cultural, and journalistic readings, thus providing contact with a variety of narrative styles, voices, registers, and genres. The first four chapters revolve around the major Hispanic groups in the United States: Mexican Americans, Puerto Ricans, and Cubans. Other Hispanic voices are also represented through the inclusion of selected authors from Spain and Latin America. The final four chapters of the book are: *La herencia multicultural de España; Los derechos humanos; La mujer y la cultura;* and *Cruzando puentes: El poder de la palabra, la imagen y la música.*

The text can be covered in either one or two semesters. Instructors who use the book in a single-semester course will have to pick and choose from the reading selections and topics that most suit their interests and those of their students. Teachers who emphasize more formal oral presentations, individual and group projects that require some research, and the optional assignments suggested in each chapter will find that there is room for creativity, as well as ample material and ideas for use over two semesters. A workbook designed for Hispanic bilingual students is also available. It provides a variety of straightforward exercises in spelling and selected grammar, as well as language-related practice dealing with false cognates, anglicisms, idiomatic expressions, proverbs, and other vocabulary topics.

Each chapter of **Nuevos mundos** contains a brief «warm up», *Para entrar en onda*, followed by five sections: *Conversación y cultura, Lectura, Mundos hispanos, El arte de ser bilingüe*, and *Unos pasos más: fuentes y recursos*. *Conversación y cultura* is a short, easy-to-understand essay that introduces the chapter theme and offers some activities for class conversation and small-group work. The *Lectura* section presents students with a selection of readings including poetry, short stories, selections from novels, autobiographies and biographies, and journalistic pieces. *Mundos hispanos* is a short section about a particular person or a topic of interest related to the reading selections or the chapter theme. *El arte de ser bilingüe* provides an extended activity requiring that students use their communication skills, either orally or in writing, or both. Sample activities include writing a short autobiographical composition, translating a short narrative, role-playing, writing an editorial for a newspaper, preparing a resumé, and preparing for a job interview.

Finally, *Unos pasos más* should be thought of as a brief resource section providing a starting point for further full-class, small-group, or individual activities that may be given as supplementary or extra-credit assignments and practice. This section provides projects based on film review and interpretation, out-of-class readings, library research, community involvement (conducting interviews in Spanish, for example), reporting, and exploration and research through Web sites easily found via links in the **Nuevos mundos** home page (www.wiley.com/college/nuevosmundos). The text also offers useful appendixes. These include maps, a list of dictionaries, cultural and media resources (films, video, slides, recordings), and useful Web sites in Spanish and English.

It is my hope that instructors will be creative and flexible in using this text, and will incorporate a variety of pedagogical strategies and techniques. There are several models or approaches that I think go well with these materials. Among these are (1) content-based language instruction, also known as integrated language instruction; (2) the theme-based approach (sections evolve around carefully selected topics that should be interesting and relevant to the target audience); and (3) language across the curriculum, since an effort has been made to include subject matter that directly relates to other fields of study, such as political science, history, feminism, anthropology, communications, computer science, and literature.

Cooperative learning, involving group work and interpersonal communication skills, sharing information, and working as a team, is an integral part of the text. Strategies that emphasize meaningful communication (for example, exchanging information, explaining and defending opinions, debating a point or a position, defending one's stance on an issue in a formal or informal context, writing reading-response journal entries) would be worth experimenting with in multiple ways.

In the last decade we have seen a proliferation of articles and books on theories, approaches, strategies, and techniques, mostly aimed at the second-language learner. And while we have also made significant progress with regard to teaching Spanish as a heritage language, we still have much to explore both as classroom practitioners and researchers in developing bilingual literacy.[1] It is my sincere wish that you find this textbook useful and enjoyable as a starting point from which your students can learn about their cultural and literary heritage, while expanding their bilingual range and their interest in the Spanish language itself.

Ana Roca
Department of Modern Languages
Florida International University
Miami, Florida 33199
Rocaa@fiu.edu

---

[1]For recommended readings on teaching Spanish to bilingual students, see *Apéndice D.*

To the Student

*W*elcome to *Nuevos mundos*, where to read is to enter new worlds and where Spanish is your visa.

If you learned Spanish at home—perhaps because that was the only language you could use to communicate with your grandparents, or perhaps because your parents insisted on speaking to you in Spanish (just as you may have sometimes insisted on responding to them in English)—then this might be among the first formal courses that you will take in Spanish. Or perhaps you and your family immigrated to the United States, and Spanish is your mother tongue. Indeed, some of your schooling may have been in Spanish when you were young, and you may now want to brush up on the skills you learned in grade school. In any of these cases, while you probably understand and speak Spanish, you likely have not had an opportunity to develop your academic skills in this language on a par with your academic skills in English.

Your class, if it is like many Spanish classes for native speakers, consists of students with a wide range of language abilities and life experiences. You and your classmates may also believe that certain types of Spanish are somehow «better» than others, or that you don't really know how to speak Spanish because you sometimes mix English words into your own speech. Well, this is simply not true. Linguists, the scientists who study language, will tell you that all languages are created equal and that the mixing of languages has likely taken place since human beings first began speaking them.

Whether you are a Hispanic bilingual student or an advanced non-native speaker of Spanish, this text is designed to provide you with opportunities to develop your academic and communicative skills. In one-to-one conversations with peers, in small discussion groups, as well as in interactions with your instructor and with the entire class, you will practice using and building on your interpersonal language skills. You will also practice writing, as well as prepare for and present formal class presentations in Spanish. Finally, you will discuss films, literature, ideas, and current events and issues, so that you can convey and defend your point of view, and perhaps even win more than an argument or two in

Spanish. This exposure to and practice with more formal registers of Spanish will give you new abilities and confidence with the language, honing a very marketable skill that may come in handy in your chosen career or profession.

Building and maintaining such mastery takes time and study—indeed, it is a lifelong task. As a bilingual speaker, you should congratulate yourself on how far you have already come. The purpose of expanding your bilingual repertoire and cultural horizons is to help you to communicate more effectively and with more confidence with others—be they from Spain, Latin America, or the United States. I hope that this text will help you to do just that, and that you enjoy your journey into new worlds through literature, culture, films, discussion, and an exploration of the vast territories of the Spanish-language Internet. I hope, too, that it will encourage you to explore and observe other corners or your own community, and perhaps to see your own world in a different light.

Acknowledgments

First Edition

The work of the following scholars has been a beacon for me as I developed the ideas about bilingualism, pedagogy, and heritage language learners that guided me in writing this text: Guadalupe Valdés, Stephen Krashen, Richard V. Teschner, Frances Aparicio, and John M. Lipski.

I am particularly grateful to the colleagues and friends who gave me advice and offered their ideas at various stages of this book's development: Cecilia Colombi, Isabel Campoy, Librada Hernández, Sandy Guadano, Lucía Caycedo Garner, Claire Martin, María Carreira, Nora Erro-Peralta, Margaret Haun, Reinaldo Sánchez, and Isabel Castellanos. I must also thank my students at Florida International University, who unfailingly provided me with a realistic gauge for registering interest level in the many topics and readings I considered for inclusion in this text.

I am delighted to have had the opportunity to work with the eminently professional and capable staff at John Wiley and Sons: my editor, Lyn McLean, assistant editor Valerie Dumova, photo editor Hilary Newman, photo researcher Ramón Rivera Moret, Karin Holms and the staff in the permissions department, senior production editor Christine Cervoni, copy editor Luz Garcés-Galante, and last, but by no means least, developmental editor Madela Ezcurra, whose dedication, creativity, and eye for detail were invaluable.

I am indebted also to my former graduate assistant, Eloy E. Merino, for his contributions and his assistance with most of the preliminary version of the manuscript. My most heartfelt gratitude goes to Helena Alonso, not only for her work on the text, but for serving as my sounding board and rock of Gibraltar throughout the book's development.

I would also like to express my sincere thanks to the following colleagues who served as anonymous reviewers, offering valuable and constructive suggestions that I have tried to incorporate in the final version: Gabriel Blanco, La Salle University; Maria Cecilia Colombi, University of California at Davis; María C. Dominicis, St. John's University; Nora Erro-Peralta, Florida Atlantic University; Barbara Gonzalez Pino, University of Texas at San Antonio; Librada Hernández, Los Angeles Valley College; Lillian Manzor,University of Miami; Ximena Moors, University of Florida; Cheryl L. Phelps, University of Texas at Brownsville; and Lourdes Torres, University of Kentucky.

Finally, to my mother, María Luisa Roca, who gave me the gift of Spanish and made sure that I valued, developed, and preserved it, *un millón de gracias*.

About the Third Edition

Much has happened in the Spanish teaching profession in both heritage and second-language learning at the intermediate and advanced levels of instruction since the publication of the second edition of **Nuevos mundos**. The teaching of Spanish as a heritage language, for example, has become more visible in our nation's secondary schools, colleges, and universities as the U.S. Hispanic population also increased significantly since the last Census.

We can point to many endeavors demonstrating how the field has grown, notably: the addition of more academic tracks or programs of Spanish for native speaker courses at many campuses; many more conference presentations at major professional meetings, on topics related to advanced levels of L2 development and heritage instruction pedagogies; a steady and significant number of publications in recognized linguistic and pedagogical journals; special sessions, national surveys, and teacher training activities and institutes, be these through the Center for Applied Linguistics, conferences, or the AATSP, or through publisher professional development workshops, like those John Wiley & Sons organizes for language faculty.

In this third edition, we attempt to take in and implement as much as possible what we have been learning about best practices in the teaching of Spanish to U.S. Latino students, keeping in mind that both students and instructors need to find and select strategies to become even more engaged in the learning and teaching process itself, and in becoming even better at integrating a content-based approach that works well for both L2 learners and heritage students.

New readings selections and activities in the third edition continue to encourage students to explore, describe, analyze, interpret ideas, debate, and convince another person of a different point of view, doing this in a manner that is informed through considered exercises and activities, class discussions, and suggested resources in Spanish about chapter topics. Content-based instruction and cooperative learning, in a student-centered environment where a classroom community is nurtured and developed during the semester, works best with the ideas behind **Nuevos mundos**. In sum, in this new edition, more than ever, we hope that the material, and instructors as facilitators, will encourage students to learn to enjoy their new journey, examining aspects of Spanish and Hispanic cultures. In this way, we hope they will read for pleasure and enjoy the power and satisfaction that come with their own expansion of their bilingual range through familiarity with a number of topics related to Hispanic cultures. Through readings, resources, and class activities, we continue to emphasize that students learn while forming and voicing their own opinions in Spanish, on topics that are close to them. Those topics in Chapters 1–4 deal with U.S. Latinos. In Chapters 5–8 we have selected and updated high-interest topics that deal with a wide variety of issues such as the women's movement, violation of human rights, the environment, refugees and mass immigrations, and cruelty to animals, as well as language, bilingualism and crossover bilingual artists—and the hope for a better world in future *nuevos mundos*.

Introductory essays have been updated where necessary, as have the resource materials at the end of each chapter, called *Unos pasos más: Fuentes y recursos*. This feature serves as a reference tool for both instructors and students within and outside the classroom. We have added an intergenerational individual and class project that students can work on during the first half of the book: In *The Abuelos/Abuelas Project*, students prepare and conduct an interview of one of their grandparents—or if their own grandfather or grandmother is not available for the multifaceted interview assignment, they «borrow» a senior citizen from a senior activity center, a nursing home, or through a friend or neighbor. New exercises and activities have of course been created for all new reading selections for this edition.

We have replaced many photos and also updated the *Apéndices*. The same general format and structure for the book have been maintained since it has worked well for the previous editions. We feel that sometimes new editions are changed so much that the book doesn't seem like the same book anymore. We wanted to maintain the essence of a text that has worked well and enables instructors to use the material in a flexible and creative manner.

I would like to thank my editor, Magali Iglesias, as well as Pepe del Valle, project manager and developmental editor, Lisha Pérez and Leslie Baez, assistant editors, Elena Herrero, our senior developmental editor, MaryAnn Price, my photo editor, Lisa Passmore, for the photo research and everyone else at Wiley associated with the development and production of the third edition. Thanks to Assunta Petrone and the whole Preparé team for their hard work. Thank you also to José Ángel Gonzalo García, of *Punto y coma* magazine who was so helpful in finding interesting articles for this edition; many thanks to the reviewers who offered their thoughtful comments and suggestions: Ana Ameal-Guerra, University of California, Berkeley; Mónica Cabrera, Loyola Marymount University; Mónica Cantero-Exojo, Drew University; Anne Lombardi Cantu, Tufts University; Roxanne Dávila, Brandeis University; Héctor Enríquez, University of Texas at El Paso; Ronna Feit, Nassau Community College, The State University of New York; Elena García Frazier, University of Massachusetts, Amherst; María Gillman, University of Washington, Seattle; Elena González-Muntaner, University of Wisconsin, Oshkosh; Ornella L. Mazzuca, Dutchess Community College, The State University of New York; Mercedes Palomino, Florida Atlantic University; Rosa Alicia Ramos, Hunter College, The City University of New York; Lourdes Torres, DePaul University; and Celinés Villalba-Rosado, Rutgers University, New Brunswick. I also want to take this oportunity to thank María Carreira, of California State University-Long Beach, and M. Cecilia Colombi, of the University of California, Davis, for everyting they have taught me throughout the years, and for their continued support.

I always welcome ideas, thoughts, corrections, and suggestions from both students and instructors, to take into consideration for future editions. So please feel free to write to me at: rocaa@fiu.edu. Many, many thanks, and enjoy discovering new worlds in Spanish and bilingually!

Índice

Capítulo Tres

Los puertorriqueños, 95

Capítulo Cuatro

Los cubanos y los cubanoamericanos, 131

Capítulo Cinco

La herencia multicultural de España, 177

Capítulo Seis

Los derechos humanos, 219

Capítulo Siete

La mujer y la cultura, 279

Capítulo Ocho

Cruzando puentes: El poder de la palabra, la imagen y la música, 327

Apéndices

Capítulo Uno

La presencia hispana en los Estados Unidos

«La historia más antigua de los Estados Unidos está escrita en español». [Traducción]

—Thomas Jefferson

Grupo de estudiantes universitarios hispanos en los Estados Unidos

PARA ENTRAR EN ONDA

Para ver cuánto sabe del tema del capítulo, responda a este cuestionario lo mejor que pueda. Escoja la respuesta apropiada. Luego compruebe sus conocimientos consultando la lista de respuestas invertidas al pie de la página.

1. Se calcula que para el año 2050, los latinos formarán aproximadamente el 25% de la población de los Estados Unidos.
   a. verdadero   **b.** falso

2. La ciudad más antigua de los Estados Unidos es:
   a. Boston, MA.   **c.** San Diego, CA.
   b. Nueva York, NY.   **d.** San Agustín, FL.

3. ¿Cuál de estas palabras en inglés **no** viene del español?
   a. *pueblo*   **c.** *yard*
   b. *ranch*   **d.** *barbecue*

4. ¿Cuál de los siguientes alimentos se conocía en Europa antes de la colonización de las Américas?
   a. el chocolate   **c.** la papa
   b. el trigo   **d.** el tomate

5. Los conquistadores españoles trajeron el tabaco a las Américas, donde lo intercambiaban con los indígenas por oro y joyas.
   a. verdadero   **b.** falso

6. ¿Cuál de estos presidentes se negó a servir como soldado en la guerra entre los Estados Unidos y México?
   a. Andrew Jackson   **c.** Theodore Roosevelt
   b. Abraham Lincoln   **d.** Ulysses S. Grant

7. ¿De dónde son los músicos de la popular banda de salsa Orquesta de la Luz?
   a. Puerto Rico   **c.** Japón
   b. Nueva York   **d.** Miami

8. ¿Quién no tiene descendencia hispana?
   a. la cantante Mariah Carey   **c.** la actriz Raquel Welch
   b. el actor Charlie Sheen   **d.** el actor Tom Cruise

9. Los españoles llegaron al territorio que hoy día es los Estados Unidos mucho antes que los franceses y los ingleses.
   a. verdadero   **b.** falso

10. El idioma más hablado en los Estados Unidos después del inglés es:
    a. chino.   **c.** español.
    b. alemán.   **d.** italiano.

Respuestas: 1a, 2d, 3c, 4b, 5b, 6b, 7c, 8d, 9a, 10c

Hispanos en los Estados Unidos

Las raíces de los hispanos del suroeste de los Estados Unidos se remontan al siglo XVI, cuando las tierras de la región fueron exploradas, colonizadas y pobladas por los españoles. Es de señalar que ya se hablaba español en el siglo XVI en lo que son hoy día los Estados Unidos—
5 decenios antes de que los primeros peregrinos de habla inglesa llegaran y establecieran el poblado de Jamestown (1607), y luego desembarcaran del *Mayflower* y fundaran la colonia de Plymouth Rock en Massachusetts (1620). Desde esa época, el español no ha dejado de usarse en lo que actualmente es los Estados Unidos. Es importante también recordar que
10 durante aquella época de «descubrimientos» del Imperio Español, los españoles exploraron gran parte del continente, fundaron misiones, pueblos y ciudades, y se establecieron en la Florida y por toda la región del suroeste desde Texas hasta California. En 1512 Juan Ponce de León llega a la Florida y para 1521 ya había fundado San Juan, en Puerto Rico;
15 para 1542 los españoles habían llegado a lo que en la actualidad es la zona de San Diego. La ciudad más antigua de los Estados Unidos, San Agustín (en la Florida), fue fundada por Pedro Menéndez de Avilés en 1565. En lo que hoy es el estado de Nuevo México, Juan de Oñate declara Nuevo México como tierras de la Corona, funda la Misión de San
20 Gabriel en 1598, y la ciudad de Santa Fe en 1609. Nuevo México estuvo bajo el poder de España hasta 1821. El estado de la Florida, recordemos, también fue territorio español desde el siglo XVI hasta el siglo XIX, que

El descubrimiento del
Mississippi por de Soto,
de William Powell (1853).
Se encuentra en la rotonda del
Capitolio en Washington, D.C.

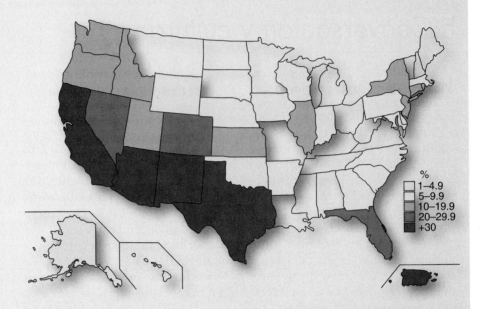

La población hispana de los Estados Unidos

%
- 1–4.9
- 5–9.9
- 10–19.9
- 20–29.9
- +30

desde un marco histórico no es tan distante a nuestros tiempos. En 1763 España cede la Florida a Gran Bretaña, pero en 1783, Gran Bretaña se la
25 devuelve a España. No es sino hasta el año 1821 que los Estados Unidos toma el control de la Florida.

Es de notar en los Estados Unidos los numerosos topónimos, o nombres propios de lugar de origen español que se siguen usando aun, aunque no siempre se mantenga la ortografía normativa propiamente española.
30 Existen topónimos de los nombres de los estados que a través de los años mantuvieron sus nombres en español (por ejemplo, California, Florida, Nevada, Colorado, Texas, Arizona y Nuevo México). Igualmente hay numerosos nombres en español de pueblos y ciudades a través de todos

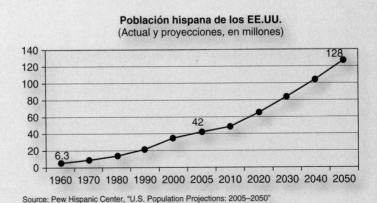

Población hispana de los EE.UU.
(Actual y proyecciones, en millones)

Source: Pew Hispanic Center, "U.S. Population Projections: 2005–2050"

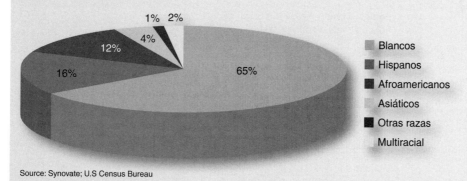

1% 2%
4%
12%
16%
65%

Blancos
Hispanos
Afroamericanos
Asiáticos
Otras razas
Multiracial

Source: Synovate; U.S Census Bureau

La población hispana de los Estados Unidos forma alrededor de 16% del total de la población del país.

los Estados Unidos entre las cuales se encuentran: Nogales, Los Ángeles, San Francisco, Palo Alto, San Rafael, San José, San Diego, San Antonio, El Paso, Amarillo, Las Cruces y Santa Fe. También hay nombres de montañas (Sierra Nevada, Sierra de Salinas y Santa Ana, por ejemplo), ríos, misiones, vecindarios y calles.

Los hispanohablantes de los Estados Unidos forman actualmente la minoría lingüística más grande del país, dato que se traduce en un 16 por ciento de la población estadounidense total. Las estadísticas actualizadas del Censo del 2010 de los Estados Unidos, muestran que debe existir más de 50 millones de hispanos en nuestra nación y que es el grupo étnico minoritario que aumenta más rápidamente de todos. En los diez años que transcurrieron entre el Censo del 2000 y el más reciente del 2010, la población hispana creció un 43%; o sea, aumentó la población de 35.3 millones de hispanos, a 50.5 millones en 2010.

Es importante recordar que hay muchas personas que, por una razón u otra, no llenaron las planillas o formularios que utiliza el gobierno para oficialmente «contar» la población. Muchos hispanos, por ejemplo, que carecen de documentos legales de inmigración, no llenan los formularios del Censo por temer ser identificados y detenidos por el gobierno federal, lo que significaría para ellos tener que regresar a su país y posiblemente, ir a la cárcel. Al tener en cuenta los que no se han contado oficialmente por el Censo, se puede calcular que debe haber muchos más hispanos en los Estados Unidos, si tenemos en cuenta los tantísimos indocumentados que residen aquí pero que no participan en el conteo oficial. El aumento de la población hispana se ha atribuido a la inmigración (legal e ilegal), pero el gran aumento también se debe al número de nacimientos en las familias hispanas en la nación.

Algunos demógrafos predicen también que para el año 2050, más del 25 por ciento de la población de los Estados Unidos estará compuesta por una población hispana muy diversa. Las proyecciones de los demógrafos además indican que el porcentaje de centroamericanos, que ya ha aumentado de forma significativa, continuará aumentando en

Población hispana de los EE.UU.
Según el país de origen, 2010

Mexican	31,798,000
Puerto Rican	4,624,000
Cuban	1,786,000
Salvadoran	1,649,000
Dominican	1,415,000
Guatemalan	1,044,000
Colombian	909,000
Honduran	633,000
Ecuadorian	565,000
Peruvian	531,000

Source: U.S. Census Bureau

los Estados Unidos. Los salvadoreños constituyen el grupo mayoritario de los que han venido de América Central. En lo que se refiere a lo financiero, los hispanos hoy día tienen más acceso al crédito, más poder adquisitivo y compran más viviendas y autos que antes. Todo esto
70 se traduce a un ritmo de poder adquisitivo que no sólo ha aumentado enormemente, sino que se calcula también que seguirá creciendo en los próximos años (1 trillón de dólares se calculaba para 2010). En la esfera de las comunicaciones, por ejemplo, Viacom y NBC, el conglomerado de cadenas de televisión más grande del país, viendo la
75 importancia del sector hispano, hace años compró la cadena hispana, Telemundo, por $2,700 millones.

Los grupos hispánicos principales en los Estados Unidos, según el Censo anterior (2000), son los mexicanoamericanos (66%), los puertorriqueños (9%), los centroamericanos y los suramericanos
80 (15%), otros hispanos (6%), y los cubanoamericanos (4%). Tomando en cuenta los dos últimos Censos, del 2000 y 2010, se ha podido observar el incremento de millones de latinoamericanos de diferentes culturas y razas que han llegado en las últimas dos décadas a los Estados Unidos y que se han establecido, en su mayoría, no solamente en las
85 grandes ciudades como Nueva York, Boston, Los Ángeles, Houston, San Diego, Chicago, Washington, D.C., y Miami, sino en otros estados como Georgia, Alabama, North Carolina, Minnesota, Maryland, zonas que antes no identificábamos como estados que tuvieran mucha población hispana, y que ahora sí encontramos una presencia significativa.
90 Observamos que ha aumentado el número de estudiantes hispanos en las escuelas públicas de las grandes ciudades y en las universidades, y que muchos de ellos son bilingües.

Entre tantos hispanos en los Estados Unidos encontramos también a los dominicanos, los salvadoreños, los guatemaltecos, los hondureños,

95 y los nicaragüenses. Ya desde fines de la década de 1960 y durante las décadas de 1970 y 1980, empezaron a llegar miles de nicaragüenses a los Estados Unidos debido a la inestable situación política en su país, primero bajo la dictadura de Anastasio Somoza y después con el gobierno sandinista. Se calcula que en Miami posiblemente haya más de

100 130,000 nicaragüenses, pero miles de *nicas* (como ellos mismos se llaman orgullosamente) también se han establecido en otras regiones del país. En las últimas décadas también hemos visto llegar a los Estados Unidos a miles de argentinos que han salido de su patria debido a los difíciles y serios problemas económicos que enfrentó Argentina a finales del

105 siglo pasado y principios de este.

En Nueva York, aparte de la presencia significativa de puertorriqueños y nuyoricans, continúa creciendo el número de dominicanos, colombianos y otros latinoamericanos. En California, Texas y Washington, D.C., en particular, se cuentan miles de centroamericanos,

110 sobre todo salvadoreños y guatemaltecos. Se cree, por ejemplo, que hay más de 300,000 hispanohablantes en Washington, D.C., y los suburbios de Virginia y Maryland que rodean la capital. En algunas partes del país, como lo es en California, los latinos forman más de un tercio del total de la población y las escuelas públicas están llenas de

115 estudiantes hispanos que a la vez que necesitan aprender o mejorar el inglés, tratan de mantener su idioma heredado, el español. En Miami, además de haber cubanos, nicaragüenses, colombianos, venezolanos, puertorriqueños, argentinos, etc., podemos concluir que hay un crisol de culturas de todas partes de Latinoamérica, pues además de haber

120 muchos brasileños (que hablan portugués), es la ciudad de los Estados Unidos que tiene también la población más numerosa de españoles— muchos que han inmigrado por razones de trabajo ya que hay un altísimo nivel de desempleo en su país y como otros inmigrantes, salen de su país en busca de una vida mejor.

125 Aparte de ser el segundo idioma más usado en los Estados Unidos, el español es de gran importancia global en múltiples esferas profesionales y sociales, gubernamentales, políticas, legales, educacionales, económicas y comerciales. De hecho, el español es uno de los principales idiomas oficiales de las Naciones Unidos. Como idioma, ha adquirido más auge

130 y poder a través de las nuevas tecnologías, el Internet, los medios de comunicación y el cine. Hoy en día hay películas disponibles en múltiples formatos. Lo mismo sucede con la música, la cual se puede encontrar en el iPhone, iPad, y en aplicaciones como iTunes y Pandora. También se puede disfrutar de audio y video en español en YouTube, y a través de la

135 creciente publicidad visual y auditiva en español que hay en los ámbitos públicos. Además, ha habido un incremento en la distribución de libros en español (originales o traducciones) en grandes librerías comerciales, pequeñas librerías independientes y en librerías digitales en formato *e-Book*. En resumen, la presencia del español en los Estados Unidos ha

140 sido continua desde la época de la colonización española. Su influencia, tanto en política y cultura como en la vida diaria, seguirá creciendo con el aumento de la población hispana durante el siglo XXI.

MESA REDONDA

A. *En grupos pequeños, contesten las preguntas y comenten los siguientes temas.*

1. ¿Cómo se identifica? ¿Se describe usted como norteamericano, americano, sudamericano, latinoamericano, caribeño, latino, hispano, o usa usted otra denominación que refleja sus raíces de una manera más específica? ¿Usa el mismo término tanto en español como en inglés?

2. ¿De dónde son sus amistades hispanas? ¿Vienen sus familias de diferentes partes del mundo hispano? ¿De qué lugares son o eran originalmente?

3. ¿Cuáles son dos o tres ventajas o beneficios de su herencia hispana? ¿Por qué cree que son ventajas o beneficios?

4. ¿Qué grupos hispanos hay en el lugar donde vive? Si hay varios grupos, ¿cree usted que tienen experiencias y culturas comunes o que existen muchas diferencias? Explique.

5. Se calcula que va a aumentar considerablemente el número de latinos en los Estados Unidos para mediados del siglo XXI. ¿Qué efectos cree que puede tener este aumento en la cultura y la sociedad estadounidense? ¿Y en la educación?

B. *Intercambio. En parejas, entrevístense para conocerse mejor. Puede usar las siguientes ideas como base. Pregunte:*

1. ¿Dónde nació y dónde se crió?

2. ¿Estudió español anteriormente, dónde y cuándo?

3. ¿Ha servido de intérprete alguna vez para ayudar a alguien?

4. ¿Está familiarizado(a) con películas o representaciones teatrales en español?

5. ¿Cuál es el país de origen de su familia?

6. ¿Cuándo y por qué vino su familia a los Estados Unidos?

7. ¿Vivían sus antepasados en lo que hoy es los Estados Unidos desde antes que fueran parte del territorio estadounidense?

8. ¿Con qué frecuencia emplea el español para comunicarse?

9. ¿Qué es lo que más le gusta de la cultura hispana?

10. ¿Con qué frecuencia ve la televisión o escucha la radio en español? ¿Cuáles son sus programas favoritos?

11. ¿Con qué frecuencia lee revistas o periódicos en español?

12. ¿Con qué frecuencia visita sitios en la red del Internet en español?

13. ¿En qué se especializa en la universidad (qué estudia y cuál es su objetivo profesional)?

14. ¿Cómo cree que ser bilingüe le ayudaría en su carrera o en su vida personal?

C. *Al terminar la Actividad B, presente a la persona entrevistada al resto de la clase, haciendo un resumen de la información obtenida.*

D. *Composición diagnóstica.* Escriba el primer borrador de una composición dirigida y breve titulada "Autobiografía lingüística: ¿Quién soy y de dónde vengo?". Según indique su profesor o profesora, esta actividad se hará en clase o de tarea. Refiérase a "El arte de ser bilingüe" de la página 45 para más detalles.

II. Lectura

 Poesía

Francisco X. Alarcón (1954), nativo de Los Ángeles y criado en México, es profesor de español en la Universidad de California en Davis. Ganador de muchos premios y becas prestigiosas como las de Danforth y Fulbright, Alarcón ha sido llamado un líder de su generación. Sus poesías y traducciones han sido publicadas en varias colecciones, en revistas y en periódicos como *La Opinión* (Los Ángeles), *Estos Tiempos* (Stanford) y el *Berkeley Poetry Review*. La poesía a continuación se encuentra en su libro titulado *Body in Flames/Cuerpo en llamas* (San Francisco: Chronicle Books, 1991). La traducción de la poesía al inglés es del autor.

ANTES DE LEER

En grupos de dos a cuatro estudiantes comenten lo siguiente. Compartan después sus observaciones con el resto de la clase.

1. ¿Se habla español en su casa? ¿Con quién lo habla? ¿Con que regularidad o frecuencia?

2. ¿Cambia del español al inglés frecuentemente, o viceversa? ¿Con qué personas tiende a hacer eso? Dé dos o tres razones.

3. ¿A quién o a quiénes les debe el hecho de poder hablar y entender español?

4. ¿Desempeñaron sus abuelos o abuelas un papel importante en el desarrollo de su español? ¿Y sus padres? ¿Hermanos o hermanas? ¿Tíos y tías? ¿Primos? ¿Otros parientes? Comente sobre el uso del español en su familia.

5. ¿Le leían o hacían cuentos en español en su niñez? ¿Recuerda alguno en particular? Cree que cuando tenga hijos (o si ya los tiene), ¿querrá contarles a ellos los mismos cuentos?

6. ¿Recuerda algunas canciones infantiles o juegos en español de su niñez?

Una fiesta familiar hispana. ¿Cómo recuerda usted a su abuela? ¿Y a su abuelo?

EN UN BARRIO DE LOS ÁNGELES	IN A NEIGHBORHOOD IN LOS ANGELES
el español	I learned
lo aprendí	Spanish
de mi abuela	from my grandma
mijito	mijito
no llores	don't cry
me decía	she'd tell me
en las mañanas	on the mornings
cuando salían	my parents
mis padres	would leave
a trabajar	to work
en las canerías	at the fish
de pescado	canneries

mi abuela	my grandma
platicaba	would chat
con las sillas *(15)*	with chairs
les cantaba	sing them
canciones	old songs
antiguas les bailaba	dance
valses en	waltzes with them
la cocina *(20)*	in the kitchen
cuando decía	where she'd say
niño barrigón	niño barrigón
se reía	she'd laugh
con mi abuela	with my grandma
aprendí *(25)*	I learned
a contar nubes	to count clouds
a reconocer	to point out
en las macetas	in flowerpots
la yerbabuena	mint leaves
mi abuela *(30)*	my grandma
llevaba lunas	wore moons
en el vestido	on her dress
la montaña	México's mountains
el desierto	deserts
el mar de México *(35)*	ocean
en sus ojos	in her eyes
yo los veía	I'd see them
en sus trenzas	in her braids
yo los tocaba	I'd touch them
con su voz *(40)*	in her voice
yo los olía	smell them
un día	one day
me dijeron	I was told:
se fue muy lejos	she went far away
pero yo aún *(45)*	but still
la siento	I feel her
conmigo	with me
diciéndome	whispering
quedito al oído	in my ear
mijito *(50)*	mijito

PARA COMENTAR

Trabajando en parejas, conteste las siguientes preguntas sobre "En un barrio de Los Ángeles". Justifique su opinión cuando sea necesario. Luego puede comparar sus respuestas con las de otros compañeros.

1. En su opinión, ¿cuál fue el mejor regalo que la abuela le pudo dar al nieto?

2. En la poesía de Alarcón, ¿cuándo se indica que la abuela ya ha muerto?

3. ¿Qué clase de educación recibió el narrador de su abuela? ¿Qué aprendió de la vida?

4. ¿Cómo son diferentes las relaciones entre abuelos y nietos a las relaciones entre padres e hijos? Explique.

5. Halle en el poema las palabras del español informal, o que han sido adaptadas del inglés.

6. ¿Cuáles son las ventajas que tiene el uso estándar de un idioma? Explique.

7. ¿Cuáles cree que son las ventajas de conocer y poder usar o no usar expresiones coloquiales o idiomáticas y expresiones que no sean estándares, en cualquier idioma? Dé varios ejemplos.

PARA ESCRIBIR

Lea los siguientes temas. Luego escoja el que más le interese para escribir sobre el mismo. Comparta su trabajo con otro(a) compañero(a) e intercambien comentarios sobre lo que han escrito.

1. **Poema.** Si desea experimentar con la poesía autobiográfica en español, o de forma bilingüe, puede tratar de escribir una poesía acerca de un ser querido de su familia, o sobre algún recuerdo o sentimiento de su niñez.

2. **Descripción o retrato.** Escriba de uno a tres párrafos sobre alguien de su familia o sobre algún recuerdo o sentimiento de la niñez.

3. **Proyecto de clase: Las abuelas y los abuelos—Entrevista, composición, informes orales.** Prepare y hágale una entrevista a una persona hispana mayor. Puede ser su abuelo o abuela, un miembro de su familia o alguien de su comunidad. Debe primero pedir permiso a la persona que piensa entrevistar y explicarle que realiza la entrevista como tarea para una clase. Pregúntele sobre su vida cuando era más joven, el mantenimiento de la lengua y de las tradiciones hispanas, los cambios que ha visto en la comunidad y su opinión sobre esos cambios. Edite y transcriba la entrevista o haga un resumen de la misma. Puede ilustrar su trabajo con una foto de la persona entrevistada si le da permiso para usarla, o tal vez pueda preparar una presentación de *PowerPoint*, basada en la entrevista ya pulida después de revisar borradores. Su profesor(a) le dará más instrucciones para este proyecto que se podrá planear para que dure varias semanas y culmine con informes escritos

y orales, u opcionalmente, con una investigación fuera de clase sobre temas culturales, históricos y geopolíticos, seleccionados y coordinados al contenido de la entrevista que usted llevará a cabo. Se sugieren entre tres y cuatro semanas para llevar a cabo diferentes actividades y tareas relacionadas a este proyecto, según las preferencias de los profesores y estudiantes.

Narrativa: Ensayo

Carlos Fuentes (1928) es un intelectual y escritor mexicano sumamente conocido por sus novelas y ensayos. Aunque de padres mexicanos, Carlos Fuentes nació en Panamá. Debido al trabajo diplomático de su padre, Fuentes vivió su niñez en diferentes ámbitos cosmopolitas de distintos países, como Argentina, Chile, Brasil y los Estados Unidos, entre otros. La madre de Fuentes insistió en que se hablara español en casa cuando era niño, aun cuando vivían en los Estados Unidos rodeados por el inglés. Como vivió parte de su infancia en Washington, D.C., entonces aprendió inglés desde niño y se crió de manera bilingüe. Recibió su título de abogado en México en 1948 y estudió también economía en Ginebra, Suiza. A partir de 1959 se dedicó a escribir. Vivió en Europa durante parte de la década. Ha sido embajador de México en Francia y profesor e invitado becado en numerosas universidades, tales como la Universidad de Pennsylvania, la Universidad de Princeton y la Universidad de Harvard. Ha recibido muchos premios importantes y reconocimientos por sus muchas contribuciones literarias, como el Premio Miguel de Cervantes (España, 1987), y el Premio Príncipe de Asturias de las Letras (España, 1994), el Premio Picasso (UNESCO, 1994), y el Premio de la Real Academia Española (2004). Además ha recibido numerosos doctorados *honoris causa* de muchas universidades, como la Universidad de Harvard. Entre sus novelas más conocidas mencionamos: *La muerte de Artemio Cruz* (1962), *La región más transparente* (1958), *Cambio de piel* (1967), *Terra Nostra* (1975), *Los cinco soles de México* (2000) y *Adán en Edén* (2009). Ha escrito también numerosos y destacados ensayos sobre la literatura y otros aspectos de la cultura hispana, obras de teatro y cuentos.

El escritor Carlos Fuentes es una de las eminencias de las letras hispánicas.

ANTES DE LEER: CONVERSACIÓN

En grupos de dos a cuatro estudiantes comenten lo siguiente. Compartan después sus observaciones con el resto de la clase.

1. ¿Ve usted las noticias en español o en inglés? ¿En los dos idiomas? ¿Cuáles prefiere? ¿Por qué? Si mira programas de noticias en los dos idiomas, comente lo que ha podido observar en general y en particular sobre las diferencias que ha notado en ambos programas con respecto al contenido y el estilo de comentar las noticias sobre los latinos en los Estados Unidos.

2. En su opinión, ¿cuáles son algunos de los prejuicios que enfrentan los inmigrantes hispanos, bien sean documentados o indocumentados, al llegar a este país?

3. ¿Cree que las leyes migratorias deben ser más estrictas o no? Justifique su opinión.

4. ¿Qué sabe y qué opina acerca de los inmigrantes indocumentados que cruzan la frontera para llegar a los Estados Unidos? ¿Qué los motiva a cruzar y arriesgar sus vidas?

5. ¿Qué tipos de trabajos tratan de conseguir los indocumentados para poder sobrevivir en una tierra extranjera donde no pueden trabajar legalmente?

6. ¿Cree que los indocumentados les quitan trabajos a los estadounidenses que pueden trabajar legalmente o cree que hacen trabajos que muchas veces los estadounidenses no quieren hacer?

7. ¿Qué riesgos cree que pudieran sufrir los trabajadores indocumentados a manos de personas sin escrúpulos que los contratan para trabajar de sol a sol por poco dinero y sin beneficios?

8. ¿Qué sabe del *Dream Act*? ¿Qué les ocurre a los jóvenes indocumentados que se gradúan en escuelas secundarias de los Estados Unidos? ¿Pueden asistir a universidades aunque sean muy inteligentes y cuenten con becas? ¿Cuáles son las controversias y posibles soluciones?

Selección de ensayo, de
*El espejo enterrado:
Reflexiones sobre España y
el Nuevo Mundo (1992)*

LA HISPANIDAD NORTEAMERICANA

LA FRONTERA de 2,500 millas entre México y los Estados Unidos es la única frontera visible entre el mundo desarrollado y en desarrollo. También es la frontera entre Angloamérica y Latinoamérica, que empieza aquí. Y también es una frontera inacabada como las barreras,
5   zanjas, muros—la llamada Cortina de la Tortilla—rápidamente levantados para detener al inmigrante hispánico y enseguida abandonadas, inacabadas. Es fácil cruzar la frontera ahí donde el río se ha secado o los montes son solitarios. Pero es difícil llegar al otro lado. Entre las dos fronteras existe una tierra de nadie donde el
10   inmigrante debe enfrentarse a la vigilancia de las patrullas fronterizas norteamericanas. Pero la voluntad del trabajador es fuerte. En su mayoría, vienen de México, pero también vienen de América Central y desde Colombia, así como desde el Caribe. A veces son empujados por la desventura política. Pero casi siempre, y sobre todo en el caso de los
15   mexicanos, el inmigrante ha llegado por razones económicas. Se suma a un ejército de seis millones de trabajadores indocumentados en los Estados Unidos. Se reúnen en lugares modestos al sur de la frontera, esperando con sus familias y amigos el momento oportuno para cruzar. Las patrullas fronterizas trabajan día y noche para impedírselo. El
20   patrullero tiene a su disposición todas las ventajas de la tecnología moderna. El inmigrante tiene la ventaja de los números y la presión de los millares de personas detrás de él. Poseen la desesperación de la necesidad. Se trata, acaso, de los hombres y mujeres más valientes y determinados de todo México. Pues toma coraje y voluntad quebrar

el círculo intemporal de la pobreza y arriesgarlo todo en la apuesta de cruzar la frontera del norte. Pero esta frontera, dicen muchos entre quienes la cruzan, en realidad no es una frontera sino una cicatriz. ¿Se habrá cerrado para siempre? ¿O volverá a sangrar algún día?

El inmigrante es la víctima perfecta. Se encuentra en una tierra extraña, no habla inglés, duerme a la intemperie, lleva consigo todas sus pertenencias, teme a las autoridades, empleadores y abogados sin escrúpulos que tienen en sus manos sus vidas y libertades. A veces son brutalizados, a veces asesinados. Pero no son criminales. Son sólo trabajadores.

Grupos enteros son detenidos por las luces y los helicópteros de la patrulla fronteriza. Muchos son arrestados y regresados del otro lado de la frontera. Pero cerca de medio millón al año logran entrar. Se les acusa de desplazar a los trabajadores norteamericanos, de dañar la economía de los Estados Unidos y aún de dañar a la nación, amenazando su integridad cultural. Pero los trabajadores siguen viniendo, ante todo, porque la economía norteamericana los necesita. Los Estados Unidos necesitan cinco millones de trabajadores antes de que termine el siglo. Y estos son los trabajadores que se ocupan de los servicios que nadie en Norteamérica quiere seguir cumpliendo. No sólo la labor agrícola sino, cada vez más, trabajos de servicio en los transportes, la hotelería, la restauración, los hospitales, todos ellos trabajos que se detendrían sin la contribución de los inmigrantes: sin ellos, la estructura entera de los salarios y el empleo en los Estados Unidos sufriría un enorme cambio, descendiendo varios peldaños y arrastrando hacia abajo a millones de trabajadores y sus hogares.

Los inmigrantes vienen porque existe un déficit de trabajadores jóvenes en el mercado norteamericano. Vienen porque cumplen necesidades determinadas por los cambios demográficos en la población siempre errante de los Estados Unidos. Son necesitados porque en la reconversión de la Guerra Fría a la economía de la paz, los Estados Unidos tienen déficit no sólo de trabajadores inexpertos, sino necesidad de trabajadores latinoamericanos expertos en metalurgia, construcción y artesanías. Gracias a los inmigrantes, los Estados Unidos permanecen competitivos en estos y otros sectores. De otra manera, estas industrias se trasladarían al extranjero y aún más empleos serían perdidos. El trabajador inmigrante mantiene bajos los precios y alto el consumo, aunque desplaza a algunos obreros, no puede competir con los desplazamientos laborales provocados por la tecnología y la competencia extranjera.

Pero más allá de los factores económicos, los trabajadores inmigrantes representan un proceso social y cultural sumamente amplio y de importancia primordial para la historia de la continuidad de la cultura hispanoamericana. De manera que aunque México no tuviese enorme desempleo, estos trabajadores tendrían que venir a los Estados Unidos de alguna parte. Pero resulta que vienen del otro lado de la frontera terrestre.

LA HISPANIDAD NORTEAMERICANA: UN CONTINENTE DE INMIGRANTES

Cuando el trabajador hispánico cruza la frontera mexicana-norteamericana, a veces se pregunta, ¿acaso no ha sido ésta siempre mi tierra? ¿Acaso no estoy regresando a ella? ¿No es siempre esta tierra, de algún modo nuestra? Basta saborearla, oír su lenguaje, cantar sus canciones y orarles a sus santos. ¿No será ésta siempre, en sus huesos, una tierra hispánica? Pero antes de dar respuesta a estas preguntas debemos recordar una vez más que el nuestro fue un continente vacío. Todos nosotros llegamos de otra parte. Los primeros americanos fueron las tribus nómadas provenientes de Asia; siguieron los españoles, en busca de las Siete Ciudades de Oro: no las encontraron en lo que hoy es el suroeste de los Estados Unidos, pero en él dejaron su lengua y su religión, y a veces hasta sus huesos.

El imperio español se extendió hacia el norte hasta California y Oregón, y para siempre llenó a la región con los nombres sonoros de sus ciudades: Los Ángeles, Sacramento, San Francisco, Santa Bárbara, San Diego, San Luis Obispo, San Bernardino, Monterrey, Santa Cruz. Con la independencia, la república mexicana heredó estos territorios vastos y poco poblados y enseguida los perdió, en 1848, ante la expansiva república norteamericana y su ideología del «Destino Manifiesto».

De tal manera que el mundo hispánico no vino a los Estados Unidos, sino que los Estados Unidos vinieron al mundo hispánico. Quizás sea un acto de equilibrio y aún de justicia poética que hoy el mundo hispánico regresa tanto a los Estados Unidos como a una parte a veces olvidada de su herencia ancestral en el hemisferio americano.

Los inmigrantes continúan llegando a los Estados Unidos, y no sólo al suroeste, sino a la costa occidental, a Nueva York y Boston, antes de dirigirse nuevamente a Chicago y el medio oeste, y de vuelta a la faja que se extiende de Texas en el Golfo de México a California sobre el Pacífico. Ahí, el inmigrante se encuentra con los chicanos, los norteamericanos de origen mexicano, quienes siempre han estado ahí, incluso antes que los gringos. Pero juntos, fortalecen a la minoría que con mayor rapidez crece en los Estados Unidos: 25 millones de hispánicos, la inmensa mayoría de origen mexicano, pero también provenientes de Puerto Rico, Cuba, Centro y Sudamérica.

Actualmente, Los Ángeles es la tercera ciudad de lengua española de todo el mundo, después de México y Buenos Aires y antes que Madrid o Barcelona. Es posible ganarse la vida y hasta prosperar en el sur de la Florida sin hablar más que español, tal es el grado de cubanización de la región. Pero San Antonio ha sido una ciudad bilingüe durante 150 años, integrada por mexicanos. Hacia mediados del siglo XXI, casi la mitad de la población de los Estados Unidos hablará español. Y si sus antepasados no encontraron las ciudades del oro, los nuevos trabajadores hispánicos llegan buscando el oro gringo, pero las comunidades hispánicas de los Estados Unidos, finalmente, heredan y aportan el oro latino. Un oro que rehúsa derretirse en el mito del vasto crisol social de los Estados Unidos de América.

Pues la tercera hispanidad, la de los Estados Unidos, constituye no sólo un hecho político o económico. Es, sobre todo, un hecho cultural. Toda una civilización ha sido creada en los Estados Unidos con un "pulso hispánico." Aquí ha nacido una literatura que subraya los elementos autobiográficos, la narrativa personal, la memoria de la infancia, el álbum de fotos familiares, como una manera de dar respuesta a la pregunta: ¿Qué significa ser chicano, mexicano-norteamericano, o puertorriqueño viviendo en Manhattan, o cubano-americano perteneciente a una segunda generación en el exilio en Miami? Esta literatura puede ser tan variada como la obra de Rudolph Anaya (*Bless Me Ultima*), Ron Arias (*The Road to Tamazunchale*), Ernesto Galarza (*Barrio Boy*), Alejandro Morales (*The Brick People*), Arturo Islas (*Rain God*), Tomás Rivera (*Y no se los tragó la tierra*), Rolando Hinojosa (*The Valley*) o de las escritoras Sandra Cisneros (*Women Hollering Creek*), Dolores Prida (*Beautiful Señoritas*), y Judith Ortiz Cofer (*The Line of the Sun*) o los poetas Alurista y Alberto Ríos, o tan definitoria como la obra de Rosario Ferré o Luis Rafael Sánchez, decidiendo escribir en español desde la isla de Puerto Rico.

Aquí se ha creado un arte que, de una manera violenta, incluso chillona, se une a una tradición que recorre el largo periplo desde las cuevas de Altamira hasta los muros pintados de grafitos en el barrio este de Los Ángeles. Son retratos de la memoria, pinturas dinámicas de encuentros, como las pinturas de colisiones automovilísticas de Carlos Almaraz, quien formó parte del grupo llamado Los Cuatro, Los Four, junto con Frank Romero, Beto de la Rocha y Gilberto Luján. La belleza y la violencia de su arte no sólo contribuyeron al contacto entre culturas que, a fin de mantener su vitalidad, deben rehusar la complacencia o la injusticia, sino que, más bien, intentan reafirmar una identidad que merece respeto y que, cuando no es visible, debe ser dotada de forma, y cuando es inaudible, debe ganar un ritmo y una palabra. Y si la otra cultura, la angloamericana, le niega un pasado a la cultura hispánica, entonces los artistas de origen hispánico deben inventarse, si hace falta, un origen.

¿Puede un chicano ser artista en Los Ángeles, por ejemplo, si no mantiene la memoria de Martín Ramírez, nacido en 1885, quien fue un trabajador ferrocarrilero inmigrante que llegó de México y, en un hecho de inmensa fuerza simbólica, perdió el habla y fue por ello condenado a vivir tres décadas en un manicomio de California hasta su muerte en 1960? Pero Martín no estaba loco. Simplemente no podía hablar. De manera que en la cárcel se convirtió en un artista y durante 30 años pintó su propio silencio.

De ahí que las culturas hispánicas de los Estados Unidos deban manifestarse de manera tan visual como una pintura de Luján o tan dramáticamente como una producción de teatro de Luís Valdés, o con una prosa tan poderosa como la de Óscar Hijuelos y sus reyes del mambo, o con un ritmo tan vital como el de Rubén Blades y sus baladas en salsa de las tristezas urbanas y el humor callejero, o con una energía tan avasalladora como la de la cubana Gloria Estefan y su *Miami Sound Machine*.

Esta inmensa corriente de negaciones y afirmaciones obliga a americanos a preguntarse: ¿Qué aportamos a la sociedad norteamericana? ¿Qué nos
165 gustaría retener de nuestra herencia? ¿Qué deseamos ofrecerle a los Estados Unidos?

Las respuestas son determinadas por el hecho de que, trátese de descendientes de familias largo tiempo establecidas en los Estados Unidos o de inmigrantes recientes, todos ellos reflejan un amplísimo proceso
170 social que incluye familias, individuos, comunidades enteras y redes de relación cultural, transmitiendo valores, memorias, protecciones. Pues si de un lado del espectro se encuentran 300,000 empresarios hispánicos que han prosperado en los Estados Unidos, del otro tenemos a un adolescente angloamericano de 19 años matando a tiros a dos inmigrantes por la simple
175 razón de que "odio a los mexicanos". Una estadística nos indica que los negocios de propiedad hispánica en los Estado Unidos generan más de 20,000 millones de dólares al año; pero este motivo de orgullo deber ser equilibrado por un motivo de vergüenzas: muchos anglos disparan contra los inmigrantes con balas cargadas de pintura, a fin de estigmatizarlos,
180 como lo fueron los judíos en la Edad Media. Si consignamos el hecho de que comunidades enteras en México viven gracias a las remesas de los trabajadores migrantes en los Estados Unidos, que suman 4,000 millones de dólares al año y son la segunda fuente de divisas para México, después del petróleo, también es necesario consignar las diferencias persistentes
185 entre las culturas de Angloamérica e Iberoamérica que, en medio de todo este proceso, continúan oponiéndose, influenciándose y chocando la una contra la otra en el trasiego fronterizo.

En el corazón de Nueva Inglaterra, el artista mexicano José Clemente Orozco pintó un extraordinario retrato de las dos culturas del Nuevo
190 Mundo, Angloamérica e Iberoamérica, en la Biblioteca Baker del Dartmouth College. Las dos culturas coexisten, pero se cuestionan y se critican, en asuntos tan definitivos para la personalidad cultural como la religión, la muerte, la horizontalidad o verticalidad de sus estructuras políticas, y hasta su respectiva capacidad de derroche y de ahorro.

195 Pero el hecho es que ambas culturas poseen infinitos problemas internos así como problemas que comparten, que exigen cooperación y comprensión en un contexto mundial nuevo e inédito. Los angloamericanos y los iberoamericanos nos reconocemos cada vez más en desafíos como las drogas, el crimen, el medio ambiente y el
200 desamparo urbano. Pero así como la sociedad civil anteriormente homogénea de los Estados Unidos se enfrenta a la inmigración de los inmensamente heterogéneos (la nueva inmigración hispánica y asiática), los iberoamericanos vemos los espacios anteriormente homogéneos del poder religioso, militar y político invadidos por la heterogeneidad de
205 las nuevas masas urbanas. ¿Es posible que América Latina y los Estados Unidos acaben por comprenderse más en la crisis que en la prosperidad, más en la complejidad compartida de los nuevos problemas urbanos y ecológicos, que en la antigua pugna ideológica determinada por la estrechez estéril de la Guerra Fría?

210 En todo caso, Angloamérica e Iberoamérica participan en un movimiento común que se mueve en todas las direcciones y en el que todos terminamos por darnos algo a nosotros mismos y a la otra parte. Los Estados Unidos llevan a la América Latina su propia cultura, la influencia de su cine, su música, sus libros, sus ideas, su periodismo, su política y su lenguaje. Ello no

215 nos asusta en Latinoamérica, porque sentimos que nuestra propia cultura posee la fuerza suficiente y que, en efecto, la enchilada puede coexistir con la hamburguesa, aunque aquélla, para nosotros sea definitivamente superior. El hecho es que las culturas sólo florecen en contacto con las demás, y perecen en el aislamiento.

220 Pero la cultura de la América española, moviéndose hacia el norte, también porta sus propios regalos. Cuando se les interroga, tanto los nuevos inmigrantes como las familias largo tiempo establecidas, le dan especial valor a la religión, y no sólo al catolicismo, sino a algo semejante a un hondo sentido de lo sagrado, un reconocimiento de que el mundo es

225 sagrado: esta es la más vieja y profunda certeza del mundo indígena de las Américas. Pero se trata también de una sacralidad sensual y táctil, producto de la civilización mediterránea en su encuentro con el mundo indígena del hemisferio occidental. Los hispánicos hablan de otro valor que es el del respeto, el cuidado y la reverencia debidos a los viejos, el respeto hacia

230 la experiencia y la continuidad, más que el asombro ante el cambio y la novedad. Y este respeto no se constriñe al hecho de la edad avanzada, sino que se refiere al carácter básicamente oral de la cultura hispánica, una cultura en la cual los viejos son los que recuerdan las historias, los que poseen el don de la memoria. Se puede decir que cada vez que mueren

235 un hombre o una mujer viejos en el mundo hispánico toda la biblioteca muere con ellos.

Este valor está íntimamente ligado al de la familia, el compromiso familiar, la lucha para mantenerla unida, a fin de evitar la pobreza, y aun cuando no se la venda, para evitar una pobreza solitaria. La familia

240 vista como hogar, calidez primaria. La familia vista casi como un partido político, el parlamento del microcosmo social, red de seguridad en tiempos difíciles. Pero, ¿cuándo no han sido difíciles los tiempos? La vieja filosofía estoica de la Iberia romana persiste de manera profunda en el alma hispánica.

245 ¿Qué traen los iberoamericanos a los Estados Unidos, qué les gustaría retener? Nuevamente, las encuestas nos indican que les gustaría retener su lengua, la lengua castellana. Pero otros insisten: olviden la lengua, intégrense en la lengua inglesa dominante. Otros argumentan: el español es útil sólo para aprender el inglés y unirse a la mayoría. Y otros, más y

250 más, empiezan a entender que hablar más de un idioma no daña a nadie. Hay calcomanías en los automóviles en Texas: "El monolingüismo es una enfermedad curable". Pero, ¿es el monolingüismo factor de disrupción? ¿o es el monolingüismo estéril y el bilingüismo fértil? El decreto del estado de California declarado que el inglés es la lengua oficial sólo

255 demuestra una cosa: el inglés ya no es la lengua oficial del estado de California.

El multilingüismo aparece entonces como el anuncio de un mundo multicultural, del cual la propia ciudad de Los Ángeles en California es el principal ejemplo mundial. Una Bizancio moderna, la ciudad de Los Ángeles recibe todos los días, le guste o no, las lenguas, las cocinas, las costumbres, no sólo de los hispanoamericanos, sino los vietnamitas, los coreanos, los chinos y los japoneses. Tal es el precio, o más bien el regalo, de un mundo basado en la independencia económica y la comunicación instantánea. De esta manera, el dilema cultural norteamericano de ascendencia mexicana, cubana o puertorriqueña, se universaliza: ¿Integrarse o no? ¿Mantener la personalidad propia, enriqueciendo la diversidad de la sociedad norteamericana? ¿O extingue en el anonimato de lo que es, después de todo, un crisol inexistente? ¿Derretirse o no derretirse? Bueno, quizás la cuestión una vez más es, ¿ser o no ser? Ser con otros o ser solo; y cultural, así como humanamente, el aislamiento significa la muerte y el encuentro significa el nacimiento e incluso, a veces, el Renacimiento.

PARA COMENTAR

Trabajando en parejas, conteste las siguientes preguntas sobre la selección escogida de El espejo enterrado *de Carlos Fuentes. Justifique su opinión cuando sea necesario. Luego puede comparar sus respuestas con las de otros compañeros.*

1. Según el ensayo de Carlos Fuentes, ¿cuántas millas tiene la frontera entre los Estados Unidos y México?

2. Hoy día se habló y se empezó a construir un gran muro—a enormes costos por parte de los ciudadanos que pagamos impuestos—para separar, por medio de esa gran pared, los dos países y así, como se pensaba, tratar de prevenir que tantos inmigrantes cruzaran la frontera fácilmente. ¿Le recuerda el Muro de Berlín? ¿Cree que construir un muro en la frontera es la respuesta a los problemas causados por el cruce ilegal de tantos inmigrantes indocumentados? ¿Qué sabe sobre los problemas fronterizos y sobre la construcción del muro durante la administración del presidente Obama?

3. Cuando Carlos Fuentes escribió su elocuente ensayo, había alrededor de 25 millones de hispanos en los Estados Unidos, pero hoy hay más de 50 millones. Según el ensayo de Fuentes, ¿cómo se pueden distinguir los cambios en la población estadounidense debidos a la contribución de la población hispana en lo sociocultural, lingüístico, religioso, etc.? Explique y dé ejemplos.

4. ¿Qué comenta Fuentes acerca de los valores, de la familia, del respeto y de las actitudes de los hispanos hacia las personas mayores? ¿Está de acuerdo o no? Explique su opinión.

5. Al final de su ensayo, Fuentes concluye con: «Bueno, quizás la cuestión una vez más es, ¿ser o no ser? Ser con otros o ser solo;

y cultural, así como humanamente, el aislamiento significa la muerte y el encuentro significa el nacimiento e incluso, a veces, el Renacimiento». ¿A qué se refiere? Explique su interpretación del mensaje esencial que nos comunica Fuentes en su escrito y añada su propia opinión acerca del tema de identidad hispánica y al mismo tiempo identidad estadounidense, dos mundos, dos lenguas y una variedad de culturas.

6. ¿Cree que es inevitable tener que abandonar o perder una cultura y su lengua para mejor poder formar parte de otra?

7. ¿En qué se parecen y en qué se diferencian los hispanos de los Estados Unidos de otras minorías étnicas estadounidenses? ¿Cree que la idea del crisol o *«melting pot»* es un mito? Explique su opinión.

8. ¿Qué alternativas pudiera sugerir usted como forma de mejorar las políticas y leyes que tienen que ver con los inmigrantes latinoamericanos que ya están aquí? ¿Qué sugerencias tiene acerca de los que quieren venir legalmente y no consiguen el permiso?

9. ¿De qué manera ha cambiado la situación de los inmigrantes en este país debido a los eventos trágicos del 11 de septiembre de 2001?

10. ¿Qué haría usted si tuviera que trabajar como inmigrante indocumentado? ¿Cómo sobreviviría y qué tipo de dificultades cree que enfrentaría en el ámbito público y en el privado?

 # Narrativa

Sandra Cisneros (1954) de familia mexicana y chicana, nació en Chicago de raíces humildes. Estudió en la Universidad de Loyola y posteriormente obtuvo un título superior de la Universidad de Iowa. Es conocida por su poesía y su narrativa, y ha ganado muchos premios literarios. Vive y trabaja actualmente en la ciudad de San Antonio, Texas. *The House on Mango Street* (1984) es un relato basado en breves viñetas sobre la niñez de Esperanza Cordero, el barrio donde se crió, los amigos, la escuela, su familia. Esta obra fue traducida al español por Elena Poniatowska, la conocida autora mexicana. Otros libros que ha publicado Cisneros son: *My Wicked, Wicked Ways* (1987) y *Woman Hollering Creek and Other Stories* (1991).

ANTES DE LEER

En grupos de tres o cuatro estudiantes comenten lo siguiente. Compartan después sus observaciones con el resto de la clase.

1. ¿Cuáles son dos de sus autores latinos predilectos en inglés o en español? ¿Por qué? ¿Qué libros de esos autores o autoras ha leído? ¿Lee revistas populares o periódicos en español de vez en cuando? ¿Cuáles ha leído o le gustaría leer?

2. ¿Ha leído en español o en inglés a algún escritor hispano o escritora hispana durante sus estudios de secundaria o de la universidad? ¿Cuál o cuáles? ¿De qué país eran? ¿Eran autores clásicos o contemporáneos?

3. ¿Está contento o contenta usted con su nombre? Si es de origen latino, ¿ha pensado alguna vez en americanizarlo? ¿Se perdería algo si se lo cambiara?

4. El origen de los nombres propios es muchas veces curioso. El nombre Lidia, por ejemplo, significa "combate", y por eso existen en España y otros países hispanoamericanos "toros de lidia". ¿Sabe qué significa su nombre propio o el de sus familiares?

5. ¿Cómo puede ser un nombre propio una señal importante de identidad étnica y cultural? Explique.

MI NOMBRE

°**lodoso:** *como el lodo o fango*

°**rasura:** *afeitarse*

°**sollozos:** *llanto, lloro*

°**costal:** *saco grande*

°**hojalata:** *combinación de metales que se usa en las conservas*

En inglés mi nombre quiere decir esperanza. En español tiene demasiadas letras. Quiere decir tristeza, decir espera. Es como el número nueve, como un color lodoso°. Es los discos mexicanos que toca mi padre los domingos en la mañana cuando se rasura°, canciones como sollozos°.

5 Era el nombre de mi bisabuela y ahora es mío. Una mujer caballo nacida como yo en el año chino del caballo—que se supone es de mala suerte si naces mujer—pero creo que esa es una mentira china porque a los chinos, como a los mexicanos, no les gusta que sus mujeres sean fuertes.

Mi bisabuela. Me habría gustado conocerla, un caballo salvaje de mujer, 10 tan salvaje que no se casó sino hasta que mi bisabuelo la echó de cabeza a un costal° y así se la llevó nomás, como si fuera un candelabro elegante, así lo hizo.

Dice la historia que ella jamás lo perdonó. Toda su vida miró por la ventana hacia afuera, del mismo modo en que muchas mujeres apoyan su tristeza 15 en su codo. Yo me pregunto si ella hizo lo mejor que pudo con lo que le tocó, o si estaba arrepentida porque no fue todas las cosas que quiso ser. Esperanza. Heredé su nombre, pero no quiero heredar su lugar junto a la ventana.

En la escuela pronuncian raro mi nombre, como si las sílabas estuvieran 20 hechas de hojalata° y lastimaran el techo de la boca. Pero en español está hecho de algo más suave, como la plata, no tan grueso como el de mi hermanita—Magdalena—que es más feo que el mío. Magdalena, que por lo menos puede llegar a casa y hacerse Nenny. Pero yo siempre soy Esperanza.

25 Me gustaría bautizarme yo misma con un nombre nuevo, un nombre más parecido a mí, a la de a de veras, a la que nadie ve. Esperanza como Lisandra o Maritza o Zezé la X. Sí, algo como Zezé la X estaría bien.

PARA COMENTAR

Trabajando en parejas conteste las siguientes preguntas sobre "Mi nombre". Justifique su opinión cuando sea necesario. Luego puede comparar sus respuestas con las de otros compañeros.

1. ¿Por qué el nombre Esperanza también puede significar "tristeza"?

2. ¿Qué quiere decir Esperanza cuando afirma que no quiere heredar el puesto de la abuela junto a la ventana? ¿Qué significa esta afirmación?

3. ¿Por qué el nombre de Zezé la X es apropiado para la narradora? Explique usando su imaginación.

4. ¿Qué quiere decir la narradora al escribir que a los mexicanos y chinos no les gustan las "mujeres fuertes"?

5. ¿Por qué dice que su nombre suena como plata en español, como hojalata en inglés?

ANTES DE LEER

En grupos de tres o cuatro estudiantes comenten lo siguiente. Compartan después sus observaciones con el resto de la clase.

1. Piense en un deseo especial que tuvo en la infancia. ¿Qué sintió cuando se realizó o no se pudo realizar?

2. ¿Qué recuerda sobre los almuerzos de la escuela primaria? ¿Puede describir la gente que trabajaba en la cafetería, su almuerzo favorito, el comportamiento de sus compañeros y compañeras?

3. Si hizo la primaria en una escuela religiosa o particular, ¿cuál fue su experiencia? Si fue en una escuela pública, ¿cómo fue?

UN SÁNDWICH DE ARROZ

Los niños especiales, los que llevan llaves colgadas del cuello, comen en el refectorio°. (¡El refectorio! Hasta el nombre suena importante. Y esos niños van allí a la hora del lonche porque sus madres no están en casa o porque su casa está demasiado lejos.

°**refectorio:** *habitación destinada para la merienda o almuerzo en las escuelas religiosas*

5   Mi casa no está muy lejos pero tampoco muy cerca, y de algún modo se me metió un día en la cabeza pedirle a mi mamá que me hiciera un sándwich y le escribiera una nota a la directora para que yo también pudiera comer en el refectorio.

Ay no, dice ella apuntando hacia mí el cuchillo de la mantequilla como si
10   yo fuera a empezar a dar la lata, no señor. Lo siguiente es que todos van a querer una bolsa de lonche. Voy a estar toda la noche cortando triangulitos de pan: este con mayonesa, este con mostaza, el mío sin pepinillos pero

con mostaza por un lado por favor. Ustedes niños sólo quieren darme más trabajo.

15 Pero Nenny dice que a ella no le gusta comer en la escuela—nunca— porque a ella le gusta ir a casa de su mejor amiga, Gloria, que vive frente al patio de la escuela. La mamá de Gloria tiene una tele grande a color y lo único que hacen es ver caricaturas. Por otra parte, Kiki y Carlos son agentes de tránsito infantiles. Tampoco quieren comer en
20 la escuela. A ellos les gusta pararse afuera en el frío, especialmente si está lloviendo. Desde que vieron es película, *300 espartanos*, creen que sufrir es bueno.

Yo no soy espartana y levanto una anémica muñeca para probarlo. Ni siquiera puedo inflar un globo sin marearme. Y además, sé hacer mi propio
25 lonche. Si yo comiera en la escuela habría menos platos que lavar. Me verías menos y menos y me querrías más. Cada mediodía mi silla estaría vacía. Podrías llorar: ¿Dónde está mi hija favorita?, y cuando yo regresara por fin a las tres de la tarde, me valorarías.

Bueno, bueno, dice mi madre después de tres días de lo mismo. Y a
30 la siguiente mañana me toca ir a la escuela con la carta de Mamá y mi sándwich de arroz porque no tenemos carnes frías.

Los lunes y los viernes da igual, las mañanas siempre caminan muy despacio y hoy más. Pero finalmente llega la hora y me formo en la fila de los niños que se quedan a lonchar. Todo va muy bien hasta que la monja
35 que conoce de memoria a todos los niños del refectorio me ve y dice: y a ti ¿quién te mandó aquí? Y como soy penosa no digo nada, nomás levanto mi mano con la carta. Esto no sirve, dice, hasta que la madre superiora dé su aprobación. Sube arriba y habla con ella. Así que fui.

Espero a que les grite a dos niños antes que a mí, a uno porque hizo algo
40 en clase y al otro porque no lo hizo. Cuando llega mi turno me paro frente al gran escritorio con estampitas de santos bajo el cristal mientras la madre superiora lee mi carta, que dice así:

Querida madre superiora:
Por favor permítale a Esperanza entrar en el salón comedor porque vive demasiado
45 *lejos y se cansa. Como puede ver está muy flaquita. Espero en Dios no se desmaye.*

Con mis más cumplidas gracias,
Sra. E. Cordero

Tú no vives lejos, dice ella. Tú vives cruzando el bulevar. Nada más son cuatro cuadras. Ni siquiera. Quizás tres. De aquí son tres largas cuadras.
50 Apuesto a que alcanzo a ver tu casa desde mi ventana. ¿Cuál es? Ven acá, ¿cual es tu casa?

Y entonces hace que me trepe en una caja de libros. ¿Es esa? dice señalando una fila de edificios feos de tres pisos, a los que hasta a los pordioseros les da pena entrar. Sí, muevo la cabeza aunque aquella no era mi casa y me
55 echo a llorar. Yo siempre lloro cuando las monjas me gritan, aunque no me estén gritando.

Entonces ella lo siente y dice que me puedo quedar —sólo por hoy, no mañana ni el día siguiente. Y yo digo sí y por favor, ¿podría darme un *Kleenex?*— tengo que sonarme.

60 En el refectorio, que no era nada del otro mundo, un montón de niños y niñas miraban mientras yo lloraba y comía mi sándwich, el pan ya grasoso y el arroz frío.

PARA COMENTAR

Trabajando en parejas, conteste las siguientes preguntas sobre "Un sándwich de arroz". Justifique su opinión cuando sea necesario. Luego puede comparar sus respuestas con las de otros compañeros.

1. ¿Por qué quiere Esperanza comer en el refectorio?
2. ¿Cuál es el trabajo especial de Kiki y Carlos?
3. ¿Por qué necesita Esperanza un permiso especial para comer en la escuela?
4. Cuando la directora le pregunta a Esperanza por su casa, y señala un edificio equivocado, ¿por qué cree que Esperanza no la corrige? Explique su opinión.
5. Compare como actúa Esperanza en su casa, en privado con su mamá, con su forma de actuar en la escuela.

PARA ESCRIBIR

Lea los siguientes temas. Luego escoja uno de la categoría A y otro de la B para escribir sobre el mismo. Comparta su trabajo con otro(a) compañero(a) e intercambien comentarios sobre lo que han escrito.

A. Párrafos breves.

1. Escriba un párrafo sobre su nombre, utilizando los textos de Cisneros como guía.
2. Si tuviera mellizos, ¿qué nombres les pondría? En una hoja aparte, haga una lista de los diez nombres en español que le gusten más. Comente por qué le gustan.

B. Composiciones.

1. Escriba una composición de 2 o 3 párrafos en la que analice diferentes "caras" que usted ofrece al mundo. Compare su comportamiento privado con su comportamiento en público. ¿Cambia su personalidad? ¿Cómo?
2. Escriba una composición de dos a tres páginas en la que describa uno de los grandes deseos de su infancia. ¿Qué ocurrió? ¿Obtuvo su deseo? ¿Por qué o por qué no?

Narrativa: Autobiografía

Emilio Estefan (1953), famoso productor de música y ganador de múltiples premios Grammy, es además, el esposo —por más de 30 años— de la conocida cantante cubana-americana, Gloria Estefan. También es fundador de Estefan Enterprises, una empresa que emplea a más de mil personas y, entre otras cosas, es dueña de compañías de música, hoteles, restaurantes y bienes raíces. En enero de 2011, CELEBRA, una división de la New American Library, de Penguin Books, publicó *Ritmo al éxito: Cómo un inmigrante hizo su propio sueño americano*, la versión en español de su libro originalmente escrito en inglés.

ANTES DE LEER

En grupos de tres o cuatro estudiantes comenten lo siguiente. Compartan después sus observaciones con el resto de la clase.

1. Cuando era joven, ¿tuvo usted que mudarse alguna vez a otro país inesperadamente o conoce a alguien que tuvo esa experiencia en su niñez? Si tuvo esa experiencia o conoce a alguien que la tuvo, ¿qué recuerda más de ella? ¿A quiénes dejó atrás y qué dejó al irse?

2. Imagínese que tiene entre 12 y 14 años y sus padres le dicen que lo van a mandar al extranjero solo o sola para que pueda estar en un lugar seguro y pueda lograr un futuro en libertad. Ellos no pueden salir del país porque no les dan el permiso. ¿Cómo cree que sería su reacción a los deseos de sus padres? ¿Qué diría a sus padres?

3. Si sólo puede llevar una sola pequeña maleta (que le van a revisar completamente en el aeropuerto y le pueden arrebatar pertenencias), ¿qué cree que pondría en esa maleta? ¿Por qué?

4. ¿Qué tipo de razones pudieran tener los padres de uno para justificar lo impensable—separarse de sus hijos para que ellos salgan del país, sabiendo que a lo mejor no los van a volver a ver nunca? ¿Cómo cree que debe ser la situación en esa nación para que los padres de niños o niñas tomen ese grandísimo riesgo de posiblemente no volver a ver de nuevo a sus hijos?

5. ¿Recuerda usted un momento especial en el que se dio cuenta que estaba perdiendo la inocencia de la niñez y se sintió más responsable y más adulto o adulta debido a las circunstancias en que se encontraba y a la experiencia que la vida le traía? ¿Puede describirlo y explicarlo?

RITMO AL ÉXITO: CÓMO UN INMIGRANTE HIZO SU PROPIO SUEÑO AMERICANO

Introducción

Mi infancia duró once años. Sé exactamente en qué instante terminó. De pie, oculto tras una puerta en nuestra casa, escuché a mis padres hablar de la situación que aguardaba a nuestro país y eventualmente a nuestra familia. Si tomas en cuenta que este episodio tenía lugar a mediados

5 sesenta y que el país en el que vivíamos era Cuba, sabrás que no oí nada alentador, nada que revelar optimismo respecto a los años por venir. Las voces de mis padres demostraban tal preocupación que me invadió el temor. Muchas personas de nuestro círculo cercano ya se habían marchado de Cuba, incluyendo niños que asistían conmigo a la escuela, y otras lo

10 estaban planeando con discreción. Reinaba la incertidumbre.

Aunque al principio me asustó lo que escuché, rápidamente sentí que me llenaba una extraordinaria sensación de propósito. En los breves que siguieron dejé de ser un niño. Me hice hombre en el acto.

Mientras mis padres hablaban sobre la revolución de Castro y el rumbo

15 que estaba tomando, supe lo que tenía que hacer. Iba a tener que asumir una gran responsabilidad y dejar mi país si quería que mi familia tuviera un futuro del que disfrutar juntos. Como todos los padres, los míos estaban preocupados por sus hijos. En aquel entonces, mi hermano mayor, que ya estaba en la edad militar, estudiaba ingeniería en la universidad y

20 de ninguna manera el gobierno lo dejaría salir de Cuba. Pero a mí me faltaban varios años para llegar a la edad de cumplir el servicio militar obligatorio; era lo suficientemente joven para irme. Aquel día no tenía un plan definido, solo la convicción de que abandonar Cuba era mi única opción para lograr vivir en un mundo libre. De que era la única esperanza

25 de mi familia.

¿Qué significa el concepto de la libertad para un chico de once años? No podría haber opinado sobre el gobierno constitucional ni sobre la vida, la libertad y la búsqueda de la felicidad. Simplemente sabía que la libertad era un lugar donde los soldados no llegaban a tu hogar y arreaban a las

30 personas a punta de ametralladoras—algo que le acababa de ocurrir a mi familia. Sabía que la libertad era un lugar donde el gobierno no podía, sin más ni más, quitarte el dinero solo porque esa era su voluntad—los soldados habían venido buscando dólares estadounidenses en nuestra casa. En aquel momento, de pie en el umbral del cuarto de mis padres,

35 probablemente no habría podido dar un nombre a la libertad pero estaba seguro de que existía en los Estados Unidos de América y que mis seres queridos dependían de mí para encontrarla.

El objetivo a largo plazo sería reunir a nuestra familia en Estados Unidos. Yo no podía salir solo y mi madre no quería dejar a sus padres. Por tanto,

40 quedábamos mi papá y yo. Él tendría que convencerla de que nos dejara ir, hacerle ver que debíamos separarnos para poder tener juntos un futuro en libertad. En vísperas de la invasión de Bahía de Cochinos y en momentos en

que el estado de las relaciones entre Cuba y Estados Unidos era deplorable, necesitábamos hallar un tercer país en el que vivir provisionalmente, y acordamos que sería España.

Cuba se encuentra a solo noventa millas de la Florida. A la vez tan cerca, y tan lejos. Yo solía observar el agua que besaba la arena de nuestras bellas playas cubanas e imaginar que había acariciado la costa de Estados Unidos, ¡todo parecía tan cercano! También acostumbraba a mirar el cielo y pensar en qué personas de todo el mundo contemplaban el mismo firmamento. Solo que ellas lo hacía a través de los ojos de la libertad.

Aquellos fueron tiempos horribles para mí. Tenía la responsabilidad de tomar una decisión. Mi padre no era hombre de hacer planes; mi madre no quería que nos fuéramos. Ella se sentía muy confundida, a la vez que no quería dejar a su papá aunque en el fondo supiera que era lo correcto para mi papá y para mí. Cuando finalmente llegó el día de abordar el avión y partir en un vuelo desde la Habana, mi corazón estaba destrozado. Mientras me encaminaba hacia lo desconocido, lo que más temía era no volver a ver jamás a mi madre. Cuando los abracé a ella y a mi hermano en la despedida, no sabía si nos reuniríamos otra vez. Pensé que aquel podía ser el último abrazo que les daría. Al echarme al cuello de mi abuelo y decirle adiós, tuve la sensación de estar enterrando a alguien en vida. Lo miré a los ojos y presentí que no lo vería nunca más.

Tenía razón.

A medida que el avión se desplazaba por la pista para despegar, mi mano se fue incrustando en el cristal de la ventanilla, y la tristeza me agobió. No había regreso. Fue raro ver a otras personas en el avión, algunas felices y sonrientes con sus familias, de vuelta a España. Yo no podía decir si retornaría un día a mi hogar. No tenía idea de lo que el futuro me deparaba.

Mi padre y yo pasamos momentos muy duros en España. Estuvimos a punto de quedarnos en la calle y casi a diario comíamos en un comedor de beneficencia. No teníamos permiso de trabajo así que era imposible mantenernos. Fue el año y medio más difícil de mi vida. Pero tenía la certeza de que al final la lucha valdría la pena. Dieciocho meses después viajé solo de España a Miami con la esperanza única de reunir a mi familia. Esa ilusión nunca flaqueó, pero mi viaje estaba aun lejos de terminar. Durante toda esa etapa y aun mucho después me impulsó la misma energía y persistencia que me imbuyó cuando tenía once años y oí a mis padres hablar sobre la fatalidad que se cernía sobre Cuba.

Aunque fue un período muy difícil, sigo agradecido a España por brindarnos nuestro primer refugio. Y valoro esa experiencia, que aunque fue dolorosa para mí, me permitió establecer los principios que me han guiado.

De vez en cuando suceden ciertas cosas que me recuerdan lo lejos que he llegado y lo afortunado que he sido en la vida. Hace un tiempo Gloria y yo vacacionábamos con nuestra hija Emily y volamos desde la bella ciudad de Praga, en la República Checa, a Madrid. Emily tenía casi la misma edad que yo tenía al arribar, cuatro décadas atrás, con mi padre. En un instante me sentí abrumado por la sensación de lo ya visto, y luego, una mezcla de emociones. Sentí tristeza, pero a la vez un increíble sentimiento de alegría y orgullo al verme llegar al aeropuerto con mi propia familia y constatar cuán diferente era mi realidad del momento en el que atravesé aquel pasillo por primera vez con mi padre. Había completado un círculo en la vida. Esto me hizo percibir con mayor claridad que nunca que la decisión que había tomado de dejar Cuba cuarenta años antes, había sido la correcta. Porque gracias a aquella decisión, mi familia ahora podía vivir en libertad.

En el fondo, sigo siendo el mismo de entonces; decidido, lleno de vida y energía, y listo para enfrentar cualquier desafío que la vida me ponga en el camino. Si de joven era un inmigrante lleno de ilusiones en busca de libertad, de mayor vivo hoy el sueño americano junto a una esposa maravillosa, con quien he compartido treinta años de matrimonio y mis dos bellos hijos.

Espero que en este libro encuentres la filosofía que me ha guiado, la que me ha ayudado a alcanzar el éxito en el ámbito profesional y una inmensa felicidad en el plano personal. Mis valores forman los cimientos para todas mis acciones y siempre he sabido que la mejor garantía para obtener un resultado positivo es adoptar una actitud positiva desde que te planteas la meta. Hace mucho tiempo que aprendía cómo tornar lo negativo en positivo y cómo revertir las cosas. Soy además un practicante convencido de la planificación a largo plazo, como muestran estas historias que acabo de contar.

Sobre todo, siempre he seguido mi corazón y mi intuición. He hecho lo que me gusta y creo en mí, en mis ideas y en mis sueños.

Juntos, Gloria y yo hemos trabajado muy duro para crear una empresa tremendamente exitosa que abarca editoras musicales, restaurantes, hoteles, y la producción de música, cine y televisión. Pero no vine a este país con el objetivo de lograr fama y fortuna.

Vine en busca de la libertad. Siempre he tenido presente mi herencia cultural y el lugar del que provengo es parte esencial de quien soy. No he imitado; he creado. Como percusionista puedo decir que he trabajado a mi propio compás—es lo que emprende el ritmo de mi éxito.

Los primeros compases de ese ritmo sonaron cuando yo era aún muy joven, mientras pasaba de niño a hombre viviendo la experiencia de ser dos veces inmigrante. Cuando me veas lucir feliz, seguro de mí mismo y sonriente en una foto, piensa en aquel niño que dejaba atrás a su madre, aterrorizado de no volver a verla nunca más. Porque sin el uno, no existe el otro.

Capítulo Uno: Asume la responsabilidad

Soy un empresario y todos los empresarios nos parecemos en algunas cosas. Se me ocurren cuatro: Nos arriesgamos, pensamos en grande, somos creativos y somos ingeniosos. Quizás hay otra similitud. No nos podemos quedar tranquilos y somos un poquito impacientes. Pero voy a dejar esas ideas a un lado por el momento (¡sea paciente!) y hablaré de una cualidad que no todos compartimos. Lo que no todos los empresarios tienen es sentido de responsabilidad, ya sea por sí mismos, por el proyecto que tienen entre manos o por las personas que trabajan para ellos. Una de mis convicciones más arraigadas es que la responsabilidad es una virtud esencial en la fibra de un empresario. Y no solamente es importante para las personas que buscan tener éxito en los negocios. Toda persona que desea alcanzar algo en general, necesita ser resuelta, tomar decisiones y responder por ellas. Cuando somos pequeños respondemos sólo por nosotros mismos. la infancia debe ser una época despreocupada y feliz. A medida que crecemos, nuestra cartera de problemas se va abultando hasta llenarse y casi estallar. Como parte de una familia, uno tiene al menos parcialmente algo de responsabilidad por el bienestar de cada uno de sus integrantes. Para un niño, esto puede significar cumplir algún que otro encargo o ayudar en los quehaceres de la casa. Luego, cuando obtienes un empleo, tienes obligaciones con la gente que confía en que hagas bien tu trabajo. Al formar tu propia familia, ya sientes una verdadera presión por garantizar el sostén de tus seres queridos. Siempre he tenido un enorme sentido de responsabilidad. Creo que se reveló por primera vez aquel día en que, a la entrada del cuarto de mis padres, los escuché hablar de nuestro futuro. Decidí que sería yo quien sacaría a mi familia del país, y me atuve a la decisión hasta que cumplí cabalmente la tarea. Eso es asumir la responsabilidad.

Me vi obligado a decidir y a comportarme como un adulto a tan temprana edad porque sabía que mi padre no iba a dar un paso. Yo lo amaba con la vida—él me enseñó todo—pero mi padre no era hombre que asumiría una responsabilidad tal como esa. Era un jugador profesional que vivía la vida minuto a minuto. No hacía planes para el futuro porque consideraba que el futuro se encargaría de todo por sí mismo, y así es si uno lo deja al azar. Era un hombre extremadamente generoso y me enseñó que era mejor dar que recibir. Toda su vida, si mi padre obtenía algún dinero, lo regalaba. Incluso cuando estábamos en la miseria, si tenía dos dólares, daba uno. Años después, cuando vivíamos juntos en Miami, yo le regalaba cosas —relojes finos, carros de lujo— y luego nunca los volvía a ver. Él se los daba a alguien que, en su opinión, los necesitaba más que él. Mi padre quería morir con un par de zapatos y un traje como sus únicas posesiones y así fue, pese a todos mis esfuerzos.

Aunque entonces era muy joven, yo ya estaba consciente de la opresión que existía en Cuba. La gente tenía miedo. Debido al sistema comunista, por mucho tiempo no había transacciones comerciales reales en la isla, no existía la libre empresa y los negocios legales estaban siendo confiscados por el gobierno. Antes de la revolución, mis padres habían montado un negocio en casa, cosiendo ropa interior para una tienda, de uno de los hermanos de mi padre. Después de la revolución, nos dedicamos más de lleno al negocio, hasta que el régimen comunista también lo confiscó.

Parecía que a más y más personas se les quitaba su medio de sustento. Los
empresarios, gente como mi abuelo que siempre habían trabajado por
cuenta propia, hallaban difícil, por no decir imposible, trabajar para otros
que no tenían ni la más mínima idea de cómo administrar un negocio. La
mayoría de las empresas simplemente empezaban a fracasar. La debacle
económica y la salida del país se convirtieron en los principales temas de
conversación en casa de mi abuela Julia.

La moneda cambió de dólares a pesos cubanos, y quienes tenían
dólares tenían que convertirlos en pesos. Era ilícito poseer dólares
estadounidenses, o cualquier otra divisa extranjera, en realidad. Un día,
soldados fuertemente armados entraron en mi casa y quedé pasmado con
su manera de proceder; fueron tan groseros y agresivos. Yo no entendía lo
que sucedía. Se dirigieron al dormitorio de mis padres. Un cuadro colgaba
de la pared, y detrás de él había una caja fuerte empotrada. Los soldados
tumbaron el cuadro y vieron la caja fuerte. Por supuesto, automáticamente
dieron por sentado que mis padres escondían dólares y que mi padre
estaba haciendo algo ilegal.

Uno de los soldados nos empujó a todos hacia fuera, hasta el patio trasero de
la casa. Los tipos no estaban de humor para escuchar explicaciones; tampoco
nosotros estábamos muy deseosos de ofrecerlas. Después de tenernos afuera
por unos minutos, los soldados llamaron a mi padre. A esas alturas todos
estábamos ya muy tensos, cuando oímos a mi papá discutir con un soldado.
Mi padre había olvidado la combinación de la caja fuerte. Hacía años que no
la usaba, ¿por qué habría de recordarla? Esto empeoró las cosas. Los soldados
nos obligaron a sentarnos. Pusieron una carga de dinamita en la caja y la
volaron para abrirla. Dentro solamente hallaron algunas joyas antiguas de mi
madre y un montón de papeles, nada de valor, y mucho menos nada ilícito.

Daba la impresión de que los agentes del gobierno habían puesto ahora
la mirilla sobre mi padre. Mi familia había sido estremecida un poco antes
por la detención de uno de mis primos, que había acudido a una embajada
extranjera en La Habana para tratar de conseguir una visa. Mi tía, que
había ayudaba a mi primo, terminó pasando veinte años en la cárcel por
ello. Cada mes que pasaba los riesgos aumentaban.

Muchos de mis amigos y compañeros de escuela ya se habían marchado.
Esto solo sirvió para reafirmar mi resolución de irme. Miles de niños
salieron de Cuba solos. Entre 1960 y 1962, 14,000 niños viajaron de Cuba
bajo la Operación Pedro Pan, el éxodo de menores sin acompañantes más
grande que jamás se haya producido en el hemisferio occidental.

Cerca de la mitad de ellos se reunió con sus familiares en Estados Unidos,
mientras los otros fueron alojados en hogares de familias adoptivas
norteamericanas que los cuidaron hasta que sus padres o miembros de sus
familias pudieron salir. Muchos de ellos no vieron a los suyos por años y
años. Algunas familias quedaron separadas para siempre.

Sé que a mis padres les aterrorizaba especialmente esta posibilidad. De
todos modos, después de la crisis de los misiles de Cuba en octubre de
1962, se hizo imposible viajar a los Estados Unidos durante tres años.

225 Todos los viajes entre los dos países se suspendieron hasta fines de 1965, cuando ambos gobiernos convinieron en establecer un puente aéreo para todos los cubanos que quisieran trasladarse a Estados Unidos. Pero no fue tan fácil. Aunque los Vuelos de la Libertad se mantuvieron hasta los años setenta, no todo el que quería pudo irse; como mi hermano, por

230 ejemplo. Mi hermano Papo estuvo a punto de ser un Pedro Pan. Cuando el programa comenzó, solicitó su pasaporte y la familia se preparó para su partida. Tenía entonces catorce años. El gobierno no dejaba salir del país a los jóvenes de entre dieciséis y treinta años de edad porque podrían ser necesarios para servir en el ejército, por lo que el tiempo de Papo se

235 estaba agotando. Pero cuando obtuvo su pasaporte resultó inválido porque habían escrito incorrectamente el apellido. Cumplió dieciséis antes de que se le expidiera un nuevo pasaporte y Papo no se pudo ir. Pasarían otros veinte años antes de que pudiera salir de Cuba.

A mi familia le tomó muchísimo tiempo acostumbrarse a la idea de tener

240 que abandonar el país. Quizás porque, tanto por la línea paterna como por la materna, habían llegado a Cuba desde otros países, se resistían a aceptar irse tan rápido. Habían venido en busca de una vida mejor y la habían construido a base de esfuerzo y trabajo arduo. Tanto los padres de mi padre como los de mi madre habían arribado a Cuba cuando ésta

245 era aún una nación joven. Mi abuelo materno no quería ser inmigrante otra vez.

Cuba había alcanzado la independencia de España apenas medio siglo antes de la revolución. Creo que mis abuelos, e incluso mis padres, pensaban que a eso se debía lo que estaba sufriendo la república naciente,

250 dolores del crecimiento, por así decir. Muchos de nuestros conocidos, que se quedaron durante aquellos primeros años, creían que Castro no era tan malo como algunos pensaban o que eventualmente sería derrocado. No todo el mundo veía en la revolución una amenaza inminente para su modo de vida.

255 Para mi madre, partir estaba completamente fuera de discusión porque sus padres no se querían ir y mi hermano no podía. Algunos miembros de mi familia comenzaron a dejar la isla. Muchos parientes de mi padre, sus hermanos y sobrinos, trabajaban en negocios particulares y empezaban a sentir la presión del gobierno comunista, sospechando que sus pequeñas

260 empresas privadas serían confiscadas. La primera en irse fue la hermana mayor de mi padre, Isabel —a la que todos llamábamos Javivi (como *habibi* que significa «mi amor» en árabe) y su esposo, mi tío Pepe Medina. Él era dueño de un concesionario de automóviles y llevaban una vida relativamente holgada. Las actividades políticas de mi tío, quien escribía artículos y se

265 expresaba en contra del régimen de Castro, los forzaron a decidir la salida. Fueron los primeros en irse y pasaron muchos años trabajando duro en empleos de baja categoría en Miami, para hacer el dinero necesario para sacar a tantos miembros de la familia como fuera posible.

Todo esto sucedía como trasfondo en el momento en que oí tras la puerta

270 a mis padres aquel fatídico día. Fui hasta donde estaba mi madre y le dije que yo tenía que irme para poder lograr la salida de todos. Mi mamá vio

que yo estaba absolutamente resuelto a marcharme de Cuba y entre todos se decidió que tratarían de sacarme, junto con mi padre. Alguien en la familia se dio cuenta de que teníamos posibilidad de conseguir entrada en España. Mis abuelos habían nacido allá, por lo que mi madre era elegible para una visa española y esto nos permitiría a mi padre y a mí obtener una visa para viajar a España. Después de decidirnos por España, nos enteramos de que muchos cubanos estaban haciendo lo mismo.

Mis padres comenzaron a tramitar el papeleo en la embajada española en La Habana y mi tía Javivi comenzó a enviarnos el dinero para los pasajes. Era un proceso largo y los resultados no estaban garantizados. Durante aquella etapa de incertidumbre, mis sentidos se aguzaron como yo nunca recordara que lo fueran anteriormente. No quería dormir; me quedaba acostado en la cama estudiando el cielo raso. Me concentraba en tratar de memorizar cada pulgada de mi casa. Y mucho tiempo después todavía sería capaz de recordar su olor.

Ya empezaba a extrañar a mi abuelo y todavía estaba con él.

Al fin, llegó el día; nos otorgaron las visas. Era hora de partir. Mi hermano nos acompañó a mi padre y a mí a La Habana, donde tomaríamos el vuelo con destino a España. Corría febrero de 1967, unas semanas antes de cumplir los 14 años y sería la última vez que estaríamos todos juntos en los siguientes trece años. Si lo hubiera sabido entonces, no estoy seguro de que habría tenido el coraje necesario para abordar el avión. Creo que fue bueno que no lo supiera.

La noche antes de nuestra partida, Papo y yo caminamos y hablamos durante horas. Mi hermano ya estaba casado y tenía una hija. Su deseo de irse de Cuba era más profundo que nunca. Escuchándolo comprendí que no podía ver mi salida del país desde un punto de vista egoísta, no podía preocuparme tanto por mis sentimientos personales; tenía que ver el propósito superior de todo aquello. Pero para mí era tan duro irme. Sentía un peso en el alma.

Mi padre y yo nos fuimos sin nada más que las ropas que llevábamos puestas. No teníamos muchas, para empezar; en Cuba ya se empezaba a sufrir de todo tipo de escasez. La mayoría de los que se iban no se llevaban casi nada.

Recuerdo cada detalle de mi salida de Cuba. Recuerdo que iba tomado de la mano de mi padre mientras subíamos la escalerilla del avión. Recuerdo el olor del avión. Principalmente recuerdo la imagen de mi madre y de mi hermano a través de la ventanilla. Cuando la nave se empezó a mover, empecé a llorar. Y lloré. Y lloré. Y lloré durante todo el viaje hasta llegar a España. Fue como si mi alma se hubiera separado de mi cuerpo. Lo juro por Dios.

Fue ahí cuando comprendí, de la manera más dolorosa posible, que el asumir responsabilidades tiene un costo alto. Me era imposible predecir lo que pasaría en mi vida ni en la de mis familiares, pero en lo más profundo de mi corazón estaba seguro de que estaba haciendo lo correcto. Y estaba resuelto. Había tomado una decisión y había asumido una responsabilidad, y me mantuve fiel a ellas. Este ha sido el principio que ha regido todas las áreas de mi vida desde entonces.

320 Gracias a esa decisión, nuestra familia volvió a tomar las riendas de su destino, algo que todos deseábamos. Pero de todas las duras lecciones que aprendí a tan tierna edad, esta fue la más difícil y probablemente la más importante. Asumir la responsabilidad puede ser doloroso, y sumamente costoso. Pero no asumir la responsabilidad puede costar
325 todavía más.

PARA COMENTAR

Trabajando en parejas, conteste las siguientes preguntas sobre Ritmo al éxito: Cómo un inmigrante hizo su propio sueño americano. *Justifique su opinión cuando sea necesario. Luego puede comparar sus respuestas con las de otros compañeros.*

1. ¿Por qué Emilio Estefan dice que su infancia duró 11 años? Explique según lo que él nos cuenta.

2. ¿Por qué cree que él se siente que tiene que tomar las riendas y ser el responsable por el futuro de su familia?

3. ¿Quién de la familia no quería que él se fuera? ¿Por qué él podía salir y no su hermano mayor?

4. ¿Qué nos da a entender de la situación en Cuba en esos momentos de la década de 1960? ¿Qué elementos nos indican cómo era el ambiente en el país?

5. ¿A qué país acordaron Emilio y su padre que irían primero? ¿Qué cuenta acerca de su actitud y sus emociones, cuando regresa a España con Gloria, cuarenta años después?

6. ¿Qué nos da la idea que Emilio Estefan tiene confianza en sí mismo y que es una persona positiva en su manera de pensar? Dé ejemplos del texto.

7. ¿Cómo se sintió al despedirse de su abuelo? ¿Ha experimentado alguna vez esa sensación en la que sabe al despedirse que no va a poder volver a ver a una persona de nuevo? Explique.

8. ¿Qué cree que quiso decir Estefan cuando termina diciendo que no asumir la responsabilidad puede ser más costoso?

PARA ESCRIBIR

Escriba un breve ensayo acerca de alguien de su familia inmediata, que para usted haya tenido o tenga todavía gran significado, que haya tenido una influencia positiva en su vida y le haya ayudado a desarrollar confianza en sí mismo para poder lograr lo que se proponga hacer en la vida.

📖 Narrativa: Ensayo

El ensayo que sigue a continuación pertenece a uno de los libros del conocido periodista, Jorge Ramos, *La otra cara de América: Historias de inmigrantes latinoamericanos que están cambiando a los Estados Unidos.*

EL FUTURO DEL ESPAÑOL EN ESTADOS UNIDOS

El otro día llamé al rufero para que revisara el techo de mi casa porque había un liqueo. Toda la carpeta estaba empapada. Vino en su troca a wachear la problema y quería saber si yo iba a pagar o la aseguranza. Después de contar cuántos tiles tenía que cambiar me dio un estimado.
5 Yo le dije que me dejara el número de su *celfon* o de su *bíper.* Si nadie contesta, me advirtió, deja un mensaje después del bip y yo te hablo p'atrás.

Jorge Ramos

La primera sugerencia para los que se escandalizan con párrafos como el anterior —y que tengan un legítimo interés en saber qué es lo que hablamos los latinos en Estados Unidos— es dejar a un lado a
10 los académicos de largas barbas, panza prominente y seria actitud, para empezar a escuchar a la gente de la calle. En ciudades como Hialeah en la Florida, Santa Ana en California, Queens en Nueva York, Pilsen en Chicago y el West Side en San Antonio quien no hable español —o algo parecido— se puede sentir claramente discriminado.
15 Pero es un español que ni Cervantes o el pragmático de Sancho Panza entendería.

Aquí en Estados Unidos se entiende mejor *greencard* que tarjeta de residencia. (Incluso una profesora chilena proponía que se escribiera *grincar,* tal y como se pronuncia, y que nos olvidáramos de problemas).
20 Para quienes utilizan los beneficios del *welfare,* el *medicaid* o el *unemployment* es más fácil referirse a una palabra que a una extensa e incomprensible explicación.

Luego, por supuesto, están esas seudotraducciones del *espanglish* que se han apoderado del habla. Ganga es una oferta, pero en las calles del Este
25 de Los Ángeles nadie confundiría a una pandilla con una oportunidad de compra. También todos saben que el bordo o el borde queda al sur, aunque no hayan tenido que cruzar ilegalmente la frontera. *Tener sexo* es usado frecuentemente en lugar de hacer el amor, aunque quien lo tiene casi nunca se queja de las palabras. *Hacer lobby* es tan usado como
30 cabildear. *Surfear* es más fácil que correr tabla. Ambientalista es más corto que defensor del medio ambiente. *Sexista** no existe en el diccionario pero es un término más amplio que machismo. Y *soccer* busca reemplazar a *fútbol.*

Las cosas se complican cuando la misma palabra en español significa
35 cosas distintas para los grupos que conforman ese híbrido llamado

---

*La palabra *sexista* sí figura en el Diccionario de la Real Academia Española como «partidario del sexismo». *Sexismo* a su vez se define como «1. Atención preponderante al sexo. 2. Discriminación de personas de un sexo por considerarlo inferior al otro».

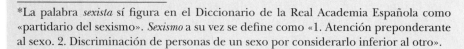

«hispanos». *Darse un palo* en Puerto Rico es tomar un trago. *Darse a palos*, entre cubanos, es una golpiza. *Darse un palo* en México, bueno, mejor imagíneselo usted. Incluso las tareas más sencillos tienen su reto. Los chilenos dicen *corchetera* a lo que los cubanos llaman *presilladora*, los mexicanos *engrapadora*, algunos puertorriqueños *clipeadora* y los norteamericanos *stapler*.

Todo lo anterior apoya una hipótesis muy simple: el español que se habla en Estados Unidos es un idioma vivo, cambiante, dinámico, sujeto a las influencias del medio y es una batalla perdida el tratar de resistirlo o rechazarlo. Estados Unidos, en estos días, puede aportar más al crecimiento del idioma español que cualquier otro país de habla hispana.

No, no estoy promoviendo el español mal hablado o mal escrito, pero sí creo que debemos tener una mente mucho más abierta para aceptar constantemente los nuevos términos y expresiones que nos aporta nuestra experiencia en este país. Los nuevos conceptos enriquecen nuestra cultura, no la denigran.

La aspiración más realista es hablar bien el inglés y el español y tener hijos bilingües —o bilinguales, como decía un conocido político de Los Ángeles— la misma discusión que tenían los romanos con el latín clásico y el latín vulgar la tenemos ahora en Estados Unidos con el español y el *espanglish*. Ya conocemos la lección: el latín vulgar predominó al igual que en Estados Unidos va a predominar un español irreconocible en Madrid.

Cualquier padre o madre de familia que quiera mantener el español en la casa sabe a lo que me refiero. Lo más frecuente es intercambiar el inglés y el español en una misma conversación. Por más esfuerzo que se haga, el inglés tiende a predominar en las nuevas generaciones. La necesidad de hablar inglés para tener éxito en este país, la influencia de la escuela y el bombardeo de la televisión y la Internet le van ganando la guerra al español palabra por palabra. Y al mismo tiempo, el *espanglish* se ha convertido en un puente: generacional, lingüístico, tecnológico, cibernético y cultural.

Responder a la pregunta: ¿qué van a hablar los hispanos del futuro?, es vital para el desarrollo de los medios de comunicación en español en Estados Unidos. Los ejecutivos de la radio y televisión quisieran tener la bolita mágica para saber si los hispanos en dos o tres décadas hablarán más inglés que español; si se adaptarán o si se mantendrán más independientes que otros grupos étnicos —como italianos y polacos— en sus costumbres culturales. Actualmente, de los más de 30 millones de latinos en Estados Unidos, la mitad prefiere comunicarse en español, 35 por ciento en inglés y un 15 por ciento es bilingüe.

¿Cómo se comunicarán en un futuro los latinos? Por el momento no hay de qué preocuparse. La constante migración a Estados Unidos, calculada por la Oficina del Censo en 1.3 millones al año (así como los altos niveles de fertilidad entre los latinos), asegura una audiencia cautiva que hablará español (o al menos lo entenderá) por los próximos años.

Muchos puristas se escandalizan al ver que el *espanglish* —palabra por palabra— le está ganando terreno al español de los diccionarios. Pero la verdad, ni vale la pena molestarse. Sólo escuchen la radio, la televisión, la calle. Hablen con las nuevas generaciones de hispanos. Fácilmente podrán corroborar cuál es su futuro. Y en el futuro de los hispanos no hay un español puro.

Posdata. El viernes 4 de febrero del 2000 un carpintero de apellido Casillas se convirtió en el primer miembro de un jurado en Estados Unidos que no hablaba inglés. Casillas, que entonces tenía 43 años, utilizó a un traductor en un juicio por narcotráfico en el condado de Doña Ana [en Nuevo México].

III. Mundos hispanos

Celia Cruz: ¡Azúcar!

¡EMBAJADORA MAGISTRAL, INIGUALABLE PARA SIEMPRE!

Celia Cruz (1925–2003), cantante inigualable del sentir de su gente y de su tierra, Cuba, ha sido y continuará siendo indiscutiblemente la voz incomparable y más conocida de la música cubana popular y su más importante ícono cultural. De familia de orígenes pobres, cuando era adolescente Celia empezó a concursar en emisoras de radio, y

La popular cantante cubana Celia Cruz: La Guarachera de Cuba, la Reina de la Salsa

a ganar premios desde jovencita. Terminó sus estudios y se certificó para ser maestra, pero su misma profesora le aconsejó que siguiera el camino del canto.

Comenzó a hacerse famosa con la orquesta cubana la Sonora Matancera en la cual conoció a su futuro esposo, Pedro Knight, a quien ella llamaría afectuosamente años después, «Cabecita de algodón». Celia Cruz salió de Cuba en 1960, aprovechando que tenía un contrato en México, para huir del gobierno totalitario de Fidel Castro. En 1961 vino a los Estados Unidos, donde fijó su hogar en el exilio.

Celia Cruz, cuya voz siempre fue espectacular, potente e inolvidable, se considerará para siempre la reina de la música popular cubana —junto con la de Beny Moré— y de lo que hoy día hemos llegado a llamar *salsa*. La Guarachera de Cuba, como la llamaban, se empezó a ser famosa internacionalmente en la década de 1950 en sus giras y cuando también fue actriz en algunas películas, como *Salón México* y *No me olvides nunca*. Desempeñó un papel (*role*) en la película *The Mambo Kings*, basada en la novela de Oscar Hijuelos, *The Mambo Kings Play Songs of Love*. A través de los años, cantó y grabó junto a conocidos artistas como el mexicano Vicente Fernández, Vicentico Valdés, el puertorriqueño Tito Puente (el Rey de los Timbales), el dominicano Johnny Pacheco, Willie Colón y Rubén Blades. Estableció un récord del libro de Guinnes en 1987 cuando atrajo a más de 250,000 personas en el Carnaval de Tenerife que querían escuchar sus más famosas canciones, como: *Burundanga, El yerberito moderno* y *Quimbara*.

Varias universidades norteamericanas, como la Universidad de Yale en New Haven, Connecticut, y la Universidad Internacional de la Florida en

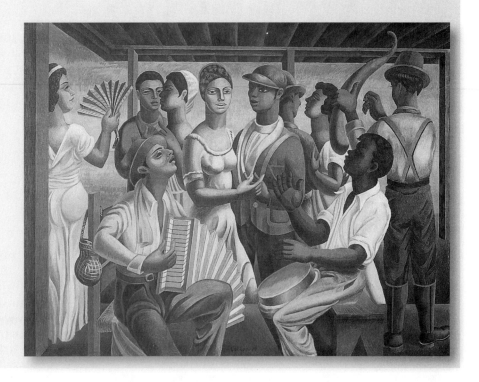

Merengue (1938) de Jaime Colson, Museo Juan José, Bellapant, Santo Domingo

Miami, le otorgaron cada una un doctorado honorífico a Celia Cruz por sus grandes contribuciones al mundo de la música latina actual. En 1994 fue invitada por el Presidente Bill Clinton a la Casa Blanca para recibir la Medalla Nacional de Honor por sus grandes contribuciones al arte y a la música latina popular. Este reconocimiento a un civil es el más alto que le otorga el presidente de la nación.

Cuando Celia Cruz murió en Nueva Jersey (2003), su cuerpo fue velado por miles de personas, primero en Miami, donde sus residentes participaron en lo que sería el velorio más grande que se ha visto en la historia de esa ciudad. Esta ceremonia, misa y celebración de su vida, fue seguida por otro velorio y misa en la Ciudad de Nueva York, en la famosa Catedral de St. Patrick. Celia Cruz nos ha dejado una discografía de más de 100 títulos, que siempre han gustado en todos los rincones del mundo, y los cuales seguirán disfrutando las diferentes generaciones de todas partes.

A continuación lea la letra de la canción escrita por Titti Sotto y famosamente interpretada por Celia Cruz. Puede encontrar la canción en iTunes, YouTube y otros sitios en la web, u obtener el disco, *The Best: Celia Cruz* (1991).

LATINOS EN ESTADOS UNIDOS

por Titti Sotto

Latinos en Estados Unidos,
Ya casi somos una nación.
Venimos de la América india,
Del negro y del español.
En nuestra mente inmigrante
A veces hay confusión,
Pero no hay quien nos engañe
El alma y el corazón,
Porque vivimos soñando
Volver al sitio de honor.

(Coro)
Latinos en Estados Unidos,
Vamos a unirnos, vamos a unirnos.
Latinos en Estados Unidos,
Vamos a unirnos, vamos a unirnos.

En la unión está la fuerza.
Y al pueblo respeta,
Y le da valor.
No dejes que te convenzan.
Que no se pierda el idioma español.

Simón Bolívar, Sarmiento,
Benito Juárez, Martí.
Dejaron un gran comienzo
Para el camino seguir.
25 Debemos dar el ejemplo
Con la solidaridad.
Soy latinoamericano,
No tengas miedo decir,
Pues todos somos hermanos
30 En un distinto país.

(Coro)
Seamos agradecidos
Con esta tierra de paz,
Que nos da un nuevo futuro
35 Y una oportunidad.
Pero ya que estamos lejos
De nuestro suelo natal,
Luchemos por el encuentro
Con nuestra propia verdad.
40 Debajo de cualquier cielo
Se busca la identidad.

(Coro)
No discrimines a tu hermano.
Siempre que puedas, dales la mano.

45 América Latina, vives en mí.
Quiero que este mensaje
Llegue hacia ti.

Debemos unirnos,
Para que tú veas:
50 Sí, estamos unidos.
¡Ganamos la pelea!

ACTIVIDADES

1. En clase. En la canción que canta Celia Cruz se mencionan cuatro héroes de la historia latinoamericana. ¿Quiénes son y por qué son famosos? Trabajando en grupos de dos o tres, intercambien toda la información que tengan sobre ellos. Compartan su información con el resto de la clase. Pueden anotar en la pizarra los datos más importantes sobre estos personajes.

2. De tarea. Obtenga más datos sobre los líderes de la Actividad 1. Vaya a la biblioteca y consiga como mínimo, tres o cuatro datos importantes sobre esos héroes. Puede obtener la información en enciclopedias (preferiblemente español) u otros libros de recursos. Busque información en la red también. Comparta sus hallazgos con la clase.

3. ¡Buscar esa voz! Para escuchar, disfrutar y comentar. Si tiene acceso a alguna música de Celia Cruz, consulte con su profesor(a) para ver si es posible escuchar una que otra canción en clase y repasar la letra. En la lista siguiente, ofrecemos algunos títulos de sus más de cien grabaciones: *Me voy a Pinar del Río* (1956), *Son con guaguancó* (1966), *Celia Cruz and Tito Puente* (1972), *Live in Africa* (1974), *Homenaje a Beny Moré* (1985), *La Guarachera del Mundo* (1990), *Boleros* (1993), *Homenaje a los Santos* (1994), *Duets* (1997), *Mi vida es cantar* (1998), *La Negra tiene tumbao* (2001), *Irrepetible* (2002), *Las estrellas de la Sonora Matancera* (2003), y *Regalo del Alma* (2003).

OJO

Sugerencia: *Simón Bolívar: The Liberator* es una película educacional interesante. Si la puede conseguir a través de su biblioteca; mírela. Tiene una duración de 34 minutos y es en colores. Otra sería: *Simón Bolívar: The Great Liberator*, de 58 minutos, un gran documental que muestra las razones por las cuales España perdió sus colonias. Las dos son distribuidas por *Films for the Humanities* (ffh.films.com).

Retrato de Simón Bolívar en Lima, 1825

Jorge Ramos

—Uno de los hispanos más influyentes de los Estados Unidos

—Hispanic Trends

LA LATINIZACIÓN DE ESTADOS UNIDOS

Por Jorge Ramos Ávalos

30 de Septiembre del 2002

Miami. Hay días enteros en que no tengo que pronunciar una sola palabra en inglés, ni comer hamburguesas o pizzas, y mucho menos ver programas de televisión en un idioma distinto al español. En ocasiones todos los *e-mails* que recibo vienen, también, en castellano y las personas que saludo dicen «hola» o «aló» pero no «hello». Esto pudiera resultar normal en Bogotá, Santiago o en San Salvador. Pero resulta que cada es más frecuente en ciudades como Nueva York, Los Ángeles, Houston, Miami y Chicago.

¿Por qué? Bueno, porque Estados Unidos está viviendo una verdadera revolución demográfica. A algunos les gusta llamarlo «la reconquista». Los mismos territorios que perdió México frente a Estados Unidos en 1848 —Arizona, Texas, California...— y muchos otros que no formaban parte de la república mexicana —como la Florida e Illinois— están experimentando una verdadera invasión cultural. No es extraño que en muchos de estos lugares predomine el español sobre el inglés y se vendan más tortillas y salsa picante que bagels y ketchup.

Los números lo dicen casi todo. Actualmente hay más de 40 millones de latinos viviendo en Estados Unidos —a los 35 millones que contó el censo hay que sumarle los ocho millones de inmigrantes indocumentados que, en su mayoría, son de origen latinoamericano; el poder adquisitivo de los hispanos es de 500 mil millones de dólares al año— superior a países como Argentina, Chile, Perú, Venezuela o Colombia; nombres como Rodríguez, Martínez y Estefan dominan el mundo de la música y los deportes en Norteamérica; y el español se escucha en todos los rincones del país, incluyendo la Casa Blanca.

George W. Bush es el primer presidente estadounidense que habla español (o, más bien, que cree que habla español). Pero gracias a sus esfuerzos por comunicarse en español durante la campaña presidencial —a pesar de estar plagados de errores gramaticales y de pronunciación— Bush ganó el apoyo del electorado cubanoamericano en la Florida y con una ventaja de solo 537 votos (¿cubanos?) llegó a la Casa Blanca.

Actualmente hay 28 millones de personas, mayores de cinco años de edad, que hablan español en Estados Unidos (según informó la Oficina del Censo). Y por lo tanto no es extraño que algunos de los noticieros de mayor audiencia en Miami o Los Ángeles sean en español, no en inglés, y que el programa de radio más escuchado por las mañanas en Nueva York sea El Vacilón de la Mañana y no el show del alucinado Howard Stern.

Cuando llegué a Estados Unidos hace casi 20 años un director de noticias pronosticó que yo nunca podría trabajar en la televisión. «Tu acento en inglés es muy fuerte», me dijo. «Y los medios de comunicación en español están a punto de desaparecer». En realidad, ocurrió lo opuesto. Los medios en español crecieron de manera extraordinaria —actualmente hay tres cadenas de televisión y cientos de estaciones de radio en castellano. Y el director de noticias perdió su empleo mientras yo obtenía mi primer trabajo como reportero para una estación local de televisión en Los Ángeles.

La famosa y estereotipada idea del *melting pot* es un mito. Los inmigrantes europeos —italianos, alemanes, polacos... —que precedieron a los latinos se asimilaron rápidamente a la cultura estadounidense. Pero los latinos han logrado la hazaña de integrarse económicamente a Estados Unidos sin perder su cultura. Nunca antes había ocurrido un fenómeno así.

Además, el crecimiento de la comunidad latina está asegurado. Las familias hispanas tienen más hijos que el resto de la población; tres, en promedio, frente a dos hijos que son la norma en las familias anglosajonas y afroamericanas. A esto hay que añadir los 350 mil indocumentados que cada año entran ilegalmente a Estados Unidos por su frontera sur y el más de un millón de inmigrantes legales que son admitidos al país anualmente. Si las tendencias se mantienen, en menos de 50 años habrá 100 millones de hispanos en Estados Unidos y solo en México habrá más hispanoparlantes.

Ahora bien, mi entusiasmo por la latinización de Estados Unidos se ha enfrentado con la pared del rechazo y la sospecha tras los actos terroristas del 11 de septiembre del 2001. Ser inmigrante es cada vez más difícil en Estados Unidos y cruzar ilegalmente la frontera desde México nunca ha sido más peligroso: en el último año han muerto cerca de 300 personas por deshidratación o frío en desiertos y montañas. Las señales de discriminación son, a veces, sutiles; otras, no tanto. Desafortunadamente, los 31 millones de extranjeros que viven en Estados Unidos —en su mayoría de origen latino— son muchas veces los chivos expiatorios por las fallas en los servicios de espionaje norteamericano y por los actos cometidos por 19 terroristas árabes.

La única manera de enfrentar los problemas específicos de la comunidad latina —deserción escolar, pobreza superior al promedio, ausencia de representación política... —es con más líderes. Pero eso es

80　lo que falta. Los hispanos somos el 13 por ciento* de la población, sin embargo no tenemos un solo senador, ni un gobernador ni un juez en la Corte Suprema de Justicia**. Esto debe cambiar conforme siga aumentando el número de latinos que se convierten en ciudadanos norteamericanos y que salen a votar.

85　Como quiera que sea, la presencia de los latinos en Estados Unidos es avasalladora; este no es un país blanco ni negro, sino mestizo. Y es precisamente en la tolerancia donde radica su fuerza. Pero, como decía Octavio Paz, el reto de Estados Unidos es que se reconozca como lo que es: una nación multiétnica, multirracial y multicultural.

90　¿Tendrá Estados Unidos el valor de verse en el espejo?

*Nota de Ana Roca: Ya somos 16% en 2011.
**Nota del editor: En 2010 Sonia Sotomayor fue nombrada a la Corte Suprema, Marco Rubio fue elegido senador por el estado de Florida y Susana Martínez, gobernadora de Nuevo México.

EXPLORACIÓN Y ACTIVIDADES

1. **Jorge Ramos.** ¿Qué sabe sobre Jorge Ramos? ¿Dónde nació y de qué países es ciudadano? ¿Dónde trabaja y dónde estudió periodismo y estudios internacionales? ¿Qué libros y de qué temas escribe? Busque información adicional sobre su biografía y lea otros artículos interesantes de él que aparecen en el Internet. Luego informe a la clase sobre lo que encontró. Empiece por explorar el sitio siguiente: http://www.jorgeramos.com

2. **Para mejorar el español.** Si usted quisiera trabajar en comunicaciones y utilizar sus habilidades bilingües, ¿cómo trataría de mejorar sus destrezas en español? Explore las opciones y haga una breve lista de ideas prácticas y concretas que le ayuden a alcanzar sus metas.

3. **Estudios periodísticos.** Averigüe si hay programas de periodismo en español para estudiantes bilingües como usted. ¿Qué otras alternativas existirían para poder recibir el entrenamiento apropiado en periodismo en español? Busque información y traiga apuntes a la clase sobre seleccionados programas de estudios de periodismo en Latinoamérica y España, después de informarse sobre posibilidades de estudiar periodismo en español en los Estados Unidos.

4. **Riesgos a considerar.** ¿En que periódicos o medios de comunicación le gustaría trabajar y en qué país? ¿Cree que sería peligroso trabajar de periodista en Latinoamérica? Explore en el Internet los riesgos de ser periodista en Latinoamérica hoy día. Explique.

5. **Asociaciones profesionales.** Averigüe qué organizaciones o asociaciones existen para periodistas hispanos y qué ofrecen estas.

IV. El arte de ser bilingüe

A. COMPOSICIÓN AUTOBIOGRÁFICA DIRIGIDA

Escriba una composición breve titulada "Autobiografía lingüística: ¿Quién soy y de dónde vengo?"

A la hora de escribir, es importante saber el tema, tener ideas o información que se pueda incluir y también saber cómo organizar las ideas. Es importante también saber a quién va dirigido lo que uno redacta y el propósito del escrito (por ejemplo, narrar una historia, describir, informar o convencer al lector sobre algún tema, etc.).

Primero apunte algunas ideas relacionadas a los puntos de la siguiente lista:

a. de dónde viene usted (¿de qué país, ciudad o pueblo?)

b. dónde se crió y cómo era el lugar/los lugares donde se crió

c. dónde asistió a la escuela primaria y secundaria y lo qué más recuerda de ellas

d. cómo fue su niñez en el sitio donde nació o se crió

e. la familia

f. sucesos importantes en su vida que quisiera compartir (felices o tristes)

g. el mejor amigo, la mejor amiga de su niñez

h. sus pasatiempos y deportes favoritos

i. sus asignaturas predilectas y sus metas profesionales

j. el desarrollo y la importancia del español en su vida

k. la importancia de mantener y desarrollar el conocimiento sobre sus raíces culturales

Después, organice sus ideas, escogiendo las que quiere incluir y ampliar con más detalles, para así escribir su composición. Concéntrese en el mensaje, o sea, en el contenido, en las ideas que quiere expresar en español. Escriba entre una y dos páginas a doble espacio en computadora.

B. EL ARTE DE HACER UNA ENTREVISTA

¿Ha hecho alguna vez una entrevista en inglés? ¿Cómo haría usted una entrevista en español? ¿Cómo se prepararía para ella?

La entrevista es un género que se utiliza ampliamente en la televisión, la radio y la prensa. Imagine que le han pedido que realice una entrevista a un pariente, amigo o compañero de clase, para publicarla en un periódico estudiantil o comunitario.

La charla con una persona no termina con su realización, porque generalmente es necesario pulirla (*to edit it*) antes de publicarla.

Uno de los objetivos de una buena entrevista es informar sobre las ideas o la vida de una persona de la forma más exacta posible. Por eso es tan importante el contenido de las preguntas que se le hacen al entrevistado. Las preguntas no sólo indican a la persona lo que se quiere saber, sino también le sirven de guía en sus respuestas. Los entrevistadores son los responsables del éxito de una entrevista, no los entrevistados.

I. La entrevista

Usted va a entrevistar a un(a) compañero(a) de clase o a un(a) pariente o amigo(a) con el propósito de publicarla en un periódico. Recuerde que la entrevista siempre está precedida de una breve introducción acerca del entrevistado. Antes de hacer la entrevista:

1. Escoja un tema principal de los siguientes:
   a. Las raíces culturales de su familia y el efecto que han tenido estas en su vida.
   b. La experiencia migratoria o de exilio de su familia (si así ocurrió) y el efecto que ha tenido en la vida de sus miembros, o sus raíces familiares en los Estados Unidos.
   c. Sus estudios universitarios y sus aspiraciones profesionales para el futuro.

Obtenga siempre permiso para grabar cualquier entrevista que haga.

2. Prepare algunas preguntas y anotaciones de antemano. Escriba todo lo que se le ocurra relacionado con el tema y después escoja las mejores preguntas.
3. Esté preparado(a) para hacer otras preguntas que surjan de la entrevista.
4. Si quiere, puede grabar la entrevista para facilitar el trabajo de pulimento (*editing*).

II. La redacción de la entrevista

1. Empiece con una breve introducción acerca de la persona entrevistada. Diga quién es y dé algún dato interesante que haya surgido de la entrevista.
2. Pase en limpio el borrador de la entrevista (preguntas y respuestas). El formato de la entrevista terminada puede ser un resumen realizado a partir de las respuestas, o una relación de preguntas y respuestas, como es tradicional. Escoja uno de los dos.
3. Entregue la entrevista escrita en computadora, a doble espacio (limítese a no más de dos a cuatro páginas a doble espacio). Asegúrese de revisar bien el trabajo antes de entregarlo.

V. Unos pasos más: fuentes y recursos

A. PARA AVERIGUAR MÁS

Investigación y lectura. Busque una de las obras citadas abajo u otra que su profesor o profesora le recomiende. Escoja un capítulo o alguna selección apropiada que le interese y comparta la lectura con uno o dos compañeros de clase, si puede. Luego prepare unos breves apuntes (de una a tres páginas) que incluyan sus impresiones o una lista de tres a cinco puntos principales basados en la lectura. Prepárese a poder compartir y resumir oralmente sus impresiones y lo que ha averiguado en su investigación.

ESTRATEGIAS

¿Cómo tomarle el gusto a la lectura? Aquí hay algunas sugerencias:

1. Empiece desde el principio del semestre a visitar la biblioteca con regularidad y a convertirse en un especie de «detective» en busca de información y de lecturas que le gusten, que disfrute.

2. Recuerde que si su biblioteca no tiene un artículo o un libro que usted quisiera consultar, normalmente lo puede tratar de conseguir a través del sistema de préstamos de materiales, establecido por las bibliotecas académicas (*Inter-Library Loan System*).

3. Es buena idea conocer a sus bibliotecarios y cuando no sepa encontrar algo, pregunte y aprenda a usar bien su biblioteca.

4. Busque en su biblioteca algunos de los libros mencionados aquí para comenzar a hojearlos y consultarlos.

5. Escoja el que más le llame la atención o que le recomiende su profesor o profesora, y sáquelo prestado de su biblioteca. Pregúntele a su profesor(a) qué puede hacer de manera que le cuente como un trabajo suplementario (de *extra credit*) para la clase si quisiera hacer más tarea de la requerida.

6. Si en su comunidad hay librerías o puestos que vendan libros y revistas populares en español, hágales la visita. Visite también las bibliotecas públicas de su comunidad. ¿Qué revistas, periódicos, libros y enciclopedias tendrán en español que le puedan interesar y ser útiles en ésta y otras clases? ¿Qué tipo de información se puede encontrar por medio de la red en el Internet?

Bibliografía hispana

La mayoría de los libros sobre los hispanos en los Estados Unidos están escritos en inglés, pero hay abundante material en español también. Abajo se sugieren fuentes de lectura en los dos idiomas para que usted empiece a explorar temas para posibles informes escritos o breves presentaciones en clase.

Bibliografía selecta: Latinos en los Estados Unidos

Abrajano, Marisa A. and Alvarez, R. Michael. *New Faces, New Voices: The Hispanic Electorate in America*, Princeton University Press, 2010.

Arias, Davis. *Las raíces hispanas de los Estados Unidos.* Madrid: Editorial MAPFRE. S.A., 1992.

Augenbraum, Harold, and Stavans, Ilan, eds. *Growing Up Latino: Memoirs and Stories.* New York: Houghton Mifflin, 1993.

Beardeskey, John, and Livingston, Jane. *Hispanic Art in the United States.* New York: Museum of Fine Art, 1987.

Bergad, Laird W. and Klein, Herbert. *Hispanics in the United States: A Demographic, Social, and Economic History, 1980–200,* Cambridge University Press, 2010.

Caulfield, Carlota and Davis, Darién J. *A Companion to US Latino Literatures (Monografías A)*, Tamesis Books, 2007.

Chavez, L. R. *The Latino Threat: Constructing Immigrants, Citizens, and the Nation.* Stanford, CA: Stanford University Press, 2008.

Cortina, Rodolfo, and Moncada, Alberto., eds. *Hispanos en Estados Unidos.* 1988.

Davis, Mike. *Magical Urbanism: Latinos Reinvent the US City*, Verso, 2012.

de la Garza, Rodolfo. *The Mexican American Experience: An Interdisciplinary Anthology.* Austin: University of Texas Press, 1985.

Fernández Shaw, Carlos M. *Presencia española en los Estados Unidos.* Madrid: Instituto de Cooperación Iberoamericana, Ediciones Cultura Hispánica, 1987.

Gutiérrez, Ramón, and Padilla, Genaro, eds. *Recovering the U.S. Hispanic Literary Heritage.* Houston, TX: Arte Publico Press, 1993.

Hadley-Garcia, George. *Hispanic Hollywood: The Latins in Motion Pictures.* New York: Carol Publishing Group, 1990.

Heck, Denis, and Daly, Lynn. *Barrios and Borderlands: Culture of Latinos and Latinas in the United States.* New York: Routledge, 1994.

Kanellos, Nicolás. *The Hispanic Almanac: From Columbus to Corporate America.* Detroit, MI: Visible Ink Press, a division of Gale Research, 1994.

_____. ed. *Short Fiction by Hispanic Writers of the United States.* Houston, TX: Arte Público Press, 1993.

_____. and Esteva Fabrega, Claudio. *Handbook of Hispanic Culture of the United States.* Houston, TX: Arte Público Press, 1994. Four-volume set: Literature and Art; History; Sociology; and Anthropology.

Korzenny, F., and Korzenny, B. A. *Hispanic Marketing: A Cultural Perspective.* Burlington, MA: Elsevier Butterworth-Heinemann, 2005.

Krogstad, B., and Houck, M. *A Gringo's Guide to Online Hispanic Marketing.* San Diego, CA: Generation Equis Media, 2010.

Kutcherea, J. *Latino Link: Building Brands Online with Hispanic Communities and Content.* Paramount Marketing Publisher, 2010.

Magill, Frank N. *Masterpieces of Latino Literature.* New York: Salem Press, 1994.

Montaner, Gina. *Un día sin inmigrantes,* Grijalbo, 2006.

Novas, Himilce. *Everything You Need to Know about Latino History.* New York: Penguin Books, 1994.

O'Brien, Soledad. *Latino in America,* Celebra Books, 2009.

Olivares, Julián, ed. *Cuentos hispanos de los Estados Unidos.* Houston, TX: Arte Público Press, 1993.

Padilla, F. *Handbook of Hispanic cultures in the United States: Sociology.* Houston, TX: Arte Público Press, 1994.

Paz, Octavio. *Literatura de y en Estados Unidos: Al paso.* Barcelona: Seix Barral, 1991.

Pérez, G. M., Guridy, F. A., and Burgos, A. *Beyond el Barrio: Everyday Life in Latina/o America.* New York: New York University Press, 2010.

Rivera, Geraldo. *His Panic: Why Americans Fear Hispanics in the U.S.,* Celebra, 2008.

Romero, M., and Habell-Pallan, M. *Latino/a Popular Culture.* New York: New York University Press, 2002.

Shorris, Earl. *Latinos: A Biography of the People.* New York: W.W. Norton, 1992.

Skerry, Peter. *The Mexican Americans: The Ambivalent Minority.* New York: Free Press, 1993.

Stavans, Ilan. *The Hispanic Condition: Reflections on Culture and Identity in America.* New York: Harper Perennial, 1995.

Suro, Roberto. *Strangers among Us: How Immigration Is Transforming America.* New York: Alfred Knopf, 1998.

Varona, Frank de. *Latino Literacy: The Complete Guide to Our Hispanic History and Culture.* New York: Owl Book/Round Stone Press Book/Henry Holt & Co., 1996.

Villareal, Roberto E., & Hernández, Norma G., eds. *Latinos and Political Coalitions: Political Empowerment for the 1990s.* Westport, CT: Greenwood Press, 1991.

Weber, David J. *The Spanish Frontier in North America.* New Haven, CT: Yale University Press, 1992.

Bibliografía selecta: América Latina

Bethel, Leslie, comp. *The Cambridge History of Latin America.* (5 volúmenes). Cambridge: Cambridge University, 1984.

Collier, Simon, and Skidmore, Thomas, eds. *The Cambridge Encyclopedia of Latin America and the Caribbean.* Cambridge: Cambridge University Press, 1992.

Foster, David William. *Literatura hispanoamericana: Una antología.* Hamden, CT: Garland Publishing, 1994.

Fuentes, Carlos. *El espejo enterrado.* México, D.F., México: Fondo de Cultura Económica, S.A., 1992. [Libro que va con la serie de videos del mismo título.]

Henríquez Ureña, Pedro. *Historia de la cultura en la América hispánica.* México: FCE, Col. Pop,1986.

Holden, Robert H. and Zolov, Eric. *Latin America and the United States: A Documentary History*, Oxford University Press, 2010.

King, John. *The Cambridge Companion to Modern Latin American Culture*, Cambridge University Press, 2004.

Lipski, John M. *Latin American Spanish*. London: Longman, 1994.

Ramos, Jorge. *La otra cara de América: Historias de los inmigrantes que están cambiando a los Estados Unidos*. México: Editorial Grijalbo, 2001.

Reid, Michael. *Forgotten Continent: The Battle for Latin America's Soul*, Yale University Press, 2008.

Skidmore, Thomas, Smith, Peter and Green, James. *Modern Latin America*, Oxford University Press, 2009.

Winn, Peter. *Americas: The Changing Face of Latin America and the Caribbean*. University of California Press, 2006.

B. PARA DISFRUTAR Y APRENDER

Películas

Crossing Borders: The Journey of Carlos Fuentes. Video sobre uno de los más importantes novelistas de México. (58 minutos, en colores) Films for the Humanities.

Americanos: Latino Life in the United States. Película documental de 1999 (90 minutos) que explora cómo los hispanos han transformado los Estados Unidos. Examina las contribuciones que han hecho en áreas como las artes, la educación, ciencias, comercio, y la religión. Incluye música de conocidos artistas como Celia Cruz, Carlos Santana y Eddie Palmieri. Hay un bello libro del mismo nombre, de fotos y narrativa, editado por Edward Olmos y Manuel Monterrey (1999), publicado por Little Brown & Company.

El espejo enterrado: Reflexiones sobre España y el Nuevo Mundo. Serie de cinco programas en video, escrita y presentada por el escritor mexicano Carlos Fuentes: I. La virgen y el toro, II. La batalla de los dioses, III. La edad de oro, IV. El precio de la libertad, V. Las tres hispanidades. Hecho en colaboración con la Institución Smithsonian y Quinto Centenario España. En formato de DVD, educacionales de excelente calidad, muy apropiados para mostrarlos en clases de español como lengua heredada en los Estados Unidos.

The Americans: Latin American and Caribbean Peoples in the United States. Americas Series (Video Tape #10) Narrado por Raúl Juliá. Una coproducción de excelente calidad de *WGBH-Boston* y *Central Television Enterprises* para el Canal 4 en Gran Bretaña, en asociación con la Facultad de Asuntos Internacionales y Públicos de *Columbia University*, el Centro Latinoamericano y Caribeño de la Universidad Internacional de la Florida, y *Tufts University*. Para obtener más información sobre los videos y sobre los textos relacionados distribuidos por la *Annenberg/CPB Collection*, llamar al: 1-800-LEARNER. También muy apropiada serie para clases de español como lengua heredada, sobre todo el video #10 citado aquí.

Hispanics in the Media. 44 minutos, en colores. Parte de una serie llamada *The Hispanic Americans*, narrada por los actores Jimmy Smits y Hector Elizondo, en la que exploran, junto con muchos otros hispanos, lo que significa ser hispanoamericano en los Estados Unidos. Films for the Humanities at http://www.films.com

Hispanic Americans: The Second Generation. 44 minutos, en colores. Parte de la serie descrita arriba.

Hispanic Americans: One or Many Cultures? 44 minutos, en colores. Parte de la serie descrita arriba.

Illegal Americans. 45 minutos, en colores. Este documental trata sobre los mexicanos que cruzan la frontera hacia los Estados Unidos. Producido por CBS News. Distribuido por Films for the Humanities.

The Latino Experience in America (Series). (1) *The Blending of Culture: Latino Influence on America* y (2) *Issues of latino Identity: The Yearning to Be...* 30 minutos cada video. Films for the Humanities.

Latin Beat: Latino Culture in the United States. 2 horas, mayormente en español, con títulos en inglés. Analiza y celebra la creciente influencia de los latinos en los Estados Unidos.

Challenging Hispanic Stereotypes: Arturo Madrid. 30 minutos, en inglés. Arturo Madrid es maestro y presidente del *Tomás Rivera Center,* un centro que tiene que ver con políticas que tienen impacto en las comunidades latinas en los Estados Unidos. En este documental Bill Moyers conversa con él sobre la educación bilingüe y otras cuestiones palpitantes que afectan a los hispanos. Distribuida por Films for the Humanities.

Spanish Speakers and Bilingualism. Este programa analiza las variedades de español usadas en los Estados Unidos y se refiere al cambio de códigos. (19 minutos, en colores) Films for the Humanities.

Biculturalism and Acculturation Among Latinos. 28 minutos; inglés. Trata sobre las presiones que sienten muchos latinos en los Estados Unidos, que, al mismo tiempo que quieren formar parte de la cultura dominante, quieren también mantener su idioma y su herencia hispana. Recomendado por el *Video Rating Guide for Libraries* y por el *American Film & Video Review.*

Bilingualism: A True Advantage. 28 minutos, en inglés. Este film examina el programa de educación bilingüe en una escuela primaria en San Antonio, Texas; también hay una entrevista con estudiantes universitarias que hablan sobre las ventajas de ser bilingüe.

Power, Politics, and Latinos. 1992; 56 minutos. Presenta en un marco histórico los esfuerzos de los latinos en la política de los Estados Unidos. PBS.

Recursos latinos de la red: Enlaces selectos

Si desea explorar la red, vaya a http://www.wiley.com/college/roca, donde encontrará una lista de sitios relacionados con el tema de este capítulo. Abajo puede empezar a explorar los siguientes sitios.

Celia Cruz
www.bbc.co.uk/spanish/seriemilenio10.htm

Latino USA-National Public Radio
www.latinousa.org

CNN en Español
www.cnnenespanol.com

El Nuevo Herald
www.elnuevoherald.com

Weekly Radio Addresses Featuring Congressional Hispanic Caucus Members
www.chc.gonzalez.house.gov

Comunicación y Medios en América Latina
www.lanic.utexas.edu/subject/media/indexesp.html

Hispanic Heritage
www.galegroup.com/free_resources/chh/bio/index.htm

Jorge Ramos
www.jorgeramos.com

Library of Congress Hispanic Division
www.loc.gov/rr/hispanic

Sandra Cisneros
www.sandracisneros.com

Capítulo Dos

Los mexicanoamericanos

«Estamos encolerizados porque nos han robado nuestras tierras y nuestro idioma. Nos dan la 'libertad' que se da al pájaro enjaulado. Tomaron las tierras y nos cortaron las alas (tierra e idioma). El idioma es nuestra libertad —idioma que es resultado de los siglos acumulados— el alimento que nos legaron nuestros antepasados».

—Reies López Tijerina, activista chicano de las décadas de 1960 y 1970
(Villanueva, Tino. Chicanos: Antología Histórica y Literaria.
México: Fondo de Cultura Económica, 1976)

¿Ha escuchado alguna vez la música de mariachi? ¿Sabe de dónde viene la palabra mariachi*?*

PARA ENTRAR EN ONDA

Para ver cuánto sabe del tema del capítulo, responda a este cuestionario lo mejor que pueda. Escoja la respuesta más apropiada. Luego compruebe sus conocimientos, consultando la lista de respuestas que aparecen invertidas al pie de este ejercicio.

1. Por el Tratado de Guadalupe-Hidalgo (1848), al final de la guerra entre México y los Estados Unidos, México tuvo que ceder alrededor del _____ de su territorio a los Estados Unidos.
   a. 10%   **c.** 50%
   b. 25%   **d.** 80%

2. Henry David Thoreau fue a la cárcel por no querer pagar su parte de los impuestos que financiaban la guerra de los Estados Unidos contra México.
   a. cierto   **b.** falso

3. Escoja tres autores chicanos contemporáneos:
   a. Julia Álvarez, Elías Miguel Muñoz, Oscar Hijuelos
   b. Pablo Medina, Cherríe Moraga, Cristina García
   c. Rudolfo Anaya, Sandra Cisneros, Gloria Anzaldúa
   d. Isabel Allende, Laura Esquivel, Rolando Hinojosa-Smith

4. Una de las ciudades más antiguas de los Estados Unidos, fundada en 1610 por los españoles, es
   a. San Agustín, Florida.   **c.** Santa Fe, Nuevo Mexico.
   b. Pueblo, Colorado.   **d.** San Francisco, California.

5. El nombre azteca para las tierras que conocemos como el suroeste de los Estados Unidos y el norte de México era
   a. Aztlán.   **c.** Tenochtitlán.
   b. Tierra Amarilla.

6. Los estados de Nuevo México (el estado número 47) y Arizona (el número 48) no se incorporaron a la Unión hasta el año
   a. 1848.   **c.** 1904.
   b. 1898.   **d.** 1912.

7. Octavio Paz, uno de los más importantes escritores mexicanos del siglo —ensayista, poeta, crítico y comentarista, ganador del Premio Nobel de Literatura— se asociará siempre con su obra clásica
   a. *La región más transparente* (1958).
   b. *Días de guardar* (1970).
   c. *El laberinto de la soledad* (1950).
   d. *Los de abajo* (1915).

8. César Chávez (1927–1993) será recordado siempre como un líder
   a. y por la creación del sindicato *United Farm Workers Union*.
   b. de programas radiales dirigidos a los latinos.
   c. y por ser el abogado que fundó MALDEF (*Mexican American Legal Defense and Educational Fund*).

9. El programa bracero (término que viene de la palabra *brazo* y que se usa para referirse al trabajador que emigra a otro país para trabajar por una temporada) se estableció originalmente para ayudar con las cosechas en tiempos de guerra y atrajo a más de cinco millones de mexicanos a los Estados Unidos entre 1942 y 1964.

   a. verdadero   **b.** falso

10. En 1954 el programa conocido como *Operation Wetback* hizo volver a México a alrededor de un millón de mexicanos que estaban en los Estados Unidos. Con ellos fueron expulsados también mexicanoamericanos que eran ciudadanos estadounidenses.

   a. verdadero   **b.** falso

Respuestas: 1c, 2a, 3c, 4c, 5a, 6d, 7c, 8a, 9a, 10a

I. Conversación y cultura

Las raíces de los mexicanoamericanos

Según las más recientes cifras del Censo del 2010, hay alrededor de 31.8 millones de habitantes de origen mexicano en los Estados Unidos, convirtiéndose en casi el 63 por ciento de los más de 50 millones de hispanos en los Estados Unidos. En otras palabras, los mexicanoamericanos
5 siguen formando hoy el sector más grande y más antiguo de los tres grupos hispánicos principales de los Estados Unidos. Siglos antes de que llegaran

Campesino (1976) de Daniel DeSiga.
Colección de Alfredo Aragón. Foto
cortesía del UCLA Hammer Museum.

los anglosajones y luego se apoderaran de lo que ahora es la región suroeste de los Estados Unidos, los mexicanos, y luego los españoles habitaban toda esa área del territorio. La exploración española de los siglos XVI y XVII se extendió de costa a costa, desde San Agustín en la Florida, hasta las costas californianas.

Cuando en 1822 México proclamó su independencia de España, todo el territorio español del suroeste pasó a convertirse en parte integrante de la nueva república hispanoamericana. Sin embargo, después de conseguir la independencia, la nueva nación mexicana sufrió años de inestabilidad en el terreno político. La política y filosofía del llamado «destino manifiesto» ya la habían expresado Thomas Jefferson y John Quincy Adams. El mismo Adams había escrito en una carta que sería «inevitable que el resto del continente fuera nuestro». En 1848 México perdió todas sus tierras al norte del Río Grande (o Río Bravo, como lo llaman los mexicanos), como resultado de la guerra con su vecino del norte (1846–1848), los Estados Unidos.

°**contienda:** *guerra, pelea, disputa*

El 2 de febrero de 1848 se firmó el famoso Tratado de Guadalupe-Hidalgo, acuerdo que puso el toque final a la contienda° entre los dos países, y dejó a México con sólo un 50% de su territorio. Por medio del tratado, a cambio de unos quince millones de dólares, los Estados Unidos adquirieron los actuales estados de Texas, Nevada, Colorado, California, Nuevo México, Arizona y Utah.

°**asentamiento:** *instalación provisional o permanente*

Se podría afirmar entonces que los primeros mexicanoamericanos fueron los miembros de las familias que decidieron quedarse en sus lugares de asentamiento° luego que México perdió a favor de los Estados Unidos esta gran parte de su territorio. Los Estados Unidos ofreció otorgarle la ciudadanía estadounidense a los mexicanos que residieran en lo que de pronto se convirtió en otro país por medio del acuerdo. Según las condiciones estipuladas en el tratado, se respetaría la propiedad privada

°**entreacto:** *intermedio entre dos eventos*

de los 80,000 mexicanos que en el entreacto° se encontraban residiendo en el recién adquirido territorio estadounidense; se podría mantener el uso de la lengua española, conservar las tradiciones y costumbres culturales, y continuar la práctica de la fe católica. Sin embargo, la historia mostró claramente que esas condiciones no siempre fueron respetadas. Muchos californianos, por ejemplo, sufrieron muchas injusticias y fueron despojados de sus haciendas y terrenos de los cuales eran dueños legalmente y habían pertenecido a la familia por generaciones.

Muchos hispanos que se quedaron en los Estados Unidos vivían en el suroeste y en lugares como el territorio de Nuevo México. En el movimiento hacia el oeste de la segunda mitad del siglo XIX, muchos aventureros que llegaron al territorio de Nuevo México, se interesaron más que nada en las tierras que quedaban cerca de los ríos. Para adquirir tierras deseables de sus dueños mexicanos —ahora ciudadanos del nuevo territorio estadounidense— les pedían simplemente que mostraran las escrituras de propiedad que probaran que eran los legítimos propietarios. Como algunas de estas familias y sus antepasados llevaban cientos de años en sus casas, no siempre tenían las escrituras y no les era posible presentar los papeles que estos hombres demandaban. Al no tener pruebas por escrito, terminaban expulsados de sus tierras. En otras ocasiones, los estadounidenses no se molestaban en confirmar la validez de los documentos españoles o mexicanos, escritos en español, por supuesto, y los sacaban de sus tierras aun teniendo papeles. Estos documentados incidentes pasaban en todo el suroeste, y no sólo en Nuevo México.

El español que hablan algunos hispanos de Nuevo México es algo distinto al español moderno del resto de los Estados Unidos. Como los hispanos del estado llevan tanto tiempo en ese territorio, su idioma a veces refleja elementos arcaicos que ya no se usan en el español de otras partes. Esto y otras peculiaridades lingüísticas, hacen del español de Nuevo México una variedad aparte.

A aquellas antiguas familias hispanohablantes se unieron posteriormente muchas otras mexicanas, que a lo largo del resto del pasado siglo y del actual, fueron emigrando a los Estados Unidos por diferentes razones y por diversos medios. Muchos mexicanos se han integrado totalmente a la sociedad estadounidense y sólo conservan el apellido que muestra la ascendencia mexicana. Otra gran mayoría mantiene en mayor o menor medida elementos de la cultura mexicana y la lengua española. A las diversas personas de ascendencia mexicana que residen en los Estados Unidos se les conoce generalmente como mexicanoamericanos, término que representa a mexicanos, chicanos y otros latinos de origen históricamente mexicano. Al mismo tiempo muchos mexicanoamericanos prefieren usar el término *chicano*, porque se sienten así participantes de dos culturas igualmente importantes (la mexicana y la estadounidense).

Muchos de los inmigrantes más recientes, ya sean indocumentados o residentes legales, están en circulación constante entre una y otra nación a ambos lados del Río Grande. Aquellos que deciden probar fortuna en los Estados Unidos no se consideran formalmente mexicanoamericanos, pues en muchos casos no se establecen de modo permanente en el país. Hasta cierto punto ellos constituyen uno de los integrantes más importantes del desarrollo, la dinámica y el futuro de la comunidad mexicanoamericana. Estos individuos o grupos familiares, cuyo tiempo de estancia en suelo estadounidense varía grandemente, representan una continua y vital infusión de aliento y renovación en el uso de la lengua española y en el mantenimiento de las costumbres propias mexicanas en los Estados Unidos. Es por esta razón que la naturaleza del mexicanoamericano no consigue diluirse en el transcurso del tiempo, sino que se fortifica y se define claramente en el mosaico multiétnico de los Estados Unidos.

Hay que reconocer, sin embargo, la compleja diversidad social, lingüística, económica, educativa, y política que existe dentro de esta comunidad. Esto ofrece una rica perspectiva para el presente y futuro de este vasto grupo social, por cuanto su carácter variado beneficia la interacción entre sus componentes y es base para destacar su presencia en la vida general del país, algo que ha de resultar en ganancia para todos.

Misión española en Carmel, California, fundada en el siglo XVIII

MESA REDONDA

En grupos pequeños, contesten las preguntas y comenten los siguientes temas.

1. Si usted es mexicanoamericano, ¿cuáles son algunas costumbres o tradiciones culturales que usted y su familia han logrado mantener? Si no, ¿puede describir algunas costumbres de su familia?

2. ¿En qué cree usted que se basa la variedad de términos con los que se denomina a los mexicanoamericanos en los Estados Unidos? ¿Piensa que algunos de esos nombres han indicado o todavía indican intolerancia o desprecio?

3. ¿Qué conoce de la cultura mexicana? Nombre a artistas, actores de cine o de teatro, músicos o cantantes, grupos musicales, políticos, educadores, compositores, etc. Haga una lista breve para compartir con la clase.

4. Explique su opinión sobre la inmigración ilegal de ciudadanos mexicanos a los Estados Unidos. ¿Es beneficiosa o no para los dos países?

II. Lectura

Cuento

Rosaura Sánchez (1941) de familia mexicana humilde de San Ángelo, Texas, es una profesional que se ha destacado en el campo de la sociolingüística. En 1974 recibió su doctorado en lingüística de la Universidad de Texas, en Austin, y desde entonces ha publicado numerosos estudios y ensayos sobre el bilingüismo en el contexto de las comunidades chicanas. Una de sus obras académicas importantes, *Chicano Discourse*, trata del español de los chicanos desde un punto de vista histórico y sociológico.

Actualmente la profesora Sánchez enseña en la Universidad de California en San Diego, en la Facultad de Literatura y de Estudios del Tercer Mundo. Aparte de su enseñanza y de sus trabajos de investigación sobre el bilingüismo en el suroeste de los Estados Unidos, Sánchez ha escrito cuentos que han sido publicados en *The Bilingual Review/La revista bilingüe*, en la *Revista Chicano-Riqueña* y en varias antologías. Aunque el siguiente cuento, "Se arremangó las mangas", está escrito en español, en algunas partes, también tiene secciones en inglés que reflejan el medio bilingüe que existe en algunas grandes ciudades de los Estados Unidos. En este caso, el cuento se desarrolla en la ciudad de Los Ángeles.

La profesora Rosaura Sánchez, conocida lingüista y escritora

ANTES DE LEER

En grupos de tres o cuatro estudiantes comenten lo siguiente. Compartan después sus observaciones con el resto de la clase.

1. ¿Cómo ve usted la relación entre la apariencia de una persona y su estatus social? ¿Existen ciertos estereotipos que identifican a ciertos integrantes de la comunidad latina en los Estados Unidos, en contraste con los ciudadanos de origen europeo o africano?

2. A través de la historia de los Estados Unidos varios grupos minoritarios han sufrido discriminación ¿Qué conoce usted de estas experiencias? ¿Qué grupos continúan siendo marginados?

3. ¿Cree que hay maneras, en general, de combatir la discriminación? ¿Cuáles son? Haga una lista.

4. Opcional. ¿Se ha sentido alguna vez que ha sido marginado(a) o discriminado(a) debido al color de la piel, la cultura, la lengua que habla, o por otra razón? Si puede, describa la situación y comparta la experiencia con sus compañeros.

SE ARREMANGÓ LAS MANGAS

Rosaura Sánchez

Se ajustó la corbata. El nudo se veía derecho. La camisa almidonada le lucía bien. Julio Jarrín se acomodó la solapa, se estiró un poco el saco y se dio un último cepillazo del bigote. Salió en seguida. Era temprano. La reunión empezaba a las 4:00 pero con el tráfico máximo tendría para rato.

5 Subió al auto y en tres minutos ya tomaba la rampa de la autopista hacia el norte. Era tanto el tráfico que tuvo que disminuir la velocidad a 40 m.p.h. Sería un caso difícil y la votación tal vez totalmente negativa, pero había otra posibilidad. Si no aprobaban lo de la permanencia —y seguro que no lo aprobarían— pues podrían ofrecerle un puesto de instrucción en
10 el departamento. De repente el tráfico se paró por completo. Aprovechó para sacarse el saco.

Ahora siempre andaba de traje y corbata. Sin el uniforme de rigor podrían haberlo tomado por indocumentado. Así se decía cada mañana al mirarse al espejo. Alto, prieto y bigotudo pero trajeado
15 para que nadie lo confundiera. Recordaba que cuando recién había llegado a Los Ángeles a trabajar en la universidad lo habían invitado a una recepción en casa de un colega donde daban la bienvenida a los profesores nuevos. Allá por el verano de 1970 tuvo su primer contacto con esas insoportables oleadas de calor que después supo llamaban
20 la condición de «Santa Ana». El cambio de temperatura atontaba a las comunidades costeras no acostumbradas a un clima tropical. Ese día había ido a la reunión en camisa sport de manga corta, como los otros colegas.

Le habían presentado a varios profesores y después de un rato de charla se había dirigido a la mesa de refrescos para prepararse de nuevo un wine cooler. Al retirarse de la mesa oyó la voz de una señora mayor, esposa de uno de los profesores, que lo llamaba: —*Hey, boy*— le había dicho, —*you can bring me another margarita.*

Disimulando, haciéndose el que no había oído, se había ido a refugiar a la cocina donde conversaba la mujer latina de un profesor anglosajón. Le dirigió unas palabras en español pero ella le contestó en inglés. Cuando quedaron solos por un momento, trató de dirigir la conversación hacia los problemas de los grupos minoritarios en el ambiente académico, pero no logró interesarla.

—*Oh no, there's no discrimination in California. I've never experienced any discrimination whatsoever in the 15 years that we've lived here. My husband and I just love this area, particularly the beach area. We have a place right on the beach, you know, and it's so lovely. My sons just love it; they're really into surfing, you know...*

No había vuelto a mencionar, la situación a nadie. Su ambición profesional lo llevó a discriminar de todo lo que pudiera asociarlo a esas minorías de clase obrera. Lo primero fue cambiar su apariencia. Nunca más volvió a salir fuera de su casa sin traje y corbata, ni aun cuando se había tenido que arrancar al hospital el día que se cortó la mano al trabajar en el jardín de su casa. Primero se había bañado, cambiado de ropa y ya de traje había salido al cuarto de emergencia del hospital más cercano a recibir atención médica. No era mexicano. Era americano, con los mismos derechos que tenían los anglosajones.

Era la época de las protestas estudiantiles, del culturalismo nacional, pero él estaba muy por encima de todo eso. Cuando los estudiantes chicanos de su universidad habían acudido a él para pedirle apoyo para establecer un programa de Estudios Chicanos, les había dicho que haría lo que pudiera desde su capacidad oficial, como profesor, pero que no esperaran que los apoyara en manifestaciones ni en protestas. Él no era chicano. Más de una vez, desde el atril donde dictaba sus conferencias, se había dirigido a sus estudiantes minoritarios para quejarse de la dejadez del pueblo mexicano, recomendándoles que estudiaran para que dejaran de ser mediocres. Se avergonzaba de ellos.

Su contacto con los profesores y estudiantes chicanos, por lo tanto, había sido mínimo. Lo despreciaban. Y él a ellos los consideraba tontos e inferiores por no seguir el camino que él les señalaba. Había otras maneras de lograr cambios. El talento y el esfuerzo individual, eso era lo que valía. Pero desde esos tiempos habían pasado tantas cosas, tantas cosas que prefería olvidar.

No le alegraba para nada la reunión departamental que le esperaba. Sería un caso difícil. Se trataba de un profesor negro, el profesor Jones, buen profesor, con pocas publicaciones. Un caso típico. Se había dedicado más a la enseñanza que a la investigación y eso no contaba para la administración universitaria, ni para sus colegas departamentales que lo evaluarían ese día.

70 Claro que tenía el apoyo de los estudiantes minoritarios, pero eso poco
contaba en estos tiempos. Ni los profesores minoritarios del departamento
lo apoyarían. Nadie quería arriesgar el pellejo. Nadie quería tener criterio
inferior para juzgar al colega. Algunos no lo apoyarían porque querían
quedar bien con la administración o con el jefe del departamento. Tampoco
75 él podría apoyarlo. Lo había conversado con su mujer esa mañana.

—Ese profesor negro aún puede colocarse en otra universidad sin mucha
dificultad. Su trabajo no es sobresaliente, ni mucho menos, y me temo que
le den el hachazo hoy mismo.

—Pero, ¿no dices que tiene un libro publicado?

80 —Sí, así es, pero nada de calidad.

—Mira, bien sabes que para los que tienen palanca, no hay estorbos, y el
cabrón Smith había trabajado para el State Department y tenía su apoyo
en la administración.

—Y, ¿qué de la protesta de ayer? Salió en todos los periódicos que
85 los estudiantes armaron una manifestación muy grande pidiendo la
permanencia para el profesor negro.

—Creen que todavía estamos en los 60. Si esa época ya pasó. Ya viste lo que
hizo el Presidente. Se mandó llamar a la policía y los arrestaron a todos
parejos.

90 —Sí, el periódico dice que estaba dispuesto a romper cascos con tal de
sacarlos de su oficina donde se fueron a sentar en plan de protesta.

—Sí, sí, es un tipo peligroso. Le entró un pánico y perdió el control. Pudo
hacerse un gran desmadre allí. Es un líder débil y dispuesto a cualquier
cosa para sentirse en control de la situación.

95 —Y por eso mismo, ¿no crees que habría que apoyar al joven negro? Bien
sabes cuánto ha costado traer a los pocos profesores minoritarios que hay.

—Sí, a los tres que hubo en mi departamento, los traje yo, pero sin protestas
ni manifestaciones, usando mi propia palanca.

—Sí, sí, Julio, pero ¿cuántos de esos quedan aún? A todos los han botado y
100 éste es el último, el último de los profesores minoritarios que tú ayudaste
a traer. Ninguno ha sobrevivido. Ninguno.

Era tan difícil sobrevivir, pero allí estaba él. ¿Acaso no había sobrevivido?
Hasta había alcanzado el nivel más alto de profesor en su departamento. Y
eso porque había sabido trabajar duro y abrirse camino, no como profesor
105 minoritario sino como profesor capacitado, excelente en su campo, con
una lista de publicaciones en su expediente.

Llegó a la salida de la autopista, tomó rumbo hacia la universidad y
subió un corto trecho más hasta el edificio de ciencias sociales. Bajó,
se volvió a poner el saco, entró al edificio y se dirigió a su oficina. Allí
110 sobre la mesa estaban los últimos exámenes de sus alumnos. Había uno
en particular, el de Alejandro Ramírez, que era sobresaliente. Un joven
estudiante de clase obrera, pero inteligentísimo. Podría haber sido su hijo.

Al lado de las pruebas estaba el periódico universitario, con fotos de la manifestación estudiantil. Había una del presidente universitario, con la cara airada ante un policía. «*Demolish the place if you have to. Just get them out*». Así decía el título al pie de la foto. Se puso a mirar por la ventana. El campo universitario se veía verde, con sus árboles y sus aceras muy bien cuidadas. Un verdadero *country club*. Y él era miembro de este club campestre, miembro vitalicio.

Llegó al salón después de unos minutos para la reunión departamental. El comité de profesores presentó la evaluación y siguió la discusión. Era buen profesor, atraía a cantidades de alumnos, pero porque era fácil, porque no exigía mucho. Tenía un libro publicado, pero era parecido a su tesis doctoral, y después de todo, el tema —el trabajo laboral de un líder negro durante los años 30— no era realmente académico, le faltaba legitimidad, el trabajo en sí era mediocre, y aunque la casa editorial había conseguido muy buenas evaluaciones, le faltaba metodología; no era lo que se esperaba de un buen profesor universitario en ese departamento, en esa universidad. La discusión siguió sin que nadie aportara nada a favor del profesor Jones. Por fin habló el otro profesor negro del departamento para darles toda la razón. Pidió que le concedieran a Jones, aunque fuera un cargo menor, algo que le garantizara empleo. Pero tampoco esto les pareció bien.

Fue entonces que Julio abrió la boca. Les recordó que él había traído al profesor negro. Les recordó que antes no se habían dado clases de historia minoritaria en ese departamento. Les recordó que la universidad tenía una obligación, un compromiso con las comunidades minoritarias que aumentaban cada año y que algún día serían la población mayoritaria del estado. Les recordó que tenían un récord atroz en cuanto al reclutamiento de estudiantes minoritarios. Les recordó que no había ni un sólo estudiante graduado negro en el departamento. Les habló de la investigación que estaba por hacerse en los campos minoritarios. Les hizo recordar su propia producción a esa edad. Les mencionó precedentes de otros profesores, algunos allí presentes, que habían recibido su cargo vitalicio con poca producción cuando esto sólo indicaba posibilidades de crecimiento y mayor brillantez en el futuro. Les habló por 30 minutos. Al ir hablando se dio cuenta que no se atrevía a alabar al profesor Jones profesionalmente, tratando siempre de encontrar razones contextuales para fortalecer su propuesta de que le permitieran permanecer como miembro permanente del departamento. Calló un segundo y dijo:

—Creo que el Profesor Jones merece el *tenure* porque su trabajo promete mucho, porque es un pionero en un campo poco explorado que ha suscitado poca investigación. Es un buen profesor, un miembro productivo de este departamento, interesado en períodos y contextos históricos totalmente ignorados por este departamento que prefiere tener quince profesores de historia europea. Repito, el Profesor Jones merece recibir el *tenure*.

Hubo un largo silencio. Se llamó a la votación y brevemente se anunció el resultado: 20 en contra del profesor Jones y uno a favor.

160 Se levantaron sus colegas y salieron rápido del salón. Era de esperarse, le dijo el jefe del departamento.

Sintió de repente su alienación. No era una sensación nueva. Lo nuevo era reconocerlo. Se había refugiado en la apariencia de ser parte del grupo académico mayoritario. Y ahora era el profesor Julio Jarrín ni formaba parte
165 del círculo académico departamental ni formaba parte de la comunidad minoritaria. Su alienación era completa.

Salió al sol, al pasto verde. Ninguno había sobrevivido. El salvavidas lo había arrojado demasiado tarde para salvar al profesor Jones. Pero no era tarde para volver a empezar, no era tarde para aprender a luchar. Se quitó
170 el saco y se aflojó el nudo de la corbata. Poco después se arremangó las mangas.

PARA COMENTAR

Trabajando en parejas conteste las siguientes preguntas sobre "Se arremangó las mangas". Justifique su opinión cuando sea necesario. Luego puede comparar sus respuestas con las de otros compañeros.

1. ¿Qué opinan los estudiantes chicanos y los demás profesores acerca del profesor Julio Jarrín?

2. ¿Por qué en la fiesta la mujer le pide a Jarrín que le alcance otra margarita a una de las invitadas?

3. ¿Cuál es la reacción del profesor Jarrín cuando le hacen ese pedido? ¿Qué hace a partir de entonces?

4. ¿Dónde organizan los estudiantes la manifestación? ¿Qué motiva su protesta?

5. ¿Cuál es la opinión de Julio Jarrín sobre los estudiantes chicanos? ¿En qué se fundamenta?

6. ¿Por qué cree usted que el departamento no desea que el profesor Jones obtenga su cátedra de profesor en la universidad?

7. ¿Qué razones a favor de otorgarle la permanencia al profesor Jones presenta Jarrín en la reunión del departamento? ¿Cree que Jarrín es valiente al defender a Jones? Explique su respuesta.

8. ¿Cómo es que la palabra *sobrevivir* adquiere un nuevo significado para Julio Jarrín a medida que el cuento progresa?

9. ¿Qué cree usted que significa el título del cuento ("Se arremangó las mangas")? ¿Tiene en inglés esa expresión (*He rolled up his sleeves*) el mismo significado que en español?

10. Como estudiante universitario, ¿puede usted identificarse con la enajenación (*alienation*) que debe sentir Julio Jarrín al final de la reunión, o sea, al final del cuento? ¿Cree que el cuento acaba en una nota negativa o positiva? Explique.

PARA ESCRIBIR

Lea los siguientes temas. Luego escoja el que le interese más para escribir sobre el mismo. Comparta su trabajo con otro(a) compañero(a) e intercambien comentarios sobre lo que han escrito.

1. ¿Qué piensa del sistema estadounidense de *tenure* (permanencia en el cargo)? Haga una lista de las ventajas y desventajas de este sistema. Después comparta sus ideas con otro grupo.

2. ¿Cómo cree usted que el ambiente académico del grupo de profesores refleja la visión de cierta parte de la población estadounidense? Recuerde, por ejemplo, las razones que dan los profesores para votar en contra del profesor Jones.

3. ¿Cree usted que Jarrín toma al final la decisión correcta al apoyar al profesor Jones aun cuando los demás no lo hacen? ¿Por qué?

4. ¿Le gustó este cuento? Explique sus razones.

5. ¿Qué piensa del hecho de que este cuento está escrito en dos lenguas? ¿Le parece una idea válida? ¿Qué ventajas y desventajas cree que presenta un cuento escrito de forma bilingüe? Explique.

 # Ensayo: Narrativa

Jorge Ramos, conocido periodista y autor mexicano que reside en Miami. (Ver el Capítulo 1 donde ya se presentó).

ANTES DE LEER

1. ¿Ha pensado alguna vez en su acento o en el de gente que conoce, en inglés o en español? ¿Qué piensa sobre los acentos? ¿Qué pueden revelar?

2. ¿Puede comentar acerca de las actitudes que a veces observamos acerca de diferentes acentos que se escuchan en los Estados Unidos? ¿Qué cree que pueda haber detrás de esas actitudes y cómo se han desarrollado? ¿Cree que estas actitudes se pueden cambiar? ¿Por qué? Si cree que sí, ¿cómo?

3. ¿Qué es o cómo define usted lo que se entiende generalmente por «acento»? ¿Tiene algo de malo tener un acento extranjero? Por otro lado, ¿hasta qué punto podemos considerar que el acento hispano es «extranjero» después de varias generaciones? ¿Qué otros tipos de acentos observa que hay en los Estados Unidos? ¿De qué estamos hablando en realidad, aparte de la fonología, o sea, de la pronunciación?

4. ¿Qué se entiende por un acento o pronunciación estándar? ¿Quién decide lo que es una pronunciación estándar o normativa? ¿Qué personas que tienen un acento extranjero han representado al gobierno de los Estados Unidos en nuestra política nacional o internacional?

5. ¿Qué problemas pueden notar algunas personas con una definición estricta de lo que puede significar usar una lengua normativa o estándar? ¿Por qué? ¿Qué opinan los lingüistas sobre las variedades que hallamos en el lenguaje?

MI ACENTO
(LIVING WITH AN ACCENT)

Lo que somos, lo que vivimos,
Si lo olvidamos, ¿en qué mapa vamos a figurar?

—de la película Tango *de Carlos Saura*

Quizás no parezco el estereotipo que algunos tienen del mexicano. Pero, definitivamente, sí sueño como uno.

Las horas y días y años estudiando inglés en México me prepararon muy poco lingüísticamente para el aterrizaje en Estados Unidos. Empezando
5 por el simple hecho de que las letras en inglés no se pronuncian como suenan. La O suena como A, la E como I. Mis erres en español son fuertes, groseras; en inglés la erre es un murmullo. La Ñ no existe. Nunca antes había tenido necesidad de diferenciar la B de la V. Y de repente tuve que empezar a hacer un esfuerzo consciente por separar los labios para
10 pronunciar simples palabras como *vacation, Venus* o *vegetable.*

Con todas estas nuevas reglas en la cabeza, tenía trabada la boca; definitivamente sonaba como mexicano. Mi trabajo como mesero recién llegado a Los Ángeles fue una verdadera tortura. ¿Cómo explicas con acento chilango y un vocabulario en inglés de escuela primaria que el
15 pescado viene sazonado en una salsa rebosada en ajo y con un ligerísimo toque de cilantro y perejil? ¿Cómo describes sin reírte que el *penne* está preparado *al dente* en una salsa *a la arabiata* cuando todo lo que salía de mi boca me sonaba a albur?

Y si yo pasaba problemas para explicarme en inglés, los norteamericanos
20 tenían —y tienen— serias complicaciones, incluso, para pronunciar mi primer nombre. Decir Jorge en inglés es casi un trabalenguas. En español tanto la jota como la G de Jorge son suaves. La erre es firme, inequívoca. Pero en inglés hay quienes le meten fuego a la jota —como si se tratara de John— o enfatizan la G igual que en Gary.

25 Pronunciar la letra R con fuerza es un obstáculo prácticamente infranqueable para muchos estadounidenses; hay que correr el riesgo de ser escupido mientras la inflexible lengua anglosajona trata de enrollarse. La O de Jorge no asusta mucho pero la E final termina generalmente

sonando como *iii* de ratón. Las primeras tres letras de mi nombre riman
en inglés con *horse*; la G es suave y la E final es como la de *jet*. En otras
palabras, decir Jorge en inglés es un imposible lingüístico para la mayoría
de los estadounidenses que conozco.

Por eso, en asuntos que no importaban mucho, cambié el Jorge por el
George. Y así, para la gente del banco, del supermercado, de la burocracia
universitaria, era simplemente George.

Una vez que resolví el asunto de la pronunciación del primer nombre—
Jorge para unos, George para otros— había que hacer otro tipo de ajustes.
Mi nombre completo es Jorge Gilberto Ramos Ávalos. Cualquier hijo
de vecino en México tiene cuando menos dos nombres y dos apellidos.
Cuando abrí una cuenta en el banco o al inscribirme en un curso de
periodismo y televisión en la Universidad de California en Los Ángeles
(UCLA), mi nombre causó confusión. No sólo era impronunciable sino
que en la lógica norteamericana no tenía mucho sentido; era demasiado
largo. Algo sobraba.

En Estados Unidos se pierde automáticamente el apellido de la madre.
Y me parece que es una verdadera pena. El machismo en Norteamérica
es más sutil que en el sur del continente. Pero el mejor ejemplo de esto
es cómo las mujeres adoptan el apellido de sus maridos, desechando el
propio, y la práctica de no incluir su apellido en el nombre de sus hijos. Es
como si no existieran; el nombre de un hijo en Estados Unidos oculta a la
madre. Y yo no quería esconder a la mía.

«No pierdas el Ávalos», me decía mi abuelo materno Miguel cuando supo
de la mala costumbre estadounidense de mochar los apellidos de la madre.
Así que por mucho tiempo insistí en ser llamado Jorge Ramos Ávalos. Mi
segundo nombre, Gilberto, nunca me ha gustado mucho —arrastra la
tradición autoritaria de mi abuelo paterno y de mi padre— y lo deseché
sin problemas. Pero al poco tiempo empecé a recibir correspondencia
dirigida a Jorge R. Ávalos.

En honor a mi abuelo Miguel intenté mantener mi nombre completo
y me lancé a varias batallas quijotescas explicándole a un sinnúmero de
funcionarios y burócratas la costumbre mexicana de tener dos apellidos.
A nadie le importó. Las cartas siguieron llegando a nombre de Jorge
R. Ávalos. Al final, cedí y opté por lo más práctico: perdí un nombre
(Gilberto) y un apellido (Ávalos) para convertirme simple y llanamente
en Jorge Ramos. O George Ramos para servirle a usted. Lo siento abue.

La primera vez que entrevisté a George W. Bush, a finales del 1999, tuvimos
una curiosa conversación. Le comenté al entonces gobernador de Texas
que su nombre en inglés es muy similar al mío en español; George es Jorge
y Bush se asemeja a Ramos. La anécdota ha permitido que el presidente
siempre sepa quien soy en un mar de periodistas. Y eso siempre ayuda en una
conferencia de prensa o en la solicitud de una entrevista.

Desde mi llegada a Estados Unidos para mí estaba muy claro que nunca
sería confundido con un norteamericano —aunque para muchos tampoco

parecía un mexicano— ni que hablaría el inglés como un estadounidense. Además, no lo quería. Mi acento me identificará siempre como un extranjero. Y eso es lo que soy en Estados Unidos; es una verdad que jamás quisiera esconder.

Mi acento carga origen, historia y dirección. Dice quien soy, grita de dónde vengo. El acento es como una huella digital; único, intransferible. El acento arrastra «la herida de la tierra», para usar la frase del escritor Carlos Fuentes y su cicatriz puede maquillarse o cubrirse pero nunca se puede borrar.

Durante un tiempo, recién llegado a Los Ángeles, fui a visitar una estación de televisión con un grupo de estudiantes de UCLA. Y ahí tuve la oportunidad de acercarme a quien, en ese entonces —1983— era el director de noticias. Abierta, ingenuamente, le pregunté si él creía que alguien con mi acento en inglés tendría la oportunidad de ser reportero en su estación. «No», fue su cortante respuesta.

Esa era la realidad. Había en esos días un periodista radial, Michael Jackson —del mismo nombre que el cantante— que se hizo popular con su acento británico. En Los Ángeles había millones de mexicanos y sólo un puñado de británicos. Su acento, en cambio, era aceptado y el mío no.

Cuando me mudé a Miami jugué por un momento con la posibilidad de trabajar en un medio de comunicación en inglés. Nuestros presupuestos para transmitir noticias en español eran ínfimos comparados con los de las grandes cadenas y pensé que, al menos, debería explorar mis opciones. A pesar de mi experiencia periodística era obvio que el primer obstáculo que enfrentaría sería mi acento en inglés. Así es que decidí asistir con una especialista en reducción de acento para ayudarme a incursionar en el *mainstream*.

Desde que me escuchó por primera vez puso cara de preocupación. «Tú nunca vas a poder hablar el inglés sin acento», me dijo. De nada sirvieron mis largos ratos de lectura en voz alta. Después de la segunda clase, la maestra me declaró caso perdido. Y ahí colgué cualquier ilusión de saltar al mercado en inglés.

El inglés lo aprendí, realmente, al llegar a Estados Unidos a los 24 años de edad. Y aunque no tengo ningún problema en comunicarme, está clarísimo que no es mi lengua materna. Para ser franco, la confirmación de que nunca hablaría el inglés sin acento me afianzó en mi trabajo. Nunca tendría que pelear con Peter Jennings, Tom Brokaw, Dan Rather o Ted Koppel por una entrevista con el presidente de Estados Unidos. Nunca me pelearía con Barbara Walters o Sam Donaldson por un reportaje. De esta manera me convencí que mi futuro era en los medios de comunicación en español y me dispuse a hacerlo lo mejor posible. «Ellos podrán trabajar muy bien en inglés», pensé. «Pero trataré de hacerlo aún mejor en español».

Al final de cuentas, terminé compitiendo con los mismos periodistas que mencioné anteriormente. Pero no en la misma empresa. Cuando a finales de los años 90 y a principios del nuevo siglo, los medios de comunicación en español empezaron a quitarle audiencia a los de inglés en ciudades con altos porcentajes de población latina, la competencia entre todos los canales de radio y televisión se intensificó, independientemente del idioma en que transmitieran.

Sin embargo, tanto dentro como fuera de mi profesión mi acento me ha marcado. Y en no pocas ocasiones ha provocado que me traten de manera distinta. Ya no se trata de la discriminación burda de los anuncios en parques públicos en Colorado y en otros parques en todo el país que en un pasado no muy reciente prohibían la entrada a perros y mexicanos. Ahora es una discriminación más sutil. Es el no ser atendido en un restaurante con la misma premura y atención que el resto de los comensales, la impaciencia grosera del que dice no entender la forma en que hablas y el ser recibido con la pregunta: «¿De dónde eres?» antes de un «Hola». O el que se rían en tu cara al decir que no naciste en Estados Unidos. Uno de mis *mantras* es este: lo mejor de Estados Unidos son sus oportunidades; lo peor es el racismo.

Cada vez hay más gente como yo en Estados Unidos. La frontera con México es porosa. Todos los días cruzan un promedio de mil personas de manera ilegal. Y esto no se va a detener con acuerdos migratorios ni con más vigilancia, pues, fundamentalmente es, un problema económico; mientras falten trabajos en México y existan oportunidades de empleos en Estados Unidos esa frontera continuará pareciéndose a una coladera.

Muchos norteamericanos se enojaron cuando el presidente de México, Vicente Fox, explicó que uno de sus planes a largo plazo era abrir la frontera entre ambos países. Sólo quería reconocer y normalizar legalmente lo que ocurre en la práctica. Sólo el que ha estado una noche en Tijuana o en el Río Bravo (o Río Grande, como le llaman en Estados Unidos), viendo el juego del gato y el ratón que protagonizan los agentes de la Patrulla Fronteriza de Estados Unidos y los inmigrantes mexicanos, puede afirmar sin temor a equivocarse que la frontera es más legal que real. Hablo un español madreado, es decir, uno moldeado por mi madre y golpeado por mi patria. Y hablo un inglés madreadísimo que, muchas veces, apenas se entiende. Pero con ambos me defiendo muy bien, muchas gracias.

Mi acento me delata, me desnuda, cuenta mi historia en fracciones de segundo y pone al otro en alerta. Pero mi acento también es mi bandera. En unas pocas exhalaciones explica quién soy y de dónde vengo.

El primer director de noticias con quien trabajé en Estados Unidos, Pete Moraga, me entrenó para que perdiera mi fuerte acento de la ciudad de México. El cantadito particular de los defeños es inconfundible. Y Pete intentó que al hablar español mi acento chilango no generara rechazo en una buena parte de la audiencia del Canal 34 en Los Ángeles que era mexicana pero no de la capital. En México siempre ha existido una tensión entre la capital y la provincia. Por siglos, el poder —político, económico, religioso y cultural— se ha concentrado en el centro. Y con el poder la prepotencia. Por eso la mala fama de los capitalinos.

Al principio me costó mucho trabajo cortar mi acento en español. Pero pronto aprendí que los acentos se crean, fundamentalmente, alargando

165 o cortando las vocales y en los énfasis en las sílabas. Así, me propuse decir «información» y no «íííinformacióóón», «fútbol» y no «fuuutboool». Las sugerencias de Pete funcionaron bien. Tan bien que aún hoy en día hablo una especie de español neutral que pocos pueden identificar con la ciudad de México. Algunas personas que me oyen en el noticiero han creído que
170 soy peruano, colombiano, ecuatoriano, boliviano y hasta cubano.

Finalmente, la ironía es que nunca perdí mi acento en inglés pero sí neutralicé mi acento en español. Y si a esto le sumamos la enorme cantidad de palabras en *espanglish* (la mezcla del inglés y el español) que son típicas de los latinos que vivimos en Estados Unidos, el efecto final es realmente
175 único. Inconfundible. Es mi acento.

Durante algún tiempo evité dar discursos en universidades o eventos públicos para no tener que exponerme a cometer errores en inglés. Esto, desde luego, me alejó de una parte de la sociedad norteamericana y me enterró en el mundo hispano. Incluso, algunas veces cuando mi hija Paola
180 me acompañaba a presentaciones públicas, me corregía la pronunciación durante el regreso a casa. «Eso no se dice así, papá», me decía con humor. Hasta que, finalmente, entendí que tenía un acento casi incorregible, que no tenía que disculparme por haber aprendido a hablar inglés muy tarde en mi vida y que mi acento, lejos de ser un obstáculo, lo podía convertir en
185 una carta de presentación. Sí, me sigo sintiendo distinto, pero ya vivo en paz con la forma en que hablo.

Lo que dice mi acento es que soy de otro lado, al igual que más de 30 millones de personas en Estados Unidos. A veces me sorprendo caminando frente a una construcción, viendo trabajar a un grupo de
190 jardineros, o sentado en un restaurante ante un mesero, y me es inevitable pensar que yo también tuve que empezar, como ellos, desde abajo. Hay ocasiones en que me apena que me reconozcan —«mira, ahí va el de la televisión»— y me vean bien vestido y en un buen auto, porque no quiero que crean que me he olvidado de mi origen y de que yo también soy un
195 inmigrante. Mi trayecto de México a Estados Unidos me ha definido más que la mayoría de las cosas en la vida.

«¿Te imaginas si te hubieras quedado en México?» me preguntó hace poco mi hija Paola en una inquisitiva conversación. «¿Te has puesto a pensar cómo las cosas pequeñas luego tienen un enorme impacto en el futuro?»
200 ¡Qué maravilla poder platicar así con tu propia hija!

Pasé de ser mexicano a latino. O hispano. Aunque latino se usa más en California e hispano en el este de Estados Unidos, utilizo latino e hispano de manera indistinta. También es una cuestión generacional; el término «latino» es usado con mayor frecuencia entre los jóvenes. Lo que importa
205 es que dejé de ser un residente de México para convertirme en inmigrante. Dejé, en otras palabras, la estabilidad por el cambio.

Durante años me resistí, también, a identificarme ante los demás como latino o hispano. Cuando les pregunto: «¿Qué eres?» me contestan: peruano, argentino, colombiano, hondureño pero casi nunca latino o hispano. El
210 término *hispano* o *hispanic* fue una invención de la Oficina del Censo para

agrupar a los ciudadanos y residentes de Estados Unidos provenientes de Ibero América. Y para diferenciarnos de otros grupos de blancos, se creó la categoría de «blancos no hispanos» (o *non-Hispanic whites*). Pero a pesar de este tipo de definiciones, los hispanos no somos un grupo monolítico.

215 Mientras que los mexicanos y centroamericanos discuten hasta el cansancio las leyes migratorias para obtener una amnistía o la residencia permanente, los cubanos están obsesionados con la dictadura de Fidel Castro y los puertorriqueños con la indefinición política frente a Estados Unidos. De la misma manera, los ciudadanos estadounidenses de origen 220 latino —independientemente de qué país vengan— están más preocupados por mejorar los niveles educativos y el acceso a buenos empleos que por cuestiones migratorias, Fidel Castro o el futuro de la isla de Vieques.

Sin embargo, a los hispanos nos une el español, nuestro origen latinoamericano e ibérico y ciertos valores tradicionales como la 225 importancia de la familia y el catolicismo. Y si bien estas características son una cuestión de grado y no conceptos absolutos, la realidad es que la migración latina a Estados Unidos es distinta a otras olas migratorias que han llegado al país, como la de los irlandeses, italianos o europeos del este.

Ni italianos ni polacos ni alemanes tuvieron varias cadenas de radio y de 230 televisión a nivel nacional en Estados Unidos, ni sus idiomas terminaron invadiendo cada rincón de la nación. En cambio, los hispanos hemos mantenido el español en contra de todos los pronósticos. Lejos de desaparecer, el español está más fuerte que nunca en Estados Unidos.

En parte esto se explica debido a la cercanía con nuestros países de origen. 235 Geográficamente tiene más sentido cruzar de Tijuana a San Diego que montarse en un bote y zarpar de Sicilia a Nueva York. No es lo mismo ir a visitar a tus familiares en Venecia y Varsovia que en Veracruz. Es más fácil promover la reunificación familiar si alguien vive en Michoacán que en Milán. Además, la nueva tecnología ha hecho mucho más baratas las 240 comunicaciones telefónicas. Llamar a San Salvador cuesta bastante menos que hace 50 años lo era hacerlo a la Santa Sede en Roma. Y la Internet nos permite mantenernos en contacto permanente y con costos razonables independientemente del lugar en donde vivamos. Esto no ocurrió con las migraciones europeas a Estados Unidos en el siglo pasado.

245 El *melting pot* se quemó.

«Es la primera vez en la historia que una comunidad de origen distinto al estadounidense no ha tenido que pasar por el proceso de la olla podrida (*melting pot*) que es el de homologar sus costumbres a las de la población de habla inglesa para ser reconocidos como estadounidenses», asegura 250 el escritor peruano Mario Vargas Llosa. «Los hispanos no han tenido que perder su lengua ni su cultura para sentirse asimilados a las de los anglosajones; por el contrario, muchos han tomado una posición de defensa de esa cultura».[1]

---

[1] *El Nuevo Herald.* Citado de un artículo de *El País* de España. 08/13/2001.

A todo esto habría que agregar algo muy importante. El español se ha convertido en un símbolo de identificación social de los hispanos. El español no sólo se habla en la mayoría de los hogares latinos de Estados Unidos sino que es una señal de pertenencia a un grupo. Incluso aquellos hispanos que no hablan bien el español saludan diciendo «hola», se despiden con un «adiós» y salpican su conversación con una que otra palabrita del castellano. E incluso al insultar gritamos al aire nuestras circunstancias bilingües, biculturales, y binacionales. «*This fucking perra* no me deja dormir», dice alguien muy conocido de la familia y que prefiere mantenerse en el anonimato (por obvias razones) cuando el reloj interno de su mascota la despierta a ladrido limpio, invariablemente, a las dos y media de la mañana.

Estas expresiones híbridas del bilingüismo y biculturalismo son tan importantes para nosotros que hasta políticos norteamericanos interesados en el voto latino se han aprendido de memoria frases en español. El caso más patente y patético fue el vicepresidente y excandidato demócrata a la presidencia en el 2000, Al Gore, quien para atraer el voto hispano durante su campaña, repetía frases como «sí se puede», «claro que sí», «*p'alante* siempre *p'alante*», y «comunidad *boricua*» sin entender muy bien lo que estaba diciendo. Hasta cierta medida, George Bush hizo lo mismo aunque tal vez tenía un mayor nivel de entendimiento.

El español cada vez se habla más en Estados Unidos. Ha resistido tanto los esfuerzos por prohibirlo de manera legal como la inevitable integración lingüística y las presiones de vivir en un país donde predomina el inglés. Y contrario a lo que ocurrió con el italiano o el polaco, el español —ligado a los altos niveles de nacimientos entre los latinos y a la inmigración proveniente del sur de la frontera— tiende a proliferar en Estados Unidos aunque no de manera pura y, a veces, ante el horror de los miembros de la Real Academia de la Lengua Española.

Estados Unidos no es un país blanco; es una nación mestiza, mezclada, multiétnica, multicultural. Una de las tendencias que han predominado en este mestizaje es la hispanización o latinización de Norteamérica. Y aquí no estamos hablando únicamente de la resistencia del español a morir en tierra yanqui sino de las enormes influencias culturales de los hispanos en Estados Unidos.

En Estados Unidos se venden más tortillas que bagels y más salsa que ketchup, los medios de comunicación en español ensombrecen a los que transmiten en inglés, políticos con apellidos como Hernández y Sánchez reemplazan a los Dornan y Smith y hay una verdadera invasión cultural a través de la música, el arte y la literatura. Es una reconquista cultural. En los mismos territorios que perdió México a mediados del siglo XIX los latinos están empezando a tener un papel predominante en el proceso de reconquistar culturalmente lo que los mexicanos perdieron geográfica y políticamente.

La misma integración de razas y de grupos étnicos que está experimentando Estados Unidos se da dentro de la comunidad hispana. Y esta integración me ha tocado de manera muy personal. Difícil es que me defina, únicamente, como mexicano. Y estadounidense no soy a pesar de haber vivido en este país desde hace casi dos décadas. Me siento mucho más identificado con los indígenas de Oaxaca y Chiapas que con los habitantes de Wisconsin y Dakota. La suya es una historia que no comparto. Así que no soy un mexicano a secas; soy un mexicano en Estados Unidos. Punto.

A nivel familiar estas combinaciones también se dan. Mi esposa Lisa nació en San Juan, Puerto Rico, de padres cubanos. Cuando viaja a América Latina de negocios es considerada norteamericana. Para ella no solo su origen la define sino también el lugar donde está parada.

Mi hijo Nicolás nació en Miami y podría ser definido como *mexicoportocubanoamericano.* Y mi hija Paola, que también nació en el sur de la Florida y ha pasado una buena parte de su niñez y adolescencia en España, sería *españocubanamexicoamericana.* Mis hijos son, en pocas palabras, unos neoamericanos o nuevos americanos.

Y esto es parte de mi mundo diario. Me he pasado una buena parte de mi carrera informando sobre América Latina (porque de allí vienen la mayoría de las personas que ven el noticiero) y hablando sobre los latinos (porque, al fin de cuentas, eso es lo que soy). Pero como periodista latino me ha caído, junto a muchos otros, una responsabilidad que nunca esperé.

Los periodistas hispanos, al enfatizar asuntos que tienden a olvidarse en otros medios de comunicación pero que forman parte integral de nuestras vidas, nos convertimos en la voz de los que no tienen voz. Cuando informamos sobre el racismo y la discriminación en contra de los latinos, cuando se ataca a quienes hablan español, cuando cazan inmigrantes como animales en la frontera con Arizona, cuando surgen propuestas antilatinas como la 187 en California e informamos sobre eso, le damos voz a los que no tienen voz. No es que tomemos partido pero al hablar sobre gente (como los inmigrantes latinos e indocumentados) que generalmente no aparece en los medios electrónicos o escritos en inglés, los periodistas hispanos estamos presentando al resto del país un aspecto desconocido para millones. Y lo hacemos con un acento y una familiaridad con el tema que difícilmente puede ser replicada por otros.

Mi acento carga la historia de las familias Ramos y Ávalos. Ya no tengo abuelos. Mi abuela Raquel murió hace poco y los cinco hermanos Ramos Ávalos nos quedamos colgando; ¿y ahora a quién le preguntamos de nuestro pasado?

Dicen mis hermanos que siempre fui el favorito de mi abuelo Gilberto, el esposo de Raquel. Es muy posible. Cada domingo me regalaba unas monedas, siempre una o dos más que a mis hermanos o primos. Pero gracias a esa relación privilegiada con mi abuelo Gilberto conocí de primera mano a los tíos de mi padre que viven en Ramos Arizpe, Coahuila, a unas horas de la frontera con Estados Unidos. El acento de mi familia en el norte no era el mío. Pero las conversaciones de sobremesa tras una comida de cabrito —en que mi abuelo repartía como el manjar más exquisito, los ojos, cachetes, lengua y cerebro del animal— me perseguirán para siempre. Seguro repito en ciertos momentos expresiones y modismos que escuché por primera vez frente a esos asqueantes tacos de cabrito.

350 Mi abuelo Miguel era un maravilloso conversador. Todos los jueves iba a comer a la casa de Piedras Negras con nosotros y en las largas sobremesas supe sobre cómo se luchó la segunda guerra mundial, de los excesos del imperio romano y de la dictadura de Porfirio Díaz en México. Luego, cuando íbamos a comer a su casa —casi todos los sábados— contestaba de dónde salían los temas de sus conversaciones; montones de libros se 355 acumulaban en su mesita de noche (al igual que ahora se acumulan en la mía). A veces, llegábamos a su casa antes del mediodía y lo sorprendía en pijama, leyendo en su cama con las cortinas tapando los rayos del sol y ayudándose con una lámpara que sólo le alumbraba uno o dos párrafos del libro que descansaba sobre su prominente estómago. La bacinica 360 escondida debajo de la cama y a medio llenar denotaba que ni siquiera la urgencia de orinar podía interrumpir a mi abuelo de su lectura.

Miguel, padre de mi madre, nació con el siglo en 1900. Y con sus pláticas sin prisa entendí la emoción de un niño que ve cómo se prende un foco por primera vez en su vida. Durante el bautizo de su hermana Blanca, 365 en 1910, su padre —mi bisabuelo Gregorio Avalos— logró (gracias a sus contactos con el gobierno federal) que llegara la electricidad al pueblito minero de Taxco. Recuerdo también, como si yo hubiera estado ahí, cuando mi abuelo Miguel durmió en la cama de la emperatriz Carlota en el Castillo de Chapultepec de la ciudad de México. Su padre Gregorio 370 era superintendente de edificios y supongo que entre los beneficios de su trabajo estaba el aprovechar, aunque fuera por una noche, las bondades de la cama de una emperatriz. Estoy seguro que mi vocabulario está plagado con palabras y acentos de esas extraordinarias historias de mi abuelo Miguel.

A mi abuela Consuelo no la conocí. Murió cuando mi madre era todavía 375 una niña. Pero los recuerdos que dejó fueron tan intensos y su desaparición tan súbita, que mi madre la convirtió en una verdadera presencia en nuestra casa. Casi puedo oír su risa contagiosa, oler los riquísimos platillos que cocinaba (y cuyas recetas son, incluso, repetidas en mi casa en Miami) y disfrutar las recepciones que organizaba con una gracia sin igual. Sus 380 gestos y palabras son, ahora, también míos gracias a los puentes que construyó mi madre. Y sus olores también: mi casa huele a sus blusas recién almidonadas y a su caldo de camarón y a las cremas que untaba en una blanquísima piel que nunca pude acariciar.

Mi madre es una extraordinaria cuentista. Pero todos sus cuentos son 385 reales. Ella las llama «historias verdaderas». Son historias de la familia que han pasado de generación en generación y que ella se ha encargado de mantener a flote. Sin esas «historias verdaderas» nunca me hubiera enterado de cómo mi padre se quemó sus delicados pies con el sol en plena luna de miel (lo que evitó un largamente planeado viaje a esquiar), 390 ni de las peleas de mis tías por salir en las fotos bien pegaditas al lado de mi abuelo Miguel, ni de los ataques de asma que me dejaban verde y pálido durante las visitas a la casa de mi tío José en Valle de Bravo. Esas historias verdaderas son las que le han dado un sentido a la historia familiar y es

muy probable que yo, a mi manera, haya querido seguir con una tradición
395 que mi madre ha cuidado palabra por palabra.

Los gestos de mis abuelos, las expresiones de mi padre, los cuentos de mi madre, las sobremesas interminables en casa de mi abuelo Miguel, la presencia ausente de Consuelo, en otras palabras, mi pasado y mi punto de partida están hoy reflejados en mi acento. Puede ser que nunca logre hablar
400 el inglés sin los lastres de mi acento en español. No me importa. Mi acento son las huellas y cicatrices; marcho contento y llevo la maleta bien cargada.

PARA COMENTAR O ESCRIBIR

1. ¿Cómo se siente Jorge Ramos hacia su acento cuando habla inglés? Le da orgullo o vergüenza? Explique su respuesta.

2. Ramos explica que en un momento dado tomaba clases para reducir su acento. ¿Por qué hizo eso y cuál fue el resultado? ¿Qué cree usted?

3. ¿En algún momento ha querido usted cambiar o reducir su acento en español o inglés? Explique.

4. Ramos le llama al acento individual «una huella digital». ¿Cree qué se puede averiguar algo de una persona al tan sólo oírle hablar? Si piensa que sí, ¿qué cree que se puede averiguar? ¿Se puede uno equivocar?

5. Ramos afirma que lo peor de los Estados Unidos es el racismo. ¿Qué opina usted sobre esta afirmación?, y cómo compararía la actitud de Ramos frente al racismo con la actitud del profesor Jarrín en "Se arremangó las mangas" de Rosaura Sánchez?

 Poesía

Abelardo Delgado (1931) es un escritor nacido en México y nacionalizado estadounidense. Ha desempeñado múltiples vocaciones, entre ellas las de ensayista, profesor, director de programas de servicio a la comunidad, poeta y novelista. En 1970 fundó la editorial Barrio Publications.

ANTES DE LEER

En grupos de tres o cuatro estudiantes comenten lo siguiente. Compartan después sus observaciones con el resto de la clase.

1. Identifique cuál es el aspecto más significativo que tiene para usted la celebración del Día de los Padres o el Día de las Madres.

2. Comente las posibles diferencias que existen en la idea del homenaje al padre en las culturas mexicana (o hispanoamericana) y estadounidense.

3. En muchos casos nuestros padres procuran mantener vivos en nosotros la cultura y el idioma de nuestros antepasados. ¿Sus padres los han criado así? Comparta dos o tres experiencias sobre el tema con sus compañeros de clase.

4. ¿Ha experimentado usted algún conflicto de índole lingüístico-cultural con sus padres o familiares? Explique.

HOMENAJE A LOS PADRES CHICANOS

con el semblante° callado
con el consejo bien templado°,
demandando siempre respeto,
con la mano ampollada° y el orgullo repleto,
5   así eres tú y nosotros te hablamos este día,
padre, papá, apá, jefito, dad, daddy... father,
como acostumbremos llamarte, eres el mismo.
la cultura nuestra dicta

        que el cariño que te tenemos

10 lo demostremos poco

        y unos hasta creemos

que father's day

        es cosa de los gringos,

pero no...
15 tu sacrificio es muy sagrado
para dejarlo pasar hoy en callado.
tu sudor es agua bendita
y tu palabra sabia,
derecha como esos surcos
20 que con fe unos labran° día tras día,
nos sirve de alimento espiritual
y tu sufrir por tierras
y costumbres tan extrañas,
tu aguante, tu amparo°, tu apoyo,
25 todo eso lo reconocemos y lo agradecemos
y te llamamos hoy con fuerza

        para que oigas

aun si ya estás muerto

        aun si la carga fue mucha

30 o la tentación bastante

        y nos abandonaste

aun si estás en una cárcel
o en un hospital...
óyeme, padre chicano, oye también a mis hermanos,
35 hoy y siempre, papá, te veneramos.

°**semblante:** *aspecto del rostro*
°**templado:** *firme*
°**ampollada:** *con ampollas* (blisters)

°**labran:** *trabajar la tierra*

°**amparo:** *abrigo o defensa*

PARA COMENTAR

Trabajando en parejas conteste las siguientes preguntas sobre "Homenaje a los padres chicanos". Justifique su opinión cuando sea necesario. Luego puede comparar sus respuestas con las de otros compañeros.

1. ¿Cree usted que es difícil expresar nuestros sentimientos más importantes (agradecimiento, admiración, aprecio, cariño) a nuestros familiares o amigos? ¿Por qué los ocultamos a veces?

2. Relate alguna experiencia donde un pariente o amigo le ayudó a salir de una situación crítica con un consejo, una acción particular u otro tipo de apoyo.

3. En su opinión, ¿cuál ha sido el consejo más valioso que le han dado sus padres?

4. ¿Es diferente la relación que hay entre padres e hijos en la cultura mexicana o hispana de la que existe en la estadounidense? Explique.

PARA ESCRIBIR

Escoja una de estas ideas del poema y escriba un breve comentario.

- «con la mano ampollada y el orgullo repleto»
- «la cultura nuestra dicta / que el cariño que te tenemos / lo demostremos poco»
- «tu aguante, tu amparo, tu apoyo»

 Cuento

¿Hablaba español en la escuela? ¿Ya hablaba los dos idiomas o sólo uno cuando empezó a asistir a la escuela?

José Antonio Burciaga (1940–1996) de El Paso, Texas, fue escritor bilingüe, muralista, periodista, humorista y activista. Escribió poesía y narrativa. Entre sus libros se encuentran el poemario *Undocumented Love* (1992), ganador del premio literario American Book Award, y *Drink Cultura* (1993), donde cultiva el humor. Fue uno de los creadores originales del grupo latino conocido como *Culture Clash*, que se ha especializado en satirizar la situación del hispano en los Estados Unidos, como su nombre lo sugiere. En 1995 recibió el Hispanic Heritage Award de literatura, un año antes de morir de cáncer.

ANTES DE LEER

En grupos de tres o cuatro estudiantes comenten lo siguiente. Compartan después sus observaciones con el resto de la clase.

1. ¿Cómo recuerda el primer día en que asistió a la escuela? ¿Hablaba usted inglés?

2. ¿Había otros estudiantes hispanos con quien podía hablar español? ¿Se le hacía difícil comunicarse con sus compañeros o con su maestro o maestra?

3. ¿En algún momento se le ha pedido que no hable en español? ¿Cuál fue su reacción y cómo se sintió si tuvo esa experiencia? ¿Conoce alguna anécdota de sus padres o algún familiar sobre este tema?

MAREO ESCOLAR

Me acuerdo de mi tercer grado en El Paso, Texas, en 1949. Yo era uno de los niños mexicanos. Éramos diferentes... y lo sabíamos. Muchos nos sentíamos orgullosos.

5 Me sentaba en el parque de la escuela para comerme mi burrito de chorizo con huevo, el cual manchaba la bolsa de papel y mis pantalones de caqui. Frente a mí se sentaba una niña llamada Susy quien sacaba su sándwich de mantequilla de cacahuate con jalea de su lonchera Roy Rogers.

Las monjas anglosajonas entendían muy bien a Susy, pero nuestra cultura y nuestra lengua era un misterio para ellas. Lo mismo era la de ellas para 10 nosotros: Dick y Jane tenían una casa de dos pisos, su papá se vestía con saco y corbata y hasta su perro Spot ladraba en inglés: ¡Bow Wow! Mis perros siempre ladraron en español: ¡Guau, Guau!

Me acuerdo que la maestra siempre le gritaba a Memo que se metiera la camisa en los pantalones. La camisa era una guayabera. Memo obedecía, 15 pero se ponía furioso. Nos reíamos de él, porque se veía muy chistoso con su guayabera metida en los pantalones.

Me sentaba en la clase y veía, por la ventana, la tienda de enfrente. Tenía un letrero que decía *English Spoken Here- Se habla inglés*. Otras tiendas decían se habla español. Pero en nuestra escuela católica, el undécimo 20 mandamiento era: No hablarás español. Cuando nos descubrían hablando la lengua extranjera prohibida, nos castigaban después de clase, o nos ponían a escribir cien veces *I will not speak Spanish*.

Mi hermano Pifas podía escribir con tres lápices a la vez y era el más rápido para cumplir el castigo.

25 *I will not speak Spanish*
I will not speak Spanish
I will not speak Spanish

La maestra de música, quien también nos enseñaba latín, nos decía que no ejercitábamos bien los músculos faciales cuando hablábamos español. Nos 30 explicaba que esa era la razón por la cual los mexicanos viejos tenían tantas arrugas. Se me ocurrió que en los tiempos de antes los mexicanos vivían largos años en lugar de sucumbir a las enfermedades estadounidenses como cáncer, úlceras o ataques cardíacos.

°**interpretar:** *traducir, servir de intérprete*

Nunca perdimos la habilidad de hablar nuestra segunda lengua. En la 35 secundaria a veces nos llamaban a interpretar° para algún estudiante nuevo que venía de México cuando el conserje o la cocinera estaban ocupados.

Aunque el recién llegado normalmente había estudiado inglés, hablarlo en clase por primera vez lo aturdía.

A todo contestaba ¿*Wachusei*? (¿Qué dices?). Entonces alguno de nosotros 40 inevitablemente le daba la traducción errónea de la pregunta del maestro. Le susurrábamos en español: El hermano Amedy quiere ver tu pasaporte. Como estudiante cortés, él le entregaba sus papeles de inmigración al hermano Amedy que se quedaba perplejo.

Pero más chistoso todavía fue cuando el Director, el hermano Raphael, 45 nos advirtió que iba a colgar al joven llamado P-U-T-O, por escribir su nombre en todas las paredes del baño.

El noventa y cinco por ciento de los estudiantes éramos mexicoamericanos, pero en la Cathedral High School éramos todos irlandeses. Echábamos porras a nuestro equipo de fútbol al son de la canción de batalla de la Universidad de Notre Dame, en español, en espanglish y en inglés con acento. Pero no sirvió de nada; la escuela todavía mantiene el récord de partidos perdidos.

Todas aquellas palabras que inventamos nosotros los estudiantes chicanos de la frontera, ahora forman parte de los diccionarios de caló. Algunas han llegado hasta el interior de México, a pesar del disgusto de ese país.

Los jóvenes cubanoamericanos están ahora reinventando algunas palabras en espanglish que los chicanos crearon hace años en Texas.

Aunque los Estados Unidos es el cuarto país hispanohablante en el mundo, todavía no tenemos un miembro en la Real Academia Internacional de la Lengua Española.[1] Tan, tan.

---

[1] Nota del editor: Todos los países hispanoparlantes (incluyendo los Estados Unidos, desde 1973) tienen una academia que los representa en la Asociación de Academias de la Lengua Española, organismo afiliado a la Real Academia Española.

PARA COMENTAR

Trabajando en parejas, conteste las siguientes preguntas sobre "Mareo escolar". Justifique su opinión cuando sea necesario. Luego puede comparar sus respuestas con las de otros compañeros.

1. El cuento que acaba de leer transcurre en 1949. ¿Ha escuchado comentarios de alguien que haya tenido una experiencia similar a la de Memo? Puede preguntarles a sus padres, familiares u otras personas de esa generación de la comunidad hispana sobre el tema.

2. ¿Por qué cree usted que las maestras no permitían que se hablara en español en la escuela? ¿Se justifican las razones?

3. ¿Por qué se ríen de Memo los niños cuando lo obligan a meterse la camisa dentro de los pantalones?

4. ¿Cuál era la situación respecto a los idiomas en su escuela primaria o secundaria?

PARA ESCRIBIR

Comente primero en grupos de dos o tres estudiantes los puntos siguientes. Escriba una breve composición resumiendo los comentarios y expresando su propia opinión.

El español en los Estados Unidos

- ¿Cómo mantiene, nutre y desarrolla usted su español?
- ¿Qué papel tiene el español en su comunicación diaria?
- ¿Se comunica usted en español con los miembros de la familia? ¿Con quiénes? ¿Y con sus amigos?

¿Se confunden los niños si se les habla en más de un idioma? ¿Qué sabemos sobre comunidades bilingües y qué nos informa la lingüística? Las respuestas están en las investigaciones lingüísticas y pedagógicas, pero mucha gente no está bien informada sobre estos temas. Explore leyendo sobre estos temas en el sitio del Center for Applied Linguistics: http://www.cal.org/heritage/

- ¿Qué recursos disponibles existen en las comunidades hispanas, las escuelas, las bibliotecas y los medios de comunicación?
- ¿Cómo planea usted mantener o nutrir el uso del español en el futuro? Sea específico.
- ¿Qué cree sobre el futuro del español en los Estados Unidos?
- ¿De qué manera saber bien los dos idiomas es una gran ventaja para los que viven en los Estados Unidos?
- Si ha viajado a algún país de habla hispana, ¿cómo fue su experiencia lingüística y cultural?

ACTIVIDAD

Busque información sobre el bilingüismo. Una fuente que puede ser útil en el Internet es www.cal.org/heritage. Informe a su clase en español lo que aprendió.

Más informacón sobre el bilingüismo

Ada, Alma Flor, & Baker, Colin. *Guía para padres y maestros de niños bilingües. Parent's and Teacher's Guides: No. 5.* Clevedon: United Kingdom, 2001.

Artículo periodístico

ANTES DE LEER

En grupos de tres o cuatro estudiantes comenten lo siguiente. Compartan después sus observaciones con el resto de la clase.

1. ¿Va al cine con frecuencia o de vez en cuando? ¿Prefiere ver películas en casa o ir al cine? ¿Por qué lo prefiere?

2. ¿Qué películas en español o en otros idiomas recuerda haber visto recientememte? ¿Qué le parecieron?

3. ¿Conoce o le gusta algún director o directora de cine latinoamericano o cine español? ¿Qué películas suyas recomienda?

4. ¿Qué similaridades o diferencias considera que hay entre las películas extrajeras en español y las películas que ha visto en inglés? Dé algunos ejemplos, si puede, y comente esas películas.

Guillermo del Toro, Alejandro González Iñárritu, Alfonso Cuarón y Gael García Bernal

MÉXICO CINEMA

Chiles Rojos Picantes

Texto de Rueda Duque

Del Atlántico al Pacífico, desierto, selva, montes escarpados°, templos de piedra y ciudades de cemento dibujan un país imposible. México no se puede explicar, como el mito o la superstición, en México se cree o no se cree. Nosotros le empezamos a tener fe hace algo más de una década inspirados por tres contadores de historias locales: Iñárritu, Cuarón y Del Toro. Tres amigos que intentan bombear sangre, sudor y magia al corazón marchito° del cine «made in Hollywood».

°**escarpados:** *accidentados o empinados*

°**marchito:** *apagado, débil*

Exterior del Kodak Theatre de Los Ángeles, tarde templada de un mes de febrero de 2007. La alfombra roja se extiende para dejar paso a estrellas y profesionales. Por primera vez en su historia, México entero está ante el televisor para seguir la gala de unos premios. Esta noche habrá diez artistas mexicanos peleando por un Óscar: fotografía, guión original, dirección, mejor película extranjera... Y la culpa la tienen tres películas fabulosas, capaces de conmover al público y convencer a la crítica: *El laberinto del fauno* de Guillermo del Toro, *Children of Men* de Alfonso Cuarón y *Babel* de Alejandro González Iñárritu. Son la culminación de una historia de amor con el cine, y de amistad entre tres cineastas, que empezó mucho tiempo atrás, a miles de kilómetros de Los Ángeles.

Empezar por el principio

Alfonso Cuarón nació en la Ciudad de México en 1961. Hijo de un importante físico nuclear, vivió una infancia feliz y acomodada° en una de las mejores zonas de la capital. Nunca le faltaron el cariño, la atención o los caprichos. Al cumplir los 12 años, le regalan su primera cámara de video. Al mismo tiempo, pero al otro lado de la ciudad, un chaval° un par de años menor que Alfonso se esconde entre unos coches. Huye de las bandas del barrio. Su padre había sido un importante banquero, pero una mala inversión lo llevó a la ruina, así que él y su familia tuvieron que mudarse a una de las zonas más pobres del D.F. Ese niño se llama Alejandro González Iñárritu. ¿Y Guillermo del Toro? El más pequeño del trío, solo un año menor que Iñárritu, apura sus días en Guadalajara, en el seno de una familia religiosa y ultra conservadora. Guillermo sufre en sus carnes° el brutal fanatismo católico de una abuela obsesiva que no solo intenta exorcizarlo en varias ocasiones, sino que somete al pequeño a todo tipo de martirios físicos para «purgar» sus pecados. Esa infancia traumática y dolorosa da lugar a un adolescente oscuro, inquieto y con una extraña fijación° por los monstruos.

Una excursión ocasional a los estudios de cine de la capital permite a Guillermo del Toro conocer a Dick Smith, responsable de los efectos especiales de *The Exorcist*. Ahí empieza una complicidad que acabará por destapar su verdadera vocación, el cine fantástico.

Mientras Del Toro empieza su carrera como especialista, Cuarón estudia psicología por las mañanas y va a la escuela de cine por las tardes. Su primer proyecto allí es un provocador corto rodado en inglés (*Vengeance is mine*) por el que es expulsado del centro. Roto y rendido, Alfonso Cuarón acepta el primer trabajo que le ofrecen en un museo local. La casualidad (o el destino) provoca un encuentro tan arbitrario como providencial en ese mismo escenario. Uno de los visitantes del museo resulta ser un productor de televisión que le ofrece una segunda oportunidad tras las cámaras. En 1987 Alfonso Cuarón se hace un nombre escribiendo y dirigiendo capítulos para una serie que llegaría a muchos de los mejores cineastas del país, *La hora marcada*. No es un apunte° casual. En esa misma

°**acomodada:** *privilegiada*

°**chaval:** *chico*

°**carnes:** *corporalmente*

°**fijación:** *obsesión*

°**apunte:** *suceso*

serie acaba trabajando un amigo que ya no dejaría de serlo: Guillermo del Toro.

55 Y así tenemos juntos a dos de los tres cuates°, pero necesitamos saber cómo llegó Iñárritu al grupo. Al mismo tiempo que ellos empiezan en la televisión, Alejandro disfruta de una enorme popularidad como locutor de radio. Desde allí no le fue difícil saltar en 1990 a Televisa, y empezar a escribir y dirigir *spots* publicitarios. Muchos de aquellos anuncios 60 pueden verse incrustados en su primera película, *Amores perros*: un retrato brutal, intenso y magnético del D.F. callejero, que dibujó junto al escritor Guillermo Arriaga en 1999.

°**cuates:** *amigos*

Pasos de gigante

Tres años antes, Iñárritu había conocido al profesor Arriaga en la Universidad Iberoamericana. Es allí donde deciden escribir y producir 11 65 cortos para explicar la naturaleza contradictoria de una ciudad caótica y desgarrada.° De esas 11 historias, saldrían las tres que acabaron formando el argumento de *Amores perros*.

°**desgarrada:** *rota*

Saltamos de nuevo en el espacio. En aquella época, mediados de los noventa, Guillermo del Toro y Alfonso Cuarón daban ya sus primeros 70 pasos en Hollywood. Del Toro había conseguido con una precocidad asombrosa la etiqueta de «director de culto» gracias a la siniestra *Cronos* (1993), y andaba peleándose con la industria norteamericana para sacar adelante *Mimic* (1997). Esta aventura de encargo fue finalmente la peor y más frustrante experiencia de su vida profesional coincidiendo, además, 75 con un capítulo particularmente duro de su vida personal. Mientras rodaba° en los Estados Unidos, tuvo que negociar la liberación de su padre en un secuestro que duró tres semanas. Del Toro jura, sin embargo, que fue mucho más difícil y doloroso enfrentarse a los meses de discusiones, ajustes de presupuesto y reescrituras que acompañaron al rodaje° de la 80 película.

°**rodaba:** *filmaba*

°**rodaje:** *grabación*

La llegada a Hollywood de su colega Cuarón fue más placentera. Dirigió una pequeña película de estudio en 1995, *The Little Princess,* que a pesar de una taquilla° discreta consiguió el aplauso de la crítica. Eso llevó a los grandes estudios a apostar por él en 1998 con la adaptación de la novela 85 de Charles Dickens *Great Expectations.* Contar con un gran reparto (Ethan Hawke y Gwyneth Paltrow) no compensó la frustración que le produjo seguir un guión inacabado, sujeto a infinitos cambios, borradores y versiones nunca definitivas.

°**taquilla:** *ventas de boletos de entrada*

Volver a los orígenes

Así que, mientras Iñárritu y Arriaga empiezan a rodar por fin el guión 90 que les había llevado tres años escribir, Cuarón y Del Toro regresan a casa muy afectados por la sensación de derrota y desencanto. El primero decide escribir y rodar junto a su hermano Carlos *Y tu mamá también*, una *road movie* mexicana. Los protagonistas son Diego Luna y Gael García Bernal, estrella emergente gracias precisamente a aquellos *Amores perros* de 95 Iñárritu. Guillermo del Toro, por su lado, lleva al cine *El espinazo del diablo,* una historia fantástica rodada en castellano y ambientada en la Guerra Civil española. Lo que son las cosas, los tres acaban alcanzando el éxito y reivindicándose° a través de historias personalísimas escritas en su lengua materna. El mensaje es para Hollywood: México se escribe con "X", pero se pronuncia con "J".

°**reivindicándose:** *rescatar su reputación*

Aclarado el mensaje, recogido el prestigio y acordado el respeto, los tres vuelven a los Estados Unidos. Guillermo del Toro comienza la saga *Hellboy* mientras Cuarón acepta rodar una de Harry Potter (Del Toro dijo «no» antes que él). Iñárritu y Arriaga se juntan de nuevo para escribir *21 Gramos*, esta vez en inglés. Y así, casi sin respiro, llegamos a ese 2007 milagroso, el mismo con el que empezaba el reportaje. El año de *El laberinto del fauno* (dirige Del Toro, produce Cuarón), de *Children of Men* (dirige Cuarón, asiste Del Toro) y *Babel* (escribe Arriaga, dirige Iñárritu y colaboran en montaje Cuarón y Del Toro).

°**endogamia:** *relación íntima entre personas emparentadas*

Pura endogamia° mexicana que se concreta poco después en la creación de su propia productora: Cha cha chá Films. Así lanzan *Rudo y cursi*, la primera película de Carlos Cuarón como director (con Gael y Luna de protagonistas). Esta película es un capricho consentido y con sentido antes de volver cada uno a lo suyo: Del Toro a *Frankenstein* (para 2012), Cuarón a *Gravity* (2011) e Iñárritu a *Biutiful* (2010). Aunque resulte un guión confuso, esta maraña° de títulos, nombres, fechas y acentos acaba teniendo un sentido, un principio y un final. Y no depende de nosotros comprenderlo, tampoco se trata de eso. Es cine y es talento y es mexicano, hay que tenerle fe. Se crea o no se crea.

°**maraña:** *enredo*

PARA COMENTAR Y ESCRIBIR

Primer paso:

Póngase de acuerdo con uno(a) o dos compañeros de clase, para buscar y leer con ojo crítico una o dos reseñas de alguna película que haya visto recientememte en inglés. Lea la reseña con vistas a tener usted que escribir una más delante de tarea, pero en español. Fíjese en cómo comienza la reseña, qué temas trata, qué tipo de comentarios se hacen sobre la actuación, la dirección, la escenografía, la edición, la música, el guión, la trama, los temas y subtemas, el mensaje, si lo hay, etc. Converse con sus compañeros de clase sobre lo que encuentran.

Segundo paso:

Ahora busque, lea y comente con la clase, el contenido de una reseña en español de una película de alguno de los tres directores de los que acaba de leer en el artículo. Dé su opinión acerca de la reseña. Por ejemplo, si usted cree que parece estar bien escrita o no, si ofrece suficiente infomación al lector para poder decidir si quiere o no ver la película, qué más se hubiera comentado en la reseña para que fuera mejor, o qué ha dejado fuera el autor y qué le hubiera gustado a usted que hubiera sido incluido. En otras palabras, comente la reseña que usted ha escogido. Si tiene tiempo, lea dos reseñas de la misma película para comparar opiniones sobre la misma y comparar estilos de escribir una reseña de cine. Búsquelas en la red.

Tercer paso:

a. Ahora escoja una película de uno de estos directores, si es posible, u otra película, en inglés o en español, pero preferiblemente en español y recomendada por su profesor o profesora.

b. Trate de conseguirla en su biblioteca universitaria o pública o por medio de Netflix, Blockbuster, u otros servicios de películas *online* o por correo.

c. En una semana debe entregar su reseña, a doble espacio, de una a dos páginas. Revise su trabajo antes de entregarlo (contenido, formato, ortografía, acentos, puntuación, etc.). Hágase la idea que lo va a leer en voz alta para un programa de radio de su Club Latino. Practique leyéndolo en voz alta para ver qué tal le suena por si tiene que revisar algo de contenido o de la escritura.

d. Si hay tiempo, algunos trabajos se compartirán en clase, en voz alta y se comentarán las películas y las reseñas para mejorar el ejercicio en el futuro.

III. Mundos hispanos

El líder activista de los trabajadores agrícolas, durante el Movimiento Chicano, **César Estrada Chávez** (1927–1993), fue uno de los organizadores que más arduamente trabajó por los derechos laborales y civiles de los trabajadores agrícolas. Por medio de sus esfuerzos pacíficos, logró ganarse el respeto de miles y miles de personas en la nación; políticos, trabajadores agrícolas, estudiantes y gente de todas las clases sociales lo respaldaron, convirtiéndose así, tanto en el líder principal del sindicato *National Farm Workers Association* (NFWA) durante la década de 1970, como en símbolo de la lucha de los chicanos contra los intereses de las variadas y poderosas industrias agrícolas. Cuando murió el 23 de abril de 1993, era el presidente del sindicato conocido como la *United Farm Workers of America* (UFWA). Al año siguiente de haber fallecido, el presidente Bill Clinton le otorgó la Medalla Presidencial de Honor, el reconocimiento civil más grande que un presidente le puede otorgar a un ciudadano de la nación.

César Chávez (1927–1993), el conocido activista chicano

El actor y activista chicano, **Edward James Olmos** (1947) es conocido no sólo como hábil actor de cine sino también como activista. Olmos ha utilizado su notoriedad para llamar la atención sobre cuestiones importantes del momento relacionadas con la población latina de los Estados Unidos. Su activismo comunitario y sus éxitos de cine han inspirado a muchos méxicoamericanos, sirviéndoles de modelo y mentor, sobre todo para

*El actor y activista chicano
Edward James Olmos*

la juventud. Ha actuado en películas como *Zoot Suit* (1981), *The Ballad of Gregorio Cortés* (1982), *Stand and Deliver* (1988) —disponible en español bajo el título *Con ganas de triunfar*—, *American Me* (1992), *Selena* (1997) y *Jamesy Boy* (2011).

ACTIVIDADES

1. **César Chávez. Aprendamos juntos y conversemos en clase**. Busque información sobre César Chávez en su biblioteca o por medio del Internet. Tome apuntes y comparta en clase algunos de los detalles que averiguó sobre el líder del movimiento agrícola y obrero. Explique por qué ha inspirado a tanta gente.

2. **Edward James Olmos. Veamos una película y practiquemos la escritura.**

   A. Vea uno de los filmes en que ha actuado Edward James Olmos y escriba en una o dos páginas un breve resumen de la trama y los temas que aparecen, la calidad de la película y el mensaje, si hay alguno. Puede escoger entre: *The Ballad of Gregorio Cortés, Zoot Suit, Stand and Deliver* y *American Me.*

   B. Jaime Escalante: Investiguemos más. Si escoge *Stand and Deliver* en español (*Con ganas de triunfar*), investigue en su biblioteca sobre el caso verídico del boliviano, Jaime Escalante, y lo que ocurrió cuando sus estudiantes tomaron los exámenes de cálculo de la conocida agencia, *Educational Testing Service* (ETS).

   ¿Sabe algo de lo que se ha dicho de los estudiantes bilingües y las pruebas estandarizadas que tratan de evaluar otras destrezas que no sean de matemáticas o cálculo? ¿Sabía que existe el equivalente del SAT (*Scholastic Achievement Test*) en español?

3. **Gael García Bernal**, el joven y famoso actor, originario de Guadalajara, México, comenzó su carrera de actor a una temprana edad. Desde que era un adolescente ya trabajaba en telenovelas. Se fue a Inglaterra a estudiar teatro, donde el director mexicano, Alejandro González Iñárritu le ofreció un rol en *Amores perros*, cuya actuación, luego de que la película fuera nominada para un premio Óscar, llamó la atención del público y de los críticos. Hoy día, cuenta con mucho éxito profesional y ha hecho muchas películas en inglés y en español. Muchas de las películas en los que ha participado, han ayudado al resurgimiento del cine latinoamericano. Ha colaborado con directores como Pedro Almodóvar, Walter Salles, Alejandro González Iñárritu y Fernando Meirelles. Para aprender más de su vida, busque en su biblioteca el libro *Gael García Bernal: la nueva era del cine latinoamericano*, de Jethro Soutar.

*El joven actor mexicano Gael
García Bernal*

Club de Cine

Veamos una película y practiquemos la escritura

Por su cuenta o con sus compañeros de clase, vea una o dos de las películas en que ha actuado Gael García Bernal y escriba, en una o dos páginas, una breve reseña en la que resuma la trama y los temas que aparecen, la calidad de la película y el mensaje, si hay alguno. Ofrezca su análisis interpretativo de la película. Siga las instrucciones de su profesor(a) para más detalles.

Pudiera escoger ver, por ejemplo, entre: *Amores perros* (2000), *Y tu mamá también* (2001), *El crimen del Padre Amaro* (2002), *The Motorcycle Diaries* (2004), *La mala educación* (2004), *Babel* (2006), *Blindness* (2008) y *Even the Rain* (2010).

IV. El arte de ser bilingüe

LEER EN INGLÉS Y EXPRESARSE EN ESPAÑOL

Una de las habilidades que los latinos bilingües ejercitan es la capacidad de leer un texto en inglés y comunicar sus impresiones orales sobre este en español. En una comunidad bilingüe, y sobre todo en un ambiente universitario o profesional, es ventajoso desarrollar estas destrezas bilingües: poder leer algo en un idioma y conversar sobre lo leído en otro.

LECTURA SUGERIDA Y ACTIVIDAD

A. Club de Lectura

Lea Hunger of Memory, *de Richard Rodríguez. Póngase de acuerdo con otros estudiantes que escojan hacer esta actividad también. Otros grupos de lectura pudieran escoger entre dos o tres libros adicionales que su profesor(a) podrá sugerir. La idea es que varios grupos escojan las mismas lecturas para comentarlas y escribir sobre ellas y sus ideas.*

B. Composición

1. Escoja uno de los temas siguientes y escriba su impresión de lo que escribe Rodríguez al respecto en un párrafo de cien palabras aproximadamente: la postura de sus padres ante la cuestión de la identidad mexicana; las dificultades encontradas por su hermana mayor a lo largo de su educación; la preocupación y la actitud de ciertos familiares por el grado de «blancura» de sus hijos nacidos en el país; y su experiencia con el desarrollo de la lectura y la educación bilingüe.

2. Escriba en un breve ensayo su reacción a algunos de los comentarios hechos por Rodríguez en la entrevista siguiente, si tiene acceso al video por medio de su biblioteca. La entrevista se encuentra en *Victim of Two Cultures: Richard Rodríguez* (inglés, 52 min.), un video interesante en el que Bill Moyers entrevista al autor mexicanoamericano sobre su obra, estudios, y el impacto que ha tenido el idioma y la educación en su desarrollo.

INTERPRETAR EN INGLÉS Y EN ESPAÑOL

La interpretación oral y las comunidades inmigrantes

La conocida profesora de Stanford University, **Guadalupe Valdés,** especializada en cuestiones sobre el bilingüismo y el español de los Estados Unidos, ha estado investigando desde hace unos años, las habilidades lingüísticas de los jóvenes hispanos bilingües de comunidades inmigrantes.[1] Ha notado que en familias en las cuales los padres sólo hablan español, muchas veces los niños son los que sirven de intérpretes. Ella muestra que estos jóvenes bilingües—aun cuando tuvieran niveles no muy altos en una de las dos lenguas— logran hacer el difícil papel de interpretar de un idioma al otro, y concluye que las destrezas que ya tienen, han de apreciarse y desarrollarse formalmente. Teniendo esto en cuenta y pensando además en que algunos de estos niños algún día pudiera llegar a ser intérprete profesional, vamos por ahora a practicar la interpretación informal en el siguiente ejercicio.

[1] Para informarse sobre estos estudios, lea: Guadalupe Valdés, Christina Chávez, Claudia Angelelli, Kerry Enright, Marisela González, Dania García, & Leisy Wyman. "Bilingualism from Another Perspective: The Case of Young Interpreters from Immigrant Communities." Roca, Ana, ed. *Research on Spanish in the United States: Linguistic Issues and Challenges. Somerville*, MA: Cascadilla Press, 2000, 42–81.

Práctica. Pónganse en grupos de tres estudiantes. Escojan al azar cuál de ustedes hará el papel del padre o madre que sólo habla español, cuál hará el papel de su hijo(a), que le sirve de intérprete, y cuál hará el rol de la persona o funcionario que no es de la familia y que sólo habla inglés. Su profesor(a) le asignará una de las siguientes situaciones o pedirá que inventen sus propias situaciones. Ustedes tendrán unos minutos para inventar un problema a resolver durante la conversación entre los dos adultos. La persona que hace el papel del hijo o de la hija interpretará del inglés al español y del español al inglés lo mejor que pueda. Después de presentar sus escenas a la clase, sus compañeros tendrán la oportunidad de hacer sugerencias para mejorar la interpretación.

1. Hay que resolver un malentendido en esta cita con el director o la directora de la escuela.
2. ¿Tiene seguro? El policía quiere saber qué es lo que pasó en este pequeño accidente de tránsito.
3. Una cita con el médico: «¿Qué pasa? ¿Cómo se siente hoy?»
4. Va al banco porque necesita abrir una nueva cuenta bancaria y solicitar un préstamo para...
5. De compras. Necesita informarse y negociar con el vendedor o la vendedora el precio de un carro.

V. Unos pasos más: fuentes y recursos

A. PARA AVERIGUAR MÁS

Busque uno de los libros indicados a continuación u otro que su profesor o profesora le recomiende. Escoja un capítulo o una sección que le interese y prepare una lista de tres a cinco puntos principales basados en la lectura. Anote sus impresiones generales y cualquier pregunta que tenga.

Bibliografía selecta: Los mexicanoamericanos

Acuña, Rodolfo. *Occupied America: A History of Chicanos.* Prentice Hall, 2010.

_____. *Corridors of Migration: The Odyssey of Mexican Laborers. 1600–1933.* University of Arizona Press, 2007.

Anaya, Rudolfo A. *Bendíceme Ultima.* New York: Warner Books, 1992. (Traducido del inglés.)

Anzaldúa, Gloria. *Borderlands/La Frontera: The New Mestiza.* Aunt Lute Books, 2007.

Atkin, S. Beth. *Voices from the Fields: Children of Migrant Farmworkers Tell Their Stories.* Boston: Little, Brown & Co., 1993.

Bruce-Novoa, Juan. *Retro-Space: Collected Essays on Chicano Literature, Theory, and History.* Houston, TX: Arte Público Press, 1990.

Chávez, Leo R. *The Latino Threat: Constructing Immigrants, Citizens, and the Nation.* Stanford University Press, 2008.

Chávez, César, and Richard J. Jensen and John C. Hammerback, eds. *The Words of César Chávez.* Texas A & M University, 2002.

Chomsky, Aviva. *They Take Our Jobs!: And 20 Other Myths about Immigration.* Beacon Press, 2007.

Cisneros, Sandra. *Woman Hollering Creek and Other Stories.* New York: Random House, 1991.

Dávila, Arlene. *Latino Spin: Public Image and the Whitewashing of Race.* Philadelphia: New York University Press, 2008.

de la Garza, Rodolfo O., et al, eds. *The Mexican American Experience.* Austin: University of Texas Press, 1985.

Fregoso, Rosa Linda. *The Bronze Screen: Chicana and Chicano Film Culture.* Minneapolis: University of Minnesota Press, 1993.

García, Cristina. *Bordering Fires: The Vintage Book of Contemporary Mexican and Chicana and Chicano Literature.* New York: Vintage Books, 2006.

García, Mario T. *Mexican Americans.* New Haven: Yale University Press, 1989.

Gómez-Quiñones, Juan. *Chicano Politics: Reality and Promise, 1949–1990.* Albuquerque: University of New Mexico Press, 1990.

Griswold del Castillo, Richard, McKenna, Teresa, and Yarbro-Bejarano, eds. *Chicano Art: Resistance and Affirmation, 1965–1985.* Los Angeles: Wright Art Gallery, University of California, 1991.

Hammerback, John C., and Jensen, Richard J. *The Rhetorical Career of César Chávez.* Texas A & M University Press, 2003.

Hernández-Gutiérrez, Manuel de Jesús. *Literatura chicana.* Hamden, CT: Garland Publishing, 1997.

Herrera-Sobek, María. *Northward Bound: The Mexican Immigrant Experience in Ballad and Song.* Bloomington: Indiana University Press, 1993.

Jiménez, Francisco. *Cajas de cartón* (Spanish Edition). Boston: Houghton Mifflin, 2002.

_____. *The Circuit: Stories from the Life of a Migrant Child.* Albuquerque: University of New Mexico Press, 1997.

Keller, Gary D., and Jimenez, Francisco, eds. *Hispanics in the United States: An Anthology of Creative Literature*, 2 vols. Ypsilanti, MI: Bilingual Review Press, 1982.

López, Tiffany Ana, ed. *Growing Up Chicano/a.* New York: Avon Books, 1993.

Martínez, Julio, and Lomeli, Francisco. *Chicano Literature: A Reader's Guide.* Westport, CT: Greenwood Press, 1985.

Mathiessen, Peter, and Stavans, Ilan. *Sal si puedes (Escape If You Can): César Chávez* and *the New American Revolution.* University of California Press, 2000.

Menchaca, Martha. *Recovering History, Constructing Race: The Indian, Black, and White Roots of Mexican Americans.* University of Texas Press, 2002.

Meyer, Michael C., Sherman, William L., and Susan M. Deeds, Susan M. *The Course of Mexican History.* Oxford: Oxford University Press, 2002.

Muñoz, Carlos, *Youth, Identity, Power: The Chicano Movement.* Verso, 2007.

Olivares, Julián. *Cuentos hispanos de los Estados Unidos.* Houston, TX: Arte Público Press, 1998.

Olmos, Edward, and Montorrey, Manuel, eds. *Americanos: Latino Life in the United States.* Boston: Little Brown & Co., 1999.

Orozco, Cynthia. *No Mexicans, Women, or Dogs Allowed: The Rise of the Mexican American Civil Rights Movement.* University of Texas Press, 2009.

Paz, Octavio. *El laberinto de la soledad.* New York: Penguin USA, 1997.

Quiñones, Sam. *Antonio's Gun and Delfino's Dream: True Tales of Mexican Migration.* University of New Mexico Press, 2008.

Rieff, David. *Los Angeles: Capital of the Third World.* New York: Simon & Schuster, 1991.

Rivera, Tomás.… *y no se lo tragó la tierra.* Houston, TX: Arte Público Press, 1996.

_____. *The Harvest Short Stories.* Bilingual Edition. Edited and Translated by Julián Olivares. Houston, TX: Arte Público Press, 1989.

Rodríguez, Clara. *Heroes, Lovers, and Others: The Story of Latinos in Hollywood.* New York: Oxford University Press, 2008.

Rodríguez, Richard. *Days of Obligation: An Argument with My Mexican Father.* New York: Viking, 1992.

Rosales, F. Arturo. *Chicano! The History of the Mexican American Civil Rights Movement.* Houston, TX: Arte Público Press, 1997.

Ruíz de Burton, María Amparo, Sánchez, Rosaura, & Pita, Beatrice, eds. *The Squatter and the Don.* Houston, TX: Arte Público Press, 1997.

Sánchez, Rosaura. *Chicano Discourse: Socio-historic Perspectives.* 2nd ed. Houston, TX: Arte Público Press, 1994.

_____. *Telling Identities: The Californio Testimonials.* Minneapolis: University of Minnesota Press, 1995.

Sperling Cockcroft, Eva, and Barnet-Sánchez, Holly. *Signs from the Heart: California Chicano Murals.* Venice: Social & Public Art Resource Center; Albuquerque: University of New Mexico Press, 1993.

Stefancic, Jean, and Delgado, Richard. *The Latino/a Condition: A Critical Reader.* Philadelphia: New York University Press, 2002.

Tatum, Carles. *Chicano Literature.* Boston: Twayne, 1982.

Ulibarrí, Sabine R. *Cuentos de Nuevo México/Stories of New Mexico.* Albuquerque: University of New Mexico Press, 1971.

Villanueva, Tino. *Hay otra voz Poems.* Staten Island, NY: Editorial Mensaje, 1974.

Vasquez, Jessica M. *Mexican Americans Across Generations: Immigrant Families, Racial Realities.* NYU Press, 2011.

B. PARA DISFRUTAR Y APRENDER

Películas

Biutiful (142 min, 2010, Alejandro González Iñárritu) Drama ambientado en Barcelona, España, y centrado en la vida de Uxbal, un hombre que lucha por mejorar la vida de sus dos hijos ganando dinero con la trata de inmigrantes ilegales, mientras lidia con su esposa bipolar. Luego de ella morir de cáncer él busca reconciliarse con sus sentimientos de espiritualidad, culpabilidad y moralidad.

Amor en fin (90 min, 2009). Dirigida por Salvador Aguirre, esta película trata de las vidas de tres parejas que pertenecen a sectores de la sociedad diametralmente opuestos, e intentan luchar por obtener amor, respeto y felicidad mientras el país se prepara para celebrar unas controversiales elecciones presidenciales.

Arráncame la vida (107 min, 2008) Este épico melodrama mexicano sigue la vida de una campesina humilde que se casa con un militar cuyas ambiciones políticas la conducen por un turbulento camino.

Rudo y cursi (103 min, 2008) Trabajando en una granja de bananos, dos competitivos hermanos sueñan con convertirse en estrellas: Beto (Diego Luna) como portero de fútbol y Toto (Gael García Bernal) como cantante. Cuando los hermanos terminan jugando para equipos rivales, la rivalidad entre ellos se intensifica. Dirigida por Carlos Cuarón.

Bella (91 min, 2007, Alejandro Gómez Monteverde) Dos personas cuyas vidas están a punto de cambiar para siempre descubren que a veces es necesario perderlo todo para darnos cuenta de lo que realmente importa en la vida. Bella es una tierna historia sobre la vida, las relaciones interpersonales, la amistad y la capacidad humana para amar en las circunstancias más inesperadas.

Babel (142 min, 2006, Alejandro González Iñárritu) La película se inspira en la Torre de Babel, en la que se unen todas las etnias. En este caso, las vidas de una familia estadounidense, una mexicana, una marroquí y una japonesa se unen en esta historia mediante el regalo de un rifle que le hace un japonés a un marroquí. Este a su vez se lo vende a otro marroquí para defender sus rebaños.

Cine mexicano (3 discos, 2006) Presentada en español, esta colección de tres volúmenes ofrece un curso intensivo para amantes del cine mexicano y sirve de guía visual para aquellos que no están familiarizados con el género.

Spanglish (131 min, 2004, James L. Brooks) Buscando una vida mejor para su hija, Flor sale de México con su hija Cristina y se instala en una comunidad latina de Los Ángeles, de la que nunca sale. Flor sigue anclada en un mundo y en una lengua que le resulta familiar, separada de la cultura estadounidense hasta el día que es contratada como ama de llaves de la familia Clasky.

21 gramos (123 min, 2003, Alejandro González Iñárritu) Una película que junta varias líneas argumentales, esta vez alrededor de las consecuencias de un trágico accidente de automóvil. Sean Penn interpreta a un matemático gravemente enfermo, Naomi Watts interpreta a una afligida madre, y Del Toro interpreta a un convicto cuyo descubrimiento del cristianismo se pone a prueba tras el accidente.

Frida (123 min, 2002) Película sobre la famosa pintora, interpretada por Salma Hayek. Dirigida por Julie Taymor. Disponible con títulos en español o doblada al español. Hay un DVD que incluye a Bill Moyers entrevistando a la directora del filme.

Amores perros (153 min, 2000) El debut de Alejandro González Iñárritu fue internacionalmente reconocido y mereció a su vez una nominación al Óscar como mejor película extranjera. Esta recuenta tres historias entrelazadas que se desencadenan en la brutal realidad urbana de la Ciudad de México.

And the Earth did not swallow him (99 min, 1996) Es una impactante película sobre la vida de un jovencito mexicanoamericano en la década de 1950, ganadora de premios, basada en la obra del autor chicano, Tomás Rivera, *"…y no se lo tragó la tierra"*. Llevada a la pantalla por Severo Pérez y producida por Paul Espinosa.

My Family (126 min, 1995) Dirigida por Francis Ford Coppola, esta película nos relata la historia de tres generaciones de una familia mexicana desde 1920 hasta nuestros tiempos, con las actuaciones de Edward James Olmos y Jimmy Smits.

Como agua para chocolate (105 min, 1992). Película romántica popular basada en la novela de Laura Esquivel sobre una familia de mujeres en tiempos de la Revolución mexicana.

The Milagro Beanfield War (118 min, 1988) Dirigida por Robert Redford, trata sobre la corrupción en un pequeño pueblo del suroeste.

La Bamba (108 min, 1987) Historia de la vida de Richie Valens, quien a la temprana edad de 17 años tuvo un gran éxito en el mundo del rock 'n roll, y al poco tiempo murió en un accidente de avión.

El Norte (139 min, 1984) Excelente película nominada para un Óscar, acerca de la dura vida de unos hermanos guatemaltecos, Rosa y Enrique, que se ven forzados a escapar de su pueblo en Guatemala debido a la guerra civil.

Películas documentales o educacionales

Carlos Fuentes: Man of Two Worlds (35 min, 1988). Fuentes es uno de los escritores más conocidos de la literatura latinoamericana. En este programa, él comenta sobre sus propias experiencias y desarrollo en Estados Unidos y México, y habla sobre grandes escritores, como Sor Juana Inés de la Cruz, Rubén Darío y Pablo Neruda.

Mapa del corazón (28 min, 1995). Producido por The University of New Mexico's Office of Research Administration, KNME TV-5 113 University Blvd. N.E., Albuquerque, NM, 87102–1798. 1–800–328–5663/505–277–2121. Trata de las familias hispanas en Nuevo Mexico y el mantenimiento del español, las tradiciones y las costumbres.

Chicana (23 min, 1991). Sobre el papel de las mujeres mexicanas/chicanas, desde tiempos pasados hasta el presente y muestra cómo las mujeres han hecho grandes contribuciones aun cuando la mujer ha sido generalmente oprimida en varias formas en la cultura latina.

¡Chicano! La historia del movimiento de los derechos civiles de los mexicanoamericanos. PBS. Toda una serie de programas; entre varios, incluye "*The Struggle in the Fields*" (57 min, 1996), acerca de las luchas y la huelga nacional de los campesinos que inspiró César Chávez para que los trabajadores obtuvieran mejores contratos y condiciones de trabajo.

Latin Beat: Latino Culture in the United States (2 horas, mayormente en español, con subtítulos en inglés). Este programa se basa en entrevistas para analizar y celebrar la diversidad y creciente influencia de la población hispanohablante en los Estados Unidos.

Octavio Paz: Mexico's Muse (26 min, 1999). Sobre el poeta, editor, escritor incansable y ganador del Premio Nobel de Literatura. En español con subtítulos en inglés.

The Time Has Come! (42 min, 1996). Trata sobre los abusos de la Patrulla de la Frontera (*Border Patrol*).

U.S.-Mexican American War, 1846–1848 (4 hrs, cintas 1-2; 1998). Distribuido por PBS Home Video. Este programa cuenta la dramática historia de guerra, poder y política, en la que México perdió casi la mitad de sus tierras ante los Estados Unidos.

Victim of Two Cultures: Richard Rodriguez (52 min, 1990). Es un video interesante en inglés en el que Bill Moyers entrevista al famoso escritor mexicanoamericano sobre su obra, estudios y el impacto que ha tenido el idioma y la educación en su desarrolllo.

Revistas y editoriales de interés

Aztlán—International Jounal of Chicano Studies

A Chicano Quarterly

The Hispanic Review

The Bilingual Review/La revista bilingüe

Arte Público Press (Houston)

Bilingual Review Press (Arizona)

Hispanic Trends

Hispanic.com

Américas (publicación de la OEA/OAS con ediciones en inglés y español)

Revista Contratiempo (www.revistacontratiempo.com)

Hispanic Magazine (www.hispanicmagazine.com)

Recursos de la red

Si desea explorar la red, vaya a http://www.wiley.com/college/nuevosmundos, donde encontrará una lista de sitios relacionados con el tema de este capítulo.

Learn about the Mexican American History
www.digitalhistory.uh.edu/modules/mex_am/index.cfm

Jorge Ramos
www.jorgeramos.com/articulos/artt_index.htm/Default.htm

LANIC Hispanic/Latino Academic Resources
www.lanic/utexas.edu/la/region/hispanic

MALDEF – The Mexican American Legal Defense and Educational Fund
www.maldef.org/index.cfm

Latino USA
www.latinousa.org

Minority Links: The Facts on the Hispanic and Latino Population
www.census.gov.pubinfo/www/hisphot1.html

Revealing Personal Identity: The Indigenous Vision of Manuel Carrillo
www.smithsonianeducation.org/db/detail_families.asp?id=775

Capítulo Tres

Los puertorriqueños

«*El orgullo de ser boricua (gentilicio derivado del nombre indígena original de la isla, Boriquén) es siempre la consigna de la marcha, que busca subrayar la necesidad de conservar y cultivar el sentimiento de identidad común, y el afán de superación social. Los que desfilan, con comparsas, música y baile, comunican el gozoso sentir del ser puertorriqueño y la importancia de su cultura*».

—Nuevos mundos, p. 99

El desfile puertorriqueño, que recorre la famosa Quinta Avenida y se lleva celebrando desde 1958 en la Ciudad de Nueva York, atrae a alrededor de 2 millones de espectadores al evento.

PARA ENTRAR EN ONDA

Para ver cuánto sabe del tema del capítulo, responda a este cuestionario lo mejor que pueda. Escoja la respuesta más apropiada. Luego compruebe sus conocimientos consultando la lista de respuestas que aparecen invertidas al final de este ejercicio.

1. Los indígenas de Puerto Rico llamaban a la isla
   a. Isla del Encanto.
   b. Boriquén.
   c. Taínos.

2. El coquí es
   a. un insecto de lugares pantanosos.
   b. un juego infantil.
   c. una diminuta rana.

3. Luis Palés Matos fue
   a. un salsero de última moda.
   b. un conquistador español.
   c. un reconocido poeta.

4. Se le llamaba jíbaro a
   a. un campesino del interior de la isla.
   b. un animal doméstico.
   c. una persona de la clase social más alta.

5. El areito era
   a. una ceremonia con música, baile y canto.
   b. el nombre de una localidad precolombina.
   c. el apodo de un personaje histórico.

6. Puerto Rico está situado
   a. entre Cuba y México.
   b. al este de la República Dominicana.
   c. al sur de Jamaica.

7. El guineo es
   a. un instrumento musical.
   b. un tipo de pavo salvaje.
   c. una fruta.

8. La habichuela es
   a. el diminutivo de la palabra *hábito*.
   b. otro nombre para el frijol.
   c. un ave muy pequeña.

9. El jugo de china es
   a. el jugo de naranja.
   b. un popular juego infantil.
   c. un té chino.

10. En Puerto Rico se le dice *zafacón* a
    a. una piedra preciosa grande.
    b. el cesto de la basura.
    c. un árbol de la zona.

I. Conversación y cultura

📖 Los puertorriqueños de aquí y de allá

Los puertorriqueños de la isla empezaron a llegar a los Estados Unidos en grandes números durante la Primera Guerra Mundial en un momento histórico en el cual los Estados Unidos necesitaban más personas para trabajar y más militares para enviar a los campos de batalla. Ya para 1917, los puertorriqueños fueron declarados ciudadanos estadounidenses por medio de la ley conocida como el *Jones Act*. Al hacerse ciudadanos estaban entonces sujetos a las leyes de conscripción (*the draft*) y por eso, muchos puertorriqueños participaron más adelante en la Segunda Guerra Mundial. La Ciudad de Nueva York y otras ciudades necesitaban mucha mano de

El pan nuestro
de cada día
*(1905) de
Ramón Frade*

10 obra y por esta razón, entre otras, muchos puertorriqueños, año tras año, daban el gran salto hacía una vida nueva y diferente. Lamentablemente, para muchos no fue, ni es todavía, un cambio de fácil adaptación. Para 1953 ya había alrededor de 75,000 puertorriqueños en la Ciudad de Nueva York, donde sus comunidades desde la década de 1930, se habían forjado
15 en áreas de East Harlem y Brooklyn, mientras que otros se establecían en Nueva Jersey y la Florida. A principios de la década de 1960, la población puertorriqueña de Nueva York era más de un 9.3 por ciento.

Hoy día hay comunidades puertorriqueñas en muchas ciudades de los Estados Unidos, como Boston, New Haven, Hartford, Chicago, Jersey City,
20 Philadelphia, Orlando, Miami, y Houston. Ya desde el Censo de 1990, se identificaron 2,728,000 puertorriqueños en los Estados Unidos. Según el Censo de 2010 hay más de 4 millones. Aunque hay puertorriqueños viviendo en todos los cincuenta estados, sus comunidades más numerosas se encuentran en los estados de Nueva York, Massachusetts, Connecticut,
25 New Jersey, Florida, Pennsylvania, Illinois, Texas, y California. Según el Censo más reciente del 2010, la población de Puerto Rico disminuyó. En abril de 2010 la población era de 3,725,789. Del año 2000 al 2010, más de 500,000 personas se han ido de Puerto Rico, pero esa cifra no refleja los que han regresado a la isla. La crisis económica en Puerto Rico, el alto
30 nivel de crimen y el desempleo, que es mayor de un 16%, han tenido un fuerte impacto en la población que ha decidido abandonar la isla en busca de un mejor futuro. Una estadística que refleja el deterioro de la calidad de vida en la isla es el alto número de asesinatos reportados en la década del 2000-2010, en la que se contaron más de 8,600 muertes violentas. Este
35 dato no sólo afecta el sentido de seguridad y tranquilidad de la población general sino que también afecta la imagen que proyecta la isla cuando su economía depende tanto del turismo.

Sin embargo, de los más de 4 millones de puertorriqueños que residen en los Estados Unidos[1], más del 50% vive en el noreste en los estados de
40 Conneticut, Nueva York, Nueva Jersey, Pennsylvania y Massachusetts. Recordemos que los puertorriqueños son ciudadanos estadounidenses y no se consideran inmigrantes. A diferencia de otros grupos latinos como los mexicanos, los cubanos y los centroamericanos, los puertorriqueños siempre han podido viajar legalmente entre los Estados Unidos y la isla.
45 El constante intercambio de personas e ideas ha contribuido a que las costumbres y tradiciones, la música y la cultura puertorriqueña en general, prosperen en los Estados Unidos.

Uno de los eventos más notables en este sentido es el *Puerto Rican Day Parade* que se celebra en la Ciudad de Nueva York. Desde 1958 la
50 comunidad puertorriqueña de Nueva York organiza anualmente un gran desfile para celebrar tanto la herencia como el aporte de sus miembros a la nación norteamericana. A este desfile, que actualmente se ha convertido en una enorme fiesta popular patrocinada por empresas y asociaciones hispanas, asisten no sólo puertorriqueños y muchos otros hispanos de

---

[1]Según el Censo de 2010, la población puertorriqueña se aproxima a los 8 millones. Esta cifra incluye a los habitantes de la isla y a los residentes en los Estados Unidos.

55 Nueva York, sino también figuras destacadas de las artes y la sociedad de la isla borinqueña, quienes viajan a la gran ciudad con el propósito de estar presentes en los festejos. En los últimos desfiles, por ejemplo, se estima que participaron más de cien mil personas y se calcula que los espectadores sumaron más de un millón.

60 El orgullo de ser boricua (gentilicio derivado del nombre indígena original de la isla, Boriquén) es siempre la consigna de la marcha, que busca subrayar la necesidad de conservar y cultivar el sentimiento de identidad común, y el afán de superación social. Los que desfilan, con comparsas, música y baile, comunican el gozoso sentir del ser puertorriqueño y la
65 importancia de su cultura. La ocasión se convierte en una de gran júbilo y resonancia al ritmo de bomba, plena, y salsa que disfrutan los participantes y espectadores del desfile.

El desfile no sólo es muestra de la vitalidad de la comunidad puertorriqueña en los Estados Unidos, sino que también sirve de foro para exponer las
70 condiciones actuales de la comunidad. Como otros grupos hispanos en los Estados Unidos, los puertorriqueños han enfrentado graves problemas de discriminación, a los que se suman los bajos ingresos, el desempleo, el crimen urbano y un porcentaje de escolaridad en general insatisfactorio. Pero existe una persistente y sostenida voluntad dentro de la inmensa
75 comunidad borinqueña en Nueva York de superar los problemas y avanzar en su cometido de integrarse al «sueño estadounidense» sin perder su identidad, que se remonta al siglo XV. Ya muchos de los puertorriqueños de Nueva York (también conocidos como *nuyoricans*) se han integrado a una próspera clase media.

80 Aún en las zonas más conflictivas de convivencia la cultura ha representado una fuente de alivio, reforzando la dignidad y la identidad del puertorriqueño que vive en los Estados Unidos. En los barrios surgen centros culturales; los vecinos se organizan para combatir las pandillas y el tráfico de drogas; y se promueve entre la comunidad la urgencia de
85 participar en el proceso político de la ciudad, con miras a lograr una mejor representación puertorriqueña en el gobierno local. El hip hop latino se debe mayormente a la ingeniosidad y creatividad de los *nuyoricans*. Esta música simboliza la situación particular de sus intérpretes y aficionados: la condición de ser puertorriqueños y estadounidenses al mismo tiempo.
90 Otro fenómeno musical relativamente reciente es el reguetón, que se desarrolla en la isla, pero alcanza gran popularidad gracias al éxito comercial que tiene primero en la Ciudad de Nueva York y luego en el resto de los Estados Unidos.

Esta dualidad es una de las dicotomías del boricua que vive y trabaja en
95 los Estados Unidos. Es ciudadano estadounidense por nacimiento desde 1917, y a la vez mantiene un vínculo permanente con el resto de la población puertorriqueña de la isla. Ambos elementos deben promover el mantenimiento de lo mejor de las dos culturas de la comunidad dentro de la sociedad estadounidense. Esto significará la subsiguiente mejora
100 de todos los niveles socioeconómicos y la permanencia de la identidad puertorriqueña (cultural, social, religiosa, histórica, política), que es la

garantía de supervivencia étnica en el crisol de razas y culturas que es la sociedad estadounidense. En 1998, el alcalde de la Ciudad de Nueva York de entonces, Rudolph Giuliani, declaró que del 7 al 14 de junio ha de ser oficialmente la semana de celebración de la herencia puertorriqueña en la Ciudad de Nueva York.

En Puerto Rico, mientras tanto, ya en 1999, la ONU (la Organización de las Naciones Unidos) pidió a los Estados Unidos que pusieran fin a sus actividades militares (bombardeos de prácticas militares) en el municipio de la isla de Vieques. Aunque las maniobras y ejercicios militares continuaron por un tiempo, para el año 2003, la base naval más grande estadounidense, en Vieques, cerró al fin sus puertas después de largos debates e intensas protestas.

Otro logro importante de enorme orgullo para muchos puertorriqueños de aquí y de Puerto Rico, fue el nombramiento de Sonia Sotomayor a la Corte Suprema de los Estados Unidos. Sotomayor, una *nuyorican* de padres puertorriqueños, nacida y criada en El Bronx, y licenciada por las universidades de Princeton y Yale, fue nominada y luego confirmada como la primera mujer latina de la Corte Suprema de los Estados Unidos, el 12 de agosto de 2009.

Más adelante, otra figura de orgullo puertorriqueño, pero no del campo gubernamental o político, sino del mundo de la farándula, el mundialmente conocido artista, Ricky Martin, publica su libro *Yo*, en inglés y en español. En esas memorias explora su identidad y concluye que para él, lo mejor que podía hacer era aceptarse a sí mismo, ser genuino, honesto y transparente consigo mismo, ya que nunca es bueno aceptar represión de nadie, ni de sí mismo. En su caso no era relacionado a su etnicidad, sino a su orientación sexual. Su ejemplo de autenticidad y honestidad al salir del clóset públicamente y formar su propia familia con sus dos hijos, ha sido una inspiración no sólo para muchos puertorriqueños, sino para muchas familias gays de todas partes, que respetan tanto las similaridades como las diferencias que existen entre personas en el mundo, sean por raza, etnicidad, lengua, religión u orientación sexual.

PARA COMENTAR

A. Intercambio

Trabajando en parejas conteste las siguientes preguntas sobre la lectura. Justifique su opinión cuando sea necesario. Luego puede comparar sus respuestas con las de otros compañeros.

1. ¿De dónde provienen las palabras *boricua* y *nuyorican*?
2. ¿Cuáles son los problemas más serios que enfrenta la comunidad puertorriqueña?
3. ¿Cuál es una de las medidas que toma la comunidad puertorriqueña para combatir la delincuencia juvenil?

4. ¿Qué factores promueven el desarrollo económico y social de la comunidad puertorriqueña en los Estados Unidos?

5. ¿Ha participado en desfiles similares al descrito en la lectura que celebren su cultura? ¿Qué propósito tienen los desfiles?

B. Actividades

1. **Identidades**. Escoja la respuesta que mejor refleje sus sentimientos. Después compare sus respuestas con las de sus compañeros. Puede también hacer una encuesta general de toda la clase para determinar la identidad que predomina.
   a. me considero estadounidense
   b. me considero cien por ciento hispano(a)
   c. mi identidad es mixta
   d. mi origen étnico no es importante
   e. mi formación cultural es la determinante
   f. ninguna de las anteriores

2. **La política, el nacionalismo y la dependencia económica de la antigua colonia**. ¿Cuál sería, en su opinión, el mejor futuro para la isla de Puerto Rico en el siglo XXI: Estado Libre Asociado de los Estados Unidos, estado de los Estados Unidos o país completamente soberano e independiente? ¿Por qué? Dé una o dos razones para justificar cada posibilidad.

3. **¿Español o inglés? ¿Los dos idiomas para Puerto Rico?** ¿Sabía usted que en 1993 los residentes reafirmaron su estatus de Estado Libre Asociado o *Commonwealth*, y designaron los dos idiomas —el español y el inglés— como las lenguas oficiales de Puerto Rico? En 1996, por tercera vez, los votantes en Puerto Rico rechazaron la posibilidad de convertirse en estado de los Estados Unidos. ¿Qué más ha ocurrido

El Castillo San Felipe del Morro, San Juan, Puerto Rico. Fuerte construído por los españoles en el siglo XVI

Puertorriqueños protestando las maniobras militares en la isla de Vieques. Estas manifestaciones presionaron a la Marina de los Estados Unidos a abandonar la isla en el 2003.

desde entonces sobre este tema en lo que respecta los idiomas, la cultura y la política? ¿En qué idiomas se estudia en las escuelas públicas de Puerto Rico? ¿Y en las privadas?

Para aprender más, busque en su biblioteca y lea el siguiente ensayo académico sobre el tema del español y la política del lenguaje en la isla de Puerto Rico. Después de que lo lea, haga una lista de los cinco puntos que son en su opinión los más importantes. Compártalos con la clase y exprese su opinión.

Ortiz, Luis. "Proyecto para formar un ciudadano bilingüe: política lingüística y el español en Puerto Rico". Roca, Ana, ed. *Research on Spanish in the United States: Linguistics Issues and Challenges*. Sonerville: Cascadilla, 2000.

4. **Los dominicanos en Nueva York**. ¿Sabía que el número de dominicanos en Nueva York ha incrementado enormemente? Averigüe sobre los dominicanos que han llegado a los Estados Unidos e investigue cuáles han sido sus contribuciones culturales y artísticas. Por ejemplo, busque información sobre la popular escritora dominicana-americana, Julia Álvarez, que reside en Vermont. ¿Qué ha escrito y de qué escribe? ¿Se pueden leer sus obras en inglés o en español?

5. **¿Grupos heterogéneos u homogéneos? Salvadoreños, guatemaltecos, hondureños y nicaragüenses**. Hoy día hemos presenciado un enorme incremento en el número de inmigrantes y refugiados políticos que han venido a los Estados Unidos, particularmente en las décadas de 1970, 1980 y 1990. Muchos de ellos se han establecido en ciudades como Los Ángeles, Washington, D.C., Houston, Dallas, San Diego, la Ciudad de Nueva York, Miami y New Orleans.

Busque al final del capítulo en "Unos pasos más", la lectura citada y recomendada escrita por el lingüista, John M. Lipski. Léala y ofrezca a la clase un resumen oral en español de los puntos que crea más importantes.

CRONOLOGÍA PUERTORRIQUEÑA

1868 Varios patriotas puertorriqueños lanzan el Grito de Lares, tratando de organizar una insurrección contra el dominio español.

1898 En febrero el buque *USS Maine* explota a la entrada de la bahía de La Habana y el presidente William McKinley declara guerra contra España. En mayo los Estados Unidos invaden la isla de Puerto Rico en represalia por el ataque. En octubre España firma el tratado de París, cediéndoles a los Estados Unidos la autoridad sobre Puerto Rico, Cuba y las Filipinas.

1917 La ley Jones les otorga a los puertorriqueños la ciudadanía estadounidense. El inglés se declara el idioma oficial de la isla. El gobernador y otros funcionarios importantes no son elegidos por los puertorriqueños, sino nombrados por el presidente de los Estados Unidos.

1938 Luis Muñoz Marín funda el Partido Democrático Popular con el eslogan de: «Pan, tierra y libertad».

1946 El primer puertorriqueño en ser nombrado gobernador (Jesús T. Piñero) asume el cargo.

1948 Luis Muñoz Marín se convierte en el primer gobernador electo democráticamente por el pueblo de Puerto Rico.

1950 El presidente Harry Truman firma la ley para que Puerto Rico se convierta en un estado libre asociado. Hasta entonces había sido un protectorado.

1952 Puerto Rico se convierte oficialmente en Estado Libre Asociado de los Estados Unidos.

1961 Rita Moreno gana un premio Óscar por su actuación en la película musical *West Side Story*.

1978 Las Naciones Unidas reconocen el derecho de Puerto Rico a la autodeterminación. El presidente Jimmy Carter pide un referendo (que no se realiza) para determinar el futuro estatus de la isla.

1989 El presidente George H. Bush, que favorece la estatidad de la isla, apoya la idea de un referendo.

1991 El español se declara el único idioma oficial de Puerto Rico.

1993 Se lleva a cabo el referendo. El 48% se manifiesta a favor de mantener el *status quo*, mientras que un 46% vota por la estatidad. Sólo el 4% desea la independencia. El español y el inglés son declarados los dos idiomas oficiales de la isla.

1996 En un nuevo referendo los puertorriqueños de la isla vuelven a rechazar querer convertirse en un estado de los Estados Unidos y eligen continuar su estatus de Estado Libre Asociado, o *Commonwealth*.

1999 Una bomba estadounidense accidentalmente mata a un residente de Vieques e hiere a otras personas. Comienzan protestas masivas por la ocupación de la Marina de los EEUU, la cual lleva realizando maniobras militares en la isla desde 1940.

2000 El pueblo de Puerto Rico elige a Sila María Calderón, la primera mujer gobernadora de su historia.

2001 El gobierno de los Estados Unidos cesa los bombardeos de práctica y otras maniobras militares en Vieques.

2003	La Marina de Guerra de los Estados Unidos abandona la isla de Vieques.
2004	Aníbal Acevedo del Popular Popular Democrático es elegido gobernador de Puerto Rico por un estrecho margen electoral.
2008	Luis Fortuño del partido proestadidad, el Partido Nuevo Progresista, es elegido gobernador por un amplio margen.
2009	Sonia Sotomayor se convierte en la primera persona hispana en ser nombrada juez de la Corte Suprema.
2011	El presidente Barack Obama se convierte en el noveno presidente en visitar la isla y el primero en hacerlo en 50 años de modo oficial desde que John F. Kennedy lo hiciera en 1961.

II. Lectura

Cuento

José Luis González (1926–1996) fue un escritor puertorriqueño que documentó los principales eventos de la historia puertorriqueña del siglo XX, desde la invasión estadounidense de 1898 hasta la situación reciente de sus compatriotas en el marco de la existencia del estado libre asociado. Su tono es polémico y manifiesta un definido compromiso político. Publicó *Paisa* en 1950, obra que trata de los conflictos étnicos en Nueva York. En 1980 dio a la imprenta *El país de cuatro pisos*, colección de ensayos sobre la historia y las condiciones sociales de la isla. El siguiente relato está tomado de su libro *Antología personal*.

ANTES DE LEER

En grupos de tres o cuatro estudiantes comenten lo siguiente. Compartan después sus observaciones con el resto de la clase.

1. ¿Dice usted siempre la verdad o no? ¿Es mejor mentir a veces para evitar que otras personas sufran? ¿En qué casos, por ejemplo?

2. ¿Cuál es su reacción inicial cuando se encuentra con un desamparado en la calle que pide limosna?

3. ¿Cambia usted de estilo al hablar? ¿Utiliza un lenguaje diferente según la situación en que se encuentre? ¿Habla usted de la misma manera en la escuela, en una reunión familiar, en una entrevista de trabajo, cuando practica deportes o se divierte con sus amigos? Dé ejemplos.

LA CARTA

San Juan, Puerto Rico
8 de marso de 1947

Qerida bieja:

Como yo le desia antes de venirme, aquí las cosas me van vién. Desde que llegé enseguida incontré trabajo. Me pagan 8 pesos la semana y con eso vivo como don Pepe el administradol de la central allá.

5 *La ropa aqella que quedé de mandale, no la he podido compral pues quiero buscarla en una de las tiendas mejores. Digale a Petra que cuando valla por casa le boy a llevar un regalito al nene de ella.*

Boy a ver si me saco un retrato un dia de estos para mandálselo a uste.

El otro dia vi a Felo el hijo de la comai María. El esta travajando pero gana menos
10 *que yo.*

Bueno recueldese de escrivirme y contarme todo lo que pasa por alla.

Su ijo que la qiere y le pide la bendisión.

Juan.

Despúes de firmar, dobló cuidadosamente el papel ajado y lleno de borrones y se
15 *lo guardó en el bolsillo de la camisa. Caminó hasta la estación de correos más próxima, y al llegar se echó la gorra raída sobre la frente y se acuclilló en el umbral de una de las puertas. Dobló la mano izquierda, fingiéndose manco, y extendió la derecha con la palma hacia arriba.*

Cuando reunió los cuatro centavos necesarios, compró el sobre y el sello y despachó la carta.

PARA COMENTAR

Trabajando en parejas conteste las siguientes preguntas sobre "La carta". Justifique su opinión cuando sea necesario. Luego puede comparar sus respuestas con las de otros compañeros.

1. A juzgar por la carta, ¿qué podemos saber sobre la escolaridad de Juan, el nivel de educación recibida, su estado personal?

2. ¿Por qué cree usted que Juan engaña a su madre? ¿Cree que hace bien o mal? ¿Qué haría en su lugar?

3. ¿Le parece correcto o ético que Juan finja ser manco para obtener dinero de la gente? ¿Ha observado gente que ha hecho algo similar?

4. Este breve cuento presenta una combinación de dos voces narrativas: la de Juan y la de otra voz que narra el cuento. ¿Cómo nos ayuda esta división a comprender mejor al personaje de Juan, y por qué?

PARA ESCRIBIR

A. Actividades

1. Relea la carta de Juan y marque con un lápiz todos los errores que encuentre.

2. En una hoja aparte reescriba la carta con la ortografía correcta.

3. Compare su versión de la carta de Juan con la de otros compañeros.

4. ¿Cuál es la diferencia entre el inglés y el español con respecto a la puntuación del saludo en una carta? ¿Qué otras diferencias puede encontrar usted?

B. Redacción de una carta

Escriba una carta personal corta (dos o tres párrafos) a un amigo o amiga. Cuéntele algo sobre sus estudios y su universidad, sus metas, los campos académicos o técnicos que más le gustan, su vida de estudiante y sus pasatiempos. No tiene por qué contar la verdad.

 Poesía

Julia de Burgos nació en Puerto Rico en 1914 y murió en Nueva York en 1953. Tuvo una vida algo desgraciada; un grave alcoholismo contribuyó a su muerte trágica en las calles de la Ciudad de Nueva York. Vivió en Cuba por algún tiempo, en compañía de su compañero, única pasión amorosa de su vida. Julia de Burgos fue redactora de la publicación de *Pueblo Hispano*, pero también desempeñó diversos trabajos (empleada de laboratorio, maestra, oficinista, costurera) a lo largo de sus breves treinta y nueve años de vida. Su obra tiene una relevancia particular en la literatura puertorriqueña contemporánea porque la poesía de Burgos alcanzó un gran lirismo.

Julia de Burgos
(1914–1953)

ANTES DE LEER

En grupos de tres o cuatro estudiantes comenten lo siguiente. Compartan después sus observaciones con el resto de la clase.

En el siguiente soneto Julia de Burgos rinde tributo al héroe cubano José Martí (1853–1895). ¿Cuáles son los temas que aparecerán en el poema? Marque todas las respuestas que considere posibles.

a. la trayectoria artística o política de Martí en su país

b. el ejemplo que la actividad de Martí representa para Cuba

c. el ejemplo que Martí representa para Cuba y Puerto Rico

d. la realidad histórica del momento

e. el símbolo de la aspiración moderna representado por Martí

f. la necesidad de la solidaridad entre los dos países

A JOSÉ MARTÍ (MENSAJE)

Yo vengo de la tierna mitad de tu destino;
del sendero amputado al rumbo de tu estrella;
del último destello° del resplandor andino°,
que se extravió en la sombra, perdido de tu huella.

5 Yo vengo de una isla que tembló por tu trino°,
que hizo tu alma más fuerte, tu llamada más bella;
a la que diste sangre, como diste camino
(que al caer por tu Cuba, ya caíste por ella).

Y por ella, la América debe un soplo a tu lumbre°,
10 su tiniebla hace un nudo de dolor en tu cumbre,
recio° dios antillano, pulso eterno, Martí.
Porque tengamos cerca de la muerte, un consuelo,
Puerto Rico, mi patria, te reclama en el suelo,
¡y por mi voz herida, se conduce hasta ti!

°**destello:** *rayo de luz*

°**andino:** *relativo a los Andes, cordillera en América del Sur*

°**trino:** *tiempo musical, canto de los pájaros*

°**lumbre:** *brillo, luz fuerte*

°**recio:** *vigoroso, fuerte*

PARA COMENTAR

Trabajando en parejas conteste las siguientes preguntas sobre el poema. Justifique su opinión cuando sea necesario. Luego puede comparar sus respuestas con las de otros compañeros.

1. En los primeros cuatro versos Burgos se refiere a un hecho histórico: Cuba se ha independizado, pero Puerto Rico no. ¿Por qué podemos interpretarlo así?

2. Burgos escribe: «a la que diste sangre, como diste camino». ¿Cómo podría ser Martí ejemplo para las aspiraciones independentistas de los puertorriqueños en el presente?

3. ¿Cómo siente Burgos la situación de su isla en el poema?

4. Vuelva a las respuestas que dio en la sección "Antes de leer". ¿Eran correctas sus predicciones?

PARA ESCRIBIR

Lea los siguientes temas. Luego escoja el que le interese más para escribir sobre el mismo. Comparta su trabajo con otro(a) compañero(a) e intercambien comentarios sobre lo que han escrito.

1. ¿Cómo ve Burgos la figura de Martí en el poema?

2. Julia de Burgos escribe «último destello del resplandor andino,/que se extravió en la sombra». ¿Qué quiere decir la autora aquí?

Esmeralda Santiago

📖 Fragmentos de novela

Esmeralda Santiago (1948) es una autora puertorriqueña que nació en el sector de Villa Palmeras en San Juan y se mudó a los Estados Unidos a los 13 años. Después de graduarse de la escuela The New York City Performance Arts High School, estudió en la Universidad de Harvard y en el Sarah Lawrence College, donde obtuvo una maestría en bellas artes. Sus trabajos han aparecido en varias publicaciones como *The New York Times* y *The Christian Science Monitor*, entre otras. En 1977, ella y su esposo Frank Cantor fundaron Cantomedia, una compañía productora de cine radicada en Boston que ha obtenido varios premios por sus trabajos documentales. El matrimonio tiene dos hijos. Su primera novela *El sueño de América* se publicó en el 2000 pero su obra más conocida es *Cuando era puertorriqueña* (*When I was Puerto Rican*), que salió a la imprenta en inglés en 1993. La traducción al español, realizada por la misma autora, salió al mercado al año siguiente en 1994. Reproducimos a continuación la viñeta que inaugura la obra y uno de los últimos capítulos, "Ni te lo imagines".

ANTES DE LEER

En grupos de tres o cuatro estudiantes comenten lo siguiente. Compartan después sus observaciones con el resto de la clase.

1. El "Prólogo: cómo se come una guayaba" tiene que ver con el gusto de la narradora por esta fruta tropical. Pero una lectura más cuidadosa revela que el propósito real es descubrir, a través del recuerdo de una vivencia infantil, un ambiente cultural que se añora, porque se ha perdido. La guayaba es un símbolo (una metáfora) de una realidad del pasado. Relate una experiencia (la sensación de un aroma, el sabor de algún alimento o un sonido familiar) que le haga recordar el pasado. ¿Qué recuerdos le vienen a la mente? ¿Le hace recordar algo de su niñez?

2. Identifique un aspecto particular (un plato típico de cocina, una costumbre de los domingos, un hábito familiar, una frase o saludo peculiar, etc.) que represente fielmente una determinada época de su vida. Explique lo que representa para usted.

PRÓLOGO: CÓMO SE COME UNA GUAYABA

Barco que no anda, no llega a puerto.

Venden guayabas en el *Shop & Save.* Elijo una del tamaño de una bola de tenis y acaricio su tallo espinoso, su familiar textura nudosa y dura. Esta guayaba no está lo suficientemente madura; la cáscara está muy verde. La huelo y me imagino un interior rosado pálido, las semillas bien incrustadas en la pulpa.

5   La guayaba madura es amarilla, aunque algunas variedades tienen un tinte rosado. La cáscara es gruesa, dura y dulce. Su corazón es de un rosado vivo, lleno de semillas. La parte más deliciosa de la guayaba está alrededor de las semillitas. Si no sabes cómo comerte una guayaba, se te llenan los entredientes de semillas.

10   Cuando muerdes una guayaba madura, tus dientes deben apretar la superficie nudosa y hundirse en la gruesa cáscara comestible sin tocar el centro. Se necesita experiencia para hacer esto, ya que es difícil determinar cuánto más allá de la cáscara quedan las semillitas.

En ciertos años, cuando las lluvias han sido copiosas y las noches frescas, 15 es posible hundir el diente dentro de una guayaba y no encontrar muchas semillas. Los palos de guayaba se doblan hacia la tierra, sus ramas cargadas de frutas verdes, luego amarillas, que parecen madurar de la noche a la mañana. Estas guayabas son grandes y jugosas, con pocas semillas, invitándonos a comer una más, sólo una más, porque el año que viene 20 quizás no vendrán las lluvias.

Cuando niños, nunca esperábamos a que la guayaba se madurara. Atacábamos los palos en cuanto el peso de las frutas arqueaba las ramas hacia la tierra.

Una guayaba verde es agria y dura. Se muerde en la parte más ancha, 25 porque así no resbalan los dientes contra la cáscara. Al hincar el diente dentro de una guayaba verde, oirás la cáscara, pulpa y semillitas crujiendo dentro de tu cerebro, y chorritos agrios estallarán en tu boca.

Descoyuntarás tu faz en muecas, lagrimearán tus ojos, tus mejillas desaparecerán, a la vez que tus labios se fruncirán en una O. Pero te comes 30 otra, y luego otra más, deleitándote en el sonido crujiente, el sabor ácido, la sensación arenosa del centro agraz. Esa noche, Mami te hace tomar aceite de castor, el cual ella dice que sabe mejor que una guayaba verde. Entonces sabes de seguro que tú eres niña, y que ella dejó de serlo.

Comí mi última guayaba el día que nos fuimos de Puerto Rico. Era una guayaba 35 grande, jugosa, la pulpa casi roja, de olor tan intenso que no me la quería comer por no perder el aroma que quizás jamás volvería a capturar. Camino al aeropuerto, raspaba la cáscara de la guayaba con los dientes, masticando pedacitos, enrollando en mi lengua los granitos dulces y aromáticos.

Hoy me encuentro parada al frente de una torre de guayabas verdes, cada 40 una perfectamente redonda y dura, cada una $1.59. La que tengo en la mano me seduce. Huele a las tardes luminosas de mi niñez, a los largos días de verano antes de que empezaran las clases, a niñas mano en mano cantando «ambos y dos matarile rile rile». Pero es otoño en Nueva York, y hace tiempo dejé de ser niña.

45 Devuelvo la guayaba al abrazo de sus hermanas bajo las penetrantes luces fluorescentes del mostrador decorado con frutas exóticas. Empujo mi carrito en la dirección opuesta, hacia las manzanas y peras de mi vida adulta, su previsible madurez olvidable y agridulce.

PARA COMENTAR

Trabajando en parejas conteste las siguientes preguntas sobre "Prólogo: cómo se come una guayaba". Justifique su opinión cuando sea necesario. Luego puede comparar sus respuestas con las de otros compañeros.

1. ¿Por qué son importantes los diferentes colores de la guayaba en el recuerdo de la narradora?

2. «Si no sabes cómo comerte una guayaba...», escribe la narradora. ¿Se come la guayaba de forma diferente en Nueva York? ¿Qué significa la explicación que se da sobre la mejor manera de comerse una guayaba?

3. La madre de la narradora intenta curar su indigestión con aceite de castor: «...tú eres niña, y ella dejó de serlo». ¿Cómo interpreta usted la anterior afirmación?

4. La acción de comer una última guayaba antes de la partida es un recuerdo importante. ¿Por qué es este momento el más dramático del pasaje?

5. Hay una oposición entre los conceptos niña/guayaba y adulta/manzanas-peras. Interprete entonces la siguiente frase con que concluye la historia: «...hacia las manzanas y peras de mi vida adulta, su previsible madurez olvidable y agridulce». ¿Qué quiere expresar la narradora?

6. ¿Podría dar uno o dos ejemplos de cómo se transforman las prácticas culturales hispanas cuando se integran al mundo estadounidense?

ANTES DE LEER

En grupos de dos o tres estudiantes comenten lo siguiente. Compartan después sus observaciones con el resto de la clase.

1. La mudanza de la familia a una nueva ciudad o país puede ser una experiencia traumática en la vida de los niños. Piense en un cambio grande similar en su infancia: una nueva escuela, un nuevo barrio, nuevos amigos, nuevas costumbres. ¿Qué recuerdos le han quedado?

2. Si su familia cambió de lugar de residencia cuando usted era niño(a), ¿qué sintió al llegar al nuevo sitio: sorpresa, frustración, admiración? ¿Se sentía incómoda su familia en el nuevo lugar?

3. Muchos piensan que se debe cambiar el actual sistema federal de asistencia social (*welfare*). ¿Cuáles son las ventajas o desventajas de este programa? ¿Opina que ciertos procedimientos o políticas deben cambiar?

4. ¿Cuáles son las circunstancias en las cuales las personas deben recibir ayuda del gobierno: desempleo, enfermedad grave, desastre nacional, entrenamiento laboral?

NI TE LO IMAGINES

Dime con quién andas, y te diré quién eres.

Por las mañanas, Mami salía de la casa de madrugada para el viaje por tren subterráneo hacia Manhattan. Se vestía «para ir a trabajar», en ropa que se cambiaba en cuanto llegaba para que no se manchara con aceite, achiote o salsa de tomate. Empezó en su trabajo como cortadora
5 de hilos, aunque en Puerto Rico se había graduado a operadora de máquinas.

—Aquí uno tiene que hacer más de lo que se le pide— decía. Trabajaba duro, lo cual impresionó a sus supervisores, y fue movida rápidamente al trabajo de costura que tanto le gustaba.

10 Compró un par de tijeras especiales para su trabajo. Cuando cruzaba los proyectos al regresar del trabajo, las metía en su bolsillo y las aguantaba allí hasta que llegara dentro de la casa. Entonces les limpiaba el sudor y las ponía en un bolsillo especial que había hecho para guardarlas.

Nos reíamos de su cartera, la cual decíamos invitaba a los pillos porque era
15 grande y se veía llena. En ella llevaba nuestros certificados de nacimiento, registros de nuestras vacunas y papeles de nuestras escuelas. También tenía una libretita donde escribía las horas que trabajaba, para que el bosso no la defraudara el día de cobrar. Guardaba su maquillaje (polvo, lápiz de cejas, colorete y pintalabios) en su propia bolsita. Si un pillo le robara la
20 cartera, no encontraría dinero, porque lo llevaba en una monedera en el bolsillo de su falda, debajo de su abrigo.

Cuando trabajaba, Mami era feliz. Se quejaba de estar sentada en frente de una máquina de coser todo el día, o que los bréiks eran muy cortos, o que el bosso era antipático. Pero tomaba orgullo en las cosas que hacía. A
25 veces traía ejemplos de los brasieres y fajas en los que estaba trabajando, y nos enseñaba cómo se usaba una máquina de dos agujas, o cómo ella había descubierto que si cosía la copa de tal manera, quedaría mejor. Pero aunque ella tomaba orgullo en su trabajo, no quería que nosotras siguiéramos en sus pasos.

30 —Yo no estoy trabajando tan duro para que ustedes trabajen en factorías todas sus vidas. Tienen que estudiar, sacar buenas notas y graduarse de la escuela para que tengan una profesión, no sólo un trabajo.

Nunca insistía en ver nuestras tareas, pero cuando le traíamos las tarjetas de la escuela, nos hacía que le leyéramos las notas y que tradujéramos los

35 comentarios de las maestras para así ella saber cómo andábamos en la escuela. Cuando las notas eran buenas, se ponía contenta, como si hubiera sido ella quien se las ganó.

—Así es cómo se hace en este país. El que quiera trabajar, puede adelantarse.

40 Le creíamos, y tratábamos de complacerla. Desde que habíamos llegado a Brooklyn, su mundo se había convertido en uno lleno de posibilidades, y yo traté lo más que pude de compartir su entusiasmo acerca de la buena vida que íbamos a tener algún día. Pero frecuentemente sospechaba que el optimismo de Mami era una actuación. Nadie, yo pensaba, podía ser
45 tumbada tantas veces y levantarse sonriendo cada vez.

A veces me tiraba en la cama, en los cuartos sin calefacción llenos de cama y ropas y cuerpos durmiendo, aterrorizada de que lo que estaba al otro lado de la esquina no era mejor que lo que habíamos dejado, que Brooklyn no era una nueva vida, sino la continuación de la de antes.
50 Que todo había cambiado, pero nada había cambiado, que lo que Mami había estado buscando cuando nos trajo a Brooklyn no estaba aquí, así como no había estado en Puerto Rico...

—Mañana no vas para la escuela. Necesito que vengas conmigo a la oficina del welfear.

55 —¡Ay, Mami! ¿Por qué no te llevas a Delsa?

—Porque no puedo.

Cuando a Mami le daban leyof, teníamos que aceptar welfear. Me llevaba porque necesitaba a alguien que le tradujera. Seis meses después de llegar a Brooklyn, yo hablaba suficiente inglés para explicar nuestra situación.

60 —Mai moder shí no spik inglis. Mai moder shí luk for uerk evri dei an notin. Mai moder shí sei shí no guan jer children sófer. Mai moder shí sei shí uant uerk bot shí leyof. Mai moder shí only nid jelp e litel juail.

Temía que si decía algo mal, o si pronunciaba las palabras mal, las trabajadoras sociales dirían que no, y nos desalojarían de nuestro
65 apartamento, o nos cortarían la luz, o nos congelaríamos porque Mami ni podía pagar la calefacción.

La oficina de asistencia pública quedaba en un edificio de ladrillos con alambre alrededor de las ventanas. La antesala siempre estaba llena, y la recepcionista nunca nos podía decir cuándo nos iban a atender o dónde
70 estaban las trabajadoras sociales. Era un sitio a donde se iba a esperar por horas, con nada que hacer menos mirar las paredes verdes. En cuanto se llegaba, no se podía salir, ni siquiera a comer algo, porque podían llamarte en cualquier minuto, y si no estabas, perdías tu turno y tenías que regresar al otro día.

75 De camino, Mami compraba el periódico, y yo me traía el libro más grande que podía encontrar en la biblioteca. Las primeras dos o tres horas pasaban rápido, ya que había formularios que llenar y conversaciones interesantes a nuestro alrededor mientras las mujeres compartían sus

historias. Nunca había hombres, sólo mujeres cansadas, algunas con niños, como si el traerlos haría que las trabajadoras sociales les hablaran.

Mami insistía que las dos nos vistiéramos bien para ir al welfear.

—No vamos a ir como si fuéramos pordioseras— decía y, mientras esperábamos, me recordaba que me sentara derecha, que atendiera, que me portara con la dignidad de las mujeres al otro lado de la división, teléfonos al oído, plumas listas sobre los papeles que la recepcionista, quien no sonreía ni aunque le pagaran, les pasaba con una expresión agria.

De vez en cuando había peleas. Mujeres le caían encima a las empleadas que no les ayudaban, o a quienes las hacían esperar su turno por días, o a quienes rehusaban hablarles después de que las mujeres habían esperado el día entero. Una vez, Mami le pegó a una empleada que le faltó el respeto.

— Nos tratan como a animales —lloró después que la separaron—. No les importa que somos seres humanos, como ellos.

Su maquillaje veteado, pelo enmarañado, salió de la oficina del welfear con su espalda doblada y su mirada avergonzada. Yo estaba segura que todos los pasajeros en la guagua sabían que habíamos pasado el día en el welfear y que Mami le había caído encima a una sócheluerker. Esa noche, al contarle a Tata y Don Julio lo que había pasado, Mami lo hizo sonar como si fuera un chiste, no gran cosa. Yo añadí mis detalles exagerados de cuántas personas se necesitaron para separarla de la sócheluerker, sin mencionar lo asustada que estuve, y la vergüenza que me dio verla perder el control en frente de toda esa gente.

Muchas veces, me pedían que tradujera para otras mujeres en el welfear, ya que Mami les decía a todos que yo hablaba un buen inglés. Sus historias no eran tan diferentes de la de Mami. Necesitaban un poquito de ayuda hasta que pudieran conseguir trabajo.

Pero, de vez en cuando, me daba cuenta de que algunas de las mujeres estaba mintiendo.

—¿Qué tú crees? ¿Les digo que mi marido se desapareció, o que es un sirvergüenza que no me quiere ayudar con los muchachos?

Mujeres con acentos que no eran puertorriqueños decían que lo eran para poder recibir los beneficios de la ciudadanía estadounidense. Una mujer para quien yo traduje una vez me dijo:

—Estos gringos no tienen la menor idea de dónde somos. Para ellos, todos somos spiks.

Yo no sabía qué hacer. Decirle a la sócheluerker que la mujer estaba mintiendo me parecía peor que traducir lo que decía tan bien como me fuera posible y dejarla a ella que lo descubriera. Pero me preocupaba que si personas de otros países se pasaban como puertorriqueños para defraudar, éramos nosotros los que íbamos a salir mal.

Nunca supe si mis traducciones ayudaban, pero, una vez, una jíbara viejita me besó las manos, lo cual me hizo sentir como la mejor persona del mundo…

PARA COMENTAR

Trabajando en parejas conteste las siguientes preguntas sobre "Ni te lo imagines". Justifique su opinión cuando sea necesario. Luego puede comparar sus respuestas con las de otros compañeros.

1. ¿Cómo podríamos relacionar el refrán que dice «Dime con quién andas, y te diré quién eres», con el tema de los pasajes anteriores?

2. ¿Cree usted que la narradora incluye su mezcla de español con inglés en la novela (*bréiks, sócheluerker, bosso,* etc.) con un propósito? En su opinión, ¿qué se propone Santiago al hacerlo?

3. ¿Cómo describiría el uso del español en los fragmentos escogidos? ¿Cómo se compara el primer pasaje ("Prólogo: cómo se come una guayaba") con el segundo ("Ni te lo imagines") en ese sentido?

4. «...pero nada había cambiado, que lo que Mami había estado buscando cuando nos trajo a Brooklyn no estaba aquí, así como no había estado en Puerto Rico», dice la narradora en un momento. ¿Qué busca la familia de Esmeralda en Nueva York? ¿Por qué cree ella que no es factible hallarlo tampoco en Puerto Rico?

5. El anhelo de «Mami», ¿es una ilusión sin fundamento, una posibilidad que depende de una aptitud personal (*personal skill*), un deseo imposible, o una cuestión de suerte? ¿Qué otros elementos ayudan o no ayudan a que se realice el sueño de una vida mejor?

PARA ESCRIBIR

El episodio en la oficina de la asistencia pública refleja tanto la humillación como la dosis de violencia que le tocó vivir a la narradora en su infancia nuyorquina. ¿Cuál es su impresión sobre este episodio? ¿Qué experimenta al leerlo?

Escriba una breve "Carta al editor" para un periódico imaginario en español. Adopte el punto de vista de un(a) amigo(a) de la señora del cuento. Proteste el tratamiento que le dan y la larga espera a la que la obligan en la oficina del gobierno. Limite la carta a unas 75 u 85 palabras. Las opiniones se revisarán en grupos de dos o tres estudiantes antes de entregárselas a la editor(a), en este caso su profesor(a).

Artículo de prensa

ANTES DE LEER

En grupos de tres o cuatro estudiantes comenten lo siguiente. Compartan después sus observaciones con el resto de la clase.

1. ¿Ha conocido personalmente a una estrella de la farándula? ¿A un(a) cantante? ¿Estrella o director de cine? ¿Cómo fue la experiencia y

cómo se imagina la vida de una persona famosa que mucha gente reconoce en la calle?

2. Piense en tres o cuatro personas que son muy conocidas internacionalmente y que la gente los reconoce constantemente cuando están en la calle. ¿Cuáles cree que son algunas de las ventajas y desventajas que pueden traer esta fama y reconocimiento? ¿Qué se gana y qué se puede perder?

3. La gente forma una imagen de la gente famosa y a veces esa imagen no es la imagen real o verdadera que la persona tiene de sí mismo(a). ¿Cree que para algunas personas sería difícil darse a conocer al público? ¿Por qué? Dé ejemplos y explique.

4. ¿Cree que uno tiene derecho de hacer público lo que uno quiere hacer público de su vida privada o que la vida privada siempre debe ser privada? ¿Dónde trazamos la raya de lo público y lo privado y quién tiene derecho de trazar la raya?

5. ¿Cómo cree que la salida del clóset de gente famosa ayuda a romper estereotipos comunes de hombres y mujeres gay? Explique.

UN, DOS, TRES: RICKY MARTIN
Por Francisco M. Rodríguez

«Un, dos, tres. Un pasito pa'lante, María. Un, dos, tres, un pasito, p'atrás». En 1996 comenzaba a sonar en la radio de los países latinos el estribillo de una canción facilona pero con letra pegadiza y, sobre todo, un ritmo «caliente», que animaba cualquier fiesta o discoteca. Aunque muchos
5   pensaron que era un nuevo producto de mercadotecnia, otro fuego de artificio dentro del mercado de la música de usar y tirar, otro niño lindo para consumo adolescente, ese «niñato» de melena rubia se reveló como uno de los valores de la canción latina: era el comienzo de la larga trayectoria de Ricky Martin.

10 **Uno:** Ricky Martin seguramente tuvo una infancia feliz, pero desde luego no tranquila. Enrique Martín Morales, como fue bautizado, vino al mundo el 24 de diciembre de 1971, en San Juan, Puerto Rico, capital de la Isla del Encanto. Antes de cumplir un año de edad, se convirtió en el protagonista de un anuncio televisivo y cuando era un adolescente entró
15 a formar parte del grupo juvenil Menudo. Este grupo, un verdadero fenómeno de «boy band» a la latina, arrasó en toda América y vendió millones de copias.

Dos: Las tablas que cogió durante esos años de viajes, entrevistas y giras, hicieron que Ricky Martin decidiera continuar avanzando en su carrera y
20 apostó por la interpretación. Siendo las telenovelas un rasgo de la cultura latina, este boricua debutó como actor en la novela *Alcanzar una estrella II* en 1991. Ricky no solo alcanzó una estrella sino que fue lanzado al estrellato dentro del mundo de la interpretación para la pequeña pantalla. Durante esta época no abandonó su faceta de cantante. De hecho, dado

Ricky Martin y sus hijos, Valentino y Matteo

el éxito de la novela se formó un grupo musical (Muñecos de papel) que lanzaron algunos temas relacionados con ella.

Tres: Ávido de una mayor proyección, o tal vez simplemente consciente de su potencial artístico, Ricky Martin tuvo el valor de lanzarse al proceloso mundo de la música en solitario. Un contrato con una multinacional discográfica y varios discos fueron el tiempo de rodaje que necesitó Ricky Martin antes de poner a bailar a medio mundo (incluido los Estados Unidos) con su archiconocida "María" en 1996. El éxito no le pilló desprevenido, después de tanto tiempo dentro del mundo de la farándula, pero sí supuso un verdadero torbellino en su vida, como ha declarado el propio cantante poco después: giras mundiales, hoteles de superlujo, conciertos multitudinarios… y una vida de verdadera figura internacional, reclamada para los mejores y más apreciados espectáculos, como su participación en las ceremonias de los Juegos Olímpicos de Atlanta o los temas musicales de la banda sonora de la película de Disney, *Hércules.*

Un pasito pa'lante: Lo que continúa desde entonces es casi de sobra conocido por todo el mundo: un éxito internacional corroborado por cerca de 60 millones de discos vendidos, canciones (tanto en español como en inglés) grabadas ya en la historia de la música contemporánea ("Living la vida loca", "La copa de la vida"…), números uno en las listas musicales de medio mundo, múltiples reconocimientos y premios (Billboard, Billboard Latino, MTV, Grammy…) Pero, en ese mundo al que muy poca gente logra acceder y muchos desean aspirar, no todo era perfecto.

Un pasito p'atrás: «Ya no podía vivir más sin enfrentarme a mi verdad. Por eso sentí la necesidad de acabar con un secreto que llevaba guardando demasiados años: tomé la decisión de revelarle al mundo que acepto mi homosexualidad y celebro este regalo que me ha dado la vida». Con estas palabras Ricky Martin daba constancia en su autobiografía titulada *Yo* de su mayor secreto y seguramente su mayor martirio durante años. Pese a que las revistas se habían hecho eco de su vida amorosa, Ricky Martin nunca había confesado su orientación sexual. La decisión de ser padre por vía de una madre de alquiler encendió todas las alarmas, pero no fue hasta que tuvo a sus dos hijos que logró la serenidad y coraje para escribir en su Twitter: «Hoy ACEPTO MI HOMOSEXUALIDAD como un regalo que me da la vida. ¡Me siento bendecido de ser quien soy!» Con esta decisión el ídolo de adolescentes reculaba, daba marcha atrás y se negaba a seguir siendo una marioneta en las manos de un negocio que lo necesitaba como reclamo mercantilista. Ricky Martin daba un pasito p´atrás para convertirse en el dueño de su propia vida y vivirla como él quiere.

MAS Ricky: Con la incertidumbre de saber si esta salida del clóset iba a afectar directamente su popularidad y arruinar su carrera artística, este boricua se embarcó en una nueva aventura: demostrar que aún hay mucho Ricky Martin, que aún hay mucho más que la noticia sobre su homosexualidad. Así nació su disco (y posterior gira): MAS (Música+Alma+Sexo). El resultado fue un éxito y un lleno total en las ciudades donde se presentó. Sin embargo, la sombra de la homosexualidad no lo abandonó y en su país fue acusado de promover conductas inmorales. De hecho, Wanda Rolón, pastora protestante de Puerto Rico, lo criticó en su Facebook y lo acusó de llevar la isla «al mismo infierno», y el cardenal Luis Aponte Martínez le pidió no «fomentar la homosexualidad o promiscuidad sexual entre nuestros jóvenes». Por su parte, Ricky Martin cortó estos ataques recordando que no es «monedita de oro para caerle bien a todo el mundo». Para zanjar aún más las cosas, Ricky añadía: «Yo estoy enfocado en el amor y en la igualdad con el cariño que recibo noche tras noche en éste espectáculo. Yo sumo, no resto y aquí lo único que se habla es del amor».

75

80

PARA COMENTAR Y/O ESCRIBIR

Trabajando en parejas conteste las siguientes preguntas sobre "Un, dos, tres: Ricky Martin". Justifique su opinión cuando sea necesario. Luego puede comparar sus respuestas con las de otros compañeros.

Un grupo comenta las primeras preguntas (1–5) y el segundo las siguientes preguntas (6–10).

1. ¿Por qué cree que pudiera ser tan difícil para algunas personas salir del clóset? ¿Qué cree que hace que una persona no se acepte a sí mismo tal y como es y que se niegue a sí mismo y a otros acerca de su identidad o sentimientos verdaderos?

2. ¿Qué otros grupos en la historia del mundo han tenido que luchar por sus derechos? ¿Cómo ha sido la lucha? Dé ejemplos y comente qué luchas se han ganado y cuáles quedan por ganarse.

3. ¿Sabe usted cuál es la situación legal de los gays y lesbianas en los Estados Unidos? ¿En su estado? ¿Se pueden casar legalmente? En los estados en que existe una unión civil o un registro de *domestic partner*, ¿cómo es diferente a un matrimonio entre heterosexuales?

4. ¿Conoce algunos países donde los gays se pueden casar por ley civil y tienen los mismos derechos que los heretosexuales? Mencione algunos y, si tiene tiempo, investigue para la próxima clase cuál es la situación en algunos de estos países (Canadá, Argentina, España, Gran Bretaña, Bélgica, por ejemplo) para compararlos con los Estados Unidos.

5. ¿Por qué razones cree usted que en estos países se logró legalizar el matrimonio gay mientras que en los Estados Unidos no se ha logrado uniformemente a nivel nacional?

6. ¿Qué ocurre en países como China, Irán o Uganda? Investigue si le interesa averiguar y compartir la información en clase.

7. ¿De qué manera cree que la salida del clóset de Ricky Martin puede ayudar a otras personas a aceptarse a sí mismo o a sí misma?

8. ¿Cree que los ataques del cardenal Luis Aponte Martínez contra Ricky Martin son injustos? ¿Y qué cree que quiere decir Ricky Martin con su contestación cuando dice que él sólo se enfoca en el amor y en la igualdad...y dice: «Yo solo sumo, no resto y aquí lo único que se habla es del amor».

9. Ricky Martin es padre de dos niños, Matteo y Valentino, y hay gente que dice que los niños deben tener un padre y una madre. Sin embargo, en el mundo hay muchos tipos distintos de familias. Algunos niños crecen sin madre o sin padre. Otros sin los dos y se crían con un familiar o en una institución. Cuente anónimamente de personas que usted conoce que son de una familia no convencional.

10. ¿Por qué cree que a veces hay personas que esconden ser gay o se lo niegan a sí mismos(as)? ¿Qué cree que sería lo mejor para esas personas?

III. Mundos hispanos

Recordando al actor de teatro y cine

Raúl Juliá (1940–1994) fue uno de los actores puertorriqueños más destacados del cine estadounidense. Una de sus primeras actuaciones al comienzo de su carrera en la Ciudad de Nueva York fue en una obra de teatro en español, *La vida es sueño*, obra maestra española del Siglo de Oro, escrita por Pedro Calderón de la Barca. La carrera artística de Raúl Juliá incluyó su participación en los prestigiosos Festivales de Shakespeare de Nueva York, donde tomó parte en el reparto de *Othello*, *The Taming of the Shrew* (*La fierecilla domada*) y *King Lear*. También desempeñó papeles en musicales de Broadway. Pero lo que le otorgó verdadero reconocimiento nacional fueron las películas que protagonizó; entre estas podemos citar *The Kiss of the Spider Woman* (*El beso de la mujer araña*, 1985), *Romero* (1989), *Presumed Innocent* (1990), *The Addams Family* (1991) y *The Addams Family Values* (1993).

Juliá nació en San Juan, Puerto Rico, hijo de un proprietario de restaurante y una cantante de ópera retirada. A los veintidós años se trasladó a la Ciudad de Nueva York, donde conoció al famoso productor Joseph Papp, quien lo contrató para actuar en el teatro. Fue nominado para los premios Tony cuatro veces, y ganó una vez por su actuación en la obra de Shakespeare, *Two Gentlemen of Verona* (*Dos caballeros de Verona*). Estando gravemente enfermo tomó parte en la primavera de 1994 en el rodaje de *The Burning Season* (*La estación ardiente*), película que trata del líder obrero brasileño

El famoso actor puertorriqueño,
Raúl Juliá

Chico Mendes, quien fue asesinado en 1988. Fue su último trabajo antes de fallecer el 24 de octubre de ese año, a los cincuenta y cuatro años de edad.

En la película *El beso de la mujer araña*, basada en la famosa novela del novelista argentino Manuel Puig, desempeñó (*played*) el papel de un prisionero político que comparte la celda con un compañero de celda homosexual (representado por el actor William Hurt). En la película *Romero* personificó al arzobispo de San Salvador, el Monseñor Óscar Arnulfo Romero, que fue ultimado (*killed*) mientras oficiaba misa en la catedral de la capital salvadoreña en 1980, durante la cruenta (*bloody*) guerra civil que sufrió el país centroamericano.

ACTIVIDADES CINEMÁTICAS

1. Busque y vea *El beso de la mujer araña* si es posible y escriba una sinopsis (*summary*) de aproximadamente una o dos páginas, comentando su impresión sobre la película y sobre la actuación de Raúl Juliá.

2. Si es posible, vea la película *Romero* y después busque información sobre la vida y el asesinato del arzobispo de El Salvador. Tome apuntes para luego compartir los datos en clase. ¿Se supo quién asesinó al arzobispo? ¿Los llegaron a arrestar y castigar? ¿Ha sido resuelto el caso? Averigüe los hechos y aprenda más sobre El Salvador y su historia en aquellos momentos tan difíciles de guerra y sabrá por qué tantos salvadoreños huyeron de su país.

La plena: linda música puertorriqueña

Hay quienes la llaman un «periódico cantado». Será porque esta música emblemática de Puerto Rico abarca temas muy diversos de la vida diaria. Sus temas varían entre el amor y los desamores, los escándolos, las noticias cotidianas del barrio y hasta recetas de cocina. Pero la plena también ha servido una función política. Desde los comienzos del movimiento obrero a finales del siglo XIX, los puertorriqueños han usado esta música autóctona para organizar a los trabajadores en huelgas de protesta en contra de los abusos y maltratos que sufrían en las grandes fábricas y en los campos.

La plena es una música sencilla y repetitiva con un ritmo infectuoso. Nació a principios del siglo XIX en un barrio humilde de la ciudad de Ponce, en el sur de la isla. Un solista canta la letra y un coro, de por lo menos dos voces, responde en una estructura que recuerda mucho la música africana de «llamada y respuesta».

El acompañamiento rítmico de la plena es fundamental. Se basa en dos o tres panderas, un güiro y maracas. El más importante de estos instrumentos de percusión es la pandera. La pandera puertorriqueña es diferente a una pandereta. La pandereta tiene címbalos y el aro suele estar hecho de metal. El cuero que la cubre típicamente es de cabra, que se estira con el calor del fuego.

Como toda la cultura boricua, la plena es muy popular en los barrios puertorriqueños de los Estados Unidos. Han nacido allí grupos como *Viento de Agua* y *Plena Libre*, que están llevando esta música a públicos entusiasmados en el mundo entero.

ACTIVIDADES MUSICALES

1. Si algunos estudiantes de la clase pudieran traer muestras de esta música llamada plena, o de otros tipos de música de Puerto Rico, escúchenlas en clase. Averigüen si algunas de sus bibliotecas universitarias o públicas tienen videos o discos compactos de música folclórica o popular, de ayer y de hoy día, de Puerto Rico, para poder escucharlas en clase.

2. Algunos instrumentos caribeños son: las claves, las maracas, el bongó, la tumbadora o conga, el güiro, el cencerro, las panderas, etc. ¿Sabe tocar algunos de estos instrumentos? Busque información sobre sus orígenes? Si tiene alguno de ellos, tráigalo a clase.

3. Un músico español que vivió en Puerto Rico por largos años fue Pablo Casals. Averigüe lo que pueda sobre esta figura de la música clásica y sobre su estadía en Puerto Rico. En un breve informe a la clase, relate lo que aprendió y, si puede, traiga una muestra de su música grabada para escucharla.

La política

A. La primera mujer puertorriqueña elegida al congreso

Nydia M. Velázquez (1953) es una representante demócrata del estado de Nueva York que nació en Yabuoca, Puerto Rico, en una numerosa familia de nueve hijos.

Después de haber obtenido un título universitario en la Universidad de Puerto Rico, Velázquez continuó sus estudios graduados y en 1976 obtuvo una maestría en ciencias políticas de la Universidad de Nueva York.

Antes de dedicarse a la política, Velázquez fue profesora universitaria; primero en la Universidad de Puerto Rico en Humacao y luego en Hunter's College en la Ciudad de Nueva York. Cuando se decidió a cambiar el aula por la arena política, se postuló para concejal en la Ciudad de Nueva York y ganó, convirtiéndose así en 1984 en la primera concejal puertorriqueña de esa gran ciudad. En 1989 fue nombrada directora del Departamento de Asuntos de la Comunidad Puertorriqueña de los Estados Unidos. En 1992 se convirtió en la primera mujer puertorriqueña en ser elegida a la Cámara de Representantes del Congreso de los Estados Unidos.

Nydia Velázquez, representante demócrata de Nueva York en el Congreso de los Estados Unidos

B. La primera mujer puertorriqueña en la Corte Suprema de los Estados Unidos: Sonia Sotomayor

En el 2009, Sonia Sotomayor llegó al nivel más alto del sistema judicial de los Estados Unidos para convertirse en la primera persona de descendencia hispana en ser nombrada juez de la Corte Suprema de los Estados Unidos. El significado de este nombramiento es un orgullo enorme para las comunidades hispanas en los Estados Unidos, y especialmente para la comunidad puertorriqueña. A continuación podrán leer más sobre sus humildes orígenes y arduos esfuerzos por llegar adonde llegó.

SONIA SOTOMAYOR: EL SUEÑO AMERICANO

Texto de Santos Jiménez

«Señor presidente siento un enorme agradecimiento por la confianza que usted depositó en mí y quiero agradecer también al Comité Judicial por lo que se manifestó en las audiencias y por haber aprobado la selección del presidente».

Sonia Sotomayor se convirtió en la primera mujer hispana en formar parte de la Corte Suprema de los Estados Unidos.

Con estas palabras resumía en agosto de 2009 la puertorriqueña Sonia Sotomayor su agradecimiento al presidente Barack Obama al ser aprobada como nuevo miembro del Tribunal Supremo de los Estados Unidos. Por primera vez en la historia de este país, una mujer latina entraba en la principal institución judicial y coronaba así una vida de éxito profesional que demuestra que el sueño americano es posible.

Lejos quedaban para esta boricua los años de penurias y gran esfuerzo que ella pasó en el castigado barrio de El Bronx de la Ciudad de Nueva York. Sonia Sotomayor nació en este condado de la ciudad de los rascacielos en 1954. Su infancia seguramente no puede definirse como una infancia fácil. Sus progenitores habían emigrado de Puerto Rico y trataron de ofrecer a sus hijos la mejor educación posible. Su padre, que no hablaba inglés, murió cuando ella no tenía siquiera 10 años, lo que obligó a su madre a sacar adelante su familia con un gran esfuerzo, trabajando como teleoperadora y enfermera.

«Soy sólo la mitad de mujer de lo que ella es», declaraba Sonia Sotomayor a modo de homenaje a su progenitora el día que el presidente Obama hacía pública su nombramiento como candidata a ocupar el asiento dejado en el Tribunal Supremo por el juez David Souter. Y es que Celina Báez fue ejemplo e inspiración para Sonia y Juan, su hermano menor. Celina inculcó el espíritu del esfuerzo y del trabajo duro para alcanzar metas en la vida. Consciente de la importancia de la educación, les compró la Enciclopedia Británica, algo poco frecuente en un barrio como El Bronx, y los envió a una escuela católica.

Durante sus primeros años, Sotomayor siempre deseó ser detective, influida por las lecturas de las obras de Nancy Drew. Pero un pequeño inconveniente se cruzó en su camino: a los 8 años fue diagnosticada como diabética, una dolencia que cercenaba tajantemente sus aspiraciones. Afortunadamente para ella, el serial Perry Mason se cruzó en sus ratos libres y recondujo su vocación. Ella misma ha reconocido que desde que tenía 10 años, y debido a este personaje, decidió convertirse en juez.

Su etapa estudiantil no puede ser calificada con otra palabra que no sea brillante. Sonia Sotomayor, pese a pertenecer a un origen humilde (que siempre reivindica) tuvo la oportunidad de asistir a la Universidad de Princeton, donde ingresó gracias a una beca, y en la que se graduó *summa cum laude* en 1976. Posteriormente ingresó en la también prestigiosa Universidad de Yale, también con una beca, para obtener su título de *Juris Doctor*. Su paso por estos campus universitarios marcó un hito: Sotomayor fue una de las primeras mujeres latinas en recorrer por los pasillos de estos elitistas centros universitarios.

Con estas credenciales no era difícil de adivinar que un futuro esplendoroso le aguardaba en el mundo laboral. Sotomayor comenzó su carrera profesional en 1979 prestando sus servicios en la oficina del fiscal del distrito de Manhattan, bajo las órdenes del reconocido fiscal Robert Morgenthau. Durante este tiempo tuvo la posibilidad de conocer de cerca las miserias de una ciudad como Nueva York: robos, asesinatos, pornografía… En 1984 dio el salto al sector privado.

Fue, sin embargo, en la década de 1990 cuando un hombre político se cruzaría en su camino, aunque no por casualidad: la imagen de gran trabajadora que se había labrado durante años hizo que el presidente

George H.W. Bush la designara jueza de la Corte del Distrito Sur de Nueva
York, en Manhattan, puesto que alcanzó en 1992 y que la convirtió en la
primera jueza federal en el estado de Nueva York de origen latino. Pocos
años después, otro presidente, en este caso Bill Clinton, también se fijaría
en ella y la elegiría para el Segundo Circuito Federal de Apelaciones,
puesto que ocupó en 1998.

A lo largo de su dilatada carrera hay una decisión que siempre la ha
precedido y que le otorgó gran notoriedad: la decisión que puso fin a más
de 230 días de huelga de las Ligas Mayores de Béisbol. Sotomayor falló a
favor de los jugadores y no de los grandes dueños de los clubes, lo que le
granjeó una gran simpatía entre los seguidores de este deporte.

Sus años al servicio de la justicia se han caracterizado por una interpretación
progresista de la ley y un marcado activismo a favor de las minorías (falló
a favor del Ayuntamiento de New Haven, en Connecticut, al declarar
nulo un concurso para ser bombero por no haber aprobado ni un solo
afroamericano las pruebas), lo que le granjeó cierta dificultad durante el
proceso de confirmación ante el Comité de Asuntos Judiciales del Senado.
Igualmente, durante su comparecencia, Sotomayor tuvo que retractarse de sus
declaraciones realizadas en 2001 en las que sostuvo que «una mujer latina e
inteligente» alcanzaría «mejores conclusiones» que un hombre blanco.

Pese a todo, el 8 de agosto de 2009, Sonia Sotomayor se convertía a sus 55
años en la tercera mujer en ingresar en la más alta institución jurídica de
los Estados Unidos y, a la vez, en la primera latina en ocupar un asiento
vitalicio del Tribunal Supremo. Su candidatura obtuvo un total de 68 votos
a favor y 31 en contra, entre ellos los del senador John McCain.

Con su ingreso en tan respetada institución, Sotomayor alcanzaba el sueño
que miles de inmigrantes buscan al viajar a los Estados Unidos. Como
sostuvo el presidente Obama en su discurso de presentación de Sotomayor
como candidata al Tribunal Supremo, «no importan los orígenes que uno
tenga o los desafíos que la vida te presente. No hay sueño que no pueda
alcanzarse en EE.UU.» Sotomayor lo ha demostrado.

PARA ESCRIBIR

1. ¿Conoce otras figuras puertorriqueñas que se hayan destacado en
   otros campos en Puerto Rico o los Estados Unidos? ¿En el campo
   del arte, del cine o el teatro, de la literatura, de la música, de los
   deportes?

2. Escoja una figura puertorriqueña de cualquiera de los campos
   mencionados arriba o de otro que a usted le interese y busque noticias
   recientes relacionadas con esa persona.

3. Busque en su biblioteca información para confeccionar una
   pequeña reseña biográfica (de 75 a 100 palabras) sobre esa figura
   puertorriqueña.

4. Escriba su resumen, usando el texto anterior sobre Nydia M. Velázquez
   como modelo; prepárese a compartir con la clase lo que averigüe.

5. Comparta su trabajo con la clase.

IV. El arte de ser bilingüe

¿Debe ser el inglés el idioma oficial de los Estados Unidos?

¿Cuál diría usted que es su idioma natal? ¿Cuál es el idioma dominante en su casa? ¿O se usa más de uno? ¿Y en el ambiente académico? ¿Cree que el concepto del idioma nativo es fácil de definir, o cree que a veces hay que ofrecer una explicación cuando uno ha tenido una crianza bilingüe?

Existe hoy día una intensa polémica sobre el idioma inglés, el cual nunca se llegó a declarar como lengua oficial de la nación. Usted conoce probablemente este tema polémico. En muchos estados —como Florida, Nebraska, Colorado, Illinois, Hawaii, Virginia y otros— se ha aprobado el inglés como idioma oficial en referendos o plebiscitos populares.

ACTIVIDADES

A. Debate

1. Para familiarizarse con el tema que se va a debatir en clase considere lo siguiente: ¿por qué debe o no declararse el inglés idioma oficial de los Estados Unidos? Puede echar un vistazo a algunos ensayos en los siguientes libros del periodista James Crawford: *Language Loyalties: A Source Book on the Official English Controversy* (Chicago: University of

Chicago Press, 1992), y *Hold Your Tongue: Bilingualism and the Politics of "English Only"* (Reading: Addison-Wesley, 1992). El autor mantiene además una página en la red electrónica sobre temas relacionados con el inglés y el bilingüismo en los Estados Unidos. Explórela. La dirección es: www.languagepolicy.net

2. Después de leer lo que pueda sobre el tema, mire la lista que hay a continuación sobre las ventajas y desventajas de tener el inglés como idioma oficial. Luego, en una hoja aparte, agregue sus propias ideas a las dos columnas.

3. En clase, trabajando en grupos pequeños, compare sus ideas sobre el punto 2 con las de sus otros compañeros. Comenten las semejanzas y las diferencias de sus listas. Preparen una lista de grupo para compartir con la clase.

4. Apunte sus propias ideas sobre el tema. Para realizar el debate la clase se debe dividir en dos grupos: los que estén a favor de tener el inglés como único idioma oficial y los que estén en contra. Para prepararse mejor, busque más información sobre el tema por medio de una breve exploración de recursos que se encuentran en la red y en su biblioteca.

5. Exprese su opinión en el debate y tome apuntes a medida que este se realiza. Los va a necesitar para la parte B de esta actividad.

Lista de ventajas y desventajas de declarar el inglés como idioma oficial

Ventajas

1. Habría un mayor sentido de identidad y unidad nacionales.
2. Habría menos gastos en la traducción de documentos oficiales y en el servicio al público.
3. Simplificaría la planificación de la educación nacional.

Desventajas

1. Crearía animosidad entre las comunidades lingüísticas del país.
2. Promovería una mayor discriminación.
3. Obstaculizaría la enseñanza y el mantenimiento de las lenguas extranjeras, necesarias para la comunicación internacional.

B. Para escribir

Basándose en el debate, en sus propias ideas y en los apuntes que ha tomado escriba una "Carta al editor" de un periódico imaginario. La carta debe ser de dos o tres párrafos y tener entre 75 y 150 palabras.

Puede comenzar su carta de la siguiente manera: Pienso que la idea de declarar el inglés como idioma oficial... Antes de «enviar» su carta, intercámbiela con la de un(a) compañero(a). Revise la carta que le entreguen y haga recomendaciones para mejorarla, si es necesario.

V. Unos pasos más: fuentes y recursos

A. PARA AVERIGUAR MÁS

Busque uno de los libros indicados a continuación u otro que su profesor o profesora le recomiende. Escoja un capítulo o una sección que le interese y prepare una lista de tres a cinco puntos principales basados en la lectura. Anote sus impresiones generales. Prepárese para poder compartirlas oralmente.

Bibliografía selecta: Los puertorriqueños y otros hispanos en los Estados Unidos

Aliotta, Jerome J. *The Puerto Ricans.* New York: Chelsea House, 1991.

Álvarez, Julia. *In the Time of the Butterflies.* New York: Dutton/Plume, 1995.

Anton, Alex and Hernandez, Roger E. *Cubans In America: A Vibrant History of a People in Exile.* Kensington, 2003.

Aparicio, Frances R. *Listening to Salsa: Gender, Latin Popular Music, and Puerto Rican Cultures.* Hanover: University Press of New England, 1998.

_____. *Musical Migrations: Transnationalism and Cultural Hybridity in Latino America.* Palgrave MacMillan, 2008.

Colón, Jesús. *A Puerto Rican in New York and Other Sketches.* New York: International Publishers, 1991.

Dávila, Arlene. *Latino Spin: Public Image and the Whitewashing of Race.* Philadelphia: New York University Press, 2008.

_____. *Sponsored Identities: Cultural Politics in Puerto Rico.* Philadelphia: Temple University Press, 1997.

Duany, Jorge. *La nación en vaivén: identidad, migración y cultura popular en Puerto Rico.* San Juan: Ediciones Callejón, 2010.

_____.*The Puerto Rican Nation on the Move.* Chapel Hill: Univeristy of North Carolina Press, 2002.

_____. *The Puerto Rican Nation on the Move: Identities on the Island and in the United States.* The University of North Carolina Press, 2001.

Durán, Roberto, Ortiz Cofer, Judith, and Pérez Firmat, Gustavo. *Triple Crown: Chicano, Puerto Rican, and Cuban American Poetry.* Tempe: Arizona State University, Bilingual Press/Editorial Bilingüe, 1988.

Eckstein, Susan. *The Immigrant Divide: How Cuban Americans Changed the U.S. and Their Homeland.* Routledge, 2009.

Fernández, Ronald. *The Disenchanted Island: Puerto Rico and the United States in the Twentieth Century.* New York: Praeger, 1992.

_____. *Prisoner of Colonialism: The Struggle for Justice in Puerto Rico.* Monroe: Common Courage Press, 1994.

Flores, Juan. *From Bomba to Hip-Hop: Puerto Rican Culture and Latino Identity.* New York: Columbia Univeristy Press, 2000.

_____. *Divided Borders. Essays on Puerto Rican Identity.* Houston: Arte Público Press, 1993.

_____. *Divided Arrival: Narratives of the Puerto Rican Migration, 1920–1950*. Bilingual Edition. New York: Centro de Estudios Puertorriqueños, Hunter College, 1987.

Foster, David William. *Puerto Rican Literature: A Bibliography of Secondary Sources*. Westport: Greenwood Press, 1982.

Fox, Geoffrey. *Hispanic Nation: Culture, Politics and the Constructing of Identity*. Seacaucus: Carol Publishing Group, 1996.

García, María Cristina. *Seeking Refuge: Central American Migration to Mexico, the United States, and Canada*. University of California Press, 2006.

González, José Luis. *Puerto Rico: The Four Storyeyed Country*. Translated with an introduction by Gerald Guiness. Princeton: Markus Wiener Publishers, 1993.

Gonález, Juan. *Harvest of Empire: A History of Latinos in America*. New York: Viking, 2000.

Gutiérrez González, Heliodoro J. *El español en el barrio de Nueva York: estudio léxico*. Nueva York: Academia Norteamericana de la Lengua Española, 1993.

Hagan, Jaqueline Maria. *Deciding to Be Legal: A Maya Community in Houston*. Philadelphia: Temple University Press, 1994.

Jurado Ertll, Randy. *Hope in Times of Darkness: A Salvadoran American Experience*. Hamilton Books, 2009.

Kanellos, Nicolás, ed. Biographical *Dictionary of Hispanic Literature in the United States: The Literature of Puerto Ricans, Cuban Americans, and Other Hispanic Writers*. Westport: Greenwood Press, 1989.

_____, ed. *Nuevos Pasos: Chicano and Puerto Rican Drama*. Houston: Arte Público Press, 1989.

LaFeber, Walter. *Inevitable Revolutions: The United States in Central America*. New York: W.W. Norton, 1993.

Levins Morales, Aurora. "Puertoricanness," "Child of the Americas." Rosario Morales. "I Am What I Am." En Aurora Levins Morales y Rosario Morales. *Getting Home Alive*. Ithaca, NY: Firebrand Books, 1986, pp. 84–86, 50, 138–139.

Lipski, John M. "The Linguistic Situation of Central Americans." In McKay, Sandra Lee and Cynthia Sau-ling Wong, eds., *New Immigrants in the United States*. Cambridge University Press, 2000, 189–215.

Lungo, Uclés, Mario. *El Salvador in the Eighties: Counterinsurgency and Revolution*. Philadelphia: Temple University Press, 1996.

Lytle Hernandez, Kelly. *Migra!: A History of the U.S. Border Patrol (American Crossroads)*. University of California Press, 2010.

Mahler, Sarah J. *American Dreaming: Immigrant Life on the Margins*. Princeton University Press, 1995.

Martin, Ricky. *Yo*. New York: Celebra, a division of The Penguin Group USA, 2010.

Negrón-Muntaner, Frances, ed. *None of the Above: Puerto Ricans in the Global Era*. Palgrave Macmillan, 2007.

Ortiz Cofer, Judith. *Bailando en silencio: Escenas de una niñez puertorriqueña*. Houston TX: Arte Público Press, 1997. Translation from the English original, *Silent Dancing: A Partial Remembrance of a Puerto Rican Childhood*.

Pérez y González, María E. *Puerto Ricans in the United States: The New Americans*.

Rodríguez, Clara E. *Born in the U.S.A.* Boston: Unwin Hyman, 1989.

Rodriguez, Clara, and Sánchez Korrol, Virginia, eds. *Historical Perspectives on Puerto Rican Survival in the United States*. Princeton: Markus Wiener Publishers, 2004.

Rivera, Edward. *Family Installments: Memories of Growing Up Hispanic.* William Morrow and Co., 1982.

Sánchez Korrol, Virginia. *From Colonial to Community: The History of Puerto Ricans in New York City, 1917–1948.* Westport Greenwood Press, 1983.

Sánchez, Rafael A. *The Politics of Central American Integration (Latin American Studies).* Routledge, 2008.

Santana, Jocelyn. *Dominican Dream, American Reality.* BookSurge, 2006.

Santiago, Esmeralda. *When I Was Puerto Rican.* Da Capo Press, 2006.

———. *Conquistadora.* Alfred A. Knopf, 2011.

———. *El sueño americano.* New York: Harper Libros/HarperCollins, 1996.

Stavans, Ilan et al. *The Norton Anthology of Latino Literature.* W. W. Norton & Company, 2010.

Torres, Andrés, and Velasquez, José, eds. *The Puerto Rican Movement: Voices from the Diaspora.* Philadelphia: Temple University Press, 1998.

Torres-Sailant, Silvio, and Hernández, Ramón. *The Dominican Americans.* Westport: Greenwood Publishing Group, 1998.

Rodríguez de Laguna, Asela, ed. *Images and Identities: The Puerto Rican in Literature.* New Brunswick: Transaction, 1987.

Umpierre, Luz María. *Una puertorriqueña en Penna.* 1979.

Wagenheim, Kal, and Jiménez Wagenheim, Olga, eds. *The Puerto Ricans: A Documentary History. Updated and enlarged.* Princeton: Markus Wiener Publishers.

Wilkinson, Daniel. *Silence on the Mountain: Stories of Terror, Betrayal, and Forgetting in Guatemala.*

Zentella, Ana Celia. *Buildng on Strength: Language and Literacy in Latino Families.* New York: Teachers College Press, 2005.

———. *Growing Up Bilingual.* Oxford: Blackwell Publishers, 1997.

———. "Puerto Ricans in the United States: Confronting the Linguistic Repercussions of Colonialism." In McKay, Sandra Lee, and Cynthia Sau-ling Wong, eds., *New Immigrants in the United States.* Cambridge: Cambridge University Press, 2000, 137–164.

B. PARA DISFRUTAR Y APRENDER

Actividades

Club de Cine

Vea la película *El beso de la mujer araña* basada en una novela del escritor argentino Manuel Puig (traducida al inglés con el título de *The Kiss of the Spider Woman*). Uno de sus actores principales es Raúl Juliá.

Lea el libro en la edición original en español, si es posible. Tome apuntes sobre el libro y la película y compárelos. Basándose en sus apuntes, prepare un breve informe oral (de 10 a 15 minutos) en español. Luego, en clase, preséntele su informe a un grupo de dos o tres estudiantes. Destaque cuál lo(a) impactó más, el libro o la película y explique por qué.

Club de Lectura

Lea *Yo*, la interesante autobiografía de Ricky Martin, en español (2010). Disfrute su lectura y escriba su reacción ante la historia que Ricky Martin nos cuenta. ¿Qué le parece su historia y su libro? ¿Le gustó o no? ¿Por qué o por qué no? ¿Está bien escrito? ¿Cuál sería el mensaje principal que nos comunica él?

Películas

Sin Nombre (96 min, 2009, Cary Joji Fukunaga) En este intenso drama confluye la poderosa y temible mara salvatrucha (la principal pandilla centroamericana, original de El Salvador y con ramificaciones en México y Estados Unidos) y la problemática de los inmigrantes de América Central hacia el país «en el norte».

Mi Puerto Rico (87 min. 1996). Producido por Raquel Ortiz y Sharon Simón, es un excelente documental educacional sobre la historia, la cultura puertorriqueña, y la lucha y la política en relación a la identidad nacional y las relaciones entre la isla y los Estados Unidos.

Puerto Rican Passages (59 min, Hartford, Connecticut, 1995). Usa documentales, entrevistas hechas a especialistas en historia de Puerto Rico y es narrada por José Feliciano. Repasa la historia y las condiciones de los puertorriqueños en el estado de Connecticut.

¿Sí o no?... Puerto Rico and the Statehood Question (22 min, 1992). Producido por Video Knowledge, Inc. y disponible por medio del Centro de Estudios Puertorriqueños de Hunter College en Nueva York o en Amazon.com.

Women of Hope: Latinas Abriendo Camino. (29 min, 1996). Films for the Humanities. Doce mujeres hispanas se expresan en esta película sobre sus luchas y sus éxitos, varias de ellas conocidas puertorriqueñas; otras incluyen a la autora dominicana Julia Álvarez y a la mexicana Sandra Cisneros.

Puerto Rico: History and Culture. Narración disponible en español o en inglés. Repasa la historia y tradiciones culturales de Puerto Rico desde el siglo XVI hasta nuestros tiempos.

Vida y muerte del jibarito Rafael Hernández (90 min, 1990). Dirigida por Julián Soler, es un video de una película de largo metraje acerca del conocido y adorado compositor puertorriqueño, Rafael Hernández.

Fania All-Stars Live (1995; 1 hr 30 min) Sonido Inc., Jerry Masucci and Larry Harlow, producers; Ralph Mercado, executive producer. Larry Harlow and Eddie Harris, Directors. Este filme presenta una reunión histórica de Fania All-Stars que ocurrió en un concierto en San Juan, Puerto Rico. Celebra 30 años de música del grupo e incluye actuaciones de grandes artistas como: Johnny Pacheco, Eddie Palmieri, Celia Cruz, Ray Barretto, Aldalberto Santiago y otros más.

Visa for a Dream (30 min, 1990, Puerto Rico). Película en español con subtítulos en inglés, que trata sobre las pobres condiciones sociales en la República Dominicana y las dificultades que pasan los que se arriesgan a irse a vivir a Puerto Rico.

Nueba Yol (1996). Doblada en español, con subtítulos en inglés. Dirigida por Ángel Muñiz. Ideal Enterprises Studio.

The Puerto Ricans: Our American Story (WLIW21/PBS. 90 min). Incluye biografías de Rita Moreno, Jimmy Smits, y el ya fallecido, Tito Puente.

Bread and Roses (2000). Dirigida por Ken Loach, actuada por Pilar Padilla, Adrien Brody. Trata sobre la vida de los inmigrantes y sus dificultades en los Estados Unidos.

West Side Story (1961). Musical romántico y clásico que se llevó a la pantalla, sobre las pandillas y la vida en la Ciudad de Nueva York hace más de 40 años.

Este musical se escenificó por primera vez en las tarimas de Broadway en 1957. Luego, en 1961, se llevó a las pantallas del cine y ganó 10 premios Óscares (más que ninguno otro musical en la historia de los premios). El musical es una historia del amor que germina entre el líder de una pandilla puertorriqueña y la hermana del líder de una pandilla rival en las calles de la Ciudad de Nueva York.

Recursos de la red

Si desea explorar la red, vaya a http://www.wiley.com/college/ nuevosmundos, donde encontrará una lista de sitios relacionados con el tema de este capítulo.

Información general de historia, gobierno, geografía, etc.
www.topuertorico.org

Selección de música puertorriqueña de varios géneros
www.musicadepuertorico.com

Archivo general de Puerto Rico—Instituto de Cultura Puertorriqueña
www.icp.gobierno.pr/agp

80 grados (revista de literatura, cultura y política)
www.80grados.net

El Nuevo Día (periódico)
www.elnuevodia.com

Centro de Estudios Puertorriqueños
centropr.hunter.cuny.edu/

The World of 1898: The Spanish American War
www.loc.gov/rr/hispanic/1898/

Julia de Burgos
www.biografiasyvidas.com/biografia/b/burgos_julia.htm

Capítulo Cuatro

Los cubanos y los cubanoamericanos

«... me doy cuenta de que para un desterrado no hay sitio donde se pueda vivir; que no existe sitio, porque aquel donde soñamos, donde descubrimos un paisaje, leímos el primer libro, tuvimos la primera aventura amorosa, sigue siendo el lugar soñado; en el exilio uno no es más que un fantasma, una sombra de alguien que nunca llega a alcanzar su completa realidad; yo no existo desde que llegué al exilio; desde entonces, comencé a huir de mí mismo».

—Reinaldo Arenas en *Antes que anochezca*.

Copyright original de 1992, p. 314. Los textos originales de esta obra forman parte de la colección de manuscritos de Reinaldo Arenas de la Universidad de Princeton, Nueva Jersey.

En junio del 2003, doce cubanos intentaron llegar a los Estados Unidos a bordo de este camión Chevrolet del 1951 convertido en embarcación. La embarcación fue interceptada y devuelta a Cuba por la Guardia Costanera estadounidense, quien después la hundió.

PARA ENTRAR EN ONDA

Para ver cuánto sabe del tema del capítulo, responda a este cuestionario lo mejor que pueda. Escoja la respuesta más apropiada. Luego compruebe sus conocimientos, consultando la lista de respuestas que aparecen invertidas al pie de este ejercicio.

1. El primer nombre que Cristobal Colón dio a la isla de Cuba fue
   a. Isla del Tabaco.
   b. Juana.
   c. Isla de los Siboneyes.

2. Arturo Sandoval y Jon Secada son
   a. banqueros de Miami.
   b. héroes del último éxodo de cubanos.
   c. músicos populares.

3. José Lezama Lima fue
   a. un pelotero de las grandes ligas.
   b. un arzobispo de la Iglesia católica.
   c. un poeta, novelista y ensayista.

4. El número de cubanos y cubanoamericanos en los Estados Unidos es de
   a. cinco millones.
   b. aproximadamente como un millón y medio.
   c. alrededor de quinientas mil personas.

5. El congrí es
   a. un plato de arroz con frijoles negros.
   b. el nombre africano de un dios de la santería.
   c. un baile de La Habana, popular en la década de 1950.

6. Ernesto Lecuona es
   a. un político controversial en exilio.
   b. un antiguo miembro del gabinete presidencial.
   c. el compositor cubano de "La Malagueña".

7. El guajiro es
   a. un árbol silvestre de la Sierra Maestra.
   b. un campesino.
   c. un capataz.

8. La fiesta de los quince
   a. celebra la graduación de la secundaria.
   b. celebra el primer noviazgo.
   c. celebra la mayoría de edad (presentación en sociedad).

9. *Fresa y chocolate* es
   a. un libro de poemas de Dulce María Loynaz.
   b. un libro de recetas para hacer helados.
   c. una película cubana que fue nominada para un Óscar.

10. El guarapo es
   a. una bebida hecha de la caña de azúcar.
   b. un baile típico de la provincia de Oriente.
   c. una bebida alcóholica también conocida como aguardiente.

I. Conversación y cultura

Los cubanos y cubanoamericanos

Más de un millón de cubanos y cubanoamericanos —alrededor de un poco más del 4% del total de la población hispana en los Estados Unidos— gran parte de ellos clasificados originalmente al llegar como refugiados políticos, habita en los Estados Unidos. Residen
5 sobre todo en las ciudades de Miami, Florida, y Union City, Nueva Jersey. A diferencia de otros grupos hispanos, que se distribuyen más uniformemente por todo el país, los cubanos y los cubanoamericanos se concentran en estos dos polos geográficos —aunque hay cubanos que viven en todas las grandes ciudades de los Estados Unidos. Es
10 Miami, sin embargo, la que alberga más del 60% de toda la población de origen cubano de los Estados Unidos y con razón se la ha llamado una segunda Habana.

La presencia cubana no es nueva en los Estados Unidos. Los cubanos comenzaron a emigrar a la Florida desde finales del siglo XIX, a
15 raíz de la guerra de independencia que tuvo lugar en la isla contra el dominio español. Primero se dirigieron a Cayo Hueso (o Key West), donde los patriotas se reunían para coordinar la lucha contra

Tabaquería en Ybor City, Florida. Note al hombre que lee el periódico. A los trabajadores se les leía una variedad de lecturas periodísticas y literarias mientras hacían su trabajo.

los españoles. Luego, Tampa sirvió de refugio a varias compañías tabacaleras cubanas que establecieron negocios en esa zona, en lo que después se llamaría Ybor City, parte oficial de Tampa desde 1887. Durante la depresión de 1929 estos comercios se fueron a la quiebra y muchos empleados cubanos regresaron a la isla o se dispersaron por el país. Ybor City y Cayo Hueso aún conservan las huellas que aquellos primeros cubanos dejaron.

Desde que Fidel Castro derrocó el gobierno de Fulgencio Batista y tomó el poder en 1959, una gran cantidad de cubanos se ha mudado a los Estados Unidos, huyendo del sistema autoritario de Cuba. Las causas de la emigración han sido mayormente políticas, aunque también el grave estado de la economía en la isla ha llevado a muchos cubanos a emprender el viaje a los Estados Unidos. Al principio, en la década de 1960, muchos refugiados —gran parte de ellos de las clases profesionales— pensaban que la estancia sería breve, pero el tiempo dictó lo contrario, y los cubanos, en gran parte, han pasado a formar parte del «crisol de razas» que conforma la sociedad estadounidense. Sin embargo, muchos floridianos de ascendencia cubana aún tienen la esperanza de regresar a la patria algún día —aunque sea de visita. Esto se traduce en la insistencia por parte de las familias en tratar de mantener la lengua, las tradiciones nacionales, y algunos que otros aspectos de la cultura cubana, tales como las costumbres culinarias, sociales, y familiares, como lo es la celebración navideña del 24 de diciembre, la Noche Buena, que se celebra con lechón, yuca, congrí y plátanos maduros fritos, turrones españoles, vinos y música criolla.

La Pequeña Habana, en Miami, representa nacionalmente a los cubanos. Aunque ya gran parte de ellos se han mudado a otras áreas

Festival de la Calle Ocho en La Pequeña Habana, Miami

de la ciudad, este barrio simboliza la cubanía moderna en la Florida, y fue el primer asentamiento de los que inmigraron en 1960. La zona tiene apenas diez kilómetros cuadrados, pero está localizada cerca del centro financiero y político de Miami, por lo que su influencia en la vida de la ciudad es notable. En ningún otro lugar de la ciudad se siente tanto la presencia cubana como aquí. Se encuentran tiendas, restaurantes, negocios de todo tipo con nombres que recuerdan los dejados atrás en La Habana (Rancho Luna, La Casa de los Trucos, La Época, Fin de Siglo, Los Pinos Nuevos), calles con nombres de figuras y patriotas cubanos y cubanoamericanos, teatros donde se representan comedias populares, escuelas, e iglesias que funcionan en español. A causa de la significativa presencia demográfica cubana circula diariamente *El Nuevo Herald*, un periódico independiente que forma parte separada del periódico *The Miami Herald*. Además, la comunidad tiene participación activa en las compañías de televisión, como Telemundo y Univisión, las cadenas hispanas televisivas más grandes del país, que transmiten sus programas por todo el hemisferio, en Norte y Sur América.

Vista de la bahía de La Habana desde el Castillo de los Tres Reyes Magos del Morro, antiguo fuerte español

La problemática cubana ganó prominencia durante la administración del presidente Jimmy Carter en 1980, cuando tuvo lugar el éxodo masivo conocido como «el éxodo del Mariel». En sólo unos pocos meses emigraron del puerto de Mariel a la Florida más de 125,000 cubanos, que el gobierno cubano catalogó como «escoria», «vagos y antisociales», y que quería «limpiar» echándolos del país. Unos cuatro años después, en 1984, tras un acuerdo entonces secreto entre los Estados Unidos y Cuba, 2,746 «marielitos» llamados «indeseables» fueron deportados a Cuba. Años después del fenomenal éxodo por el puente marítimo desde Mariel, la gran mayoría de esos cubanos se han integrado con éxito a la sociedad estadounidense. Lo mismo sucedió en la década de 1990 con los balseros, miles de refugiados llamados así por haber llegado a la Florida en balsas. Los que fueron interceptados por los guardacostas estadounidenses en alta mar, y llevados luego a la Base Naval de Guantánamo, también fueron llegando a la Florida poco a poco, después de una larga espera en campamentos primitivos. Hoy día periódicamente siguen llegando cubanos de la isla a las costas de la Florida. Actualmente muchos cubanos (el doble de otros grupos inmigrantes hispanos en los Estados Unidos) se han hecho ciudadanos estadounidenses. Otros, ya de otras generaciones, han nacido en los Estados Unidos, al igual que muchos de sus padres, participan activamente en la política local, estatal y federal, como se espera que lo hagan también las próximas generaciones de herencia cubana.

Muchos reconocidos bailarines y bailarinas de importantes compañías de ballet del mundo, son de origen cubano y se han entrenado en Cuba. Esta es la portada del libro del profesor cubanoamericano del Miami Dade College, Octavio Roca, que aparte de ser profesor de filosofía, ha sido también por gran parte de su vida, crítico de música, danza y teatro para periódicos tales como The Washington Post, The Washington Times, The San Fransico Chronicle *y* Miami New Times. *Como pregunta Roca a veces, ¿qué hace que el ballet tenga un acento cubano?*

CRONOLOGÍA CUBANA

1868 Se inicia la Primera Guerra de Independencia contra España.

1880 La esclavitud es abolida.

1895 El Grito de Baire da comienzo a la Segunda Guerra de Independencia.

1898 Los Estados Unidos derrota a España en la Guerra Hispano-Estadounidense y como resultado España cede el resto de sus colonias: entre ellas, Puerto Rico, Cuba, las Filipinas y Guam.

1934 Comienza la primera dictadura de Fulgencio Batista, la cual termina en 1944.

1940 Se promulga la constitución más democrática de la historia del país.

1952 Batista da un golpe de estado.

1959 Fidel Castro y su movimiento revolucionario logran derrocar a Batista.

1961 Los Estados Unidos rompe relaciones diplómaticas con el gobierno cubano. Invasión fallida de la Bahía de Cochinos (en Playa Girón).

1962 Crisis de los misiles nucleares, también conocida como la Crisis de Octubre.

1967 Muere asesinado en la selva de Bolivia el revolucionario Che Guevara.

1978 Se establece el diálogo entre el gobierno cubano y un grupo de exiliados cubanoamericanos.

1980 10,800 cubanos ocupan la embajada del Perú en La Habana, en busca de asilo político.

Éxodo del Mariel. Salen más de 125,000 cubanos para los Estados Unidos desde el puerto de Mariel.

1994 35,000 cubanos emigran ilegalmente a los Estados Unidos.

1995 Se revierte la política oficial estadounidense hacia los balseros cubanos, a los que se les obliga a regresar a partir de ese momento.

1998 El papa Juan Pablo II visita Cuba.

1999–2000 Desacuerdo acerca de qué hacer con el niño Elián González, que fue rescatado en las costas de la Florida; su madre muere en el trayecto y su padre en Cuba lo reclama, mientras que la familia en Miami quiere que se quede en los Estados Unidos. La administración del presidente Bill Clinton decide devolver el niño a Cuba.

2003	El gobierno de Cuba ejecuta a varios jóvenes por medio de juicios sumarios, jóvenes de la raza negra que habían tratado de salir del país ilegalmente en barco hacia los Estados Unidos. Las ejecuciones resultan en protestas contra la dictadura castrista, a nivel internacional.
2004	El gobierno del Presidente George W. H. Bush endurece su política hacia Cuba y crea más restricciones para los cubanoamericanos que quieren visitar la isla o mandar dinero a sus familiares.
2003	En una ola represiva, el gobierno castrista arresta a más de 75 cubanos por formar parte de grupos de derechos humanos que piden cambios en el sistema político y elecciones libres. Entre los encarcelados se encuentra el poeta Raúl Rivero.
2005	La administración del presidente George W. Bush establece la *Office of Cuban Transition* dentro del Departamento de Estado.
2008	Fidel Castro renuncia a la presidencia. Su hermano, Raúl, asume el poder.
2009	Raúl Castro reforma el gobierno que heredó y promete más cambios.
2010	El presidente Barack Obama facilita el envío de remesas y relaja las restricciones de viajes a Cuba.
2011	El Partido Comunista respalda históricas reformas económicas propuestas por Raúl Castro.

El Dr. Eduardo Padrón, con el presidente Barack Obama. Padrón llegó a Miami por medio del puente de Peter Pan, programa que facilitó la llegada de más de 14,000 niños que llegaron solos, sin sus padres, a los Estados Unidos al principio de la década de 1960. Llegó a los 15 años, con una pequeña maleta en mano y con su hermano de 12 años.

MESA REDONDA

En grupos pequeños, contesten las preguntas y comenten los temas siguientes.

1. ¿Cúales cree que son las diferencias entre la comunidad cubana de los Estados Unidos y las demás comunidades hispanas? ¿Es la historia de este grupo similar a la experiencia de los demás inmigrantes hispanoamericanos? ¿Por qué?

2. ¿Qué cree usted que sucederá con la comunidad cubana en los Estados Unidos cuando Fidel Castro y/o su hermano Raúl Castro no estén más en el poder? ¿Se iniciará una liberalización de la sociedad y de la economía en Cuba? ¿Volverá la mayoría de los cubanoamericanos a vivir a la isla o irán sólo de visita?

3. ¿Por qué cree que salió tanta gente de Cuba? ¿Cuáles factores motivan a la gente a dejar familiares, hogar, negocios, estudios, pertenencias, etc.?

4. Si usted fuera cubano(a) o cubanoamericano(a), ¿cuáles serían las ventajas y desventajas de vivir en un barrio de Miami como La Pequeña Habana o en una ciudad como Hialeah? Mencione tres de cada una.

II. Lectura

Ensayo

José Martí (1853–1895), patriota, poeta, ensayista, traductor, periodista y abogado cubano, que junto a otros escritores como el nicaragüense Rubén Darío, fue uno de los iniciadores del modernismo. Esta corriente literaria revolucionó la literatura en la lengua española de principios del siglo XX. Martí escribió numerosos ensayos y artículos periodísticos de fama

El generalísimo Máximo Gómez, el gran libertador y general del ejército libertador de Cuba durante la guerra de independencia (de pie) junto a José Martí, quien además de ser uno de los grandes poetas y ensayistas de las letras hispanoamericanas, fue el líder más famoso de la lucha por la independencia contra España.

continental y participó activamente en el movimiento de la independencia cubana, del cual fue uno de sus líderes y héroes más nombrados. Es para Cuba el apóstol de la independencia, venerado por todos los cubanos. A Martí se le coloca junto a Benito Juárez, Simón Bolívar, José de San Martín, Miguel Hidalgo, y otros, en la lucha por la liberación contra España y en la edificación de las nuevas naciones hispanoamericanas.

ANTES DE LEER

En grupos de tres o cuatro estudiantes comenten lo siguiente. Compartan después sus observaciones con el resto de la clase.

1. ¿Cómo definiría usted el racismo?
2. El racismo se manifiesta de muchas maneras. ¿Qué formas de racismo existen o han existido en los Estados Unidos? ¿Y en otros países del mundo?
3. ¿Por qué razones cree que existe el racismo?

MI RAZA[1]

°**peca:** *hacer mal, errar*
°**acorrala:** *encerrar, limitar*
°**envanecerse:** *ponerse vanidoso*   5
°**ventura:** *felicidad, suerte*
°**aborigen:** *aquí significa primera, inicial*
°**inhabilite:** *hacer algo a alguien no capaz, no hábil*   10
°**desenvolver:** *desarrollar, desplegar*   15
°**decoro:** *honor, honestidad*
°**clama:** *quejarse, llamar a gritos*
°**acusa:** *aquí significa mostrar*   20
°**galos:** *antiguos habitantes de Francia*
°**argolla:** *aro de metal*   25

Esa de «racista» está siendo una palabra confusa y hay que ponerla en claro. El hombre no tiene ningún derecho especial porque pertenezca a una raza u otra; dígase hombre, y ya se dicen todos los derechos. El negro, por negro, no es inferior ni superior a ningún otro hombre; peca° por redundante el blanco que dice: «mi raza»; peca por redundante el negro que dice: «mi raza». Todo lo que divide a los hombres, todo lo que especifica, aparta, o acorrala°, es un pecado contra la Humanidad. ¿A qué blanco sensato le ocurre envanecerse° de ser blanco, y qué piensan los negros del blanco que se envanece de serlo y cree que tiene derechos especiales por serlo? ¿Qué han de pensar los blancos del negro que se envanece de su color? Insistir en las divisiones de razas, en las diferencias de razas de un pueblo naturalmente dividido, es dificultar la ventura° pública y la individual, que están en el mayor acercamiento de los factores que han de vivir en común. Si se dice que en el negro no hay culpa aborigen° ni virus que lo inhabilite° para desenvolver° toda su alma de hombre, se dice la verdad, y ha de decirse y demostrarse, porque la injusticia de este mundo es mucha y la ignorancia de los mismos que pasan por la sabiduría, y aún hay quien cree de buena fe al negro incapaz de la inteligencia y corazón del blanco; y si a esa defensa de la naturaleza se le llama racismo, no importa que se le llame así, porque no es más que decoro° natural y voz que clama° del pecho del hombre por la paz y la vida del país. Si se alega que la condición de esclavitud no acusa° inferioridad en la raza esclava, puesto que los galos° blancos de ojos azules y cabellos de oro, se vendieron como siervos, con la argolla° al cuello, en los mercados de Roma, eso es racismo bueno, porque es pura justicia y ayuda a quitar prejuicios al blanco ignorante. Pero ahí acaba el racismo justo, que

---

[1]Apareció por primera vez el 16 de abril de 1893 en el periódico *Patria* de Nueva York.

es el derecho del negro a mantener y probar que su color no le priva de ninguna de las capacidades y derechos de la especie humana.

30 El racista blanco, que le cree a su raza derechos superiores, ¿qué derecho tiene para quejarse del racista negro que le vea también especialidad a su raza? El racista negro, que ve en la raza un carácter especial, ¿qué derecho tiene para quejarse del racista blanco? El hombre blanco que, por razón de su raza, se cree superior al hombre negro, admite la idea de la raza y autoriza y provoca al racista negro. El hombre negro que proclama su raza, cuando lo que acaso proclama únicamente en esta forma errónea 35 es la identidad espiritual de todas las razas, autoriza y provoca al racista blanco. La paz pide los derechos comunes de la Naturaleza; los derechos diferenciales°, contrarios a la Naturaleza son enemigos de la paz. El blanco que se aísla, aísla al negro. El negro que se aísla provoca a aislarse al blanco.

°**diferenciales:** *relativo a diferencias muy pequeñas*

PARA COMENTAR

1. Martí titula este discurso "Mi raza". ¿Por qué? Según Martí, ¿cuál es su raza?

2. ¿Por qué considera Martí que «racista» es una palabra que confunde?

3. ¿Qué considera Martí «racismo bueno» y «racismo justo»?

4. Según Martí, ¿es el racismo negro peor, mejor o igual que el blanco? ¿Cómo explica Martí que surge el racismo negro a partir del blanco?

5. ¿Cree usted que Martí estaría a favor o en contra de celebraciones como la del Día de la Raza o *Black History Month*? Base su opinión en el texto de Martí.

PARA ESCRIBIR

Conteste estas preguntas en un breve párrafo de unas 50 palabras.

1. ¿Qué quiere decir Martí cuando escribe: «peca por redundante el blanco que dice: 'Mi raza'; peca por redundante el negro que dice, 'Mi raza'»?

2. Martí cree que uno no debe envanecerse ni por ser blanco, ni por ser negro. ¿Por qué no? ¿Está usted de acuerdo? Explique su posición.

 # Poesía

Nicolás Guillén (1902–1989) es uno de los poetas cubanos más conocidos, leídos y traducidos del siglo XX. Fue durante varios años presidente de la Unión de Artistas y Escritores Cubanos, y recibió muchos premios y reconocimientos internacionales. En parte, su poesía se identifica con la literatura afroantillana, una corriente que buscó recuperar las raíces africanas de las naciones del Caribe, dentro de la cual él es uno de los exponentes más famosos. También cultivó la preocupación social en sus poemas. El poema que se reproduce a continuación pertenece a *West Indies Ltd.* (1934), colección de poesías de tema social.

ANTES DE LEER

En grupos de tres o cuatro estudiantes, comenten lo siguiente. Compartan depués sus observaciones con el resto de la clase.

1. ¿Qué origen tienen sus padres o sus abuelos? ¿Son de la misma cultura o de culturas diferentes?

2. ¿Qué importancia cree usted que tiene la combinación de raíces culturales en la formación de una persona?

3. Explique cómo ha influido en usted su herencia cultural. Si su ascendencia consiste en dos culturas diferentes (padre o abuelo de una nacionalidad, y madre o abuela de otra) explique cuál de ellas ha influido más en su crecimiento y educación, y por qué.

BALADA DE LOS DOS ABUELOS

°**escoltan:** *acompañar para protección o vigilancia*

°**gorguera:** *adorno antiguo de lienzo para el cuello*

°**pétreo:** *de piedra, o de la dureza de la piedra*

°**gongos:** *especie de tambor*

°**abalorios:** *adorno de vidrio*

°**repujado:** *labrado el metal con martillo*

Sombras que sólo yo veo,
me escoltan° mis dos abuelos.
Lanza con punta de hueso,
tambor de cuero y madera:
5   mi abuelo negro.
Gorguera° en el cuello ancho,
gris armadura guerrera:
mi abuelo blanco.

Pie desnudo, torso pétreo°
10   los de mi negro;
pupilas de vidrio antártico
las de mi blanco.

África de selvas húmedas
y de gordos gongos° sordos...
15   —¡Me muero!
(Dice mi abuelo negro.)
Aguaprieta de caimanes,
verdes mañanas de cocos...
—¡Me canso!
20   (Dice mi abuelo blanco.)
Oh velas de amargo viento,
galeón ardiendo en oro...
—¡Me muero!
(Dice mi abuelo negro.)
25   ¡Oh costas de cuello virgen
engañadas de abalorios°...!
—¡Me canso!
(Dice mi abuelo blanco.)
¡Oh puro sol repujado°,
30   preso en el aro del trópico;
oh luna redonda y limpia
sobre el sueño de los monos!

¡Qué de barcos, qué de barcos!
¡Qué de negros, qué de negros!
35   ¡Qué largo fulgor de cañas!
¡Qué látigo el del negrero!
Piedra de llanto y de sangre,
venas y ojos entreabiertos,
y madrugadas vacías,
40   y atardeceres de ingenio,

y una gran voz, fuerte voz,
despedazando el silencio.
¡Qué de barcos, qué de barcos,
qué de negros!

45   Sombras que sólo yo veo,
me escoltan mis dos abuelos.
Don Federico me grita
y Taita Facundo calla;
los dos en la noche sueñan
50   y andan, andan.
Yo los junto.
            —¡Federico!
¡Facundo! Los dos se abrazan.
Los dos suspiran. Los dos
55   las fuertes cabezas alzan:
los dos del mismo tamaño,
bajo las estrellas altas;
los dos del mismo tamaño,
ansia° negra y ansia blanca,
60   los dos del mismo tamaño,
gritan, sueñan, lloran, cantan.
Sueñan, lloran, cantan,
Lloran, cantan.
¡Cantan!

°**ansia:** *fuerte deseo o anhelo*

PARA COMENTAR

Trabajando en parejas conteste las siguientes preguntas sobre "Balada de los dos abuelos". Justifique su opinión cuando sea necesario. Luego puede comparar sus respuestas con las de otros compañeros.

1. ¿Cuáles son algunas de las características físicas y personales del abuelo blanco del poeta? ¿Y las características del abuelo negro?

2. ¿Cuáles son las referencias históricas que usted puede encontrar en el poema, tales como la conquista de las Américas, el tráfico de esclavos, la economía de las colonias españolas en Hispanoamérica?

3. ¿Qué le sugieren «venas y ojos entreabiertos» y «una gran voz… despedazando el silencio» sobre el abuelo negro? ¿Y «gris armadura guerrera», «piedra de llanto y de sangre» sobre el abuelo blanco?

PARA ESCRIBIR

Conteste estas preguntas en un breve párrafo de unas 50 palabras.

1. ¿Cree usted que el poeta termina con una nota optimista? ¿Qué representan el sueño, el llanto y la canción para cada uno de los dos abuelos?

2. ¿Cree que los dos abuelos tienen igual importancia a lo largo del poema?

3. ¿Se trata a uno de los dos abuelos con mayor simpatía y comprensión? Explique su respuesta.

📖 Fragmentos de autobiografía

Reinaldo Arenas (1943–1990), considerado uno de los escritores contemporáneos más importantes de la literatura latinoamericana, nació en Holguín, Cuba. Estudió Filosofía y Letras en la Universidad de La Habana, pero no llegó a terminar la carrera. Escribió novelas, cuentos, ensayos, poesía, y teatro; su obra ha sido traducida a varios idiomas.

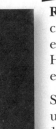

La obra de Reinaldo Arenas, que se dio a conocer después de que saliera de Cuba en 1980, se ha traducido a varios idiomas.

Su primera novela, *Celestino antes del alba*, ganó primera mención en un concurso literario nacional de prestigio en 1967. De 1973 hasta 1976 Arenas fue encarcelado a causa de sus actividades contra el gobierno cubano. Por sus ideas disidentes y por ser homosexual, Arenas sufrió ostracismo y encarcelamiento, y su obra fue censurada. En 1980 abandonó el país durante el éxodo de Mariel. Al llegar a los Estados Unidos, primero enseñó literatura en Florida International University. Luego enseñó en varias universidades prestigiosas estadounidenses, dictó conferencias en muchas ciudades, y siguió escribiendo constantemente, siempre expresando sus ideas acerca de Cuba, de la literatura y de la política. Participó en varias películas interesantes sobre Cuba: *En sus propias palabras,* de Jorge Ulloa; *La otra Cuba* de Carlos Franqui y Valero Riva; *Conducta impropia,* de Néstor Almendros y Orlando Jiménez Leal; y *Havana,* de Jana Bokova (BBC 1990).

Años después de haber salido de Cuba, se enfermó gravemente por complicaciones del SIDA (síndrome de inmunodeficiencia adquirida), y al no poder continuar más su obra literaria y su lucha contra la dictadura de Fidel Castro, se suicidó en la Ciudad de Nueva York el 7 de diciembre de 1990. Algunas de sus novelas son: *El mundo alucinante* (1966), *Otra vez el mar* (1982), *El palacio de las blanquísimas mofetas* (1983) y *El portero* (1990). Escribió también poesía, teatro y ensayos. Los breves fragmentos que leeremos pertenecen a las estremecedoras memorias de Reinaldo Arenas, recogidas en el libro titulado *Antes que anochezca,* publicado póstumamente en España en 1992. Las primeras dos viñetas iniciales nos llevan a la infancia del autor, en Holguín, provincia oriental de Cuba.

ANTES DE LEER

En grupos de tres o cuatro estudiantes comenten lo siguiente. Compartan después sus observaciones con el resto de la clase.

1. Piense en algún recuerdo positivo de su infancia (su barrio, sus primeros amigos, sus escapadas, las fiestas con la familia, las excursiones). ¿Cuáles son los detalles o las circunstancias que más se le han grabado en la memoria?

2. ¿Qué experimenta cuando ve el mar? ¿Qué sensaciones le produce el mar?

3. Cuénteles a sus compañeros la impresión que le causó la primera vez que lo vio.

4. La tragedia relacionada con el SIDA afecta a muchas personas. ¿Cuál cree usted que es el medio más eficaz de educar a los jóvenes sobre la necesidad de conducirse con más precaución durante la juventud?

LA COSECHA

Otra ceremonia, otra plenitud° que marcó mi infancia, fue la recogida de la cosecha. Mi abuelo cosechaba, sobre todo, maíz. Para la recolección había que convocar a casi todo el vecindario. Desde luego, mi abuela, mis tías, mi madre y yo, también trabajábamos en la recogida del maíz.

5 Después había que trasladar las mazorcas en carretas hasta la despensa° (o prensa, como le decíamos), que era un rancho detrás de la casa. Una noche se invitaba al vecindario para el deshoje y desgrane del maíz; era otra fiesta. Enormes telones cubrían el piso; yo me revolcaba en ellos como si estuviera en la playa, que por entonces aún no había visitado. Mi abuela,

10 esas noches, hacía un turrón de coco, hecho con azúcar prieta y coco rayado, que olía como jamás he vuelto a oler un dulce. Se repartía el dulce a media noche, mientras las lonas seguían siendo llenadas de granos y yo me revolcaba en ellas.

°**plenitud:** *momento importante*

°**despensa:** *lugar donde se guardan los comestibles*

EL MAR

Mi abuela fue también la que me llevó a conocer el mar. Una de las hijas había logrado encontrar un marido fijo y este trabajaba en Gibara, el puerto de mar más cercano a donde nosotros vivíamos. Por primera vez tomé un ómnibus; creo que para mi abuela, con sus sesenta años, era

5 también la primera vez que cogía una guagua°. Nos fuimos a Gibara. Mi abuela y el resto de mi familia desconocían el mar, a pesar de que no vivían a más de treinta o cuarenta kilómetros de él. Recuerdo a mi tía Carolina llegar llorando un día a la casa de mi abuela y decir: «¿Ustedes saben lo

°**guagua:** *bus*

que es que ya tengo cuarenta años y nunca he visto el mar? Ahorita me voy
a morir de vieja y nunca lo voy a ver». Desde entonces, yo no hacía más
que pensar en el mar.

«El mar se traga a un hombre todos los días», decía mi abuela. Y yo sentí
entonces una necesidad irresistible de llegar al mar.

¡Qué decir de cuando por primera vez me vi junto al mar! Sería imposible
describir ese instante; hay sólo una palabra: el mar.

MARIEL

Durante los primeros días de abril de 1980, un chofer de la ruta 32 se
había lanzado con todos sus pasajeros contra la puerta de la embajada del
Perú solicitando asilo político. Lo insólito fue que todos los pasajeros de la
guagua decidieron también solicitar asilo político; ni uno solo quiso salir
de la embajada.

Fidel Castro reclamó a toda aquella gente y el embajador peruano le dijo
que estaban en territorio peruano y que por las leyes internacionales
tenían derecho a asilo político. Fidel Castro, días más tarde, en medio
de unas de sus perretas, decidió retirar la escolta cubana de la embajada
del Perú, tratando quizá de perjudicar al embajador para que este
finalmente, tuviera que claudicar y sacar a todas aquellas personas de la
embajada.

Pero esta vez el tiro le salió por la culata; cuando se supo que la embajada
del Perú estaba sin escolta, miles y miles de personas entraron en la
embajada pidiendo asilo político. Una de las primeras personas que lo
hizo fue mi amigo Lázaro, pero yo no creía en la posibilidad de ese asilo,
porque el mismo periódico *Granma* había publicado la noticia; pensaba
que se trataba de una trampa, y una vez que estuvieran todas aquellas
personas dentro, Castro podría arrestarlas a todas.

En cuanto se supiera quiénes eran los enemigos, es decir, aquellos que
querían irse del país, bastaba con meterlos a todos en la cárcel.

Lázaro se despidió de mí antes de marcharse para la embajada. Al
día siguiente ya la habían cerrado; dentro se había metido diez mil
ochocientas personas, y por los alrededores había cien mil tratando
de entrar. De todas partes del país venían camiones llenos de jóvenes
que querían entrar en aquella embajada, pero ya Fidel Castro se había
dado cuenta de que había cometido un grave error al retirarle la
escolta a la embajada del Perú, y no sólo cerraron la embajada, sino
que prohibieron la entrada a la zona de Miramar a todas las personas
que no vivieran allí.

A los que estaban en la embajada les cortaron la luz y el agua; para
10,800 personas daban 800 raciones de comida. Por otra parte, el
gobierno introdujo allí a numerosos agentes de la Seguridad del
Estado, que incluso asesinaron a personas, que habiendo tenido

altos cargos en el Gobierno, se habían metido en la embajada. Los alrededores de la embajada del Perú estaban llenos de carnés de la Juventud Comunista y del Partido que habían sido lanzados hacia la calle por personas que ya estaban dentro de la embajada.

El Gobierno trataba de disminuir el escándalo, pero ya todas las agencias de prensa en el mundo daban la noticia. El mismo Julio Cortázar y Pablo Armando Fernández, testaferros de Castro, que en aquel momento estaban en Nueva York, declararon que sólo eran seiscientas o setecientas personas las que estaban en la embajada.

Un taxista lanzó su auto a toda velocidad contra la embajada, tratando de entrar y fue ametrallado por la Seguridad del Estado; aún herido intentó salir del auto y entrar en la embajada, pero fue introducido en una perseguidora.

Los sucesos de la embajada del Perú constituyeron la primera rebelión en masa del pueblo cubano contra la dictadura castrista. Después, el pueblo trató de entrar en la Oficina de Intereses de Estados Unidos en Cuba. Todos buscaban una embajada en el cual meterse y la persecución policial alcanzó niveles alarmantes. Por último, la Unión Soviética llevó a Cuba un alto personaje de la KGB y hubo una serie de conferencias con Fidel Castro.

Fidel y Raúl Castro habían estado frente a la embajada del Perú. Allí, por primera vez, Castro escuchó al pueblo insultándolo, gritándole cobarde y criminal; pidiéndole la libertad. Fue entonces cuando Fidel ordenó que los ametrallaran, y aquella gente que llevaba quince días sin apenas comer, durmiendo de pie, porque no había espacio para acostarse, y sobreviviendo en medio de excrementos, respondió cantando el himno nacional ante aquel tiroteo que hirió a muchos.

Refugiados del éxodo de Mariel de 1980, cuando salieron más de 125,000 cubanos de Cuba.

A punto de que estallara una revolución popular, Fidel y la Unión Soviética decidieron que era necesario abrir una brecha, dejando salir del país a un grupo de aquellos inconformes; era como hacerle una sangría a un organismo enfermo. En medio de un discurso desesperado y airado, Castro, junto a Gabriel García Márquez y Juan Bosch, que aplaudían, acusó a toda aquella pobre gente que estaba en la embajada de antisociales y depravados sexuales. Nunca podré olvidar aquel discurso de Castro con su cara de rata acosada y furiosa, ni los aplausos hipócritas de Gabriel García Márquez y Juan Bosch, apoyando el crimen contra aquellos infelices cautivos.

Se abrió entonces el puerto de Mariel, y Castro, después de declarar que toda aquella gente era antisocial, dijo que, precisamente, lo que él quería era que toda aquella escoria se fuera de Cuba. Inmediatamente, comenzaron los cartelones que decían: QUE SE VAYAN, QUE SE VAYA LA PLEBE. El Partido y la seguridad del estado organizaron una marcha voluntaria, entre comillas, en contra de los refugiados que estaban en la embajada. A la gente no le quedó más remedio que asistir a aquella marcha; muchos iban con la intención de ver si podían saltar la cerca y entrar en la embajada; pero los manifestantes no podían acercarse a la cerca, pues había una triple fila de policías frente a ella.

Comenzaron a salir desde el puerto del Mariel miles de lanchas repletas de personas hacia los Estados Unidos. Desde luego, no salió del país todo el que quiso, sino todo el que Fidel Castro quiso que saliera: los delincuentes comunes que estaban en las cárceles, los criminales, los agentes secretos que quería infiltrar en Miami, los enfermos mentales. Y todo esto fue costeado por los cubanos del exilio que enviaron sus embarcaciones para buscar a sus familiares. La mayoría de aquellas familias de Miami se arruinó alquilando barcos para ir a buscar a sus familiares, pero cuando llegaban al Mariel, Castro las llenaba muchas veces de delincuentes y locos. Pero miles de personas honestas lograron también escapar…

INTRODUCCIÓN. EL FIN

…Desde hacía meses tenía unas fiebres terribles. Consulté a un médico y el diagnóstico fue SIDA. Como cada día me sentía peor, compré un pasaje para Miami y decidí morir cerca del mar. No en Miami específicamente, sino en la playa. Pero todo lo que uno desea, parece que por un burocratismo diabólico, se demora, aun la muerte.

En realidad no voy a decir que quisiera morirme, pero considero que, cuando no hay otra opción que el sufrimiento y el dolor sin esperanzas, la muerte es mil veces mejor… Siempre he considerado un acto miserable mendigar la vida como un favor. O se vive como uno desea, o es mejor no seguir viviendo…

Fui ingresado en la sala de emergencias donde todos estábamos en estado de agonía. De todas partes me salían tubos: de la nariz, de la boca, de los brazos; en realidad parecía más un ser de otro mundo que un enfermo. No voy a contar todas las peripecias que padecí en el hospital... El mismo médico francés, el Dr. Olivier Ameisen (un excelente compositor musical por lo demás), me propuso que yo le escribiese letras de algunas canciones para que él les pusiera música. Yo, con todos aquellos tubos y con un aparato de respiración artificial, garrapateé como pude el texto de dos canciones. Olivier iba a cada rato a la sala del hospital... a cantar las canciones que yo había escrito y a las que él había puesto música. Iba acompañado de un sintetizador electrónico, un instrumento musical que producía todo tipo de notas e imitaba cualquier otro instrumento. La sala de emergencias se pobló de las notas del sintetizador y de la voz de Olivier... Yo, desde luego, no podía hablar; tenía además en la boca un tubo conectado a los pulmones. En realidad estaba vivo porque aquella máquina respiraba por mí, pero pude, con un poco de esfuerzo, escribir mi opinión en una libreta acerca de las composiciones de Olivier. Me gustaban en verdad aquellas canciones. Una se titulaba *Una flor en la memoria* y la otra, *Himno*.

Lázaro me visitaba a cada rato. Iba con una antología de poesía, abría el libro al azar y me leía algún poema. Si el poema no me gustaba, yo movía los tubos instalados en mi cuerpo y él me leía otro...

Al cabo de tres meses y medio me dieron de alta. Casi no podía caminar, y Lázaro me ayudó a subir a mi apartamento, que por desgracia está en un sexto piso sin ascensor. Llegué con trabajo hasta allá arriba. Lázaro se marchó con una inmensa tristeza...

Los dolores eran terribles y el cansancio inmenso... Como no tenía fuerzas para sentarme a la máquina, comencé a dictar en una grabadora la historia de mi propia vida. Hablaba un rato, descansaba y seguía. Había empezado ya... mi autobiografía en Cuba. La había titulado *Antes que anochezca*, pues la tenía que escribir antes de que llegara la noche ya que vivía prófugo en un bosque. Ahora la noche avanzaba de nuevo en forma más inminente. Era la noche de la muerte. Ahora sí tenía que terminar mi autobiografía antes de que anocheciera. Lo tomé como un reto. Y seguí así trabajando en mis memorias. Yo grababa un casete y se lo daba a un amigo, Antonio Valle, para que lo mecanografiara.

...Veo que llego casi al fin de esta presentación, que es en realidad mi fin, y no he hablado mucho del SIDA. No puedo hacerlo, no sé qué es. Nadie lo sabe realmente. He visitado decenas de médicos y para todos es un enigma. Se atienden las enfermedades relativas al SIDA, pero el SIDA parece más bien un secreto de Estado. Sí puedo asegurar que, de ser una enfermedad, no es una enfermedad al estilo de todas las conocidas. Las enfermedades son producto de la naturaleza y, por lo tanto, como todo lo natural no es perfecto, se pueden combatir y hasta eliminar. El SIDA es un mal perfecto porque está fuera de la naturaleza humana y su función es acabar con el ser humano de la manera más cruel y sistemática posible. Realmente jamás se ha conocido una calamidad tan invulnerable...

Además, me voy sin tener que pasar primero por el insulto de la vejez.

60 Cuando yo llegué del hospital a mi apartamento, me arrastré hasta una foto que tengo en la pared de Virgilio Piñera [escritor cubano, cuentista, novelista y poeta], muerto en 1979, y le hablé de este modo: «Óyeme lo que te voy a decir, necesito tres años más de vida para terminar mi obra...» Creo que el rostro de Virgilio se ensombreció como si lo que le pedí hubiera 65 sido algo desmesurado. Han pasado ya casi tres años de aquella petición desesperada. Mi fin es inminente. Espero mantener la ecuanimidad hasta el último instante.

Gracias, Virgilio.

Nueva York, agosto de 1990.

PARA COMENTAR

Trabajando en parejas conteste las siguientes preguntas sobre Antes que anochezca. *Justifique su opinión cuando sea necesario. Luego puede comparar sus respuestas con las de otros compañeros.*

1. «El mar se traga a un hombre todos los días», decía mi abuela. Y yo sentí entonces una necesidad irresistible de llegar al mar», escribe Arenas. ¿Cómo explica que el narrador asocie el dicho de la abuela con su deseo de conocer el mar?

2. ¿Cómo se sentiría usted si su país no le permitiera viajar libremente ni ir de visita a otro país? ¿Qué impresión tiene acerca de los eventos que ocurrieron en la embajada del Perú y la manera que se comportó el gobierno cubano? ¿Conoce de algún otro incidente similar en la historia del mundo en la que más de 10,000 personas entraron al edificio de una embajada para tratar de buscar asilo político? Si no conoce de algo similar, ¿por qué cree que tanta gente se quería ir de una forma tan peligrosa y arriesgada?

3. ¿Cómo es la actitud de Arenas ante la muerte? ¿Valiente, irónica, melancólica, irreverente (sin respeto ni seriedad)? Busque ejemplos en el texto.

4. ¿Qué impresiones recoge usted de la lectura de la "Introducción". El fin? ¿Son negativas o positivas?

5. ¿Por qué dice Arenas que la enfermedad del SIDA no es natural, que «está fuera de la naturaleza humana»?

ACTIVIDAD SUPLEMENTARIA

Si su biblioteca la tiene o si es posible adquirirla, miren *AIDS, Teens and Latinos,* un video reciente que trata sobre el SIDA en las comunidades latinas en los Estados Unidos. El documental muestra cómo un joven cubanoamericano, trata de educar a compañeros de su edad acerca de la epidemia y su prevención, para prevenir que se conviertan en una trágica estadística más. [28 min; disponible a través de Films for the Humanities, 1–800–257–5126]

PARA ESCRIBIR

1. **Cuando éramos chicos**. En tres o cuatro párrafos relate uno o dos de los recuerdos más importantes que guarda de su infancia. Puede titular su relato "Viñetas de la niñez".

2. **La embajada del Perú de La Habana y los 125,000 refugiados del Mariel (1980)**. Busque y lea informes noticiosos en revistas y periódicos sobre la ola de cubanos que salieron por Mariel. ¿Cómo compara lo que usted ha leído con la experiencia que relata Arenas en su autobiografía?

3. **Piense y estudie sobre el caso de Cuba**. ¿Por qué se han ido y se van tantos cubanos de Cuba? ¿Por qué Fidel Castro no ha permitido celebrar elecciones?

   Averigüe cuál es la ley que se le aplica a los cubanos que llegan a orillas de la Florida, que se le conoce como la ley de «tobillos mojados». ¿Cómo es que decide el gobierno estadounidense qué cubanos balseros se pueden quedar y solicitar asilo político, o cuáles han de ser devueltos al gobierno totalitario de Fidel Castro, para ser encarcelados por el sistema como consecuencia de haber tratado de salir del país ilegalmente? Escriba su opinión acerca de las relaciones entre Cuba y los Estados Unidos, o sobre qué cree usted que se debe hacer con los cubanos que logran llegar hasta los Estados Unidos después de atravesar el mar. Use un formato de ensayo y hágase la idea que escribe el borrador de un artículo editorial corto para algún periódico.

4. **Película sobre Reinaldo Arenas**. Busque y mire la película sobre la vida de Reinaldo Arenas: *Before Night Falls* (*Antes que anochezca*). Mírela con alguien de la clase o junto con un pequeño grupo. Conversen sobre los temas y escriban cada uno una crítica de la película que pudieran tratar de publicar en un periódico universitario en español (verdadero o imaginario). Investigue las circunstancias en las que vivían en esa época (décadas de 1960 y 1970) y en las que siguen viviendo las personas gay en Cuba en nuestros tiempos, el siglo XXI. ¿Qué hacía Cuba, por ejemplo, con las personas que tenían SIDA? Investigue los campos de concentración, tortura y cárceles. Busque la autobiografía completa o ensayos escritos por el mismo Reinaldo Arenas sobre su propia experiencia en Cuba.

ANTES DE LEER

En grupos de tres o cuatro estudiantes comenten lo siguiente. Compartan después sus observaciones con el resto de la clase.

1. ¿Ha tenido alguna vez la oportunidad de entrevistar a alguien famoso que admira? Si la respuesta es afirmativa, cuéntenos quién fue y cómo fue la entrevista y para quién la hizo? Si la respuesta es negativa, cuéntenos a quién o quiénes le gustaría entrevistar, por qué, y qué dos preguntas importantes haría.

2. ¿Ha escrito algo creativo alguna vez, ya sea un cuento, poesía, ensayo, reseña, obra de teatro? ¿En qué idioma prefiere escribir o le gustaría

poder escribir creativamente…en inglés o en español o en los dos? Explique sus razones.

3. ¿Qué tipo de lectura es su preferida? ¿Prefiere leer poesía, cuentos, novelas, biografías, autobiografías, o artículos de revistas o de periódicos?

4. ¿Cuán difícil cree que es sentarse a escribir una obra creativa, en cualquier idioma? ¿Por qué? ¿Qué hay que hacer para poder llegar a hacerse escritor(a) y llegar a tener éxito comercial?

5. ¿Quiénes son sus autores favoritos en cualquier idioma o en traducción? ¿Por qué? ¿Puede describir alguna de sus obras y por qué le gusta?

La escritora cubana, Daína Chaviano, se ha dado a conocer mucho en el mercado estadounidense, en Europa y otros continentes, ya que su obra ha sido traducida a más de 25 idiomas con mucho éxito comercial.

 Entrevista: Daína Chaviano

DAÍNA CHAVIANO: AL PRINCIPIO FUE LA FANTASÍA…

Por Reinaldo Escobar

Con sólo 9 años, Daína Chaviano escribió sus primeros cuentos. Ahora esta mujer se ha convertido en la autora de la novela más traducida de toda la literatura cubana: *La isla de los amores infinitos* (Grijalbo, 2006). La lista de sus obras y premios aparece en la página www.dainachaviano.com con el único propósito de satisfacer la curiosidad de los incrédulos.

5

Tuve el privilegio de ser el primer periodista que la entrevistara y un privilegio mucho mayor: conocerla y admirarla desde los tiempos en que era solamente una muchacha muy rara, loca para el común de los mortales que, para advertir a los extraterrestres, pintaba señales de aviso sobre la azotea de su casa de la calle 68 en Miramar y que escribía poemas eróticos anunciando la muerte del amor (conservo una copia mecanografiada en papel gaceta amarillado por el tiempo).

Un día Daína decidió no regresar de un viaje a Ecuador y luego se estableció en los Estados Unidos donde trabajó como periodista, traductora, y finalmente a tiempo completo como escritora. Dieciséis años después, en febrero de 2006, pasó por La Habana en una visita fugaz de dos semanas para ver a un familiar enfermo. Dos afortunados transeúntes lograron reconocerla cuando paseaba furtiva por las calles de La Habana Vieja.

Tengo muchas preguntas que hacerle. Las que ahora le envío a través de la gracia divina del Internet (que ningún escritor de ciencia ficción pudo prever); espero le interesen a todos sus lectores.

Cuando vivías en Cuba escribías sobre sitios y tiempos remotos. En el exilio, el presente de la isla cobró un mayor protagonismo en tus textos. Especialmente a partir de *El hombre, la hembra y el hambre* (1998) y luego en las obras que completan la serie *La Habana Oculta* ¿Lo puedes explicar?

Comencé escribiendo fantasía y ciencia ficción porque era mi modo natural de expresión y porque nunca he visto el mundo únicamente a través del prisma de lo terrenal. Más tarde comencé a sentir la falta de espiritualidad en el ambiente, y comprendí que podía paliar esa carencia a través de historias donde las leyes —físicas o biológicas— originaban fenómenos mágicos y paranormales. Eso me permitió respirar a nivel personal y creativo.

Después que abandoné la isla, no quise saber nada de ella. Me había cansado de oír sobre invasiones que nunca llegaban y sobre enemigos que jamás me atacaban. El tiempo y la distancia me permitieron darme cuenta de que había confundido mi país con una ideología. Entonces comencé a extrañar mi ciudad, su gente… Intentando recuperarlos, encontré libros que narraban hechos de los que nunca había oído hablar o que conocía en versiones alteradas. Descubrí un pasado diferente y empecé a reconciliarme con la historia de mi patria.

La serie *La Habana Oculta* nace de esa búsqueda y descubrimiento. Es una propuesta literaria para rescatar un pasado que me fue escamoteado. Sin embargo, a pesar del elemento histórico-social de trasfondo, la base de esas novelas es el universo de lo espiritual. No por gusto *El hombre, la hembra y el hambre* está dedicada a Hildegard von Bingen, una monja visionaria que vivió hace casi mil años. Sin abandonar el elemento fantástico a lo largo de la serie, me propuse describir el alma de una ciudad que muchas veces permanece oculta, incluso para sus habitantes —algo que también me había ocurrido mientras viví allí.

Por eso, pese a las apariencias, no existe ninguna ruptura entre la literatura que escribí dentro de la isla y la que he escrito después que me fui. Por ejemplo, la primera novela de la serie es *Gata encerrada*. Quien la haya leído, se dará cuenta de que la trama está a medio camino entre la fantasía y la realidad. La novela juega con esa dicotomía. ¿Qué es lo real? ¿Qué es lo fantástico? ¿Dónde termina uno y comienza lo otro? Son preguntas que asaltan al lector a lo largo del libro.

Mi filiación con lo fantástico, lo mágico y lo parapsicológico, persiste en todas y cada una de las novelas de la serie, desde la primera hasta la última. Las novelas de *La Habana Oculta* fueron un ejercicio de exorcismo y de sanación que necesitaba mi espíritu. En ninguna de esas obras abandoné mi primer y único amor literario que es la fantasía.

¿Cuánto de autobiografía se puede registrar en tu literatura?

En casi todos mis libros hay elementos autobiográficos. Por lo general, se trata de anécdotas que me han ocurrido y que de algún modo inserto en las historias. Varios episodios autobiográficos, que podrían resultar increíbles para muchos, están en esos libros. Pero no abuso de ellos. Sólo los incluyo en la medida en que se adaptan a la trama o a la psicología de los personajes. Nunca aparecen de manera gratuita. […]

¿Entonces es posible triunfar sin venderse, sin ni siquiera traicionarse?

Sin duda. Todo lo que he escrito ha sido a contrapelo de lo que se esperaba que hiciera. La verdad es que me he pasado todo el tiempo nadando contra la corriente. Cada libro es un desafío. En estos momentos, por ejemplo, ando en un proyecto más temerario aún que el anterior. Varias veces me ha pasado por la mente que quizás se me ha ido la mano, y que ni los lectores ni las editoriales entenderán nada. Pero al final me digo que no importa, que esa es la historia que quiero contar. Seguiré escribiendo lo que me dice mi corazón. […]

¿En algún momento te has sentido inclinada a complacer a tus lectores o a una parte de ellos?

Aunque suene egoísta, debo confesar que sólo escribo para complacerme a mí.

Si ahora mismo alguna editorial cubana pretendiera publicar las novelas que has escrito en el extranjero, ¿autorizarías tú esas ediciones, existe algún aspecto legal que lo impida?

¿Crees que estas novelas podrían publicarse y venderse libremente en Cuba ahora? ¿O estás haciendo tu pregunta pensando en un futuro más o menos cercano?

En este mes de julio se cumplen 29 años de una entrevista que te hice para *El Caimán Barbudo* (publicada en el número 140, de agosto de 1979). Allí me decías que hubieras preferido ser astroarqueóloga, pero que los límites históricos te lo impedían. ¿Todavía hoy te gustaría hacer ese trabajo?

Me encantaría, pero como van las cosas en el mundo creo que ese sueño se quedará para la próxima vida.[1]

De lo que se ha publicado con tu firma ¿hay algo que quisieras que desapareciera de las bibliotecas y de la memoria de los lectores?

Cada texto refleja un momento, una etapa, un nivel de experiencia diferente. Hay varios relatos que no volvería a publicar hoy, pero no me arrepiento de haberlo hecho en su momento.

¿Eres optimista o pesimista con el futuro de nuestro país? ¿Por qué?

No soy exactamente optimista, pero me gustaría serlo. Cuba tiene derecho a ser libre y feliz, pero eso requerirá de un esfuerzo colectivo por parte de todos los cubanos. Si conseguimos aprender de nuestros errores y logramos actuar siguiendo los dictados del raciocinio y el corazón, en lugar de guiarnos por las vísceras o las hormonas, como históricamente ha ocurrido, quizás lo consigamos.

¿Tienes programada otra visita a La Habana?

Una visita física, no. Pero viajo allá en espíritu, casi a diario.

Si algún día las cosas cambiaran en Cuba, en la dirección y en la profundidad necesarias, ¿volverías a vivir en La Habana?

Ese es mi sueño. Nací en La Habana y quisiera morir en ella.

¿Próximo proyecto literario o extraliterario?

Prefiero no entrar en detalles. Solo te diré que se trata de una novela muy compleja. Cuando terminé *La isla de los amores infinitos* juré que nunca volvería a meterme en un proyecto complicado. Pero ya lo dice el refrán: Nunca digas de esa agua no beberé…

Para provocar tu fantasía: ¿Qué habría sido de Daína Chaviano si se hubiera quedado en Cuba?

Sin duda, hubiera seguido escribiendo.

¿Cuándo te vas a decidir a develar tu verdadera identidad: extraterrestre, bruja, viajero que vino del futuro, hada, reencarnación de sabe Dios quién…?

Cuando lo sepa, te dejo saber. Aunque sospecho que llevo un poco de todas esas cosas.[2]

---

[1]Reinaldo Escobar (Camagüey, 1947). Periodista independiente. Miembro de la revista digital *Consenso*. Reside en La Habana. Blog: www.desdecuba.com
[2]Publicada en la revista digital cubana *Convivencia*, el 28 de octubre 2008. Acceso directo: http://convivenciacuba.es/content/view/181/51.

PARA COMENTAR

1. ¿Por qué cree que el autor dice que la autora, Daína Chaviano, era «una muchacha muy rara, loca» cuando la conoció durante su juventud en Cuba? ¿Qué hacía en la azotea? ¿Qué cree usted sobre esto?

2. ¿Cree usted que existen los extraterrestres? ¿Habrá seres en otros planetas del universo? ¿Cree que hay personas que tienen la habilidad de verlos o comunicarse con ellos, o que ellos han visitado nuestro planeta? ¿Qué cree de los objetos voladores no identificados (OVNI, o *UFOs* en inglés) que el propio gobierno investiga?

3. ¿Le gusta la ciencia ficción o libros de fantasía del espacio? ¿Ha leído autores como Jules Verne o H.D. Wells o alguno de los que menciona Chaviano en la entrevista? Cuéntenos.

4. ¿Por qué, según Chaviano, al salir de la isla ya no quería saber más nada de ella?

5. Según nos explica Chaviano, ¿cuáles son las diferencias entre La Habana y Miami? Explique la respuesta que ella da.

6. Cuando el periodista-entrevistador le pregunta a Chaviano si ella daría autorización para publicar sus novelas si las quisieran publicar en Cuba, ¿qué respuesta le da y qué quiere decir su respuesta en referencia a la libre expresión en Cuba?

PARA ESCRIBIR

Tarea opcional y creativa. *Piense en un personaje, su situación en el mundo y en temas y trama posibles para desarrollar un breve cuento de ciencia ficción o de lo fantástico que usted va a escribir. Recuerde que es sólo un comienzo, un esbozo tal vez, o un primer borrador. Inténtelo y compártalo luego con su profesor(a) y compañeros.*

III. Mundos hispanos

DEDICADOS ACTIVISTAS DE LA COMUNIDAD CUBANOAMERICANA Y CUBANA

Educación y activismo: El legado de Pedro Zamora

Hace como diez años en Miami Beach, cientos de personas acudieron el 11 de noviembre de 1994 a despedir al joven cubanoamericano Pedro Zamora, fallecido a los 22 años de edad de complicaciones relacionadas con el síndrome de inmunodeficiencia adquirida (SIDA). Aquí honramos
5 su vida y lo recordamos.

¿Quién era Pedro Zamora?

Pedro Zamora había llegado a los Estados Unidos de Cuba junto con su familia, a los ocho años. Había perdido a su madre a los trece años, y a los diecisiete se le diagnosticó la infección del SIDA en 1989, mientras asistía
10 a la escuela secundaria en Hialeah, una ciudad junto a Miami.

Zamora se dio a conocer en el popular programa *The Real World* de la cadena *MTV*, y con su aparición ante las cámaras la enfermedad había cobrado una nueva dimensión humana. A través del programa, que documenta la vida de siete jóvenes que compartían un apartamento en
15 San Francisco durante cuatro meses, Zamora reveló su enfermedad al público nacional, algo más difícil de hacer en esa época.

En los cinco años que le quedaban de vida, después de saber que tenía el virus de la inmunodeficiencia humana (VIH), Zamora se convirtió en

una de las figuras públicas más valientes y francas en la discusión nacional
20 sobre el problema de la enfermedad que lo aquejaba. Realizó cientos de
charlas ante estudiantes de escuelas secundarias y preuniversitarias del
país, ante congregaciones religiosas, y además testificó ante una comisión
del Congreso estadounidense sobre la epidemia y su experiencia personal.
La historia de esos cinco años comenzó con su adhesión a *Body Positive*,
25 una organización fundada en Miami para ayudar a los enfermos del SIDA.
Por medio de la misma, Zamora empezó a ofrecer auxilio espiritual y
moral a otros pacientes, y también decidió llamar la atención pública de
su comunidad a la terrible enfermedad, convirtiéndose luego en unos de
los activistas del SIDA más solicitados del país.

30 Los esfuerzos de Zamora en pro de la educación sexual de los jóvenes
fue uno de sus legados más importantes. Zamora quiso poner su granito
de arena en la inmensa tarea de educar a los jóvenes sobre los peligros de
la actividad sexual temprana, y así alertarlos sobre la necesidad de actuar
con más precauciones. Zamora dio un valiente ejemplo a la nación porque
35 antes de él muy pocos jóvenes habían resuelto hacer pública la tragedia
de su condición médica. Su estilo natural, su apuesta apariencia, y su
claro mensaje, le ganaron el respeto y la admiración de un sinnúmero de
jóvenes.

*El joven activista cubano
americano, Pedro Zamora,
sentado en el centro,
rodeado por los otros
integrantes del programa
de televisión llamado* The
Real World *de MTV.*

ACTIVIDAD

Encuesta. Lea el cuestionario e indique su opinión en el recuadro
correspondiente. Compare después sus respuestas con las de otros dos
compañeros y coméntenlas.

	A FAVOR	EN CONTRA
1. Repartir anticonceptivos a los estudiantes en las escuelas secundarias	☐	☐
2. Ofrecer educación sobre el SIDA en las escuelas	☐	☐
3. Poner en contacto a los estudiantes con los activistas del SIDA	☐	☐
4. Reforzar la educación sobre las enfermedades venéreas y el SIDA	☐	☐
5. Hacer obligatorio el análisis de sangre	☐	☐
6. Aislar a los jóvenes enfermos de SIDA de sus compañeros	☐	☐
7. Hacer más frecuentes los anuncios sobre la prevención del SIDA en los medios de comunicación	☐	☐
8. Dedicar más fondos gubernamentales a la prevención, investigación y cuidado de los enfermos del SIDA	☐	☐

PARA COMENTAR

Trabajando en parejas conteste las siguientes preguntas. Justifique su opinión cuando sea necesario. Luego puede comparar sus respuestas con las de otros compañeros.

1. ¿Piensa usted que la educación que reciben los jóvenes sobre el SIDA es suficientemente efectiva? ¿Por qué?

2. ¿Qué aspectos cree usted que tal vez no se traten lo suficiente?

3. ¿Qué propondría para mejorar el programa educativo sobre el SIDA?

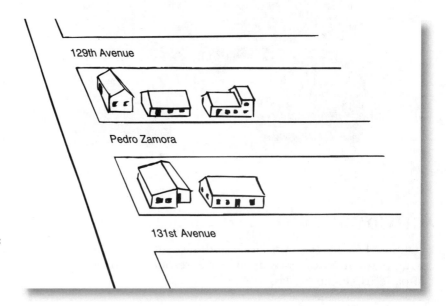

En Miami, Florida, se bautizó una calle con el nombre del activista y educador sobre el SIDA, Pedro Zamora.

Pedro José Greer, médico que ayuda a los desamparados de los Estados Unidos

Cuando hacía su servicio de interno en el Hospital Jackson Memorial de Miami, Pedro José Greer comenzó su colaboración con Camillus House del centro de la ciudad. El futuro doctor en medicina frecuentaba el lugar para brindar consultas gratis a los desamparados de Miami que buscaban ayuda en esa institución. Después Greer decidió acudir a ellos, a sus lugares de permanencia en las calles. La experiencia lo llevó a fundar en 1984 la organización Camillus Health Concern, que hoy preside y brinda servicios médicos gratis a los desamparados de Miami. Más de 8,000 pacientes, entre estos, hombres, mujeres y niños, son atendidos en el centro anualmente, sin costo alguno para ellos.

Esta clínica, primera de su tipo en la nación, cuenta hoy con una plantilla de 33 empleados, dos de los cuales son médicos. En el fundamento del centro está la visión de Greer, de combinar los servicios médicos y sociales en un único lugar. La institución que fundó Greer no sólo atiende los problemas de salud de los indigentes, sino que también trata de hallar solución a sus situaciones de desamparo.

El Dr. Greer también fundó y dirige otras dos clínicas para pobres en la ciudad, la de Coconut Grove Outreach y la de San Juan Bosco, en la Pequeña Habana. La segunda presta servicios a los extranjeros indocumentados, la primera a los residentes de pocos recursos económicos de la zona de Coconut Grove. Con su ayuda y entusiasmo se logró implementar en la Universidad de Miami un programa de educación para los desamparados. También logró establecer Camillus Health Concern como uno de los centros médicos adonde los estudiantes de medicina de la universidad pueden acudir para cumplir con sus requisitos de servicio interno.

Toda esta experiencia adquirida en el auxilio médico y social a los desamparados lo ha llevado a convertirse en una de las figuras nacionales más atentas al grave problema de la atención médica para los indigentes.

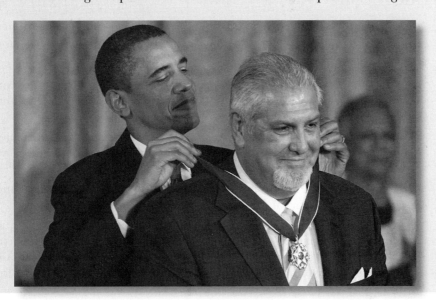

El Dr. Pedro José Greer, ganador del Presidential Medal of Freedom en 2009

El Dr. Greer es uno de los partidarios más decididos de la reforma de la
salud pública en pro de los desamparados y pobres del país. Ha brindado
conferencias sobre el tema en la Universidad de Harvard y en otras
facultades de medicina importantes del país. En 1992 Greer formó parte
del equipo del entonces gobernador Bill Clinton para la reforma de la
salud pública en el estado de Arkansas y en 1993 fue miembro del panel
presidencial para el mismo objetivo, esta vez a nivel nacional.

La revista *Time* llamó a Greer uno de los cincuenta líderes juveniles más
prometedores del país. *Newsweek* lo catalogó entre los héroes cotidianos.
Ha recibido numerosas distinciones y reconocimientos, entre ellos uno
del Vaticano, el *Pro Ecclesia Et Pontificia*. También ha obtenido estipendios
de honor de las prestigiosas fundaciones MacArthur y Jessie Ball DuPont.
La Conferencia Nacional de Cristianos y Judíos le otorgó la Medalla de
Plata. El Dr. Pedro José Greer es casi una leyenda en Miami, donde su
labor ejemplar ha servido de acicate para muchos nuevos activistas a favor
de los derechos de los desamparados y los pobres. Su profundo sentido de
compasión, humanidad y responsabilidad social ha sentado un precedente
en la rama médica, no sólo en Miami, sino en todo el país.

El Dr. Pedro José Greer, de padres cubanos, nació en Miami en 1956,
estudió en la Universidad de la Florida, y obtuvo su título en medicina
en la Pontífica Universidad Católica de Santiago de los Caballeros, en la
República Dominicana. Greer ha ejercido como especialista en hepatología
y gastroenterología en Miami. En 1993 el Dr. Greer se ganó una beca «para
genios» de la fundación McArthur y hoy día es profesor y decano en la
Facultad de Medicina de Florida International University, la universidad
estatal de la Florida en Miami. Greer escribió en 1999 su autobiografía,
titulada: *Waking Up in America: How One Doctor Brings Hope to Those Who Needed
It Most*. En el año 2009, recibió The Presidential Medal of Freedom, el honor
más alto que puede recibir un ciudadano de los Estados Unidos.

PARA COMENTAR

*Trabajando en parejas conteste las siguientes preguntas. Justifique su opinión
cuando sea necesario. Luego puede comparar sus respuestas con las de otros
compañeros.*

1. ¿Puede pensar en una persona en su comunidad que haya tenido un
   impacto a nivel local, estatal, o nacional debido a sus actividades como
   voluntaria? ¿Quién es?

2. Es común oír a la gente mayor decir que la generación de jóvenes actuales
   no tiene el mismo sentido o dedicación al activismo social que existía en
   la década de 1960. ¿Cree que eso es cierto? Explique su opinión.

3. Nombre algo que le gustaría poder cambiar en su comunidad. ¿Cómo
   se lograría efectuar tal cambio? Explique por qué sería importante.

4. Si en esta clase, u otra que usted tenga este semestre, tuviera que
   participar en una experiencia de aprendizaje por medio de servicio
   a la comunidad fuera del salón de clases, ¿qué le gustaría hacer de
   manera que pudiera al mismo tiempo utilizar sus habilidades en los
   dos idiomas?

*Yoani Sánchez,
activista y
bloguera cubana*

DESDE LA ISLA DE CUBA:
CUBANA ACTIVISTA BLOGUERA

Yoani Sánchez, la voz del nuevo periodismo
Texto de José Ángel Gonzalo García

El nacimiento del Internet ha provocado una verdadera revolución en los medios de comunicación. Los periódicos y revistas publicados en papel han visto cómo sus tiradas han caído en picado debido a la facilidad de obtener el mismo contenido a través de las versiones digitales. Además, la web ha permitido el nacimiento del denominado «periodismo ciudadano» o «periodismo 2.0», gracias a que cualquiera con una computadora puede convertirse en periodista.

De hecho, miles de ciudadanos anónimos tienen su propia página web o blog, una bitácora donde recogen sus impresiones. Este nuevo modelo de periodismo ha permitido dar voz a hechos o historias que antes no llegaban a las redacciones de los medios tradicionales. Es más, el poder que ha adquirido la *blogosfera* y las redes sociales en Internet ha llegado a poner en jaque a gobiernos contrarios a la libertad de expresión o que han intentado controlar la información dentro de sus fronteras, como Cuba.

El caso más famoso en América Latina es el de la cubana Yoani Sánchez (4 de septiembre de 1975), creadora del blog *Generación Y*, llamado así por la gran cantidad de cubanos nacidos en las décadas de 1970 y 1980 y cuyo nombre comienza con la letra *Y*.

Esta filóloga de origen habanero comprendió que el Internet era la herramienta perfecta para burlar los controles gubernamentales. Con escasos recursos, ha ido contando sus vicisitudes en la isla, siempre desde una perspectiva crítica. Sus comentarios tienen una gran difusión en el ciberespacio y son miles los internautas que se conectan para leer y comentar su último *post*.

Yoani se ha convertido en los últimos años en un referente tanto fuera como dentro de la isla. Fuera es seguida por miles de cubanos que siguen interesados por conocer la verdadera situación de Cuba —y no la imagen deformada e interesada difundida por los medios de comunicación oficiales del régimen. Y dentro de la isla también es conocida (y seguida, aunque de forma más o menos furtiva) por sus diatribas contra las autoridades y el feroz realismo de la vida cotidiana cubana, que ellos mismos padecen. Su bitácora estuvo durante mucho tiempo bloqueada en Cuba, pero desde el mes de febrero de 2011 puede consultarse dentro de la misma isla.

Además, se ha convertido en una ventana para aquéllos que, sin ser cubanos, quieren tener una idea precisa de la «Cuba real» de nuestros días.

Su influencia ha llegado a tener tal relevancia que Yoani ha sido merecedora de numerosos reconocimientos. Entre otros, ha recibido el premio Ortega y Gasset de periodismo, concedido por el diario *El País*; ha sido la primera *bloguera* en obtener el premio *María Moors Cabot*, otorgado por la Columbia University; y fue seleccionada como una de las personas más influyentes del mundo por parte de la revista *Times* en 2008. Un año más tarde, esta misma revista, incluyó *Generación Y* como uno de los mejores 25 blogs del mundo, exactamente en el puesto duodécimo. Sin embargo, nunca ha podido recoger en persona dichos premios, ya que las autoridades isleñas nunca le han permitido salir del país.

Yoani, junto a su esposo, el también periodista Reinaldo Escobar, han alcanzado tal relevancia que algunos grupos de castristas los han señalado como «mercenarios al servicio del imperialismo», una terminología empleada desde el régimen para todos aquellos que se alejan de las consignas dadas por el castrismo y que osan gritar con su propia voz.

Su relevancia dentro de los movimientos de resistencia dentro de Cuba quedó igualmente refrendada al ser recibida, junto a otros disidentes y representantes de la defensa de los derechos humanos, como las Damas de Blanco y por el expresidente estadounidense Jimmy Carter durante su viaje a la isla en el mes de marzo de 2011. En esa ocasión, Yoani hizo llegar a Carter la necesidad de apertura política de la isla de y respeto a la libertad de expresión.

Su fama ha alcanzado tal trascendencia que el propio presidente estadounidense respondió a un cuestionario que la periodista le envió. Obama le contestó: «Tu *blog* ofrece al mundo una ventana particular a las realidades de la vida cotidiana en Cuba. Es revelador que el Internet les haya ofrecido a ti y a otros valientes blogueros cubanos un medio tan libre de expresión, y aplaudo estos esfuerzos colectivos por animar a sus compatriotas a expresarse a través de la tecnología».

TAREA: PARA COMENTAR Y EXPLORAR

Trabajando en parejas conteste las siguientes preguntas. Justifique su opinión cuando sea necesario. Luego puede comparar sus respuestas con las de otros compañeros.

1. De tarea, busque el blog de Yoaní Sánchez, lea algunas de los textos que aparecen y tome notas o imprima los comentarios más interesantes, para luego compartirlos y comentarlos en clase.

2. Investigue cómo es la vida diaria común y corriente para una persona en Cuba hoy, después de más de 50 años de la Revolución comunista del régimen de los hermanos Castro. Por ejemplo, averigüe qué es «la libreta», a qué se refieren las colas que los cubanos han estado haciendo y siguen haciendo por más de 50 años, qué es el Comité para la Defensa de la Revolución (CDR), a quiénes llaman «gusanos», qué tipo de medios de comunicación existen en Cuba y qué es lo que se puede leer, ver o escuchar en los medios; quién puede tener acceso al Internet o a un teléfono móvil, quiénes pueden o no pueden entrar en los hotelazos de lujo que se han construido en la isla (como los de la cadena española Meliá), quiénes pueden salir del país cuando quieren, quién puede estudiar lo que quiera en la universidad, ¿o no se puede? ¿Qué es un «paladar» en Cuba?

3. Explore e investigue lo que pueda sobre al menos tres de los siguientes temas, relacionados con Cuba bajo el poder de los Castro y explique, identifique, o comente el significado de cada uno, en su contexto histórico o social:

    La Bahía de Cochinos o Playa Girón, la Brigada 2506, la Cabaña, el Combinado del Este, la Plaza de la Revolución, Camilo Cienfuegos, Che Guevara, los fusilamientos sumarios de antirevolucionarios en Cuba, los presos políticos en Cuba y la posición de Amnistía Internacional, el Granma, los espías cubanos arrestados en Miami, el Proyecto Varela, las jineteras, la Bodeguita del Medio, el caso de Heberto Padilla, las Damas de Blanco, etc.

4. Trabajo de investigación. Averigüe información sobre las relaciones económicas y políticas entre Cuba y España. ¿En qué ha invertido España en Cuba, por ejemplo? ¿Cree que hoy día el poder de las inversiones y el dinero está por encima de los principios democráticos? Explique en un párrafo o dos, lo que usted piensa que mueve los gobiernos modernos hoy —la democracia o el dinero— y dé ejemplos de los intereses creados, ya sea por gobiernos democráticos o totalitarios.

5. Investigue quién era el Padre Félix Varela, qué trata de llevar a cabo el Proyecto Varela y qué ha pasado con el Proyecto Varela en Cuba. Luego traiga sus apuntes y compártalos con la clase y dé su opinión de este movimiento político.

IV. El arte de ser bilingüe

Opinión editorial

Belkis Cuza Malé es una escritora, poeta, periodista y pintora cubana que ha escrito artículos de opinión para *El Nuevo Herald*, el suplemento diario en español del periódico *The Miami Herald*.

LA TORRE DE BABEL[1]

(Adaptado) de Belkis Cuza Malé

A principios de los años 80, durante la temporada de las Navidades, trabajé en una lujosa tienda de Nueva Jersey, envolviendo regalos, atando cintas y lazos. Era una labor que me hacía sentir satisfecha cuando veía en qué se convertía una simple cajita de cartón. Pero un día la jefa me pidió que no hablara en español con otra compañera y por primera vez sentí un extraño sabor a gente humillada.

Al año siguiente, en un viaje a Barcelona, la tierra de mis ancestros, mi hijo y yo entramos a una mercería en busca de sobre y papel, pero por mucho que le repetía al empleado lo que andaba buscando no se tomó la molestia de contestarme. Me miraba larga y sopesadamente y permanecía en silencio. Luego supe que mi delito había sido hablar español y no catalán.

Luchas en la familia

Esas luchas por acallar la lengua materna fueron más claras para mí cuando Teresa, mi tía abuela catalana, que nunca se había movido de su aldea, me recibió en su casa por esa misma época. La señora sólo hablaba catalán y toda su vida, cuentan sus hijos, había sido renuente a aprender castellano. Aunque yo le caía muy bien, sentía una extraña satisfacción en decir—en catalán—que yo tenía que entenderla.

La Torre de Babel no es una invención del profeta, sino una realidad más vieja que los tiempos, y eso nos ha llevado a la discriminación más feroz, a las guerras, al odio. Despreciamos al que no entendemos; nos repugna el eco de esos sonidos que no alcanzamos a descifrar. Nos dan miedo los que hablan otro idioma.

Una paradoja

Hace dos o tres décadas, aprender lenguas era la meta de mucha gente. Los traductores eran bien pagados, con una profesión privilegiada, pues se les tenía por muy inteligentes, con dones especiales. Había escuelas de idiomas y en las universidades las especialidades en lenguas eran respetadas. Hoy, todo eso es puro pasado. Nadie quiere oír hablar otro idioma. Resulta una paradoja que siendo los Estados Unidos el país con

[1]Publicado en *El Nuevo Herald*, 5 de septiembre de 1995. Sección A, p. 9.

30 la tasa más alta de inmigrantes, se haya abolido la necesidad de cultivar la lengua original de cada quien...

...aunque considero que se hace necesario e imprescindible el inglés... el aprendizaje y mantenimiento de otra lengua, cualquiera que ésta sea, es una ventaja única, un regalo que ningún inmigrante debería soslayar. Dominar el inglés y el español, o el inglés y el francés, o el

35 inglés y el chino, o cualquier otro idioma, tendría que ser visto como un privilegio.

Ignorancia y mala fe

Lo de la señora Marta Laureano, de Amarillo, Texas, a quien le ha sido negado el derecho a hablar a su hija en español, es sólo un reflejo de la dura batalla que aún debe enfrentar el capítulo contra las fuerzas de la

40 brutalidad y la opresión. En definitiva, por mucho que se intente frenar la imaginación siempre seguirán llegando y, en la maleta, junto a sus pobres pertenencias, traerán oculto ese hermoso regalo que le hizo su madre al nacer, el español.

Quizás, el destino de este país es ser bilingüe. Pero eso sólo lo dirá el

45 tiempo. Por el momento, nuestro deber es hablar bien ambas lenguas, no importa lo que sostengan los que por ignorancia sólo hablan en el idioma del odio.

ACTIVIDADES

A. Composición. *Escriba una breve composicón de no más tres páginas acerca de uno de los siguientes temas:*

1. Cómo trataré de mantener el español en mi familia
2. La educación bilingüe en los Estados Unidos
3. La educación bilingüe en _____ (escoger una nación)
4. La ley y la lengua como derecho civil

Use la información de las bibliografías y otros recursos en "Unos pasos más" para aprender más sobre estos temas.

B. Cómo hacer la crítica de una película.

Escoja una película que le haya interesado para hacer una reseña. Busque en español algunas reseñas que le sirvan de muestra (*sample*) en revistas populares o periódicos. Preste atención, no sólo al estilo y a cómo están escritas, sino también a cuáles son los aspectos de la película que se comentan.

Observe los siguientes puntos de información o comentarios que puede incluir en su reseña:

1. el título, país de procedencia y el año de la película
2. los nombres de los actores principales
3. los nombres de los personajes principales

4. el tipo de película (cómica, de aventura, para niños, de horror, de amor, de ciencia ficción, de misterio, de suspenso, de política, documental)

5. la trama (*plot*): si es agradable, complicada, interesante, tonta o ridícula, basada en un evento histórico o real, etc.

6. la calidad de la actuación

7. la calidad del guión (*script*)

8. la cinematografía, la dirección, la música, la duración

9. el nivel de interés que presenta para el público

10. Indique el número de estrellas que usted le daría (de una a cinco). Si la película es excelente se clasifica con cinco estrellas, si es muy mala con una sola estrella.

Basándose en lo anterior, escriba una sinopsis, además de su reacción ante la película, de una o dos páginas impresas a doble espacio. A continuación, escoja y vea una película de tema cubano de la lista que aparece al final del capítulo en «Unos pasos más». Si prefiere ver un documental o filme educacional, consulte con su profesor(a) acerca de los que aparecen en la lista en la páginas 172 y 173.

C. Informe oral

Prepare para la clase un breve informe oral de cinco a diez minutos en español sobre la película escogida. Use el texto escrito como base.

ESPANGLISH O SPANGLISH

PRODUCTO DE UNA NUEVA REALIDAD

Casi todos los lingüistas están de acuerdo: no es una lengua. Es libre, no tiene normas, es espontáneo, oral y, para muchos, una seña de identidad. El *espanglish* es una manera de expresarse, es un hecho, una realidad lingüística en la que mujeres y hombres de origen hispano nacidos en los Estados Unidos y bilingües por derecho, se sienten cómodos.

Texto de Clara de la Flor

«Se trata de una serie de prácticas comunicativas, de maneras de hablar que son legítimas, e incluso consideradas correctas y apropiadas en determinados contextos. Efectivamente, mucha gente cree que el *espanglish* es consecuencia de un conocimiento defectuoso de la lengua, y eso en algunos casos es cierto. Pero, en líneas generales, caracterizar de esa manera el *espanglish* sería distorsionar la realidad». (José del Valle)

«Yo lo llamo *spanglish*, a mí no me preocupa ese término; pero sí, hay otra gente que lo usa para desprestigiar y hablar mal de los hablantes y de la forma de intercalar los idiomas. Pero, la verdad es que no es ninguna jeringonza, no es nada nuevo, todos los grupos bilingües lo han hecho…, y por eso hay gente que dice que prefieren el término 'el español popular de los Estados Unidos'. Lo que sí se sabe es que, el que lo hace, honra las leyes de la gramática del español a la vez que honra la leyes de la gramática del inglés, y solamente los bilingües saben donde pueden unir un vagón de uno de los idiomas con los vagones del otro idioma». (Ana Celia Zentella)

Tanto José del Valle como Ana Celia Zentella son filólogos y profesores en universidades de Nueva York (The City University of New York) y San Diego (University of California, San Diego), respectivamente. Él es español y lleva más de 20 años en los Estados Unidos. Ella es hija de latinoamericanos, aunque nació y se crió en Nueva York. Los dos conviven con ambas lenguas. Español e inglés se mezclan de manera natural e inconsciente en su día a día. Son testigos de la fusión y, además, participan del fenómeno lingüístico.

ORALIDAD Y ESPONTANEIDAD

El *espanglish* se habla y algunos empiezan a escribirlo, y ante frases como «cierra la *window*, que me estoy *frizando*» no podemos evitar esbozar una sonrisa; sobre todo, los hispanohablantes que no vivimos esa realidad. Pero la verdad es que no debería sonarnos tan raro. Cualquiera que haya vivido fuera de su país natal y haya experimentado una inmersión en otra realidad lingüística será capaz de entender el fenómeno. Todos los grupos de inmigrantes en cualquier parte del mundo adoptan palabras de la lengua del país de acogida y las introducen en su vocabulario, aun cuando en su propio idioma haya una palabra con el mismo significado.

Latinoamericanos y españoles, desde Nueva York hasta California y pasando por la Florida, conviven con dos sonidos, con dos idiomas: el oficial y el exportado por los inmigrantes procedentes de América Latina. Hoy hay más de 50 millones de latinos, pero se calcula que en 2050 habrá más de 132 millones, según las proyecciones del censo de los Estados Unidos.

El *espanglish* es un fenómeno sociolingüístico que se escucha por todas partes y que atestigua que la realidad social de los Estados Unidos está cambiando. El fenómeno es más natural de lo que parece, es más fresco, espontáneo y, para algunos, un hecho necesario. Lo que ocurre en los Estados Unidos, según la profesora Ana Celia Zentella, es que los latinos tienen una creatividad fuera de lo común. «Todo inmigrante inmediatamente al llegar aprende unas palabras en inglés y empieza a adaptarse al léxico del inglés, pero no hacen esa alternancia creativa, que es la que nos distingue a nosotros, en la cual nos sentimos más cómodos. Yo, al hablar con usted ahora, me siento cómoda pero no soy Ana Celia completa. La Ana Celia completa habla inglés a veces, español a veces…, pero con la gente con quien más comparto, más afines, hablo los dos».

El *espanglish* no es exactamente la fusión del español y el inglés, sino un español salpicado de palabras y expresiones inglesas. En un principio se creyó que era una mezcla al 50%, fruto de una realidad bilingüe, y se barajó, entre otros, el término *ingañol*. Hoy es conocido como *espanglish* o *spanglish*, y nadie niega que es una forma de hablar español.

DE LA CALLE A LAS AULAS

El escenario del *espanglish*, de momento, es la calle. Son los barrios de Los Ángeles, la Ciudad de Nueva York, o Miami, aunque esos no son los únicos lugares donde se habla. Aprovechando que el español está de moda, que lo latino es *cool* y que, además, vende, alguien ya se ha querido llevar el fenómeno a las aulas, e incluso se rumorea que ha creado una «cátedra de *espanglish*». Es el caso de Ilan Stavans, que, además, ha traducido al *spanglish* el primer capítulo de *El Quijote*. Como en el mundo académico este tipo de actitudes suelen ser mal recibidas, esta postura ha sido acogida por la mayoría de los filólogos como una extravagancia que lo único que hace es crear enemigos a una manera de hablar que es tan innegable como el propio hecho.

José del Valle afirma: «Desde mi punto de vista, su esfuerzo por proyectar la legitimidad del *espanglish* es tan histriónico que provoca una reacción de rechazo. Gente que estaría favorablemente predispuesta (lo) rechaza inmediatamente al escucharlo». Pero el profesor va más allá y afirma que si intentásemos que el *espanglish* siguiese ciertas reglas, estaríamos incurriendo en una clara contradicción. «En mi opinión, los intentos por crear una norma del *espanglish*, por normativizar el *espanglish*, son esfuerzos que están abocados al fracaso y que, en cualquier caso, desvirtuarían la naturaleza del *espanglish*, porque lo característico del *espanglish* es la absoluta espontaneidad.

Querer escribir un diccionario de *espanglish*, querer escribir una gramática del *espanglish*, sería intentar transformarlo en una lengua, y no es una lengua, es un conjunto de prácticas comunicativas. Me atrevería incluso a decir que es un gesto reaccionario». Fuera de la calle y al otro lado del charco, el panorama es bastante distinto.

Hay quienes se llevan las manos a la cabeza y quienes no prestan demasiada atención y hacen caso omiso de la trascendencia del fenómeno en la lengua de Cervantes. La Real Academia de la Lengua Española lo tiene claro. «Yo creo que la Academia pasa totalmente de esto. Lo considera un fenómeno menor, sin ninguna importancia o con poca importancia, y además que es un fenómeno variable, muy variable, y que va pasando. El *espanglish* no representa ningún peligro para el español, en absoluto», afirma Humberto López Morales, Secretario General de la Asociación de Academias de la Lengua Española desde 1994. No obstante, el hispanista reconoce que el fenómeno es mucho más complejo de lo que se creía en un principio. Pero, aun así, el término *spanglish* ni siquiera figura en el diccionario de la Real Academia Española.

Como apunta Humberto López Morales, lo cierto es que «Al no ser un idioma, pues es evidente que no tiene ni gramática ni tiene un vocabulario fijo, etcétera. Y, consecuentemente, tampoco tiene criterios de corrección idiomática. Nadie puede decir 'este señor habla un *espanglish* ejemplar' o 'su *espanglish* es terrible'. No puede hacer ningún juicio de valor porque no hay criterios de corrección». Pero no por el hecho de no ser una lengua o no presentar ningún peligro para el castellano debemos dejar de prestarle la atención que se merece.

El autor del Premio Pulitzer de Literatura, en 2008 *The Brief Wondrous Life of Oscar Wao*, se llama Junot Díaz y es de origen dominicano. «Oscar Wao viene de pronunciar Oscar Wilde a la española, de ahí que sea un canto al *spanglish* desde el título de la obra, y que mi título juegue con esa referencia: es como si se hubiera premiado el *spanglish*», afirma Junot. De la novela, la revista *Newsweek* escribió: «Oscar Wao nos revela a un novelista comprometido con la cultura, por arriba y por abajo, con su lenguaje políglota».

SEÑAS DE IDENTIDAD

"Los jóvenes son los que más acostumbran, si son bilingües. Intercalar los dos idiomas es una forma de identificarse y de conocerse mejor con otros que comparten la experiencia de haber nacido o haberse criado en los Estados Unidos», dice Ana Celia Zentella. Cuenta la profesora que ha escuchado a los niños de California y Nueva York decir la palabra «chiriona». ¿Alguna idea del significado? Viene de *to cheat*, hacer trampas, y de «cheater», tramposo.

Los niños, por su condición de seres libres en cuanto a que no se rigen por convenciones o normas, por códigos lingüísticos estrictos, inventan constantemente palabras y en los Estados Unidos, los niños de padres hispanohablantes crean palabras que no son más que el reflejo de una realidad en la que el español está cada día más presente.

ACTIVIDADES

1. Composición breve. Escriba un mínimo de dos párrafos sobre cómo cree que usa su *spanglish* «o cambio de códigos» en su vida diaria si ese es el caso. Si no lo es, explique cómo cree que usa los idiomas o su bilingüismo. O sea, comparta cómo pone en práctica el hecho que usted es una persona bilingüe.

2. Resumen. Haga una lista de tres cosas que aprendió del artículo que leyó arriba. Escriba dos o tres preguntas sobre el tema del bilingüismo.

3. Haga una lista de cinco palabras que usted usa o ha oído y que no cree que sean palabras del español estándar.

4. Explique, en breve, por qué sería buena idea no sólo aprender lo que se considera un español estándar, sino también poder navegar en el territorio de la lengua que no es estándar, como lo es el cambio de código y sus variaciones de lo normativo.

V. Unos pasos más: fuentes y recursos

A. PARA AVERIGUAR MÁS

Actividad

Busque una de las obras citadas abajo u otra que su profesor o profesora le recomiende. Escoja un capítulo o una sección que le interese y prepare una lista de tres a cinco puntos principales basados en la lectura. Anote sus impresiones generales. Prepárese para compartirlas oralmente en clase.

Bibliografía selecta: Cubanos y cubanoamericanos

Ackerman, Holly. "The Balsero Phenomenon, 1991–1994." *Cuban Studies/Estudios Cubanos* 27 (1997): 169–200.

Álvarez Borland, Isabel. *Cuban-American Literature and Art: Negotiating Identities.* (SUNY Series in Latin American and Iberian Thought and Culture). New York: SUNY Press, 2009.

Anton, Alex and Hernandez, Roger E. *Cubans In America: A Vibrant History of a People in Exile.* Kensington, 2003.

Behar, Ruth, ed. *Bridges to Cuba/Puentes a Cuba.* Ann Arbor: University of Michigan Press, 1995.

Behar, Ruth, & Suárez, Luca M., eds. *The Portable Island: Cubans at Home in the World.* (New Directions in Latino American Cultures). New York: Palgrave, Macmillan, 2008.

Bethell, Leslie, ed. *Cuba: A Short History.* Cambridge University Press, 1995.

Boswell, Thomas D. *The Cubanization and Hispanicization of Metropolitan Miami.* Miami: Cuban American National Council, 1994.

Burunat, Silvia, & García, Ofelia, eds. *Veinte años de literatura cubanoamericana: antología 1962–1982.* Tempe: Bilingual Review Press, 1988.

Castellanos, Jorge, & Castellanos, Isabel. *Cultura afrocubana.* Miami: Ediciones Universal, 1988.

Chanan, Michael. *Cuban Cinema.* University of Minnesota Press, 2004.

Chaviano, Daína. *La isla de los amores infinitos.* New York: Vintage Español, Random House, 2011.

Cruz Varela, María Elena. *El ángel agotado/The Exhausted Angel.* Translated with introduction by Uva Clavijo. Essay by Nicasio Silva. Spanish & English. Miami: Fundación Liberal José Martí, 1992.

Eckstein, Susan. *The Immigrant Divide: How Cuban Americans Changed the U.S. and Their Homeland.* Routledge, 2009.

Eire, Carlos. *Miami y mis mil muertes: Confesiones de un cubanito desterrado.* Traducción del inglés por Santiago Ochoa. New York: Free Press, a divison of Simon & Schuster, 2010.

_____. *Nieve en La Habana: Confesiones de un cubanito.* Traducido por Josué Badue. New York: Vintage, 2007.

Engfer, Lee. *Cubans In America.* Lerner Pub Group, 2005.

Fernández, Alina. *Alina: memorias de la hija rebelde de Fidel Castro.* Plaza & Janés Editores, 2000.

Fernández, Damián. *Cuba and the Politics of Passion.* Austin: University of Texas, 2000.

Fernández, Roberto. *La vida es un "special."* Miami: La Universal, 1982.

_____. *Raining Backwards.* Houston: Arte Público Press, 1988.

García, Jorge J. E., Bosch Lynette M. F., and Borland Isabel Alvarez. *Identity, Memory, and Diaspora: Voices of Cuban-American Artists, Writers, and Philosophers.* State University of New York Press, 2009.

García, María Cristina. *Havana USA: Cuban Exiles and Cuban Americans in South Florida, 1959–1994.* Berkeley: University of California Press, 1996.

Geldof, Lynn. *Cubans.* London: Bloomsbury, 1991.

Gilbert, Abel. *Cuba de vuelta: el presente y el futuro de los hijos de la revolución.* Buenos Aires: Planeta, 1993.

González-Pando, Miguel. *The Cuban Americans.* Westport: Greenwood Press, 1998.

Grenier, Guillermo J., ed. *Miami Now! Immigration, Ethnicity, and Social Change.* Gainesville: University Press of Florida, 1992.

Hospital, Carolina, & Cantera, Jorge, eds. *A Century of Cuban Writers in Florida: Selected Prose and Poetry.* Sarasota: Pineapple Press, 1996.

Jorge, Antonio, Suchlicki, Jaime, & Leyva de Varona, Adolfo, eds. *Cuban Exiles in Florida: Their Presence and Contribution.* Coral Gables: University of Miami North-South Center, 1991.

Lázaro, Felipe. *Poetas cubanos en Nueva York: antología breve.* Introducción de Perla Rozencvaig. Madrid: Editorial Betania, 1991.

Llanes, José. *Cuban Americans: Masters of Survival.* Cambridge: ABT Books, 1982.

Medina, Pablo. *Exiled Memories: Cuban Childhood.* Austin: University of Texas Press, 1990.

Montaner, Carlos A. et al. *The Exile Experience: Journey to Freedom. El exilio cubano: Un viaje a la libertad.* Miami: ACP/Aboard Publishing, a division of *The Miami Herald,* 2010.

Muñoz, Elías Miguel. *Desde esta orilla: poesía cubana del exilio.* Madrid: 1988.

_____. *En estas tierras/In This Land.* [En inglés y español]. Tempe, AZ: Bilingual Review Press, 1989.

Obejas, Achy. *We Came All the Way from Cuba So You Could Dress Like This?* San Francisco: Cleiss Press, 1994.

Ojito, Mirta. *El mañana: Memorias de un éxodo cubano.* Traducción de Orlando Alomá. New York: Vintage en Español, Random House, 2006.

Olson, James S., & Olson, Judith E. *Cuban Americans: From Trauma to Triumph.* Twayne's Immigrant Heritage of America Series. New York: Simon & Schuster, 1995.

Otheguy, Ricardo, García, Ofelia, & Roca, Ana. "Speaking in Cuban: The Language of Cuban Americans." In McKay, Sandra, & Sau-ling Cynthia L. Wong, eds., *New Immigrants in the United States: Background for Second Language Learners.* Cambridge: Cambridge University Press, 2000, 165–188.

Paris, Margaret L. *Embracing America: A Cuban Exile Comes of Age,* University Press of Florida, 2002.

Pérez Firmat, Gustavo. *El año que viene estamos en Cuba.* Houston, TX: Arte Público Press, 1997.

_____. *Life on the Hyphen: The Cuban-American Way.* Austin: University of Texas Press, 1994.

_____. *Next Year in Cuba: A Cubano's Coming of Age in America.* [Esta es la obra original, en inglés.] New York: Anchor Books/Doubleday, 1995.

Pérez, Lisandro. "Cubans in the United States." *The Annals of the American Academy of Social Sciences.* Beverly Hills, CA: Sage Publications, 1986.

Perez, Louis A. *Cuba in the American Imagination: Metaphor and the Imperial Ethos.* The University of North Carolina Press, 2008.

Pérez, Luis A., Jr. *Between Reform and Revolution.* New York: Oxford University Press, 1995.

Pérez-Stable, Marifeli. *The Cuban Revolution: Origins, Cause, and Legacy.* New York: Oxford University Press, 1999.

Rieff, David. *The Exile: Cuba in the Heart of Miami.* Touchstone, Reprint, 1994.

Rodríguez, Ana. *Diary of a Survivor: Nineteen Years in a Cuban Women's Prison.* New York: St. Martin's Press, 1995.

Roy, Maya. *Cuban Music: From Son and Rumba to Buena Vista Social Club and Timba Cubana.* Translated by Denise Afar. Princeton: Markus Weiner Publishers,.

Sánchez, Reinaldo, ed. *Reinaldo Arenas: recuerdo y presencia.* Miami: Ediciones Universal, 1994.

Schoultz, Lars. *That Infernal Little Cuban Republic: The United States and the Cuban Revolution.* The University of North Carolina Press, 2011.

Stavans. Ilan. *Spanglish.* Series: The Ilan Stavans Library of Latino Civilization. Westport: ABC-CLIO/ Greenwood Press, 2008.

Thomas, Hugh. *Cuba: La lucha por la libertad, 1762–1970.* Barcelona: Grijalbo, 1973–1974. Versión en español realizada por Neri Daurella. La más reciente y actualizada edición en inglés es: *Cuba, or, The Pursuit of Freedom.* New York: Da Capo Press, 1998.

Valdés, Zoe. *La nada cotidiana.* Barcelona: Emecee Editores, 1995.

Valladares, Armando. *Against All Hope.* New York: Alfred A. Knopf, 1986. Publicado también en español: *Contra toda esperanza.* Buenos Aires: Editorial InterMundo, 1988, c. 1987.

Valls, Jorge. *Donde estoy no hay luz y está enrejado/Where I am There Is No Light and It Is Barred/Ou Je suis il n'ya pas de Lumiere mais un grillage.* Trilingual text. Madrid: Editorial Playor, 1984.

Yanez, Mirta, ed. Cubana*: Contemporary Fiction by Cuban Women.* Introducción de Ruth Behar; traducido por Dick Cluster y Cindy Schuster. Boston: Beacon Press, 1998.

Young, Allen. *Gays under the Cuban Revolution.* San Francisco: Grey Fox Press, 1984.

B. PARA DISFRUTAR Y APRENDER

Películas documentales

Abraham and Eugenia: Stories from Jewish Cuba. Berkeley, CA. Bonnie Burt Productions, 1995. 33 min. Entrevistas (la mayor parte en español) acerca de la situación de los cubanos judíos en Cuba hoy.

Adiós Patria: El éxodo cubano. Malecón Films, 1990–1996. Escrito y producido por Alex Anton y Joe Cardona. Un documental sobre los cubanos que se han ido de Cuba, desde la década de 1960 hasta la de 1990. En español, con subtítulos en inglés.

Concucta impropia. 1984. Francia/USA. Film del conocido director, Néstor Almendros y de Orlando Jiménbez-Leal. [El guión de Néstor Almendros y Orlando Jiménez-Leal se publicó en Madrid por la Editorial Playor en 1984.]

Calle Ocho: Cuban Exiles Look at Themselves. Un documental de Miguel González Pando, 1994, producido por WTVJ-Miami y el "Living History Project" de la Florida International University.

El Benny. 2006. Dirigido por Jorge Luis Sánchez. Historia ficticia basada en la vida del gran músico cubano, Beny Moré.

The Two Cubas. 45 min; 2005. Dirigida por Carolina Valencia.

La otra Cuba (*The Other Cuba*). Dirigida por Orlando Jiménez Leal. (2000), en español, con subtítulos en inglés. Connoisseur/Meridian Films.

El exilio cubano: Del trauma al triunfo. 1990. Una producción de WSCV-Canal 51, Telemundo Miami. Televisada por primera vez en 1989; grabado con permisos. Entrevistas en español a exiliados en Miami acerca de las dificultades que se pasan en Cuba, el clima político, las dificultades que se encuentran con la cultura y la lengua al comenzar una vida nueva.

Esto es Cuba/This is Cuba. 1996, USA. Chris Hume. Un joven estadounidense, estudiante graduado en estudios cinematográficos, finge ser turista para así filmar clandestinamente en Cuba.

Fidel Castro: Big Man, Small Island (53 min., en inglés, 1996). Una producción interesante de la BBC.

Havana. British Broadcasting Co.(BBC), 1990; Jana Bokova.

Miami-Havana. Institute for Policy Studies. Arlington, Virginia. Bono Film & Video Service, 1992. Incluye entrevistas a jovencitos y a personas mayores y trata el tema del conflicto político entre Cuba y los Estados Unidos y cómo ha afectado a las familias cubanas. 52 min., en español con subtítulos en inglés.

Nadie escuchaba. Producida y dirigida por Jorge Ulloa y Néstor Almendros. Los Ángeles, CA: Direct Cinema, 1989. 117 min. Cuba Human Rights Project.

Ni Patria ni amo: Un documental de Miguel González-Pando. The Cuban Living History Project at Florida International University. Trata sobre la experiencia de la diáspora cubana desde la invasión de Playa Girón hasta el derribo de los aviones de Hermanos al Rescate.

Operation Peter Pan: Flying Back to Cuba. 57 min, 2011

Café con leche: Voices of Exile's Children. 92 min, 1997. USA.

José Martí: Cuba's Herald. 26 min., en español, Material de archivos históricos y comentarios de eruditos e historiadores. Distribuido por Films for the Humanities.

Cuba: The Accidental Eden (2010, Dough Shultz) Los paisajes de Cuba han permanecido intactos en los últimos cincuenta años, lo que los ha convertido en el refugio idóneo de muchos animales y especies de aves migratorias y criaturas marinas.

Películas

Viva Cuba (80 min., 2005, Juan Carlos Cremata Malberti) Malú y Jorgito hacen la promesa de ser amigos de por vida. Cuando la abuela de Malú muere, su madre decide marcharse a vivir al extranjero. A partir de esta decisión, Malú y Jorgito deciden escapar y recorren casi toda Cuba, viviendo mil y una aventuras.

Habana Blues (115 min., 2005, Benito Zambrano) Cuenta la historia de dos jóvenes músicos, Ruy y Tito que tienen la posibilidad de dar el salto internacional con ciertas condiciones que ponen en entredicho su moral y principios.

Before Night Falls. Dirigida por Julian Schnabel, con actuaciones excelentes de Javier Bardem y Johnny Depp, (2001). Se basa en la autobiografía de Reinaldo Arenas, publicada después de su muerte en 1990. Warner Home Video, U.S.

¿Quién diablos es Juliette? (Who the Hell Is Juliette?) Dirigida por Carlos Marcovich, esta película trata de una jovencita jinetera (prostituta) en La Habana, Cuba, Ganó el premio en la categoría de cine latinoamericano, en el Sundance Film Festival. En español. Kino Video.

Azúcar Amarga (Bitter Sugar). Dirigida por León Ichaso, en blanco y negro, con las actuación de René Lavan.

Guantanamera. Dirigida por Juan Carlos Tabío y Tomás Gutiérrez Alea, 1997. En español. New Yorker Films.

Fresa y chocolate (Strawberry and Chocolate). (1995) Dirigida por Juan Carlos Tabío y Tomás Gutiérrez Alea, con actuaciones de Jorge Perugorriá y Vladimir Cruz. Cuba.

Un hombre de éxito. 116 min; 1986. Dirigida por Humberto Solás, fue la gran ganadora del Festival de Cine de la Habana.

El súper. 1979. Dirigida por Orlando Jiménez Leal y León Ichaso, con la actuación de Hidalgo Gato. New Yorker Films; 1998. En español con subtítulos en inglés.

Memorias del subdesarrollo (Memories of Underdevelopment). 1968, Cuba. Dirigida por Tomás Gutiérrez Alea, en blanco y negro. New Yorker Films, 1999.

Música cubana

Trate de escuchar música cubana popular de ayer y de hoy, como el son, el son montuno, el danzón, el punto guajiro, el guaguancó, la conga, la rumba, la guaracha, el mambo, el chachachá, etc. Algunos artistas cubanos y grupos musicales que puede escuchar son:

Ernesto Lecuona; Gonzalo Roig; René Touzet; María Teresa Vera y Lorenzo Hirrezuelo; Barbarito Diez; Celia Cruz; Batacumbele; Beny Moré; Celina González y Reutilio Domínguez; Cachao; Miguel Matamoros; La Sonora Matancera; Pérez Prado; Bola de Nieve; Paquito D'Rivera; Olga Guillot; Willy Chirino; Gloria Estefan; Albita Rodríguez; Silvio Rodríguez; Pablo Milanés; Arturo Sandoval; Buena Vista Social Club; Compay Segundo; René González; y Bebo Valdés. Use CDs, iTune, Pandora, YouTube, etc., en su exploración y diviértase bailando y cantando.

Literatura cubanoamericana

Arenas, Reinaldo. *Adiós a mamá: de La Habana a Nueva York*. Miami: Ediciones Universal, 1996.

————. *El portero*. Miami: Ediciones Universal., 1990.

Barquet, Jesús J. *El libro del desterrado: instantes robados, 1981–1993*. Chihuahua: Unidad Editorial, Ediciones del AZAR, 1994.

Barquet, Jesús J., & Sanmiguel, Rosario, eds. *Más allá de la isla: 66 creadores cubanos*. Juárez: Puentelibre Editores, 1995.

Behar, Ruth, ed. *Bridges to Cuba/Puentes a Cuba*. Ann Arbor: University of Michigan Press, 1995.

Burunat, Silvia y Ofelia García, eds. *Veinte años de literatura cubanoamericana: antología 1962–1982*. Tempe: Bilingual Review Press, 1988.

Connor, Olga. *Palabras de mujer/Parables of women*, Betania, 2007.

Del Río, Eduardo R. *One Island, Many Voices: Conversations with Cuban-American Writers*. University of Arizona Press, 2008.

Fernández, Amando. *Antología personal*. Lima: Jaime Campodónico Editor, 1991.

Fernández, Roberto. *La vida es un "special."* Miami: La Universal, 1982.

_____. *Raining Backwards*. Houston: Arte Público Press, 1988.

García, Cristina. *Dreaming in Cuban*. New York: Alfred Knopf, 1992.

_____. *Las hermanas Agüero*. Traducción de Alan West. New York: Vintage Books (Vintage español), 1997.

Hospital, Carolina, ed. *Cuban American Writers: Los atrevidos*. Princeton, NJ: Ediciones Ella / Linden Lane Press, 1988.

Hospital, Carolina, & Cantera, Jorge, eds. *A Century of Cuban Writers in Florida: Selected Prose and Poetry*. Sarasota: Pineapple Press, 1996.

Lázaro, Felipe. *Poetas cubanos en Nueva York: antología breve*. Introducción de Perla Rozencvaig. Madrid: Editorial Betania, 1991.

Medina, Pablo. *Exiled Memories: Cuban Childhood*. Austin: University of Texas Press, 1990.

Montaner, Carlos Alberto. *La mujer del coronel*. Alfaguara, 2011.

Muñoz, Elías Miguel. *Desde esta orilla: poesía cubana del exilio*. Madrid: 1988.

_____. *En estas tierras/In This Land*. [En inglés y español]. Tempe, AZ: Bilingual Press, 1989.

Obejas, Achy. *We Came All the Way from Cuba So You Could Dress Like This?* San Francisco: Cleiss Press, 1994.

Pérez Firmat, Gustavo. *Life on the Hyphen: The Cuban-American Way*. Austin: University of Texas Press, 1994.

_____. *El año que viene estamos en Cuba*. Houston: Arte Público Press, 1997. [Traducida del inglés por el autor.]

_____. *Next Year in Cuba: A Cubano's Coming of Age in America*. New York: Anchor Books/Doubleday, 1995. [Esta es la obra original, en inglés.]

Prida, Dolores. *Beautiful Señoritas and Other Plays*. Editado y presentado por Judith Weiss. Houston: Arte Público Press, 1991.

Rivero, Eliana. "(Re)Writing Sugarcane Memories: Cuban Americans and Literature." Alegría, Fernando, & Ruffinelli, Jorge, eds., *Paradise Lost or Gained? The Literature of Hispanic Exile*. Houston: Arte Público Press, 1990, 164–182.

Suarez, Virgil and Poey, Delia. *Little Havana Blues: A Cuban-American Literature Anthology*. Arte Público Press, 1996.

Tropicana, Carmelita y Uzi Parnes. "Carnaval." Selección de la obra dramática, en *Bridges to Cuba*, editado por Ruth Behar. The University of Michigan Press, 1996.

Valdés, Zoé, *La ficción de Fidel*. Rayo, 2008.

Valero, Roberto. *No estaré en tu camino*. Madrid: Ediciones Rialp, 1991.

Yanez, Mirta, ed. *Cubana: Contemporary Fiction by Cuban Women*. Introducción de Ruth Behar; traducido por Dick Cluster y Cindy Schuster. Boston: Beacon Press, 1998.

Dionisio Ramón Emilio Valdés Amaro, mejor conocido como Bebo Valdés, es un pianista, compositor y arreglista de música cubana y jazz. Desde joven se destacó por su excepcional talento como intérprete de jazz afrocubano, pero fue a sus 76 años, después de treinta años de relativo anonimato, que volvió a la escena y revivió su carrera grabando discos con destacadas figuras como Paquito D'Rivera y Cachao López. Desde entonces ha gozado de una inmensa popularidad internacional y ha recibido varios galardones, entre los que se encuentran dos premios Grammy. Bebo Valdés es el padre de otro destacado pianista de jazz cubano: Chucho Valdés.

Recursos de la red

Si desea explorar la red, vaya a http://www.wiley.com/college/nuevosmundos, donde encontrará una lista de sitios relacionados con el tema de este capítulo.

La Nación
www.thecubannation.com/

Recurso de investigaciones académicas relacionadas con Cuba
www.lanic.utexas.edu./la/cb/cuba

The Miami Herald
www.miamiherald.com/

Human Rigths Watch
www.hrw.org/americas/cuba

Prensa Independiente de Cuba
www.cubanet.org/

Celia Cruz
www.celiacruzonline.com/

Capítulo Cinco

La herencia multicultural de España

«España, que enlaza el resto de Europa con África, es el único estado europeo que fue ocupado y gobernado por árabes durante casi ocho siglos (711–1492)».

El Patio de los Naranjos de la famosa Mezquita de Córdoba

PARA ENTRAR EN ONDA

Escoja la respuesta apropiada. Si no está seguro, seleccione la que le parezca más lógica. Después compruebe sus respuestas con las que aparecen al pie de este ejercicio.

1. España tiene fronteras con
   a. Portugal y Francia.
   b. Francia y Austria.
   c. Portugal e Italia.

2. Los árabes dominaron lo que hoy es España hasta el año
   a. 1511.
   b. 1492.
   c. 711.

3. Las tapas son
   a. callejuelas sin salida de los pueblos de Andalucía.
   b. aperitivos que acompañan un vaso de vino o una cerveza.
   c. bailes folclóricos de Sevilla que están muy de moda.

4. La reina Sofía de España es de origen
   a. turco.
   b. griego.
   c. español.

5. Tablao
   a. es la palabra *tabla* mal escrita.
   b. se refiere al tablero de jugar al ajedrez o a las damas.
   c. es el escenario de tablas de madera donde se baila flamenco.

6. El gazpacho es
   a. un dialecto hablado en la región valenciana.
   b. una forma despectiva usada en Latinoamérica para referirse a un español.
   c. una sopa fría de tomate, aceite de oliva, ajo y pan.

7. El segundo libro más traducido del mundo, después de la Biblia es
   a. *Don Quijote de la Mancha.*
   b. el *Romancero gitano* de García Lorca.
   c. la tragicomedia de Calixto y Melibea, *La Celestina.*

8. Los lingüistas no han podido establecer el origen del
   a. idioma gallego.
   b. idioma vasco.
   c. idioma catalán.

9. La zarzuela es
   a. una combinación de embutidos, arroz, carnes rojas y viandas.
   b. el traje típico de las bailaoras de flamenco.
   c. una representación musical popular, donde se canta y declama.

10. El famoso arquitecto catalán Antonio Gaudí diseñó en Barcelona
   a. el estadio olímpico.
   b. la iglesia La Sagrada Familia.
   c. la avenida de Las Ramblas.

I. Conversación y cultura

España ayer y hoy

La España moderna es una gran fusión de diversas culturas y lenguas.
Muchos grupos étnicos diversos—iberos, tartesios, celtas, celtíberos,
fenicios, griegos, cartagineses, romanos, visigodos, judíos y árabes—
conquistaron, ocuparon y poblaron tierras de la península ibérica en
distintas etapas de su historia, dejando sus huellas lingüísticas y culturales.
Los tres grupos principales que quizás más influencia hayan ejercido en la
formación de la nación son los cristianos, los árabes y los judíos.

Los romanos, quienes llegaron a la península que llamaron Hispania en el
año 201 a. de C., conquistaron a los cartagineses y a los griegos después de
arduas luchas; dominaron casi todo el territorio ibérico (con la excepción
de las tierras vascas) por unos seiscientos años, hasta principios del siglo
V d. de C. La romanización de la península fue profundísima y es fácil
observar el impacto de la civilización romana en la lengua y la cultura
españolas. Existen grandes obras romanas aún hoy día, como lo son los
anfiteatros de las provincias de Sevilla y Cáceres y el acueducto de Segovia.

*El Patio de los Leones del
Palacio de la Alhambra,
Granada*

El acueducto romano de Segovia. ¿Sabía que este acueducto todavía funciona aunque fue construido hace varios siglos? Por eso en español, cuando se dice «Es obra de romanos», siginifica que es tan duradero como las obras construidas por los romanos.

La influencia del latín es un aspecto importantísimo, ya que el español, al igual que las otras lenguas romances principales (el italiano, el francés, el portugués y el rumano), se desarrolló a partir del latín vulgar, es decir, del habla popular, que se extendió poco a poco por todo el territorio peninsular, excepto por la región vasca. Allí se habla el euskera o vasco, un idioma que no es indoeuropeo y cuyos orígenes son oscuros aun para los lingüistas modernos.

Después de invasiones de tribus de suevos, vándalos y alanos, y grupos germánicos que arribaron alrededor del año 406, en 415 llegaron los visigodos, otro grupo germánico. Leovigildo, uno de sus reyes, se estableció en Toledo y Recaredo (586–601), su hijo, quien heredó la corona, se convirtió a la religión católica en el año 587. Esta conversión del rey fue seguida por la realización del Tercer Concilio de Toledo, en 589, donde se proclamó la conversión de la España visigótica del arrianismo al catolicismo. Este antecedente, temprano en la historia de la nación, sería luego una de las características más notables de España por siglos: su enérgica fe religiosa en armonía y unidad con la política del estado —lo que hoy día, sin embargo, no es alianza oficial o legal. San Isidoro, autor ilustre de la cultura hispano-gótica de esos tiempos (c. 570–636) y Arzobispo de Sevilla, figura como un importante escritor por sus conocidas *Etimologías*, donde recopila al estilo enciclopédico un resumen del saber de la antigüedad, con más interés por explicar las cosas que de adoctrinar. Su importancia, no sólo en España sino en muchas otras naciones, se encuentra en el hecho de que se han conservado más de 2,000 manuscritos, lo que muestra la gran divulgación que tuvieron las *Etimologías* como lectura en Europa.

A las culturas hispanovisigodas —ya en su período de declinación— les siguió la rápida conquista de los árabes en el siglo VIII. Los musulmanes del norte de África cruzaron el estrecho de Gibraltar, por Tarifa, y en el año 711 se adueñaron rápidamente de casi toda la península ibérica, a la cual llamaron Al-Andalus. Avanzaron hacia el noreste y llegaron a cruzar los Pirineos, pero en el sur de Francia, en la Batalla de Poitiers, Carlos Martel, el rey de los francos, los detuvo y no pudieron continuar con la conquista del resto de Europa. Donde más tiempo permanecieron fue en el sur de España, en Andalucía, y por eso es allí donde más se manifiesta la influencia árabe. Abderramán II, el más importante de sus líderes, se autodenominó Califa, o sea, líder religioso, civil y militar. Córdoba se convierte en la ciudad más avanzada, ilustre y civilizada de toda Europa en ciencias y humanidades, con grandes e importantes bibliotecas, bellos parques y jardines, eficaz gobierno, industrias, agricultura y comercio. Tanto en los bailes, las costumbres y los cantos populares, como en la arquitectura (especialmente en la Alhambra de Granada, la Mezquita de Córdoba y la Giralda de Sevilla), la música, las artes y la lengua española, encontramos que el sello de esta cultura, es evidente, sobre todo en el sur.

España, con mayor proximidad a África que el resto de Europa, es el único estado europeo que fue ocupado por árabes durante casi ocho siglos (711–1492). La música, el arte, la arquitectura, la filosofía (la traducción de Aristóteles, la influencia de Averroes), la literatura y cierta actitud de tolerancia hacia otros grupos étnicos son también resultado de esta influencia. Los pueblos y las culturas se mezclaron: los mozárabes (cristianos en territorio musulmán) prosperaron bajo la dominación árabe y los judíos disfrutaron de más tolerancia religiosa.

San Isidoro *(1655)*
de Bartolomé Esteban
Murillo (1617–1682).
Cuadro realizado para
la Catedral de Sevilla.

La influencia árabe también está presente en la lengua española. El idioma
70 español—que así comienza a llamarse en el siglo XVI y que también se
conoce como castellano por haber surgido en el reino de Castilla—se
enriqueció con unos cuatro mil vocablos que la avanzada y prestigiosa
cultura árabe aportó a la lengua, una cifra que equivale al 7% del
contenido lingüístico del español. Palabras como *alfiler, álgebra, algodón,*
75 *ojalá, almohada* y *arroz* son palabras comunes y corrientes que provienen
del árabe.

Los judíos emigraron de Palestina en gran número a raíz de la diáspora
y constituyeron, junto con los árabes, uno de los grupos étnicosociales
más importantes e influyentes en la península. Alrededor de 718, los
80 líderes cristianos hispanorromanos iniciaron la Reconquista de la
península, que duró hasta 1492 con la caída del califato de Granada. La
expulsión de los judíos en 1492, por decreto real de los Reyes Católicos,
Fernando e Isabel, los obligó a convertirse al cristianismo o a marcharse
a otras tierras. Como resultado de esta expulsión impulsada por el
85 deseo de la unificación nacional y la discriminación religiosa dictada
por los tribunales de la Inquisición, miles de judíos huyeron sobre todo
a Portugal, el norte de África, Italia, la zona de los Balcanes (Grecia,
Albania, Yugoeslavia, parte de Rumanía, Bulgaria, etc.). El Santo
Oficio, como se llamó la Inquisición en España, usaba procesos secretos
90 para investigar acusaciones, torturaba a los acusados y quemaba en
hogueras a los que recibían las más severas penas de los tribunales.
La Inquisición contribuyó a la imagen de intolerancia que se les dio
a los españoles y les cerró las puertas a nuevas ideas de Europa: de
política, filosofía, religión, artes, y más que nada, las ciencias, debido a
95 la censura practicada por los censores de la Inquisición.

Al tratar los judíos desterrados de conservar su idioma español, este se
mantuvo aislado—se puede decir hasta fosilizado—a través de los siglos,
convirtiéndose en un interesante dialecto con características del habla
medieval del siglo XV, combinadas con palabras de los idiomas de las
100 tierras adonde llegaron a establecerse. Hoy día esta curiosa variedad del
español se oye poco y se limita más bien al uso doméstico y al ámbito
religioso. Este dialecto, conocido como el judeoespañol o ladino, es a
veces llamado también sefardí, término que viene de la palabra hebrea
sefarad, que era el nombre que los judíos le daban a España. Cuando
105 Israel se instituyó como nación en 1947, miles de sefardíes fueron
a establecerse y empezar una nueva vida en el recién creado estado
independiente. Allí, más que en otra parte, existe hoy la comunidad más
grande de descendientes de judíos españoles que todavía mantienen la
lengua. Publican revistas y periódicos (como *La Luz de Israel*) y transmiten
110 programas de radio y televisión en sefardí.

A esta mezcla de raíces étnicoculturales principales de España—
la cristiana, la judía y la árabe—se añaden hoy día elementos
culturales, costumbres, gustos o preferencias, actitudes y perspectivas
de españoles de regiones geográficamente distintas, separadas por
115 barreras naturales. Se hallan así grandes diferencias culturales y

lingüísticas entre gallegos, vascos, catalanes, castellanos, andaluces, gitanos, asturianos y canarios. En Galicia se escucha la lengua gallega; el catalán es hoy lengua oficial junto al castellano y se usa no sólo en Cataluña, sino también, con variantes regionales, en Alicante y Valencia, donde le llaman valenciano. En Asturias se puede oír el bable y en el sur de España, una variante andaluza del castellano, además del caló que hablan muchos gitanos.

En los últimos años, además, han llegado muchos inmigrantes africanos, quienes en su mayoría huyen de la violencia y las pésimas condiciones de vida en sus países, y arriesgan sus vidas tratando de llegar a España en pequeñas embarcaciones, casi siempre en malas condiciones, llamadas pateras.

Adicionalmente, en las últimas décadas del siglo XX, España también ha recibido a miles de refugiados e inmigrantes de muchas partes de Latinoamérica. Por ejemplo, durante las dictaduras de Augusto Pinochet en Chile y de la Junta Militar en Argentina, muchos argentinos y chilenos se exiliaron en España. Más recientemente, debido a los problemas económicos en Argentina, ha aumentado el número de argentinos que visitan España y otros países con visa de turista y luego se quedan indocumentados, lo cual les hace difícil encontrar trabajo y vivir adecuadamente. También hay muchos dominicanos, centroamericanos, cubanos y grupos asiáticos que han aumentado en número. Debido al continuo aumento de residentes de nacionalidad extranjera, de los cuales muchos se van haciendo ciudadanos españoles con el tiempo, España sigue siendo un país muy heterogéneo con distintas lenguas, raíces multiétnicas e inmigraciones recientes. Lejos de ser un factor negativo, es uno de los elementos que hacen de España una fascinante nación mosaico.

Las pateras llegan con mucha frecuencia a las costas de las Islas Canarias y Andalucía con nuevos refugiados africanos, pero algunas naufragan y cobran muchas vidas.

El matrimonio entre gays es legal en España desde el 2005.

145 El 11 de marzo de 2004 ocurrió en Madrid un horroroso acto terrorista en la historia de España, en el que múltiples trenes cerca de la Estación de Atocha explotaron a horas en que más gente viajaba. Ese mismo año José Luis Rodríguez Zapatero, del Partido Socialista Obrero Español (PSOE) fue elegido presidente y más tarde sería reelegido 150 en las siguientes elecciones de 2008. Su vicepresidente, María Teresa Fernández de la Vega, tiene el honor de ser la primera mujer vicepresidente de España. Bajo el gobierno de Zapatero y Fernández de la Vega se han pasado leyes civiles de igualdad entre los sexos y también para los homosexuales, que en España pueden contraer matrimonio legalmente como el resto de los ciudadanos heterosexuales.

155 En el plano nacional e internacional al mismo tiempo, España cambió su peseta por el euro como moneda oficial en 2002. En 2003 apoyó la guerra en Irak y en 2011 el ataque a Libia contra la dictadura de Gadafi apoyado por las Naciones Unidas, los Estados Unidos la Unión Europea y la OTAN. España, igual que los Estados Unidos y muchos otros países, está 160 pasando por una crisis—«la Crisis» económica, en la que en España, en particular, el nivel de desempleo es altísimo. El valor de las propiedades ha bajado muchísimo y los jóvenes, aun con sus títulos universitarios, no hallan trabajo fácilmente y se ven forzados a depender de sus familias sin poder independizarse económicamente. Por otro lado, en el turismo y el 165 comercio internacional, sobre todo en las áreas del comercio de productos agrícolas y el desarrollo de energías renovables, y en la tecnología, se proyecta crecimiento y mejoras para el fututro.

MESA REDONDA

Conversación

A. *En grupos pequeños, contesten las preguntas y comenten los siguientes temas.*

1. ¿Tiene usted antepasados españoles? ¿Qué sabe de ellos? ¿De qué parte de España eran? ¿Cuándo vinieron a las Américas? ¿Por qué? ¿Conoce a alguien que se haya hecho o esté tratando de hacerse ciudadano español?

2. ¿De qué manera observa usted la influencia española, en sí mismo o en su familia, la lengua, las costumbres, la religión y las tradiciones?

3. ¿Qué importancia ha tenido la religión en su crianza? ¿Desempeña un papel importante en su vida y en la de su familia? ¿Celebra su familia el Día del Santo? ¿Lleva usted el nombre de un santo o de una santa? ¿De cuál? ¿Qué sabe sobre él o ella?

4. ¿Es usted de ascendencia cristiana, judía o árabe? ¿O tiene otra ascendencia? ¿Cuáles son algunas de las tradiciones y costumbres que su familia ha mantenido y que todavía practica, o que usted recuerde de su niñez o tal vez conozca por medio de amistades?

B. *Actividades*

1. Trabajando individualmente o en parejas, escoja uno de los siguientes temas para investigar en enciclopedias y otras fuentes (como, por ejemplo, por el Internet). Tome dos o tres páginas de apuntes en español y prepárese para compartir con la clase lo que haya aprendido. Prepare una presentación de PowerPoint de cinco minutos sobre uno de los siguientes temas.

   - **Celebraciones españolas** (como la Feria de Sevilla, la Semana Santa en Sevilla, la Tomatina o las Fallas de Valencia).

   - **Las corridas de toros en España y en Hispanoamérica y las polémicas que suscitan.**

   - **La obra y la vida de algún pintor famoso de España** (como El Greco, Bartolomé Murillo, Diego Velázquez, Francisco de Goya, Pablo Picasso, Joaquín Sorolla, Salvador Dalí o Joan Miró).

   - **La vida e importancia de la obra de escritores religiosos**, como Santa Teresa de Ávila, San Juan de la Cruz o Fray Luis de León.

   - **La Giralda (Sevilla) y La Alhambra (Granada)**—dos lugares famosos que hay que visitar y disfrutar.

Símbolo de la ciudad de Sevilla y conocida hoy con el nombre de La Giralda, fue el minarete de la mezquita árabe, construida originalmente a finales del siglo XII. Se derrumbó por un terremoto y se reconstruyó en el siglo XIV. Se añadieron balcones, una enorme veleta y la escultura del Triunfo de la Fe Victoriosa. Por dentro tiene una rampa de 34 tramos, que en otra época se subía a caballo hasta la cima, desde donde se ve el panorama de la ciudad. Hoy día se entra a La Giralda desde el interior de la Catedral de Sevilla, rodeada de otros lugares dignos de visitar: el Real Alcázar, los Archivos de India y el Barrio de Santa Cruz.

2. Para investigar y escribir. Escoja con un(a) compañero(a) uno de los siguientes temas. Busquen juntos la información necesaria y luego escriban un breve informe.

● **La historia de la lengua española y las aportaciones de diferentes lenguas y culturas**. Incluya una lista de palabras en español provenientes del árabe y de otros idiomas.

● **Antonio de Nebrija y la primera gramática española**. ¿Cuál fue el propósito del autor al escribirla? (Consulte la introducción a la obra si es posible).

● **Diario de Cristobal Colón**. Búsquelo en la biblioteca. Lea algunas secciones y haga un resumen de las mismas. Tenga en cuenta las observaciones del autor.

● **La unificación de una nación, ¿a qué precio?** La Inquisición española adquirió fuerza con los decretos del año 1492 y siguió ejerciendo su influencia en asuntos españoles por siglos. ¿Cómo surgió? ¿Cuál fue su evolución y desarrollo? ¿Cuál era su propósito? ¿Cuándo se acabó oficialmente?

● **La Leyenda Negra**. ¿A qué se refiere este término en relación a la historia de España.

A pesar de la política de "no intervención" de Francia e Inglaterra, la Guerra Civil en España se internacionalizó. La Italia de Benito Mussolini y la Alemania Nazi de Adolph Hitler respaldaron y apoyaron a las tropas fachistas, de los llamados "nacionales" de Francisco Franco, con aviones, armas y tropas, mientras que la resistencia de republicanos recibieron ayuda de la Rusia de Joseph Stalin y de las Brigadas Internacionales, que acudieron a la defensa del gobierno legítimo de la República.

- **España del pasado: La Inquisición**. Averigüe sobre la Inquisición, cuándo comenzó, cuándo terminó oficialmente, a quiénes perseguían y por qué, cuáles fueron las consecuencias para España, etc. Averigue quién fue Tomás de Torquemada.

- **España contemporánea: La legalización del matrimonio gay**. Investigue cuál es la ley y cómo ha sido recibida hasta ahora. Busque artículos de la prensa española sobre esta ley e infórmese sobre el movimiento gay pro igualdad de derechos civiles en España. ¿Cómo se compararía al de los Estados Unidos? ¿Cómo han conseguido igualdad civil en España los gays y las lesbianas y no lo han podido lograr en los Estados Unidos? ¿Cree que el puritanismo ha tenido más influencia en los Estados Unidos que la Iglesia católica en España?

- **Literatura. Dos obras maestras de España: *La Celestina y Don Quijote de la Mancha***. ¿En qué estriba la importancia de estas obras literarias? Averigüe, pregunte y lea, aunque sea sólo unas páginas de ellas o sobre ellas.

CRONOLOGÍA CONTEMPORÁNEA ESPAÑOLA

1898	España pierde sus últimas colonias: Cuba, Puerto Rico y las Filipinas.
1902	Alfonso XIII se convierte en rey de España.
1923–1930	Dictadura militar de Miguel Primo de Rivera.
1929	Salvador Dalí y Luis Buñuel hacen la película surrealista *Le chien andalou (El perro andaluz)*.
1931	Vencen los republicanos y socialistas en las elecciones. Se proclama la Segunda República. El rey Alfonso XIII abandona el país.
1936	El poeta Federico García Lorca es asesinado.
1936–1939	Guerra Civil española. Los nacionalistas, encabezados por el general Francisco Franco y apoyados por la Alemania nazi y la Italia fascista, ganan la guerra e instauran una dictadura en España que dura hasta 1975.
1955	España ingresa en la Organización de las Naciones Unidas (ONU).
1969	Juan Carlos de Borbón, nieto de Alfonso XIII, es nombrado heredero del trono español y sucesor del jefe de estado ante las Cortes.
1973	Muere el pintor Pablo Picasso en Francia.

1975	Se llevan a cabo las últimas ejecuciones del franquismo, lo que provoca un aislamiento internacional de España aún mayor.
1975	Muere el general Francisco Franco Bahamonde y se abre el camino para la restauración de la democracia, con Juan Carlos I de Borbón, quien accede al trono.
1977	Se legalizan los partidos políticos y se celebran las primeras elecciones democráticas desde 1933. Adolfo Suárez, de la Unión de Centro Democrático (UCD), es elegido presidente.
1978	Se aprueba una nueva constitución democrática por medio de un referéndo.
1981	Intento de golpe de estado del coronel Antonio Tejero. El rey Juan Carlos, con apoyo de los militares, frustra el golpe de estado y Tejero es encarcelado.
1982	El Partido Socialista Obrero Español (PSOE) gana las elecciones con Felipe González como presidente. La transición española se lleva a cabo entre 1975–1982.
1986	Felipe González es reelegido; España se adhiere a la Comunidad Económica Europea.
1988	Salamanca, junto a Brujas, es designada Capital Europea de la Cultura.
1992	Se celebran las Olimpiadas en Barcelona y la Exposición Universal en Sevilla. España experimenta una tremenda inyección de turismo y de capital.
1996	El Partido Popular (centro-derecha) gana las elecciones. José María Aznar es elegido presidente.
2002	Derrame de petróleo de la embarcación *Prestige* en las costas de Galicia, el peor desastre ecológico de la historia de España.
2004	El 11 de marzo (11-M) tiene lugar el peor ataque terrorista islámico cometido en Europa, en el que mueren casi 200 personas a causa de las explosiones en la estación de tren de Atocha de Madrid.
2004	José Luis Rodríguez Zapatero (PSOE) es elegido presidente. España retira sus tropas de Irak.
2004	El hijo de los reyes de España, Felipe de Borbón, se casa con Letizia Ortiz.
2005	*Mar adentro*, dirigida por Alejandro Amenábar, recibe el prestigioso premio Óscar de la mejor película extranjera.
2005	Por medio de un referéndum, España aprueba la Constitución Europea.

2005	Entra en vigor la ley que permite el matrimonio homosexual en España.
2006	Atentado de ETA en el aeropuerto de Madrid-Barajas.
2007	Se celebra el *Europride* en Madrid.
2008	La crisis económica se agrava.
2008	Carmen Chacón es la primera mujer nombrada Ministra de Defensa.
2008	Javier Bardem se convierte en el primer actor español en recibir un Óscar.
2009	España tiene un alto nivel de desempleo y la crisis económica empeora.
2009	Penélope Cruz se convierte en la primera mujer española en ganar el premio Óscar.
2010	España gana por vez primera la Copa Mundial de Fútbol.
2011	Entra en vigor la Ley Antitabaco que prohíbe el consumo de tabaco en bares, restaurantes y lugares de ocio.
2011	España apoya la intervención militar en Libia por parte de los Estados Unidos, Inglaterra y Francia, con apoyo de países árabes, las Naciones Unidas y la OTAN.

II. Lectura

 Ensayo

El autor del siguiente texto es **Juan de Dios Ramírez Heredia** (1942), un gitano español que fue elegido diputado al Congreso por el Partido Socialista Obrero Español (PSOE). El fragmento reproducido es de su libro, *Nosotros los gitanos* (1972).

CALÉS Y PAYOS

Por amor a la libertad nuestros antepasados abandonaron la India huyendo de los que pretendían esclavizarlos. Así vagaron por siglos en busca de un valle refrescante o un pueblo hospitalario donde poder asentar sus caravanas o emprender una nueva vida.

Según Paul Clebert, «los gitanos suponen el ejemplo único de un conjunto étnico perfectamente definido a través del tiempo y del espacio, que hace más de mil años y más allá de las fronteras de Europa, han llevado a cabo una gigantesca migración, sin que jamás hayan consentido alteración alguna a la originalidad y a la unidad de su raza». Porque, a sus ojos, esta es la única forma de vivir digna del hombre.

°**rudimentario:** *simple, sencillo*

El más rudimentario° conocimiento del pueblo gitano demuestra claramente el inmovilismo de la cultura gitana. El 70% de los gitanos españoles viven exactamente igual que lo hicieron los primitivos gitanos que llegaron a nuestra patria en el primer tercio del siglo XV. Habrán cambiado algunas formas externas de su vida, pero nuestra concepción del mundo, de la moral, de la palabra, y del hogar, no difieren en nada a la de los más remotos gitanos.

Ya desde la llegada de las primeras tribus gitanas a España, empezaron a dictarse disposiciones en contra nuestra, las cuales perseguían la desaparición de nuestra raza y la de la misma palabra que sirve para denominarnos.

°**pragmática:** *ley, regulación, orden*

°**azote:** *latigazo, golpe dado con el látigo u otro medio*

Justamente fueron los Reyes Católicos los que sentaron las bases para que se creara el clima de repulsión contra los gitanos que durante tanto tiempo hemos venido padeciendo. Las pragmáticas° reales condenaban a los gitanos a mil penas distintas, desde los azotes° en las plazas públicas al destierro, previo el infame desorejamiento.

°**desatinado:** *disparatado, equivocado*

La ordenanza más cruel y desatinada° fue la de Felipe III, que decía así: «En el plazo de seis meses, [los gitanos] han de salir del reino para no volver jamás, so pena de muerte. Y los que quieran quedarse deberán hacerlo en lugares de más de 5,000 vecinos, no permitiéndoseles el uso de vestidos, lengua, ni el nombre de gitanos a fin de que su nombre y forma de vivir pueda para siempre borrarse y olvidarse».

°**sutil:** *disfrazado, no muy evidente*

El trato inhumano que recibieron nuestros antepasados hace cuatro siglos en nuestro común suelo hispano, es también en la actualidad un hecho, bajo capas más sutiles° de desnivel social y discriminación racial.

°**acusado:** *peor, más grave*

°**artífice:** *autor, responsable*

°**feudo:** *antigua extensión de tierra en la Edad Media, perteneciente al señor feudal*

El contraste entre la sociedad de los payos, que cada día avanza más en el terreno de lo científico y lo cultural, y el inmovilismo gitano, se hace por momentos más acusado° provocando que la marginación gitana sea cada vez más acentuada. También los gitanos somos artífices° de nuestro propio apartheid, porque nos resistimos a renunciar a nuestro feudo°, que es el mundo entero.

Sabemos que la marginalidad gitana no nos viene impuesta solamente por el mundo payo. El tanto por ciento elevadísimo de analfabetos que hoy día tiene el pueblo gitano de todo el mundo es un índice demostrativo de la poca importancia que los padres gitanos han dado tradicionalmente a la escuela. Por eso nuestro afán de lucha se encamina a facilitar al máximo la posibilidad de asistencia a clase

¿Qué sabemos el público general de los gitanos en España? ¿Qué estereotipos existen y qué campañas educativas ha emprendido el gobierno español para atacar la intolerancia? ¿Qué dice la Organización de las Naciones Unidas sobre los gitanos? ¿Cuál es la situación actual de los gitanos en España?

50 de los niños gitanos, bien sea a una escuela especial para ellos o una normalmente integrada.

La peculiar manera de ser del pueblo gitano provoca actualmente una consecuencia más: su marginación social en la ubicación° del hábitat dentro de las ciudades y aun en las afueras de las mismas. Más del 55 50% de la población gitana española vive en condiciones francamente infrahumanas°, localizadas sus casas y chabolas° en los suburbios de las grandes ciudades, y aun dentro de estos suburbios ocupando la parte más abandonada y deprimente.

Para la comunidad gitana española, fundamentalmente, el problema de la 60 vivienda es el mismo que el de los grupos socialmente más subdesarrollados, gracias a la vida sedentaria que practica el noventa y cinco por ciento de nuestra población nacional, frente a un cinco por ciento de nomadismo° restringido. [No obstante, la inmensa mayoría continúa practicando un nomadismo reducido de duración temporal, participando en ferias y 65 mercados como sistema de ganarse la vida].

Para el resto de la población gitana europea, nómada en su mayoría, su problema de vivienda es nulo. Viven en carromatos° o roulottes. Para ellos el problema es la falta de aparcamiento autorizado en las afueras de las ciudades, grandes o pequeñas, donde les permitan vivir el tiempo que 70 deseen pasar en aquel municipio o región.

La ostensible° marginación social que padecemos los gitanos también tiene sus manifestaciones en el campo de la convivencia humana, provocadas unas por el rechazo que hace la sociedad a las clases subdesarrolladas, y motivadas otras por el desprecio que la comunidad marginada siente 75 hacia quien vive en condiciones superiores y que considera causante de su propia marginación.

°**ubicación:** *localización*

°**infrahumana:** *por debajo del nivel considerado apropiado para el ser humano*

°**chabola:** *casa muy humilde y pobre*

°**nomadismo:** *tendencia al movimiento constante, a mudarse de lugar frecuentemente*

°**carromato:** *carro fuerte de dos ruedas*

°**ostensible:** *evidente*

PARA COMENTAR

Trabajando en parejas, contesten las siguientes preguntas sobre "Calés y payos". Justifiquen su opinión cuando sea necesario. Luego pueden comparar sus respuestas con las de otros compañeros.

1. Antes de leer el ensayo, ¿qué imagen tenía usted de los gitanos? ¿En qué estaba basada esa imagen?

2. Completen oralmente de acuerdo con la lectura.
   - Los calés, o gitanos, llegaron a España...
   - «Payos» se refiere a...
   - Dos problemas que tienen los gitanos, según el ensayo son...
   - Las condiciones en que vive más del 50% de la población gitana...

3. En el ensayo se menciona que uno de los problemas que tienen los gitanos nómadas europeos es encontrar un lugar para estacionar sus carromatos. Si un grupo quisiera aparcar sus casas rodantes o tráilers por un tiempo indefinido en su vecindario, ¿cree usted que sus vecinos le darían la bienvenida? ¿Qué problemas podría crear esto en su comunidad?

4. El autor dice que el 70% «de los gitanos españoles viven exactamente igual que lo hicieron los primitivos gitanos» y agrega que aunque algunos factores han cambiado, su concepción del mundo es la misma que han tenido por siglos. ¿Qué significa esto en relación a la identidad cultural de un grupo minoritario? ¿Tienen distintos valores los diferentes grupos raciales y étnicos, o aspiran todos los seres humanos a lo mismo?

5. Muchas familias gitanas llevan vida de nómadas. ¿Cómo se puede comparar la vida de los gitanos con la vida de los trabajadores indocumentados migratorios en los Estados Unidos? ¿En qué se parece y en qué se diferencia?

ANTES DE LEER

En grupos de tres o cuatro estudiantes comenten lo siguiente. Compartan después sus observaciones con el resto de la clase.

1. ¿Cuál es su opinión acerca de las corridas de toros? Explique su postura.

2. ¿Ha visto alguna vez en persona una corrida de toros en España, Portugal o en América Latina? Si ha visto una en persona, en películas o en la televisión, ¿cómo reaccionó? ¿Conoce algo de la historia u orígenes de las corridas de toros? ¿Desde cuándo cree que se hacen corridas de toros? ¿Cree que una tradición sólo por ser tradición justifica su continuidad? ¿Por qué sí o no en este caso u en otros?

*Protesta de PETA en
contra de las corridas
de toros.*

AY, TORITO BUENO

LA ABOLICIÓN DE LOS TOROS A DEBATE

*Igual que la tauromaquia ha sido una expresión cultural de la península ibérica
desde tiempos ancestrales, la batalla dialéctica entre defensores y detractores del toreo
ha existido siempre.*

Texto de Lázaro Echegaray

El gran estudioso del toreo José María de Cossío cita en *Los toros,* su tratado
sobre tauromaquia, las principales razones que a lo largo de la historia se
han expuesto para criticar la fiesta de los toros: razones de tipo religioso,
de orden económico y razones relacionadas con la sensibilidad. Son estas
últimas las que persisten hoy en día y las que han traído de nuevo el viejo
debate, por otra parte tan español, de TOROS SÍ / TOROS NO. Si entre
las opiniones a favor de la fiesta están las de personajes tan ilustres como
Federico García Lorca, Ernest Hemingway, Gerardo Diego, Ortega y Gasset

5

10

o Rafael Alberti, en el lado de los que defienden su prohibición podemos encontrar escritores como Eugenio Noel, el padre Feijoo, Jovellanos, Vargas Ponce, o Mariano José de Larra. La polémica sobre la ética y legitimidad de las corridas de toros en España, y más concretamente en alguna de sus autonomías, reapareció con fuerza en los medios de comunicación españoles cuando la ciudad de Barcelona se declaró «ciudad antitaurina» en 2008. Esto no significaba que la celebración de corridas de toros quedara prohibida en la capital catalana; simplemente, su ayuntamiento se posicionaba en contra del espectáculo taurino. Cataluña llevaba tiempo lanzando amenazas contra la celebración de corridas de toros en su territorio y con esta declaración conseguían un primer posicionamiento oficial e institucional.

TOROS NO

Fue en 2009 cuando la plataforma Prou (¡*Basta*! en catalán) impulsó la Iniciativa Legislativa Popular (ILP) para modificar la Ley de Protección de Animales catalana. Prou había conseguido un total de 180,000 firmas—menos del 10% de la población catalana— que suscribían esta iniciativa. A partir de ese trámite, fueron los partidos del Parlamento catalán quienes votaron y se posicionaron a favor o en contra de la abolición de las corridas de toros en esta comunidad autónoma. En aquella ocasión la propuesta no salió adelante.

Sin embargo, tras jornadas de debate en el Parlamento catalán entre los defensores y los detractores de la llamada fiesta nacional, el 28 de julio de 2010, finalmente, Cataluña prohibió las corridas de toros en todo su territorio a partir de 2012. La votación salió adelante con 68 votos a favor, 55 en contra, y 9 abstenciones.

Todas estas acciones que pretenden eliminar las corridas de toros allá donde aún se mantienen (la Comunidad Autónoma de Canarias abolió también las corridas de toros en 1991) surgen desde el denominado «movimiento antitaurino»: la unión de una serie de asociaciones que luchan día tras día por la prohibición de las corridas de toros. Los argumentos que exponen estos grupos de acción no tienen relación aparente con los razonamientos religiosos, ni tampoco con los razonamientos de tipo económico que citaba Cossío en *Los toros*, sino más bien con la sensibilidad humana. Son argumentos relacionados con la idea del maltrato animal y del sufrimiento al que el toro es sometido durante la lidia. Unido a esta idea surge el movimiento de los grupos defensores de los animales que critica la utilización histórica que la humanidad ha hecho de los animales. Para los defensores de este movimiento, el animal debe ser considerado como cualquier ser humano a los ojos de los demás, y por tanto, desde el punto de vista de la ética, la moral y el respeto, deben abolirse todo tipo de abusos sobre él. El movimiento animalista lucha contra la utilización de los animales para la realización de trabajos y tareas, contra su uso como materia prima alimenticia y contra la exhibición pública en juegos espectáculos. Existe en las demandas de estos grupos el concepto de la sensibilidad, pero no deja de existir una cierta base religiosa, espiritual y moral.

TOROS SÍ

Frente a los ataques antitaurinos, los profesionales y aficionados al toreo reaccionan y esgrimen argumentos defensivos a medida que crece la polémica. El aficionado taurino alega a favor de la fiesta la existencia en ella de un patrimonio cultural de la península ibérica que se pierde en la noche de los tiempos; desde antes, incluso, de que España fuera España. Alegan que sólo en la fiesta de los toros existe la defensa del toro bravo, especie que quedaría en peligro de extinción de no existir las corridas de toros. Se posicionan en una defensa medioambiental basada en la existencia y mantenimiento de la dehesa como lugar de cría del toro. Recuerdan, además, la cantidad de puestos de trabajo que genera la cría y lidia del toro bravo. Además, protestan contra el acto de la prohibición que atenta contra la libertad de expresión y de acción. Para poder llevar a cabo sus objetivos, los aficionados a la fiesta se han unido en la denominada «Plataforma para la defensa de la fiesta» en la que militan artistas, toreros y aficionados de a pie. La plataforma aspira a conseguir el apoyo de la Unión Europea a la fiesta como bien cultural, antropológico, y etnográfico, igual que en su día hicieron los alcaldes de las ciudades taurinas de Francia. Entre las razones de los aficionados, conviene hacer especial mención a la que se refiere a la desaparición del toro de lidia como especie única en el mundo. Entre las críticas que el toreo ha recibido siempre, los abolicionistas nunca han hecho una propuesta que pretenda solucionar este problema. Los enemigos de la fiesta parecen preferir la desaparición de la especie antes que seguir manteniendo el sufrimiento del toro. La pregunta entonces es inevitable: ¿Es real el interés por la defensa del animal? No se debe olvidar que el toro bravo es una especie vacuna autóctona, única e irrepetible, no existente en ninguna parte del mundo en la que no haya corridas de toros.

Por otro lado, existe una tendencia institucional a desprestigiar a los amantes de la fiesta brava y a relacionarlos con patrones de comportamiento nada aceptables. En ese sentido se pueden recordar las declaraciones de una ministra española que equiparaba a los aficionados con los maltratadores y a la fiesta con la violencia de género. De la misma manera, detractores de la fiesta la han llegado a comparar con otras prácticas, que algunos han podido denominar como "culturales", como la ablación del clítoris en zonas de África. Declaraciones de este tipo han estado a la orden del día en los últimos años.

¿UNA CUESTIÓN POLÍTICA?

Son muchas las voces que consideran que el ataque que la fiesta brava sufre desde Cataluña obedece antes a cuestiones políticas e independentistas que a cuestiones éticas o morales. Esta tesis toma especial relevancia cuando tan sólo dos meses más tarde el Parlamento catalán aprobó una ley para proteger los «correbous» (corretoros, en español), una fiesta típica catalana donde los toros son cercados y/o perseguidos y, en algunos casos, cargan bolas de fuego en su cornamenta, por las calles de las ciudades. Los defensores de esta tradición objetaron que frente a las corridas, el toro no moría al final, lo que no evita que el animal padezca un gran sufrimiento. La ley fue aprobada con 114 votos a favor, tan sólo 14 en contra, y cinco abstenciones.

La polémica terminó de adquirir tintes políticos en el momento en que la Presidenta de la Comunidad de Madrid decidió declarar las corridas de toros «Bien de Interés Cultural». Dicha medida fue aprobada en el mes de abril de 2011. Como dijo en su día el filósofo José Ortega y Gasset: «Es imprescindible echar un vistazo a la fiesta de los toros para comprender la historia de España».

PAMPLONA, HEMINGWAY Y PETA

Texto de José Ángel Gonzalo

Los corresponsales de los medios de comunicación españoles en los Estados Unidos siempre declaran, entre divertidos y decepcionados, que España, al contrario que otros países europeos, sólo aparece en la televisión estadounidense dos veces al año: el último miércoles del mes de agosto, día de la Tomatina (una fiesta del pueblo de Buñol, en la provincia de Valencia, donde la gente se lanza tomates en la calle) y el 6 de julio, día en el que se lanza el tradicional chupinazo, el cohete lanzado desde el Ayuntamiento de Pamplona que da lugar al comienzo de los sanfermines.

San Fermín es una fiesta internacionalmente conocida, pero muy especialmente en los Estados Unidos, ya que uno de los grandes escritores de la literatura estadounidense y ganador del Premio Nobel de Literatura, fue un gran apasionado de esta fiesta: Ernest Hemingway. El novelista de Illinois llegó por primera vez a Pamplona en 1923, pero fue tal su experiencia con la fiesta de los toros y el ambiente español que desde 1923 acudió a la fiesta todos los años hasta 1931. Posteriormente volvería a Pamplona en más ocasiones, aunque ya en la década de 1950. La lucha entre el animal y el hombre y la presencia continua de la muerte en esa batalla, un tema recurrente en su literatura, atrajo profundamente la atención del escritor. El resultado fue una novela titulada *Fiesta* (*The Sun Also Rises*, en inglés) en la que plasmó esta pasión por el mundo del toro y la fiesta española.

Pamplona recibe miles de visitantes durante los ocho días que duran las fiestas para presenciar los famosos encierros, que comienzan el día 7 de julio. Desde ese día, sobre las ocho de la mañana, cientos de jóvenes corren por las calles junto a los astados hasta llegar a la plaza de toros. Estos encierros suelen durar tan sólo unos minutos pero son altamente peligrosos y todos los años son frecuentes las noticias de personas heridas o, incluso, muertas, especialmente de personas que no tienen experiencia en este tipo de actividades.

Lo cierto es que miles de turistas visitan la ciudad, entre ellos muchos estadounidenses. Pero no todos con la misma finalidad. Si hay muchos visitantes que buscan conocer directamente esta tradición española de origen medieval, otros se acercan a la capital de Navarra, aprovechando que los medios de comunicación de medio mundo se hacen eco de estas fiestas, para denunciar la tortura y el sufrimiento que se le infringe al toro en los encierros. La asociación más activa en este tipo de actividades de denuncia es PETA (Personas por la Ética en el Trato de los Animales), una organización para la defensa de los derechos de los animales. Esta organización, que cuenta con más de dos millones de afiliados, está considerada la mayor organización de su naturaleza en el mundo. Entre sus actividades más destacadas para denunciar este tipo de prácticas destaca un encierro organizado con personas semidesnudas por las calles de Pamplona para denunciar el trato recibido por los toros. Además, ha llevado a cabo campañas en otras ciudades del mundo, como en Sidney, en 2008, o la Ciudad de Nueva York, en 2009, cuando un grupo de activistas cubrieron sus cuerpos con sangre (o pintura roja) en la plaza de Times Square.

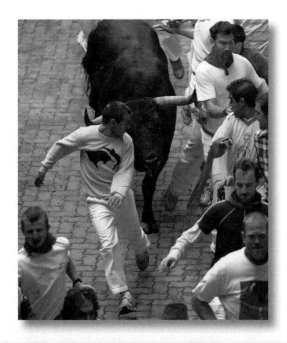

Los Encierros de San Fermín se celebran cada verano en Pamplona. ¿Qué piensa de esta tradición?

NO A LAS CORRIDAS DE TOROS

PETA insta a todo el mundo a evitar las corridas de toros. No es divertido ver cómo un animal inocente es torturado y enloquecido ante una multitud que grita y a la que debería caérsele la cara de vergüenza. Incluso aunque nos vayamos tras 15 o 20 minutos, el daño ya se habrá hecho: nuestro dinero se habrá destinado a la ayuda de este diabólico negocio, al que la gente decente está tratando de poner fin. Los manipuladores debilitan a los toros durante días antes de la corrida. Ponen laxantes en sus comidas y pesadas bolsas de arena en sus lomos; les afilan los cuernos hasta que su punta es muy fina; los drogan; en el ruedo, les clavan lanzas en los músculos del lomo y del cuello, de tal modo que no puedan levantar la cabeza. Cuando el matador aparece, el toro está incluso más débil debido a la pérdida de sangre y también más aturdido por haber sido perseguido en círculos. Los caballos utilizados en las corridas de toros son viejos y normalmente están drogados. Les llenan las orejas con papel de periódico mojado y normalmente les cortan las cuerdas vocales, para que el público no oiga sus gritos. Llevan amplias mantas para ocultar sus vísceras, que salen al exterior cuando los cornean y los destripan. Por favor, ayudemos a estos pobres animales: evitemos las corridas de toros y manifestémonos en contra de ellas en público.

Si desea investigar más a fondo el tema o desea participar en la campaña de PETA visite estos enlaces:

Animales para entretenimiento: Corrida de toros
www.petaenespanol.com/cmp/ent-toros.html

Lo que puedes hacer
www.petaenespanol.com/cmp/ent-toros-wycd.html

PARA COMENTAR

Trabajando en parejas, contesten las siguientes preguntas sobre "Ay, torito". Justifiquen su opinión cuando sea necesario. Luego pueden comparar sus respuestas con las de otros compañeros.

1. ¿Cuál sería la justificación más fuerte por parte de los ciudadanos y el gobierno, para suspender las corridas en Cataluña y hacerlas ilegales, como ya se ha logrado? ¿Qué cree que han dicho los defensores de los animales, los ecologistas y grupos como PETA?

2. Y los que favorecen las corridas, ¿qué cree que dicen? ¿Lo miran como arte o deporte o como un derecho individual a tener «la fiesta» aunque «la fiesta» no es nada de fiesta para el toro, por supuesto, y objetivamente es una cruel y progresiva tortura. Con banderillas, por ejemplo, le hieren los órganos y la piel al toro, para empezar y luego continuar el tormento con picadores a caballo que lo persiguen con lanzas, y finalmente para acabar muerto por vía de la espada por donde sea que le penetre, como por el pulmón o el hígado. Muchas veces el toro, agonizante y ahogándose en sus vómitos y sangre, no se muere de inmediato aun cuando el torero usa la puntilla para acabar de matar al toro que no ha muerto todavía por la espada del matador. Se ha observado que al herirle en las primeras vértebras, muchas veces el toro se paraliza, o sea, no se puede mover, pero en realidad está vivo todavía y sufriendo cuando lo arrastran inhumanamente de la plaza de toros.

3. ¿Sufren los animales de granja también cuando las condiciones en que nacen, viven y crecen son crueles? Explique su punto de vista y en qué se basa.

4. En algunas ciudades de Andalucía y en pueblos donde la tauromaquia es muy popular y una industria poderosa, ¿cómo cree que se pudiera pasar una ley similar en esta región también? ¿Qué tipo de esfuerzos requeriría? ¿O cree que nunca pasaría tal ley que hiciera ilegal las corridas en ciudades tan taurinas como lo son como Sevilla, Málaga, Cádiz, o Jerez? Investigue de tarea este movimiento en España por medio de la prensa disponible por la red.

5. Piense en las carreras de perros y en las carreras de caballos en los Estados Unidos. ¿Qué sería parecido y qué sería diferente? ¿Qué cree que ocurre con los perros cuando ya no pueden correr? ¿Conoce alguien que haya adoptado un perro galgo?

6. ¿Participaría o no usted en una protesta de PETA o de Ecologistas en Acción, contra las corridas de toros? ¿Por qué sí o no?

7. ¿Ha participado alguna vez en una manifestación a favor de los derechos de los animales, por ejemplo, contra el maltrato y abuso de los animales de circo? ¿Cómo cree que la forma en que se produce la comida hoy día puede ser dañina para la salud, los animales y la naturaleza?

PARA ESCRIBIR

Lea los siguientes temas. Luego escoja el que le interese más para escribir sobre el mismo. Comparta su trabajo con otro(a) compañero(a) e intercambien comentarios sobre lo que han escrito.

1. Investigue en la red (*Humane Society of America*) las protestas y casos legales que ha habido en los Estados Unidos relacionados a acusaciones de maltrato y crueldad de los animales por parte del Circo Ringling. ¿Qué distingue la protección de animales caseros (*pets*) de animales de un circo, por ejemplo? En particular, explore la situación de los elefantes. ¿Cuántos han muerto en pocos años? ¿Cómo es el «entrenamiento» de los elefantes y otros animales que usan en el circo? ¿Cómo es diferente Cirque du Soleil? Averigüe, tome apuntes e informe a sus compañeros de clase usando datos, fotos y documentación.

2. Luego investigue en la red, si una ciudad que está tan a favor de las corridas como lo es Sevilla, por ejemplo, cerraría las corridas en su Plaza de la Maestranza. ¿Participaría en una protesta allí o le daría miedo que le gritaran o le amenazaran los que apoyan las corridas de toros en una ciudad como La Macarena que hasta tiene una virgen para proteger a los toreros? De tarea, pudiera investigar qué han estado haciendo organizaciones para la protección de los animales en España (www.ecologistasenaccion.org donde, entre muchas cosas interesantes, puede leer "10 preguntas básicas sobre la lidia"), y luego, prepare un breve informe oral, de unos cinco minutos, en el que documente la información obtenida.

 Poesía

Antonio Machado (1875–1939), escritor de la Generación del 98, es uno de los poetas más populares de España del siglo XX. Aunque es sevillano de nacimiento, a los ocho años se mudó con su familia a Madrid y vivió gran parte de su vida en Castilla.

El poeta Antonio Machado (1875–1939) sentado al lado de su hermano Manuel, también poeta.

Su esposa, Doña Leonor Izquierdo, murió en 1912, pocos años después de su boda. Esta tragedia parece ser una de las razones del sentido de pesimismo y agonía de su obra. Machado se trasladó a Baeza Jaén, vivió después en Segovia, y de nuevo en Madrid, donde trabajó de profesor.

Aparte de su propia obra poética y dramática, también escribió obras de teatro en colaboración con su hermano, Manuel. Antonio Machado completó un doctorado en Filosofía y Letras, y fue elegido académico de la Real Academia de la Lengua Española, pero nunca llegó a leer su discurso de ingreso debido a la situación política del país.

A su primer libro, *Soledades* (1903), le siguieron *Campos de Castilla* (1912), donde por medio de sus temas preferidos —España, el paisaje, la historia, y la soledad interior— muestra al lector sus inquietudes y su tristeza. *Nuevas canciones* (1924) y *De un cancionero apócrifo* (1926) son otras de sus colecciones de poesías.

En la temática de su poesía se revela una gran preocupación por la fe y el sentido absurdo de la vida, el tiempo, y el destino de su patria en los años que precedieron a la sangrienta y devastadora Guerra Civil española (1936–1939), la cual lo obligó a exiliarse con su madre en Francia, donde ambos fallecieron. Machado murió en 1939 y fue enterrado en Collioure, un pueblo costeño de Francia.

ANTES DE LEER

En grupos de tres o cuatro estudiantes comenten lo siguiente. Compartan después sus observaciones con el resto de la clase.

1. Se habla mucho de la vida como «camino». ¿De qué forma se puede explicar la metáfora?

2. ¿Está nuestra vida predestinada? ¿Cree que es cierto lo de «Querer es poder»? Explique su opinión.

3. ¿Hasta qué punto tenemos control del futuro? ¿Cuáles son los factores externos e internos que afectan nuestro destino?

"POEMA XXIX" DE PROVERBIOS Y CANTARES

Caminante, son tus huellas
el camino, y nada más;
caminante, no hay camino,
se hace camino al andar.
5   Al andar se hace camino,
y al volver la vista atrás
se ve la senda° que nunca
se ha de volver a pisar.
Caminante, no hay camino,
10 sino estelas° en la mar.

°**senda:** *camino*

°**estela:** *rastro, señal de espuma en el agua*

PARA COMENTAR

Trabajando en parejas, contesten las siguientes preguntas sobre el poema. Justifiquen su opinión cuando sea necesario. Luego pueden comparar sus respuestas con las de otros compañeros.

1. ¿Cómo podría interpretarse la idea de un caminante sin camino, según el poema de Machado? ¿Cree que es solamente un juego de palabras, o que el autor busca comunicar una idea más profunda? Explique.

2. «Caminante, no hay camino,/sino estelas en la mar». ¿Cómo podría explicarse la relación del mar con la creación del camino? ¿Cuál es la idea principal que comunica el poeta en esta breve poesía?

3. ¿Qué palabras se repiten en la poesía? Léale la poesía en voz alta a su compañero(a). Observe su ritmo.

4. ¿Piensa que el poeta cree o no cree en la predestinación? ¿Por qué?

Federico García Lorca (1898–1936), nació en Fuentevaqueros, un pueblo no lejos de la ciudad de Granada. Perteneciente a la llamada Generación del 27, tuvo una vida breve pero muy intensa. En Madrid, Lorca estudió Derecho y Filosofía y Letras. Cultivó también la pintura y la música.

García Lorca, considerado por muchos como el poeta por excelencia de la España de la primera mitad del siglo XX, es autor de una obra lírica de gran fama internacional y de alta calidad literaria: *Primeras canciones* (1922), *Romancero gitano* (1928) y *Poeta en Nueva York* (1930), entre otras. También fue un dramaturgo muy notable reconocido por sus obras *Bodas de sangre*, *La casa de Bernarda Alba* y *Yerma*, entre otras. Viajó por los Estados Unidos e Hispanoamérica, donde ejerció poderoso influjo en muchos poetas. Su celebridad también ha estado vinculada con su muerte—acaecida al principio de la Guerra Civil española, cuando fue fusilado en agosto de 1936 por los falangistas partidarios de Franco.

Federico García Lorca, uno de los más grandes poetas y dramaturgos de la literatura española, en la Alpujarra, Granada.

ANTES DE LEER

En grupos de tres o cuatro estudiantes comenten lo siguiente. Compartan después sus observaciones con el resto de la clase.

1. ¿Qué instrumentos musicales relaciona usted con España? ¿Qué instrumentos musicales relaciona usted con su país de origen o con el país de origen de sus antepasados? ¿Toca usted algún instrumento musical? ¿Cuál?

2. Andalucía tiene un papel importante en la imagen que tenemos de España. ¿En qué parte de España está Andalucía? ¿Qué sabe de su cultura?

LA GUITARRA

Empieza el llanto
de la guitarra.
Se rompen las copas
de la madrugada.
5   Empieza el llanto
de la guitarra.
Es inútil
callarla.
Llora monótona
10   como llora el agua,
como llora el viento
sobre la nevada.
Es imposible
callarla.
15   Llora por cosas
lejanas.
Arena del Sur caliente
que pide camelias° blancas.
Llora flecha sin blanco,
20   la tarde sin mañana,
y el primer pájaro muerto
sobre la rama.
¡Oh guitarra!
Corazón malherido
25   por esas cinco espadas.

°**camelias:** *flores muy bellas, sin olor*

CANCIÓN DEL JINETE

Córdoba.
Lejana y sola.
Jaca° negra, luna grande,
y aceitunas en mi alforja°.
5   Aunque sepa los caminos
yo nunca llegaré a Córdoba.

°**jaca:** *caballo no muy grande*
°**alforja:** *provisión de comestibles para el camino*

Por el llano, por el viento,
jaca negra, luna roja.
La muerte me está mirando
10 desde las torres de Córdoba.

¡Ay qué camino tan largo!
¡Ay mi jaca valerosa!
¡Ay que la muerte me espera,
antes de llegar a Córdoba!

15 Córdoba.
Lejana y sola.

PARA COMENTAR

*Trabajando en parejas, contesten las siguientes preguntas sobre "La guitarra"
y "Canción del jinete". Justifiquen su opinión cuando sea necesario. Luego
pueden comparar sus respuestas con las de otros compañeros.*

1. Relea el poema "Canción del jinete" y observe cuál es su ritmo. ¿Cómo
   se sugiere el cabalgar del jinete? ¿Cuáles son los medios que hacen
   posible esa sugerencia?

2. ¿Qué significan las palabras *seguidilla* y *cante jondo* (*hondo*)? ¿Cuál es la
   relación entre estas palabras y el tono del poema "La guitarra"? Use
   el diccionario si no entiende el significado de las palabras *seguidilla* y
   cante jondo.

3. En "La guitarra", ¿a qué cree que se refiere la frase «Llora flecha sin
   blanco, / la tarde sin mañana»?

4. En la conclusión del poema "La guitarra" («Corazón malherido/por
   cinco espadas») llama la atención sobre el número cinco. ¿A qué se
   refieren las cinco espadas?

5. En "Canción del jinete", Lorca escribe: «jaca negra, luna roja». ¿Cómo
   interpretaría estos dos únicos colores del poema?

PARA ESCRIBIR

*Lea los siguientes temas. Luego escoja el que le interese más para escribir
sobre el mismo. Comparta su trabajo con otro(a) compañero(a) e intercambien
comentarios sobre lo que han escrito.*

1. En las dos poesías hay palabras y frases repetidas. Identifique esas
   palabras o frases y explique cuál es el efecto de la repetición de
   sonidos, imágenes y asociaciones.

2. ¿Cree usted que el jinete va a llegar a su destino en la "Canción del
   jinete"? ¿En qué basa su opinión? Explique.

3. En un párrafo o dos, compare el poema de Machado y "Canción del
   jinete" de Lorca en cuanto a: tema, dificultad de comprensión, belleza
   de imágenes y simbolismo, efecto en el lector, y mensaje acerca de la
   predestinación o la falta de ella.

4. **Más allá de la lectura.**

- Averigüe lo que pueda sobre la vida y la obra de García Lorca. Investigue su biografía, su importancia en las letras españolas y sobre su muerte. ¿Por qué fue asesinado? Busque información en la biblioteca y en el Internet. Busque obras escrita por Ian Gibson, un hispanista británico que ha escrito mucho sobre Lorca.

- «Porque yo ante todo soy músico», dijo Lorca. ¿Sabía que Lorca componía música y tocaba el piano? ¿Qué dibujaba? Investigue el interés de Lorca por la música, por el piano, por el flamenco (por el cante jondo, por los gitanos y su amistad con Manuel de Falla).

- Para identificar e investigar un poco: La Argentinita, Rafael Alberti, Gerardo Diego, Dámaso Alonso, Luis Buñuel, Vicente Aleixandre, Salvador Dalí, Luis Cernuda.

III. Mundos hispanos

El flamenco

El flamenco, la música emocionante y el baile típico de los pueblos de Andalucía, se toca y se canta en los tablaos que se pueden hallar por toda España y otros países europeos, en Hispanoamérica y hasta en países como el Japón y los Estados Unidos. La palabra *tablao* se refiere al escenario
5 en sí, específicamente a las tablas de madera que se juntan para formar la plataforma que sirve de escenario para la actuación. Ese sencillo piso se convierte en un gran tambor resonante y poderoso cuando suben los artistas del cuadro flamenco y empieza la función. No solamente los bailaores, sino los músicos también lo golpean (taconean) para dar énfasis
10 y acento al compás que llevan sus palmas y la guitarra. Cuando el cuadro flamenco está compuesto por artistas que saben bien su oficio, hay mucho lugar para la improvisación, al igual que en la música de jazz.

Las funciones suelen empezar tarde por la noche y generalmente no terminan hasta la madrugada. Sin embargo, para el horario español esto
15 no es un problema, ya que el español no le tiene ninguna aversión a acostarse tarde y sobre todo a los jóvenes les encanta trasnochar.

Un cuadro flamenco está compuesto de muchos artistas, que se adscriben a varios oficios. Entre ellos, están los guitarristas (casi siempre hombres), los cantaores, las cantaoras y los palmeros, quienes, aunque sólo llevan
20 el compás con las palmas, suelen añadir un sabor increíble a la música, dando una fuerte base de ritmos enérgicos a la danza. Por supuesto, no faltan en el cuadro los dinámicos bailaores y bailaoras. Muchos cuadros famosos incluyen también a músicos que tocan la caja rítmica, la flauta, o el violín, instrumentos que empezaron a aparecer en la música flamenca
25 en los últimos 20 años.

Aunque es un tipo de baile tradicional muy antiguo, el flamenco, como arte, continúa su propio desarrollo y evolución. Hace unos 50 años, las mujeres que bailaban flamenco no solían ejecutar escobillas fuertes (la escobilla es la parte del baile donde predomina el taconeo, el complicado ritmo de los pies). La bailaora más importante de este siglo, Carmen Amaya, cambió todo eso. Vestida de hombre, salió al escenario y taconeó más rápida y enérgicamente que nadie hasta el momento. Revolucionó así el baile flamenco de la mujer y ahora vemos en los tablaos a artistas tales como La Tati y Eva la Yerbabuena, que realizan escobillas tan complicadas y difíciles como las de cualquier bailaor masculino.

Muy celosamente estos artistas se llaman a sí mismos, en el lenguaje del oficio, bailaores, no bailadores, y bailaoras, y no bailadoras, ¡y mucho menos bailarinas! También se suele decir cantaor, y no cantador, ni cantante. Se dice que este vocabulario de corte netamente andaluz fue creado específicamente por los mismos artistas para distinguir el flamenco de otros géneros. Algunos artistas piensan que es impropio —a veces se toma por un insulto, aunque bien intencionado— el llamar cantante, por ejemplo, al verdadero cantaor. Decir que alguien es cantaor significa afirmar que la persona domina el arte genuino, el compás de la música flamenca, y no sólo que interpreta su pieza en un estilo «aflamencado». Este estilo, el mismo que han adoptado algunos cantantes y grupos contemporáneos —como los Gypsy Kings, Martirio, Pata Negra, o Radio Tarifa— es el resultado de la popularidad y la atracción de las que goza el flamenco en el mundo de hoy.

Cantaoras flamencas,
de Joaquín Sorolla Bastida
(1863-1923)

El Jaleo *(1882) de John Singer Sargeant (1856–1925), el reconocido pintor estadounidense nacido en Gloucester, Massachusetts*

ACTIVIDADES

1. **El nuevo flamenco**. En grupos de tres o cuatro estudiantes, o individualmente, trate de escuchar la música de estos conocidos artistas que reflejan muy diferentes estilos del flamenco: La Niña de los Peines, Lola Flores, Camarón de la Isla, Carmen Linares, Tomatito, Azúcar Moreno y los Gypsy Kings. Otros artistas que combinan el flamenco tradicional con música más moderna son: Pata Negra (Blues de la Frontera), Ketama y Radio Tarifa que combina ritmos caribeños, brasileños; y por supuesto, para escuchar flamenco tradicional, escuche la guitarra del gran Paco de Lucía, tal vez el mejor guitarrista de flamenco de todos los tiempos. Una artista más reciente de España es la africana-española Buika, que canta canciones populares, bolero, y flamenco nuevo. Otra artista que al igual que Buika ha hecho giras en los Estados Unidos, se conoce por el nombre de Martirio y siempre sale al escenario con gafas de sol, desde hace años. Canta, entre otras cosas, bolero, jazz, canciones españolas de diferentes estilos, además de cante flamenco y coplas.

2. **Las películas de Carlos Saura cuyo tema es el flamenco o el baile español.** Vean en parejas o en grupo alguna de las películas del director español, Carlos Saura, recomendadas en el punto B de la sección 5 de este capítulo. Escriban una reseña de dos páginas siguiendo las indicaciones dadas en el Capítulo 4. Compartan su reseña con la clase. Sugerimos cualquiera de las siguientes: *Carmen, Bodas de sangre, Sevillanas* y *Flamenco, Flamenco.*

3. **Flamenco en la comunidad**. En algunas ciudades se suelen presentar grupos de baile flamenco, aficionados o profesionales. Si ha visto una

Mujeres vestidas en trajes típicos celebran la Noche de los Favores en Alonso, Huelva.

de esas presentaciones, comparta con sus compañeros de clase sus recuerdos e impresiones. Si hay tablaos en su comunidad, asista a una función, disfrútela y escriba dos o tres páginas con sus impresiones detalladas para compartirlas en clase. También puede explorar mucho del flamenco (cante, guitarra y baile) de ayer y de hoy que se encuentra en YouTube. Busque: Camarón de la Isla, Cristina Hoyos, Antonio Gades, Enrique Moente, Fosforito, El Lebrijano, Carmen Linares, Niña de la Puebla, Manolo Sanlúcar, Vicente Amigo, Remedios Amaya, y por supuesto, Carmen Amaya.

4. **Flamenco en la red**. Busque en la red, información sobre el flamenco y sus artistas, festivales, etc. Luego prepárese a compartir con la clase parte de la información que haya escogido.

Flamenco World	www.flamenco-world.com/artists
De Flamenco	www.deflamenco.com
Flamenco News	www.flamenconews.com
Centro Andaluz del Flamenco	caf.cica.es/flamenco/
Andalucía	www.andalucia.com

5. **Paco de Lucía: un talento especial.** Se dice que es el mejor guitarrista de flamenco. Busque información sobre este famoso músico, conocido en el mundo entero por su arte musical. Si es posible, escuche algunas de sus grabaciones en CD o gratuitamente por la red, como en YouTube. Encontrará algunas entrevistas y canciones interesantes que podrá escuchar en *Flamenco World* y en las enciclopedias electrónicas sobre flamenco. ¿De dónde es él originalmente y dónde vive? ¿Qué tipos de canciones y bailes

Muchachas vestidas en trajes típicos en la Feria de Abril de Sevilla

toca en su guitarra? ¿Sabe usted las diferencias entre bulerías y fandangos, o entre una rumba flamenca y una soleá? ¿Qué son alegrías o farrucas? ¿Ha visto bailar las sevillanas? A ver qué puede aprender de esta música tan peculiar e interesante.

OTRAS ACTIVIDADES ADICIONALES

1. **Lectura individual.** Busque en su biblioteca lo siguiente:

    a. *Platero y yo*, obra en prosa poética, muy lírica, escrita por Juan Ramón Jiménez (1881–1958), ganador del Premio Nobel de Literatura en 1956. Lea la obra en su totalidad si puede; si no, escoja algunas secciones. Luego busque información biográfica acerca de la vida y la importancia de Juan Ramón Jiménez en las letras españolas y escriba un breve informe (no más de una página) sobre el autor y lo que haya leído de la obra.

b. José Camilo Cela (1916–2002) es otro escritor español que también recibió el Premio Nobel de Literatura. *La familia de Pascual Duarte* (1942), su primera novela, trata sobre un asesino rural que ya encarcelado y en espera de su ejecución, cuenta su vida. Lea los primeros dos o tres capítulos de la obra y escriba un resumen de lo que cuenta el narrador. Incluya sus propios comentarios sobre lo leído, el estilo, y contenido de la narración.

2. **Lectura en grupo.** En grupos de dos o tres estudiantes lean un acto de *Bodas de sangre, La casa de Bernarda Alba,* o *Yerma* de Federico García Lorca. Los que prefieran leer la obra teatral completa, preparen un breve resumen e informe oral para la clase.

3. **Proyectos de planificación: Viaje turístico a España.** En parejas o grupos de tres averigüen toda la información necesaria para preparar y planear un viaje imaginario a España en el verano o durante las vacaciones de Navidad. Consulten los sitios indicados de la red en el sitio de *Nuevos mundos* en la red.

   Exploren los precios de los boletos y las diferentes opciones que existen en cuanto a hotel, hostal o parador para hospedarse. Infórmense sobre las posibilidades de alquilar un auto (lo cual es más económico si se reserva desde los Estados Unidos). Busquen mapas, fijen las fechas, fíjense un presupuesto adecuado, y planifiquen adónde y por cuántos días irán y qué visitarán en términos de ciudades, pueblos, parques, museos, catedrales, conventos y monasterios, cuevas prehistóricas, bosques, campos de olivos, montañas como la Sierra Nevada o los Pirineos. El viaje debe durar entre dos y tres semanas, según la temporada que escojan ir. Usen su imaginación y sean creativos. Traigan fotos y mapas si pueden. Preparen un informe de un plan detallado para compartirlo con la clase y quién sabe… a lo mejor llega a planear un viaje que se pueda hacer realidad en el futuro. Ya habrán hecho las averiguaciones necesarias que vienen bien hacer con anticipación. Acuérdese que hay enlaces que le van a facilitar la tarea. Diviértanse.

4. *Study Abroad!* **Viaje a España para estudiar el español y las culturas españolas.** Averigüe con sus profesores, compañeros de clase y por el Internet, qué posibles programas existen en España que se ajusten a sus necesidades académicas para ir a estudiar en España durante alguna de las siguientes estancias: (1) parte del verano; (2) en el otoño; (3) en la primavera; (4) el año escolar completo. Investigue y mire bien los detalles, sitio, profesorado, cursos que ofrecen, acreditación, aceptación del programa en su universidad, posibles convenios existentes, formas de financiar dicha propuesta de estudios en el extranjero (becas de aquí o de allá). Considerar una zona rural o una zona urbana dependiendo de sus gustos, si le gusta la tranquilidad o la vida en un pueblo o ciudad pequeña o si prefiere la dinámica de una gran ciudad como Madrid, Barcelona, o Sevilla. Piense también en la época del año y en el clima, en la necesidad o no de tener transporte o

si se puede ir a todas partes caminando, en bicicleta, o por bus. Piense si prefiere estar en las montañas, en un paisaje verde como el de Galicia o Asturias, o si prefiere un paisaje de la Costa del Sol, como en Almería o Cádiz, o un ambiente amplio y urbano, como en Barcelona o Madrid. Prepare un informe para sus compañeros y muestre sitios en la web que pueda explicar o prepare su propia presentación sobre las academias o programas que ha escogido y comente sobre el entorno en el que se encuentra. Explique por qué lo(s) ha seleccionado y cómo lo haría y le ayudaría en el futuro en su carrera.

IV. El arte de ser bilingüe

La traducción y la interpretación

La traducción ayuda a diseminar el conocimiento científico, académico, cultural, económico y político en el mundo, y como tal tiene una importancia primordial: ayuda a que los pueblos se conozcan entre sí y establezcan un respeto mutuo por sus diversas contribuciones.

5   En la España medieval, una de las más famosas escuelas de traductores fue la Escuela de Traductores de Toledo, en el siglo XIII. Allí, bajo la protección del Rey Alfonso X, el Sabio, eruditos de origen judío, católico, y musulmán colaboraban entre sí para la traducción de textos de diversa procedencia al latín y al castellano. Gracias a la labor de esos
10   traductores, Europa, y posteriormente el resto del mundo, conocieron muchos textos de gran importancia para el desarrollo del pensamiento científico, cultural, y social. Su labor propició la aparición de nuevas corrientes intelectuales, que luego condujeron al surgimiento del Renacimiento, y con él a la constitución de las naciones europeas y
15   americanas modernas.

En Toledo se traducían obras de sabios y eruditos persas, hindúes y griegos que previamente se habían vertido en lengua árabe, judía o castellana. Mientras España entera vivía los últimos siglos de la Reconquista, y las diferencias religiosas entre musulmanes, católicos
20   y judíos se agudizaban peligrosamente, una pequeña ciudad medieval daba ejemplo al país de la conveniencia de cultivar la armonía entre las tres culturas principales que poblaban España en ese entonces. Por eso se ha dicho que la traducción es en muchos casos la mejor embajadora de la paz y la concordia, aunque no siempre se le dé la importancia que
25   merece.

El bilingüismo cultivado es la clave en una carrera como la de traductor, quien se ocupa de textos escritos, o la de intérprete, quien sirve de enlace verbal entre personas de diferente habla. La segunda ocupación es por naturaleza mucho más dinámica que la primera, que se puede realizar a solas con más tiempo y paciencia. Actualmente, esta profesión se practica en varias categorías: la interpretación simultánea: el intérprete transmite oralmente a una lengua lo que se dice en otra; la interpretación consecutiva: el intérprete es un intermediario entre dos hablantes, que le ceden la palabra por intervalos; la traducción in situ: el intérprete lee en voz alta un texto en otro idioma, realizando la traducción y la interpretación al mismo tiempo; la interpretación sumaria: el intérprete hace un resumen de lo que una persona ha dicho, sin tener en cuenta los detalles.

En una sociedad como la estadounidense,[1] las profesiones de traductor e intérprete tienen gran demanda y consideración. Los intérpretes de tribunales realizan sus tareas en los procesos judiciales para extranjeros o personas con pocos conocimientos del inglés. Estos empleados federales o estatales reciben buenos salarios por sus servicios y están regulados por normas oficiales. Para llegar a ser intérprete de los tribunales federales han de aprobarse dos exámenes, uno escrito y otro oral.

Los traductores del país se han organizado en sociedades nacionales. La mayor organización de este tipo es la American Translators Association (ATA), con miles de miembros que trabajan en los lenguajes más disímiles. Para hacerse miembro de esta asociación profesional, se debe pasar un examen escrito en el que hay que probar que se puede hacer una buena traducción de textos escogidos. Para más información sobre la traducción o la interpretación, explore algunos de los siguientes sitios de la red:

American Translators Association

www.atanet.org

American Literary Translators Association

www.udallas.edu/research/cts/ALTA/join.htm

The National Association of Judiciary Interpreters and Translators

www.najit.org/index.html

California Court Interpreters Association

www.ccia.org

National Capital Area Chapter of the American Translators Association

www.ncata.org/

Institute of Translation & Interpreting (ITI)

wwwITI.org.uk

Fédération Internationale des Traducteurs (FIT)

wwwfit-ift.org

---

[1] En los Estados Unidos, el español no es una lengua oficial. Sin embargo, es la segunda lengua que más se usa y la que más se estudia en las escuelas y en las universidades del país.

EL ESPAÑOL ES LENGUA OFICIAL EN:

Argentina
Bolivia
Chile
Colombia
Costa Rica
Cuba
Ecuador
El Salvador
España
Guatemala
Guinea Ecuatorial
Honduras
México
Nicaragua
Panamá
Paraguay
Perú
Puerto Rico
República Dominicana
Uruguay
Venezuela

¿Tienes un resfriado?

No, pero cuando no sé traducir una palabra, toso, estornudo o golpeo el micrófono... ¡y después sigo adelante! ¡No le cuentes a nadie mi truco!

ACTIVIDADES

1. **Traducción al inglés**. Imagínese que su lengua materna es el español y necesita comprobar que sabe traducir al inglés antes de ser admitido al programa de literatura inglesa. En una hoja aparte traduzca al inglés el siguiente texto. Use un buen diccionario si tiene dudas. Revise su trabajo cuando termine el borrador.

   España está dividida actualmente en provincias y estas provincias a su vez forman parte de las comunidades autónomas. Entre las más famosas están Andalucía, Galicia, Cataluña, el País Vasco, Aragón y las dos Castillas (La Mancha y León). Esta división política responde a una pauta histórica, lingüística y cultural. Así, en Galicia se habla el gallego, un lenguaje muy similar al portugués; en Cataluña, el catalán, otro de los idiomas derivados del latín; y en el País Vasco, el euskera, un lenguaje para el cual los lingüistas no han hallado un origen histórico definido.

   El país es una monarquía constitucional, y el rey Juan Carlos I, es nieto de Alfonso XIII, que fue derrocado en 1931. Su hijo, Felipe, será el próximo rey de España.

2. **Agencia de publicidad**. Imagine que es la única persona bilingüe en la agencia de viajes donde usted trabaja. Su jefe ha escrito un anuncio para la radio y le pide que lo traduzca y adapte al español. Hágalo en una hoja aparte. Cuando lo lea en voz alta, no debe exceder los 60 segundos. Use un buen diccionario para consultar las dudas.

   One of these days you may find yourself dreaming of an exciting trip to Spain, one of the favorite and most visited tourist destinations in the world. Thousands visit Spain each year, drawn there by the richness of its history, its temperate climate, the warmth of its people, and its spectacular and varied scenery. Interested in art or architecture? While many people call Italy the largest and richest open museum in the world, did you know that Spain is second in line? Perhaps you're looking for a tranquil and relaxed get-away. The villages of Andalusia offer visitors a window on a past steeped in traditions that are as much Moorish as they are European. And if you're a tourist with a taste for the contemporary, you can fast-forward into the excitement of cosmopolitan centers like Madrid and Barcelona, where the nightlife pulsates till dawn with an energy that is uniquely Spanish. As the saying goes, «Spain is different!» Come visit your travel agent at Meninas Travel Agency, located at 235 West Third Avenue, and book your trip today!

3. Vuelva a leer el último párrafo del texto de la Actividad 1 en español. Luego túrnese con un(a) compañero(a) de clase para hacer una «interpretación simultánea» al inglés. Proceda de la misma manera, pero a la inversa, del inglés al español, con el texto de la Actividad 2.

4. **Programas universitarios de traducción e interpretación**. Si usted quisiera prepararse para ser intérprete o traductor, ¿dónde pudiera estudiar para aprender a ser intérprete o traductor y entrar en una de estas profesiones? ¿Qué universidades o institutos en los Estados Unidos ofrecen esta preparación a niveles subgraduado o graduado? Haga una investigacón por el Internet y averigüe cuáles universidades estadounidenses ofrecen este tipo de estudios y en qué combinaciones

de lenguas se especializan. ¿Fuera de los Estados Unidos? Prepare un sumario de su investigación para poder dar un breve informe a la clase sobre cómo se puede preparar uno para una carrera en traducción o interpretación. ¿Qué tipos de estrategias o ejercicios pudiera empezar a hacer para practicar por su propia cuenta? ¿Se le ocurren algunas ideas? ¿Sabe lo que es *shadowing* en el entrenamiento de intérpretes? Busque programas en Arizona, California, Nueva York, Washington, D.C., Florida y Carolina del Norte. Fuera de los Estados Unidos, busque en Inglaterra, España, Argentina y México. A ver qué encuentra.

V. Unos pasos más: fuentes y recursos

A. PARA AVERIGUAR MÁS

Busque uno de los libros indicados a continuación u otro que su profesor o profesora le recomiende. Escoja un capítulo o una sección que le interese y prepare una lista de tres a cinco puntos principales basados en la lectura. Anote sus impresiones generales. Prepárese para compartir oralmente en clase.

Bibliografía selecta: España

1. LIBROS DE REFERENCIA O CONSULTA

Cabeza Cabeza, Manuel. *Diccionario de la Guerra Civil española.* 1a ed., 2 vol. Serie Espejo de España. Barcelona: Planeta, 1987.

Crespo Redondo, Jesús, and Enríquez de Salamanca, María Fernanda, a cargo de la edición del proyecto. *Gran atlas de España.* Madrid: Aguilar, 1993.

Javierre, José María, coordinador. *Gran enciclopedia de España y América.* Madrid/Gela: Espasa-Calpe/Argantonio, 1983–1987 (10 volúmenes, con ilustraciones e índices).

2. LIBROS DE HISTORIA, LITERATURA Y SOCIEDAD

Bianco, Paola y Sobejano-Morán, Antonio. *Introducción a la literatura española.* Focus Publishing/R. Pullins Co., 2005.

Calvo Buezas, Tomás. *¿España racista? Voces payas sobre los gitanos.* Barcelona: Anthropos, 1990.

Chandler, Richard E., and Kessel Schwartz. *A New History of Spanish Literature.* Rev. ed. Baton Rouge: Louisiana State University Press, 1991.

Folguera, Pilar, ed. *El feminismo en España: dos siglos de historia.* Madrid: Editorial P. Iglesias, 1988.

Fonseca, Carlos. *Trece rosas rojas. La historia más conmovedora de la Guerra Civil.* Madrid: Ediciones Planeta, 2010.

Foster, David William. *Literatura española: Una antología. Vol. 1: De los orígenes hasta 1700. Tomo 2: De los 1700 hasta la actualidad.* Hamden: Garland Publishing, 1995.

García de Cortázar., Fernando. *Breve historia de la cultura en España*. Barcelona: Planeta, 2010.

Gibson, Ian. *España*. Ediciones B, S.A.: Barcelona, 1993. Título original: *Fire in the Blood: The New Spain*. Traducido por Victor Pozanco.

_____. *The Assassination of Federico García Lorca*. London: Penguin, 1983. (Disponible en español.)

Gies, David, ed. *The Cambridge Companion to Modern Spanish Culture*. New York: Cambridge University Press, 1999.

Graham, Helen, and Jo Lobanyi, eds. *Spanish Cultural Studies: An Introduction*. New York: Oxford University Press, 1995.

Hervás Fernández, Gloria. *La sociedad española en su literatura. Selección y análisis de textos de los siglos XVIII, XIX y XX*. Editorial Complutense S.A., 2010.

Mecholán, Henry, director del proyecto. *Los judíos de España: historia de una diáspora, 1492–1992*. Prólogo de Edgar Morin. Madrid: Editorial Trotta; Fundación de Amigos de Sefarad; Sociedad Quinto Centenario, 1993.

Muñoz, Pedro M. y Marcos, Marcelino C. *España ayer y hoy*. Prentice Hall, 2009

Nieto, MiguelAngel. *El último sefardí. El legado oral de los judíos expulsados de España en 1492*. Madrid: Calamar Ediciones, 2003.

Preston, Paul. *La Guerra Civil española: Reacción, revolución y venganza*. Barcelona: Random House Mondadori, 2006. Título original publicado por HarperCollins, en Londres, 1996, como *A Concise History of the Spanish Civil War*.

Ramos Gascón, Antonio, ed. *España hoy*. Madrid: Cátedra, 1991.

Rojas, Carlos. *La Guerra Civil vista por los exiliados*. 1ra edición. Serie Espejo de España; 13. Barcelona: Editorial Planeta, 1975.

Rojo, Vicente. *Historia de la Guerra Civil Española*. Rba, 2010.

Russel, P. E., ed. Spain: *A Companion to Spanish Studies*. London, 1982.

Stanton, Edward F. *Culture and Customs of Spain (Culture and Customs of Europe)*. Greenwood Press, 2002

The Oxford Companion to Spanish Literature. Oxford: Clarendon Press, 1978.

Thomas, Hugh. *The Spanish Civil War*. New York: Harper & Row, 1977.

Tremlett, Giles. *Ghosts of Spain: Travels Through Spain and its Silent Past*. New York: Walker & Co., 2007, 2008.

Valbuena Prat, Angel. *Historia de la literatura española*. Barcelona: G. Gile, 1968.

Vv, Aa. *Mujeres en la historia se España*. Planeta, 2000.

Williams, Mark. *The Story of Spain: The Dramatic History of Europe's Most Fascinating Country*. Golden Era Books, 2009.

3. LIBROS SOBRE GITANOS Y FLAMENCO

Álvarez Caballero, Ángel. *El cante flamenco*. Madrid: Alianza Editorial, 1994.

_____. *Gitanos, payos y flamencos, en los orígenes del flamenco*. Madrid: Cinterco, 1988.

Arco, Antonio Arco (texto) and Paco Sánchez (fotografías). *Monstruos. 30 entrevistas a los grandes del flamenco*. Excmo. Ayuntamiento de la Unión, Editorial Almuzara, sin fecha.

Borrow, George Henry. *The Zincali: An account of the Gypsies of Spain*. Editorial Extramuros, 2007.

Calvo, Pedro, and José Manuel Gamboa. *Historia-guía del nuevo flamenco: El duende de ahora.* Madrid: Ediciones Guía de Música, Antonio de Miguel, ed., 1994.

Diccionario enciclopédico ilustrado del flamenco. 2 vols. Comp. José Blas Vega y Miguel Ríos Ruíz. Madrid: Cinterce, 1988.

Gordon, Diane. "The New Flamenco." *Guitar Player.* September 1992, 87–94.

Herrero, Germán. *De Jerez a Nueva Orleáns: Análisis comparativo del flamenco y jazz.* Granada: Editorial Don Quixote, 1991.

Lafuente, Rafael. *Los gitanos, el flamenco y los flamencos.* Signatura Ediciones, 2008.

Llorens, María J. *Diccionario gitano: sus costumbres.* Madrid: Mateos, 1991.

Machado y Alvarez, Antonio (Demófilo). *Cantes flamencos.* Ediciones Cultura Hispánica, 1975.

Martín, Juan Diego. *Jondo.* Barcelona: Ediciones Barataria, 2006.

Mitchell, Timothy. *Flamenco Deep Song.* New Haven, CT: Yale University Press, 1994.

Thiel-Cramér, Bárbara. *Flamenco: The Art of Flamenco, Its History and Development Until Our Days.* Translated by Sheila Smith. First published in Swedish, 1990. Also published in German and in Spanish, 1991 (Spanish, ISBN 91–9712–594–6). Lindigo, 1991.

Schreiner, Claus, ed. Flamenco: *Gypsy Dance and Music from Andalusia.* Traducido del alemán por Mollie Comeford Peters. Portland: Amadeus Press, 1985.

Steingress, Gerhard. *Sociología del cante flamenco.* Signatura Ediciones, 2009.

4. LIBROS SOBRE FIESTAS TRADICIONALES DE ESPAÑA

Flores Arroyuelo, Francisco J. *Fiestas de ayer y de hoy en España.* Alianza Editorial, 2005.

García Rodero. *Festivals and Rituals of Spain.* Texto por J.M. Caballero Boland. New York: Harry N. Abrams, Inc., Publishers, 1992. En español el libro se llama: *España: Fiestas y ritos.* Barcelona: Lunwerg, 1992.

B. PARA DISFRUTAR Y APRENDER

Películas

Con uno, dos o más compañeros de clase, escojan y vean una de las películas recomendadas de la lista a continuación. Consulten las indicaciones dadas en el Capítulo 4 para escribir individualmente una breve reseña de un mínimo de dos páginas y un máximo de tres. Entregue el trabajo impreso. Consulte con su profesor(a) acerca de la posibilidad de un informe oral a la clase. Si su biblioteca no tiene la que quisiera ver, muchas se pueden conseguir de otras formas. Consulte los recursos dados en los apéndices del libro.

También la lluvia (2010)

Trece rosas rojas (2008)

Salvador (2006)

El laberinto del fauno (2006)

Princesas (2005)

7 vírgenes (2005)

Deseo (2005)

Te doy mis ojos (2005)

Mar adentro (2004)

El espinazo del diablo (2001)

Los lunes al sol (2000)

Abre los ojos (1999)

La lengua de las mariposas (1999)

La niña de tus ojos (1998)

La fabulosa historia de Diego Marín (1997)

Secretos del corazón (1997)

Tesis (1995)

La Belle Epoque (1993)

Los peores años de nuestras vidas (1993)

La ardilla roja (1992)

Alas de mariposa (1991)

Boom Boom (1989)

El tiempo de los gitanos (1989)

El mar y el tiempo (1989)

El nido (1987)

La mitad del cielo (1986)

La línea del cielo (1984)

Los santos inocentes (1984)

El sur (1983)

La Plaza del Diamante (1982)

La colmena (1982)

Mamá cumple cien años (1979)

La caza (1975)

Pascual Duarte (1975)

El espíritu de la colmena (1973)

Tristana (1970)

El verdugo (1963)

Los olvidados (1950)

Películas de Carlos Saura

Flamenco, Flamenco (2010)

Flamenco (1994)

Sevillanas (1992)

El amor brujo (1986)

Carmen (1984)

Los zancos (1984)

Bodas de sangre (1981)

Cría cuervos (1977)

Películas de Pedro Almodóvar

La piel que habito (2011)

Los abrazos rotos (2009)

Volver (2006)

La mala educación (2004)

Habla con ella (2002)

Todo sobre mi madre (1999)

Carne trémula (1997)

La flor de mi secreto (1995)

Kika (1993)

Tacones lejanos (1991)

Átame (1990)

Mujeres al borde de un ataque de nervios (1988)

La ley del deseo (1987)

Matador (1986)

¿Qué he hecho yo para merecer esto? (1985)

Entre tinieblas (1984)

Pedro Almodóvar (Documental en español sobre el director; 60 mins. Distribuido por Films for the Humanities.)

Peliculas selectas: literatura y cultura española

Don Quixote. Video basado en la obra de Miguel de Cervantes. Duración: 5 horas y 10 minutos, producida por la RTVE; en español con subtítulos en inglés. Distribuida por Films for the Humanities. 1995.

Don Juan Tenorio. En español, 2 horas, 17 minutos. Obra maestra muy popular, basada en El burlador de Sevilla de Tirso de Molina. Films for the Humanities. 1988.

El burlador de Sevilla. Producción de la obra de teatro de Tirso de Molina. En español, 2 horas. Distribuida por Films for the Humanities.

Fuenteovejuna. Buena producción de la RTVE, basada en la famosísima obra de Lope de Vega. En español, 60 mins., distribuida por Films for the Humanities.

La Celestina. Una excelente producción de una de las obras más importantes de la literatura española. Producida por RTVE, 60 minutos. Distribuida por Films for the Humanities.

La vida es sueño. Julio Nuñez interpreta el papel de Segismundo. Buenos actores. 74 mins, blanco y negro, en español. Films for the Humanities. 1968.

La casa de Bernarda Alba. Este filme presenta la obra teatral de Federico García Lorca. 90 min., 1982. Distribuido por Insight Media, NYC, 1-800-233-9910 or 212-721-6316.

Memoria de España. España, 2004. Un recorrido único a través de la historia y de la rica y variada herencia cultural de España. Un documental sobre cómo, a lo largo de los siglos, los movimientos geográficos, los cambios políticos y la diversidad de pueblos y culturas han evolucionado para conformar la España de nuestros días.

Spain: The Moorish Influence. (versiones en inglés y en español). Filme muy recomendado sobre la España morisca, su arquitectura, artes, historia y cultura. 28 min., 1990. Distribuida por Insight Media, NYC, 1-800-233-9910 o 212-721-6316.

Documentales selectos: Federico García Lorca

El balcón abierto. Película sobre la vida y la obra de Federico García Lorca. En español, 90 minutos; Films for the Humanities.

A Murder in Granada/Asesinato en Granada. Documental en español, con narración en inglés, sobre la vida y la obra de Federico García Lorca. Muestra al poeta en los únicos momentos de film existentes en que aparece. 55 mins.

Lorca. El mar deja de moverse. España, 2006, 100 min. Un documental que analiza desde un punto de vista objetivo las últimas horas de la vida de Federico García Lorca y el posterior devenir de la familia Rosales y la familia Lorca.

Recursos de la red

Si desea explorar la red, vaya a http://www.wiley.com/college/nuevosmundos, donde encontrará una lista de sitios relacionados con el tema de este capítulo.

Todo sobre España
www.red2000.com/spain

Museos—Ministerio de Educación, Cultura y Deporte
www.mcu.es/museos

Paradores de Turismo
www.parador.es

El Instituto Cervantes
www.cervantes.es

Federico García Lorca—Museo-Casa Natal
www.patronatogarcialorca.org

Real Academia Española
www.rae.es

Revista de Estudios Literarios Espéculo
www.ucm.es/info/especulo/

Periódico *El Mundo*
www.elmundo.es

Periódico *El País*
www.elpais.es

Radio Televisón Española
www.rtve.es

Flamenco World
www.flamenco-world.com

Capítulo Seis

Los derechos humanos

El 10 de diciembre de 1948, la Asamblea General de las Naciones Unidas aprobó y proclamó la Declaración Universal de Derechos Humanos... Tras este acto histórico, la Asamblea pidió a todos los países miembros que publicaran el texto de la declaración y dispusieran que fuera «distribuido, expuesto, leído y comentado en las escuelas y otros establecimientos de enseñanza, sin distinción fundada en la condición política de los países o de los territorios...»

—La declaración completa aparece en www.un.org.

Miembros de las familias de los prisioneros políticos desaparecidos protestando en Santiago de Chile

PARA ENTRAR EN ONDA

Para ver cuánto sabe del tema del capítulo, responda a este cuestionario lo mejor que pueda. Escoja la respuesta más apropiada. Luego compruebe sus conocimientos, consultando la lista de respuestas que aparecen invertidas al pie de este ejercicio.

1. La Declaración Universal de los Derechos Humanos fue adoptada por la Organización de las Naciones Unidas
   a. en el siglo XVI.
   b. el 4 de julio de 1776.
   c. el 10 de diciembre de 1948.
   d. el 2 de mayo de 1998.

2. Los principios que establece esa declaración han sido
   a. aplicados constantemente por todos los miembros de la organización.
   b. ignorados por muchas dictaduras latinoamericanas.
   c. observados fielmente por todos los países del mundo.
   d. tenidos en cuenta por muchas de las dictaduras latinoamericanas.

3. Los derechos humanos son
   a. derechos básicos de los que deben gozar todos los seres humanos.
   b. leyes que deben imponerse en algunos países, pero no en todos.
   c. antiguas leyes que se imponían en el pasado en algunos países.
   d. derechos a los que no todos podemos aspirar.

4. ¿Cuál de estos casos puede considerarse un abuso de los derechos humanos?
   a. una violación de las leyes del tráfico
   b. la detención de un sospechoso por la policía
   c. el arresto de un individuo que ha cometido un delito
   d. la detención de un individuo por su perfil racial

5. Un tipo de gobierno que suele cometer esos abusos es generalmente
   a. un régimen de gobierno popular y democrático.
   b. una dictadura que desea reprimir la oposición.
   c. una dictadura que desea dar paso a un régimen más democrático.
   d. un régimen de gobierno que acepta las críticas de sus opositores.

6. En América Latina los gobiernos militares de las décadas de 1960 y 1980
   a. observaron fielmente el cumplimiento de los derechos humanos.
   b. arrestaron y torturaron arbitrariamente a los ciudadanos.
   c. tuvieron en cuenta las ideas políticas de la oposición.
   d. detuvieron a todo el que no observara los derechos humanos.

7. En América Latina se da el nombre de «desaparecidos» a las personas
   a. detenidas sin causa justificada cuyo paradero se desconoce.
   b. arrestadas y luego puestas en libertad.
   c. que no pueden salir del país por tiempo indeterminado.
   d. detenidas y sometidas a juicio por causa justificada.

8. Rigoberta Menchú es una indígena guatemalteca que
   a. llegó a ser presidenta de su país.
   b. nunca aprendió a hablar español.
   c. obtuvo el Premio Nobel de la Paz en 1992.
   d. combatió contra los españoles en las guerras de independencia.

Respuestas: 1c, 2b, 3a, 4d, 5b, 6b, 7a, 8c

I. Conversación y cultura

Violaciones de los derechos humanos en Latinoamérica: Violencia e injusticia

La tragedia causada por abusos de los derechos humanos es una de las más dolorosas y vergonzosas de la historia de Latinoamérica. Durante las décadas de 1970 y 1980 sobre todo, la época de las «guerras sucias» en Latinoamérica, los gobiernos militares abusaron de forma brutal de miles de sus ciudadanos. Algunos de estos abusos y arrestos arbitrarios, destierros o exilios forzados, saqueos, secuestros, torturas y ejecuciones

5

Una manifestación en la Ciudad de Guatemala

por parte de los llamados «escuadrones de la muerte» o por otras fuerzas clandestinas fueron cometidos secretamente, otros de forma abierta.

Uno de los métodos más infames que ha sido empleado en países como Chile, Argentina, Uruguay, Brasil, Guatemala, El Salvador, México y Honduras, es el de hacer «desaparecer» a personas que se consideran una amenaza al estado. La conocida escritora mexicana, Elena Poniatowska, en un ensayo sobre el caso de los desaparecidos en América Latina, describió la situación: «Opositores reales o sospechosos, eso no importa. Lo importante es prevenir. Cualquier inconforme es un enemigo, su familia también y un día sin más, de pronto, deja de estar entre nosotros».[1]

Los escuadrones de la muerte sacaban a ciudadanos —estudiantes universitarios, activistas políticos o religiosos, jóvenes, gente pobre, profesionales, escritores, maestros— de sus casas, sin orden de arresto legal, y los transportaban a lugares secretos que servían de cárceles y lugares de tortura. Nunca se les sometía a juicio.

Las familias de los «desaparecidos» no tenían ni tienen forma de saber sobre sus seres queridos: padres, madres, hermanos, hijos, compañeros de trabajo o de escuela que se esfumaban del mapa. Se da también el caso de hijos de desaparecidos que fueron regalados a las familias de los torturadores. Los secuestradores no les comunicaban a las familias si tenían o no a sus seres queridos, si estaban vivos o muertos, y mucho menos dónde estaban o cuál era su estado de salud. Como ha señalado Poniatowska: «Hasta los nazis comunicaron la lista de los que habían exterminado en sus campos de concentración».[2] Hoy día todavía no se sabe lo que ha pasado con la mayoría de las víctimas.

Muchas de estas personas, después de haber sido abusadas y torturadas durante mucho tiempo, acabaron siendo asesinadas. En Argentina, por ejemplo, entre 1976 y 1983, un período de fuerte represión ilegal de personas consideradas subversivas, se calcula, según diversas fuentes, que entre 10,000 y 30,000 personas desaparecieron. Se sabe ahora, por medio de testimonios y confesiones, que miles de prisioneros fueron tirados con vida desde aviones al océano Atlántico o a aguas del Río de la Plata en los llamados «vuelos de la muerte», o sepultados en fosas comunes secretas, y dejados heridos o muertos en la calle. En algunos raros casos, algunos de los desaparecidos sobrevivían las torturas y eran luego puestos en libertad, para ser posteriormente expulsados del país. Ese fue el caso de la argentina Alicia Partnoy, que se trasladó a los Estados Unidos, donde recuenta al mundo sus experiencias en su obra, *La Escuelita*, traducida y publicada en inglés con el título *The Little School* y ya hoy día publicada al fin en el original, español, y leída por estudiantes de la Argentina democrática actual.

En Chile, Salvador Allende, presidente de la nación, murió durante un golpe de estado en 1973. Inmediatamente después del golpe comenzaron

---

[1]Poniatowska, Elena. "Los desaparecidos". *Fuerte es el silencio*. Mexico, D.F.: Ediciones Era, S.A., 1987, p. 138.
[2]Ibid., pp. 138–139.

50 las graves violaciones de los derechos humanos bajo la dictadura del general militar, Augusto Pinochet: intimidaciones, detenciones ilegales, matanzas indiscriminadas durante protestas públicas, secuestros, tortura, asesinatos y desapariciones. En 1986, del 28 de abril al 20 de mayo, alrededor de 15,000 chilenos de los barrios pobres de los alrededores de Santiago,

55 llamados poblaciones, fueron detenidos y llevados por militares y policías, como si fueran ganado vacuno, a estadios deportivos y a otros sitios para ser interrogados sobre los «terroristas»; sus hogares mientras tanto eran saqueados por los militares.[3] Otro método usado en Latinoamérica para reprimir la oposición política ha sido el asesinar a la gente en lugares públicos. Durante

60 manifestaciones estudiantiles u obreras en Chile, por ejemplo, policías o militares tiroteaban a las multitudes, matando indiscriminadamente.

En El Salvador, la guerra civil de 12 años, que tuvo como consecuencia la violación sistemática y generalizada de los derechos humanos, dejó 75,000 muertos, un millón de exiliados y cientos de miles de personas

65 desplazadas de sus hogares.

En la Cuba de hoy, también se han violado los derechos humanos de los ciudadanos por más de 50 años en la dictadura más larga de la historia de Latinoamérica; una nación donde existe un ambiente general de represión que el gobierno alimenta a través de organismos «populares» y

70 los Comités de Defensa de la Revolución (CDR) que sirven para vigilar y delatar a las personas de la vecindad consideradas sospechosas o enemigas a la revolución de los ya ancianos hermanos Fidel y Raúl Castro. Por años el gobierno ha encarcelado sistemáticamente a los opositores y se siguen registrando numerosos casos de tortura mental y física, documentados

75 por Amnistía Internacional por muchos años. Mientras que el resto de Latinoamérica ya tiene gobiernos elegidos democráticamente, el gobierno de Cuba continúa en pleno siglo XXI, sin abrir el camino a la libertad de expresión, de asociación y de prensa, y sin permitir elecciones verdaderas en las que diferentes partidos políticos puedan tener una voz para elegir

80 a sus gobernantes. Sólo hay que recordar que Fidel Castro ya dijo hace tantos años: «Elecciones, ¿para qué?»

En otras partes de Latinoamérica ha habido ejecuciones masivas, que los militares exigían que fueran públicas para que les sirviera de lección al pueblo. La guatemalteca Rigoberta Menchú, ganadora del Premio Nobel

85 de la Paz (1992), describe en su autobiografía una de estas masacres, donde militares guatemaltecos mataron a su hermano menor de 16 años. Guatemala sufrió horribles conflictos civiles en las últimas décadas del siglo XX, y estas luchas internas también han sido acompañadas por brutalidades contra las personas y sus derechos, con 100,000 muertos y

90 más de 40,000 desaparecidos. Aunque haya mejorado la situación política, desafortunadamente todavía hay allí violaciones e incertidumbre y las estadísticas sobre las violaciones de los derechos humanos en Guatemala han sido de las más crudas de toda Latinoamérica durante el conflicto civil.

---

[3]*Chile Briefing*. Amnesty International Publications: London, 1986, p. 5.

95 Para los familiares y amistades de las víctimas torturadas, desaparecidas, asesinadas o violadas sexualmente, resulta difícil perdonar e imposible olvidar, aunque se declaren oficialmente amnistías generales para los militares culpables.

Con el proceso de democratización en Latinoamérica, los abusos contra 100 los derechos humanos han disminuido, pero no se han extinguido por completo. Por ejemplo, hay mucha pobreza, hay tráfico de drogas, de personas y de órganos, y abuso infantil. Hay muchos niños abusados y explotados como si fueran esclavos de otra época, que no tienen agua potable, que sus familias no tienen qué darles de comer, que pasan frío y 105 que no tienen casa o viven en las llamadas «villas miserias».

Uno de los grandes retos para las nuevas democracias de Latinoamérica consiste en esclarecer e investigar las violaciones de los derechos humanos, y al mismo tiempo poder dejar atrás un pasado brutal para concentrarse en mejorar el presente y forjar un futuro mejor y un desarrollo sostenible. 110 Sobre todo será necesario mejorar la situación económica en general y aliviar el sufrimiento de los pobres (falta de alimentos necesarios, carencia de agua potable, insuficiencia de luz y energía y falta de educación). Se debe además resolver el gran problema del desamparo de tantos niños huérfanos y fomentar y mantener el respeto a los 115 derechos humanos.

MESA REDONDA

En grupos pequeños contesten las preguntas y comenten los siguientes temas.

1. ¿Qué quiere decir Poniatowska cuando declara que para los militares «lo importante es prevenir»?

2. ¿Por qué resulta irónica en el contexto anterior la idea de que los nazis hacían públicas las listas de los que asesinaban en los campos de concentración?

3. ¿Cómo ve usted la amnistía concedida a los militares después de todas las atrocidades cometidas? ¿Cree que se justifica para obtener la armonía nacional? ¿Se debe perdonar a los militares que hayan violado derechos humanos?

4. En los Estados Unidos existe violencia racial, étnica y criminal. ¿Cómo compararía usted este tipo de violencia con la que se ha dado en Latinoamérica? ¿Cómo se diferencian?

5. ¿Qué conoce usted sobre la intervención de la CIA (Central Intelligence Agency) en la violencia y los abusos políticos en América Latina?

6. ¿Qué sabe sobre los abusos de los derechos humanos en otras partes del mundo en países como Irak, India, China, Argelia, Libia, Irán y Ruanda, por mencionar algunos ejemplos? ¿O sobre la situación que existía anteriormente en África del Sur?

II. Lectura

📖 Poesía

Ariel Dorfman (1942), nacido en Buenos Aires, pero de ciudadanía chilena, es poeta, dramaturgo, novelista, cuentista, autor de numerosos artículos periodísticos y destacado investigador de sociología. Su libro, *Para leer al Pato Donald*, escrito en colaboración, es ya un clásico sobre la influencia del dibujo animado estadounidense en Hispanoamérica. De su obra teatral, *La muerte y la doncella* —que trata de una mujer que cree reconocer al hombre que la había torturado— se hizo en 1995 una versión cinematográfica, *Death and the Maiden*, dirigida por el famoso director Roman Polanski, con la actuación de Sigourney Weaver y Ben Kingsley. Dorfman vive desde hace algunos años en los Estados Unidos, donde enseña literatura y sigue escribiendo. Otras obras suyas son: *Moros en la costa* (1973), *Viudas* (1982), *La última canción de Manuel Sendero* (1982), *Máscaras* (1988), *Konfidenz* (1994), *Heading South, Looking North: A Bilingual Journey* (1998) y *Americanos: Los pasos de Murieta* (2009).

El profesor Ariel Dorfman, conocido dramaturgo, poeta y ensayista

ANTES DE LEER

En grupos de tres o cuatro estudiantes comenten lo siguiente. Compartan después sus observaciones con el resto de la clase.

1. ¿Ha participado alguna vez en una manifestación o protesta política o de otro tipo? ¿Qué lo(a) llevó a participar? ¿Cómo fue su experiencia? ¿En qué tipo de protesta estaría dispuesto(a) a participar? ¿Por qué?

2. ¿De qué otra forma ha participado en la política? ¿En debates formales o informales? ¿En programas de radio o televisión? ¿Como voluntario(a) en campañas políticas de su comunidad o universidad? Si no ha participado, ¿por qué no le interesa o motiva este tipo de actividad?

3. ¿Qué haría si estuviera separado(a) de su familia y sus seres queridos y no pudiera comunicarse con ellos?

4. En su opinión, ¿existen situaciones en las que se justifica el uso de la tortura? ¿Cuáles?

5. ¿En qué se diferencia el encarcelamiento por motivos políticos de aquella que se impone por crimen o robo?

Un joven chileno protesta por la desaparición de su hermano en 1984

ESPERANZA

para Edgardo Enríquez, padre
para Edgardo Enríquez, hijo

Mi hijo se encuentra
desaparecido
5 desde el 8 de mayo
del año pasado.
       Lo vinieron a buscar,
       sólo por unas horas,
       dijeron,
10   sólo para algunas preguntas
       de rutina.

Desde que el auto partió
ese auto sin patente
no hemos podido
                    saber
nada más
acerca de él.

Ahora cambiaron las cosas.
Hemos sabido por un joven compañero
al que acaban de soltar,
que cinco meses más tarde
lo estaban torturando
en Villa Grimaldi,
que a fines de septiembre
lo seguían interrogando
en la casa colorada
que fue de los Grimaldi.

                    Dicen que lo reconocieron
                    por la voz, por los gritos,
                    dicen.

Quiero que me respondan con franqueza
Qué época es esta,
en qué siglo habitamos,
cuál es el nombre
de este país?
Cómo puede ser,
eso les pregunto,
que la alegría de un
padre,
que la felicidad de una
madre,
consista en saber
que a su hijo
lo están
que lo están torturando?
Y presumir por lo tanto
que se encontraba vivo
cinco meses después,
que nuestra máxima
esperanza
sea averiguar
el año entrante
que ocho meses más tarde
seguían con las torturas

y puede, podría, pudiera,
que esté todavía vivo?

°**choclo:** *mazorca de maíz*
no madura aún

PASTEL DE CHOCLO°

La vieja no tenía nada que ver

con todo esto.

Se la llevaron
porque era nuestra madre.
5   no sabía lo que se dice
nada
pero nada de nada.

¿Te la imaginas?
Más que el dolor,
¡te imaginas la sorpresa!
Ella no podía sospechar
que gente
    como ésa
existiera
    en este mundo.

10

15

Ya van dos años y medio
y todavía no aparece.
Entraron a la cocina
y quedó hirviendo la tetera.
20   Cuando papá llegó a casa
encontró la tetera
            seca
y todavía hirviendo
El delantal no estaba.

25

¿Te imaginas cómo los habrá
    mirado
durante dos años y medio,
cómo los estará,
te imaginas después la venda
durante dos años y medio
descendiendo
    sobre los ojos
y esos mismos hombres
que no deberían existir
y que otra vez
        se acercan?

30

35

Era mi mamá
Ojalá que no aparezca.

DOS MÁS DOS

Todos sabemos cuántos pasos hay,
compañero, de la celda
hasta la sala aquella.
Si son veinte,
5   ya no te llevan al baño.
Si son cuarenta y cinco,
ya no pueden llevarte
a ejercicios.

Si pasaste los ochenta,
10   y empiezas a subir
a tropezones y ciego
una escalera
ay si pasaste los ochenta
no hay otro lugar
15   donde te pueden llevar,
no hay otro lugar,
no hay otro lugar,
ya no hay otro lugar.

El grito del rebelde *(1975)*
de Rupert García

PARA COMENTAR

Trabajando en parejas, contesten las siguientes preguntas sobre los poemas de Dorfman. Justifiquen su opinión cuando sea necesario. Luego pueden comparar sus respuestas con las de otros compañeros.

1. ¿Quién es el narrador del poema "Esperanza"?

2. En ese poema, ¿está seguro el narrador lírico de que su hijo está vivo? Explique.

3. Cuente las veces que se menciona el tiempo en el poema. ¿Qué finalidad tienen esas menciones?

4. Explique cómo pueden alegrarse los padres de que estén torturando a su hijo.

5. ¿A qué se refiere el título del poema "Pastel de choclo"? ¿Por qué dice el narrador en el último verso: «Ojalá que no aparezca»?

6. ¿Por qué tienen que contar los pasos los prisioneros en "Dos más dos"?

7. ¿Qué efecto emocional tiene el uso de la repetición al final de ese poema?

 # Poesía

Ángel Cuadra Landrove nació en La Habana, Cuba. Estudió derecho y arte dramático. Opositor del régimen dictatorial de Fulgencio Batista, fue condenado en 1967 a 15 años de prisión por actividades en contra del gobierno totalitario de Fidel Castro. Emigró a los Estados Unidos en 1985. Vive y trabaja en Miami, donde enseña español en el Departamento de Lenguas Modernas de Florida International University; contribuye con artículos periodísticos de interés humano para el *Diario Las Américas* y, por supuesto, sigue escribiendo.

Su poesía, lírica y testimonial al mismo tiempo, ha sido conocida desde sus años de confinamiento, habiendo ganado varios prestigiosos premios internacionales de poesía. Los siguientes poemas son, respectivamente, tomados de: *Esa tristeza que nos inunda* (1985) y *La voz inevitable* (1994).

Woman's Head with
a Tear *(1975) de Pablo
Rivera, quien nació en la
sección hispana de Harlem
de la Ciudad de Nueva York
conocida como El Barrio*

ESA TRISTEZA QUE NOS INUNDA

Esa tristeza que nos inunda de súbito
como un asalto gris que no sabemos dónde empieza.
Esa sinrazón de la amargura
en medio de la misma serenidad,
5   como una mancha oscura que crece
desde el vientre de la estrella.
No ha habido causa para suprimir la sonrisa;
no hubo antes trastornos en las coordenadas del equilibrio.
Pero allí nos hallamos de pronto
10   como destinatarios inocentes del mal,
acechado por las desordenadas grietas del sismo.
Se estrecha la angustia al final del pasillo.

CANCIÓN DEL PRESIDIO POLÍTICO

Qué remoto en la noche el paso de la vida:
sus arterias azules allá lejos.
Algo se va muriendo gota a gota
sobre el limo del tiempo.
5   Así, callados, como el tibio estanque de cera,
vamos edificando la gloria hueso a hueso.
(Afuera el pueblo suda sus dolores;
sobre asfaltos de roña va un hombre sonriendo).

El aire es sucio, aquí vomita el odio
10   su fetidez y su color de infierno.
(En otras tierras cruza un hombre amargo,
dobla la frente y domestica el pecho).

Pero aquí, llaga a llaga, aquí en triunfante muerte
mordidos por verdugos y por hierros;
15   aquí, por el que araña la mueca del asfalto
y el que arruga distancias sin sabernos,
aquí estamos labrando a roca y a sangre
la dignidad unánime del pueblo.

PARA COMENTAR

Trabajando en parejas, contesten las siguientes preguntas sobre los poemas de Ángel Cuadra. Justifiquen su opinión cuando sea necesario. Luego pueden comparar sus respuestas con las de otros compañeros.

1. ¿Por qué el poeta distingue con tanta insistencia entre el «aquí» y el «afuera» en "Canción del presidio político"?

2. ¿Qué quiere decir en ese poema el verso «vamos edificando la gloria hueso a hueso»?

3. En el poema el poeta usa las formas verbales «vamos» y «estamos». ¿Qué significa entonces el último verso, «la dignidad unánime del pueblo»?

4. ¿Qué impresión le dejan las poesías de Ángel Cuadra? ¿Cómo se comparan con las de Ariel Dorfman?

PARA ESCRIBIR

Lea los siguientes temas. Luego escoja el que le interese más para escribir sobre el mismo. Comparta su trabajo con otro(a) compañer(a) e intercambien comentarios sobre lo que han escrito.

1. En un párrafo breve, y refiriéndose a los textos de las poesías, compare la actitud de los padres en "Esperanza" con la de los hijos en "Pastel de choclo".

2. Si usted o su familia abandonaron de urgencia el país de origen por razones políticas o sociales, ¿qué recuerda o sabe de esa experiencia? Escriba un párrafo con alguna anécdota o recuerdo al respecto.

3. Haga una comparación entre el tono de "Canción del presidio político" y el de "Dos más dos". Aunque ambos poemas tratan del mismo lugar, hay diferencias entre ellos. ¿Por qué?

Cuba y los derechos humanos

El 15 de marzo de 2006 la comunidad internacional daba un salto cualitativo en la defensa de los derechos humanos a nivel internacional con la creación, bajo la égida de la ONU (la Organización de las Naciones Unidas) y del Consejo de Derechos Humanos. Sin embargo, este paso tan
5 significativo en la búsqueda de sociedades más igualitarias y justas se vio empañado por la selección de los miembros que compusieron este nuevo organismo. Países poco respetuosos con la defensa y la promoción de dichos derechos humanos se sentaron en el mismo. Entre ellos, algunos de tan dudosa calidad democrática como Arabia Saudita, China o, en el
10 lado latino, Cuba.

El 1 de enero de 1959 triunfaba la revolución en Cuba y acababa así la dictadura de Fulgencio Batista. Desde aquel momento, la Revolución cubana ha gozado de cierto halo de legitimidad, especialmente en los ambientes de la izquierda europea y latinoamericana, gracias a los ideales
15 que guiaron a muchos de los revolucionarios que participaron en aquella gesta (educación para todos, mejores condiciones para el pueblo, derecho a la sanidad, respeto a la democracia...).

Activistas de derechos humanos en Cuba, conocidas como las Damas de Blanco, protestan contra las violaciones de derechos humanos que sufren los presos políticos en la Cuba de la dictadura castrista.

Sin embargo, la erosión continua a los derechos más básicos de la población cubana ha hecho que muchos de esos intelectuales (no todos) y gran parte de la sociedad condenen con dureza la actual política de represión ejercida por el régimen castrista.

Ya al inicio de la Revolución existieron numerosos «desertores» que abandonaron el barco al ver la deriva autoritaria que estaba tomando el país en manos de Fidel Castro y el Che Guevara. El propio presidente Manuel Urrutia Lleó, elegido tras la fuga de Batista, abandonó el país pocos meses después de alcanzar el puesto por no estar de acuerdo con el camino que estaba tomando la revuelta popular.

La polarización de la política internacional durante el período de la «guerra fría» hizo que Cuba pudiera cobijarse bajo el paraguas de la URSS. Tras la crisis de los misiles en 1962, esta aproximación fue más patente y se materializó en la instauración de un verdadero régimen comunista que cercenaba las libertades individuales más básicas de los ciudadanos, como es el derecho de expresión o el ejercicio del voto libre.

Poco a poco, muchos revolucionarios fueron acosados desde los aparatos gubernamentales por alejarse de las líneas oficiales marcadas por los aparatos de propaganda.

> *Esto significa que dentro de la Revolución, todo; contra la Revolución, nada. Contra la Revolución nada, porque la Revolución tiene también sus derechos; y el primer derecho de la Revolución es el derecho a existir. Y frente al derecho de la Revolución de ser y de existir, nadie —por cuanto la Revolución comprende los intereses del pueblo, por cuanto la Revolución significa los intereses de la nación entera— nadie puede alegar con razón un derecho contra ella. Creo que esto es bien claro.*
>
> *¿Cuáles son los derechos de los escritores y de los artistas, revolucionarios o no revolucionarios? Dentro de la Revolución, todo; contra la Revolución, ningún derecho.*
>
> *Y esto no sería ninguna ley de excepción para los artistas y para los escritores. Esto es un principio general para todos los ciudadanos, es un principio fundamental de la Revolución. Los contrarrevolucionarios, es decir, los enemigos de la Revolución, no tienen ningún derecho contra la Revolución, porque la Revolución tiene un derecho: el derecho de existir, el derecho a desarrollarse y el derecho a vencer[1].*

Con esta declaración, Fidel Castro dejaba claro ya desde el principio cuál era el camino a seguir dentro de la isla a aquellos intelectuales o artistas (y cualquier ciudadano) que osaran criticar los defectos o errores de la Revolución comunista. Entre los primeros escritores en sufrir este ostracismo se encontró Guillermo Cabrera Infante que, tras su paso por las más altas esferas culturales de la isla, vivió en el exilio desde la década de 1960 hasta el día de su muerte en 2005 en Londres, sin volver

---

[1]Discurso pronunciado por Fidel Castro Ruz, primer ministro del Gobierno cubano y secretario del PURSC, como conclusión de las reuniones con los intelectuales cubanos efectuadas en la Biblioteca Nacional el 16, 23 y 30 de junio de 1961. Texto completo: http://www.cuba.cu/gobierno/discursos/1961/esp/f300661e.html

60　a pisar su tierra. Pero no fue el único, han sido cientos: desde periodistas (Norberto Fuentes, Carlos Alberto Montaner, o Carlos Franqui), pasando por escritores (Reinaldo Arenas) o artistas (Celia Cruz). El caso más sonado, y que supuso un punto de inflexión para el apoyo exterior a la Revolución cubana, fue el denominado «caso Padilla». En 1968 vio

65　la luz el poemario *Fuera de juego*, del autor pinareño Heberto Padilla. De su calidad literaria da fe el hecho de recibir el galardón literario más importante de la isla, el Premio Nacional de Poesía, concedido por la Unión de Escritores y Artistas Cubanos. Sin embargo, tres años después, Padilla fue encarcelado por sus críticas. Su delito: actividades subversivas,

70　según informó el Departamento de Seguridad del Estado. Poco después fue obligado a retractarse públicamente. Este hecho, que recuerda a los episodios más oscuros de la URSS, hizo que la comunidad internacional reaccionara y que numerosos intelectuales que aún remaban a favor de la Revolución abandonaran su apoyo a Cuba. Mario Vargas Llosa,

75　Octavio Paz, Carlos Fuentes, Julio Cortázar, Juan Goytisolo, Susan Sontag, Simone de Beauvoir, Jean-Paul Sartre, Marguerite Duras y Jaime Gil de Biedma, Alberto Moravia, Pier Paolo Pasolini, Alain Resnais y Juan Rulfo, entre otros, suscribieron una carta dirigida al «Comandante» en la que afirmaban que creían que era:

80　*…un deber comunicarle nuestra vergüenza y nuestra cólera. El lastimoso texto de confesión que ha firmado Heberto Padilla sólo puede haberse obtenido mediante métodos que son la negación de la legalidad y la justicia revolucionarias. El contenido y la forma de dicha confesión, con sus acusaciones absurdas y afirmaciones delirantes.*

85　Igualmente, en dicho texto, fechado el 20 de mayo de 1971, en París, exigían el fin de esta erosión a los derechos humanos:

Con la misma vehemencia con que hemos defendido desde el primer día de la Revolución cubana, que nos parecía ejemplar en su respeto al ser humano y en su lucha por la liberación, lo exhortamos a evitar a Cuba el oscurantismo dogmático,
90　*la xenofobia cultural y el sistema represivo que impuso el estalinismo en los países socialistas y del que fueron manifestaciones flagrantes sucesos similares a los que están ocurriendo en Cuba.[2]*

Pero la respuesta de Fidel fue la contraria: «El arte es un arma de la revolución». Ninguna libertad se permitiría si fuera en contra de la
95　Revolución. Sin embargo, la presión internacional hizo que Padilla pudiera abandonar la cárcel, aunque se vio obligado a exiliarse.

Desde entonces, las organizaciones internacionales han denunciado el quebrantamiento de los derechos humanos. Las más frecuentes están relacionadas con la falta de libertad de expresión y la ausencia de
100　democracia real, así como el mantenimiento de la pena de muerte (algo no exclusivo de la isla).

En Cuba no existe libertad de prensa. Tan sólo existe prensa oficial y todo lo que se publica debe pasar los controles censores. El medio oficial de propaganda es el diario *Granma* que, según muchos cubanos, sólo sirve

---

[2]*Sables y utopías*, Mario Vargas Llosa; Aguilar, Madrid, 2009 (pág. 117–119).

para saber que «Cuba siempre va bien y el resto del mundo muy mal», ya que las noticias que aparecen en dicho periódico siempre alaban las actividades gubernamentales y resaltan la situación catastrófica fuera de las fronteras cubanas. Además, desde este medio, así como desde la televisión pública, se ha difundido un lenguaje doctrinario para moldear la realidad. A aquellos cubanos que a lo largo de los años han podido abandonar la isla se les ha llegado a calificar de gusanos, escoria, ratas o mercenarios al servicio del imperialismo.

Igualmente, en Cuba no existe una democracia pluripartidista. Es decir, en la isla existe una democracia de partido único: el Partido Comunista. A ejemplo de la antigua URSS o la actual China, los ciudadanos sólo pueden votar por el partido oficial, el partido de los hermanos Castro.

Fidel Castro, de hecho, ha descalificado en continuas ocasiones la democracia occidental: «El sistema electoral clásico... se transforma a menudo en un concurso de simpatía y no, realmente, en un concurso de competencia... las campañas electorales cuestan centenares de millones de dólares, al estilo norteamericano... Todo eso es un carnaval, una verdadera farsa, un teatro».[3]

De este modo, siempre que se han planteado otras posibilidades o cauces democráticos, el oficialismo ha perseguido a sus promotores y los ha reprimido, llevándolos incluso a la cárcel. Este es el caso de la Primavera Negra de 2003.

En el mes de marzo de 2003, 75 personas, principalmente periodistas e intelectuales, fueron detenidos en Cuba, bajo el delito ambiguo de «poner en riesgo la Revolución», codificado en la Ley No. 88 de protección de la independencia nacional y la economía de Cuba.[4] Todos fueron encarcelados, tras ser condenados a severas condenas en juicios sumarios por promover una apertura democrática en la isla, lo que provocó un movimiento internacional de repudio contra esta arbitrariedad.[5] La Unión Europea denunció los hechos para presionar a La Habana, organizaciones internacionales (como Amnistía Internacional) exigieron el respeto a los derechos de los condenados y denunciaron la persecución política de los mismos, a los que se calificaron de presos políticos o de conciencia.

La Primavera Negra dio lugar a uno de los movimientos sociales más fuertes en la isla. Las Damas de Blanco, familiares de los condenados

---

[3]Fidel Castro, *Biografía a dos voces*, Ignacio Ramonet. Debate, Barcelona, 2006 (pág. 547–548).

[4]Artículo 1 del Capítulo 1 de la Ley No.88 de Protección de la independencia nacional y la economía de Cuba: Esta Ley tiene como finalidad tipificar y sancionar aquellos hechos dirigidos a apoyar, facilitar, o colaborar con los objetivos de la Ley Helms-Burton, el bloqueo y la guerra económica contra nuestro pueblo, encaminados a quebrantar el orden interno, desestabilizar el país y liquidar al Estado Socialista y la independencia de Cuba.

[5]Hoy ya no queda ninguno de ellos en la cárcel. Los últimos disidentes políticos, Félix Navarro y José Daniel Ferrer, fueron puestos en libertad en marzo de 2011 como resultado del acuerdo alcanzado entre el gobierno cubano de Raúl Castro, la Iglesia y el gobierno español iniciado en julio de 2010 para liberar a los 52 disidentes del Grupo de los 75 que aún permanecían encarcelados.

140 que pacíficamente, y vestidas de blanco, por ser el color de la pureza, se manifestaban por las calles de la capital cubana para denunciar el abuso y violación de los derechos. Las Damas de Blanco fueron instigadas en numerosas ocasiones por denunciar los abusos de los que eran objeto, sus seres queridos.

145 El encarcelamiento del «Grupo de los 75» coincidió con la condena el 8 de abril a pena de muerte de tres personas que secuestraron una lancha para huir de la isla. Este hecho puso de manifiesto la violación al derecho inalienable de la vida y el ejercicio de terrorismo por parte del Estado. Ambos acontecimientos provocó que nuevamente algunos intelectuales le

150 dieran la espalda a Cuba.[6]

La desmesurada respuesta por parte del régimen fue interpretada como el intento de cortar de forma tajante los últimos movimientos que en la isla se venían gestando y que buscaban una transformación de manera pacífica y a través de vías democráticas. Entre estos movimientos destacaba

155 el denominado Proyecto Varela.

Bajo el nombre de uno de los personajes más respetados en Cuba, el religioso Félix Varela (1788–1853), se impulsó una iniciativa popular que quería una modificación constitucional para obtener una mayor apertura política e ideológica:

160 *Este proyecto propone la modificación de algunas leyes para de esta forma avanzar en el mejoramiento de la sociedad. EL PROYECTO VARELA, quiere convertir en leyes lo que son ya derechos establecidos en la Constitución de la República de Cuba y que no se cumplen. Este proyecto va dirigido a abrir espacios de participación libre y responsable de los ciudadanos en la vida política y*

165 *económica de la sociedad. Se propone a los ciudadanos que apoyen la petición de un Referendo para que sea el pueblo quien decida sobre este paso de apertura.[7]*

Amparado en el artículo 88g de la Constitución cubana, que otorga el derecho a que los ciudadanos realicen este tipo de iniciativas, el Proyecto Varela pretendía convertir «en leyes, el derecho a la libre expresión, la

170 libertad de prensa y la libertad de asociación. También el derecho de los ciudadanos a tener sus empresas, algo que ahora es privilegio de los extranjeros. También propone una modificación de la Ley Electoral No 72, puesto que esta es inconstitucional. Además pide una amnistía para presos políticos y nuevas elecciones».

---

[6] El escritor comunista José Saramago, Premio Nobel de Literatura, escribió una nota titulada "Hasta aquí he llegado" el 14 de abril en el diario español El País: «Hasta aquí he llegado. Desde ahora en adelante Cuba seguirá su camino, yo me quedo. Disentir es un derecho que se encuentra y se encontrará inscrito con tinta invisible en todas las declaraciones de derechos humanos pasadas, presentes y futuras. Disentir es un acto irrenunciable de conciencia». (http://www.elpais.com/articulo/internacional/ he/llegado/elpepiopi/20030414elpepiint_22/Tes) El escritor e intelectual uruguayo Eduardo Galeano publicó en abril del 2003 una nota titulada "Cuba duele" donde afirmaba: «Son visibles, en Cuba, los signos de decadencia de un modelo de poder centralizado, que convierte en mérito revolucionario la obediencia a las órdenes que bajan, «bajó la orientación», desde las cumbres.

[7] Fundamentos del Proyecto Varela, lanzado en La Habana el 22 de enero de 1998. http://www.oswaldopaya.org/es/proyecto-varela

Oswaldo Payá Sardiñas, activista y creador del Proyecto Varela

175 Este proyecto contó con el apoyo de numerosas figuras en la esfera internacional, incluido el expresidente estadounidense Jimmy Carter que, durante un discurso pronunciado en La Habana en mayo de 2002, llegó a declarar ante Fidel Castro que «Cuba ha adoptado un gobierno socialista donde no se permite que su pueblo organice ningún tipo de movimientos 180 de oposición. Su Constitución reconoce la libertad de expresión y de asociación, pero otras leyes niegan estas libertades a aquellos que no están de acuerdo con el gobierno» y por eso animaba a que «cuando los cubanos ejerzan este derecho para pacíficamente cambiar sus leyes mediante un voto directo, el mundo verá cómo son los cubanos y no los extranjeros 185 quienes decidirán el futuro».[8]

Esta iniciativa, impulsada entre otros por Oswaldo Payá, consiguió reunir en varias ocasiones más de las 10,000 firmas necesarias para impulsar dichos cambios legislativos, sin embargo, la Asamblea Nacional no la tuvo en consideración y fue rechazada.

190 De hecho, en *Fidel Castro, Biografía a dos voces*, el «Comandante» califica este proyecto como «el último invento de las decenas que ha hecho Estados Unidos, o la política de Estados Unidos».[9]

Asimismo, descalifica el proceso al mantener que muchas firmas se consiguieron mediante sobornos y lo desacredita sugiriendo que fue impulsado por los 195 Estados Unidos con la única finalidad de destruir la Revolución:

> *Los métodos politiqueros esos se usaron durante un año para promocionar el Proyecto Varela, con el apoyo de publicidad, de recursos de la Oficina de Intereses de Estados Unidos... Nuestras leyes sancionan las campañas calumniosas que se hacen contra el Estado, las campañas que fortalecen los argumentos de nuestros*

---

[8] http://www.cubanet.org/CNews/y02/may02/15o4.htm
[9] *Fidel Castro, Biografía a dos voces*, Ignacio Ramonet. Debate, Barcelona, 2006 (pág. 382).

200 *agresores, que justifican el bloqueo, aunque digan que están en contra del bloqueo;*
que justifican toda la filosofía de la agresividad contra Cuba, el bloqueo económico,
la guerra económica contra nuestro país… Es decir, esos son delitos bien calificados
y bien definidos en las leyes. Los promotores de ese proyecto han violado un montón
de leyes en esa campaña. Más bien se puede caracterizar la posición del gobierno por
205 *una gran tolerancia. ¿Por qué lo hacemos? Porque la revolución es fuerte.*[10]

El rechazo de la Asamblea a esta iniciativa popular no supuso la paralización del Proyecto Varela y de su lucha por una Cuba democrática. Sus actividades continuaron y, de hecho, un gran número de los detenidos en la Primavera Negra fueron miembros del Proyecto Varela.

210 De la importancia de este movimiento dan fe los numerosos premios y reconocimientos internacionales de los que ha sido objeto su promotor, Oswaldo Payá. Este habanero, nacido en 1952, ha recibido, entre otros, el Premio Príncipe de Asturias a la Concordia 2003 (España), el Premio Andrei Sajarov a los Derechos Humanos 2002, otorgado por el Parlamento Europeo,
215 y ha sido candidato al Premio Nobel de la Paz en 2002, 2003, 2008 y 2010.

Sin embargo, pese al nacimiento de este tipo de movimientos democráticos en la isla y el apoyo recibido desde diferentes esferas internacionales, Cuba ha permanecido inamovible en el desarrollo de nuevas medidas que favorezcan el respeto de los derechos humanos. En la clausura del
220 VI Congreso Comunista celebrado en La Habana en 2011, Raúl Castro, hermano y sucesor de Fidel Castro como presidente y secretario del Partido Comunista de Cuba, anunció una serie de reformas para corregir los errores producidos durante la Revolución pero siempre encaminadas a «defender, preservar y proseguir perfeccionado el socialismo y no permitir
225 jamás el regreso del régimen capitalista».

---

[10]Ibid (pág. 387).

📖 Narrativa: Testimonio

Alicia Partnoy (1955), nacida en Bahía Blanca, Argentina, hoy es profesora de literatura y lengua española en Loyola Marymount University, en Los Ángeles, luego de haber terminado su doctorado en la Catholic University en Washington, D.C. Es escritora, traductora y admirable y apasionada activista por los derechos humanos. Después del golpe militar de 1976 en Argentina, empezaron las desapariciones de cientos de ciudadanos argentinos, lo que se convertiría en miles de desaparecidos. En 1977, el ejército fue a la casa a buscar a Partnoy para arrestarla debido a que ella participaba en el movimiento de jóvenes peronistas cuando era universitaria. La llevaron a uno de tantos centros de concentración. Este se llamaba «La Escuelita», nombre que ella luego le daría al libro que escribió y publicó en 1985, para contar al mundo las violaciones de derechos humanos, las torturas que cometían los militares. Pasó como tres meses y medio con los ojos vendados y luego fue trasladada a una cárcel, pasando más de dos años y medio como prisionera de conciencia, sin haber sido acusada oficialmente de haber cometido ningún crimen. En

Profesora, escritora, traductora,
y activista, Dra. Alicia Partnoy

1979 la echaron de su país y se fue a vivir a los Estados Unidos, donde pudo reunirse con su familia. La Dra. Partnoy ha testificado ante la Organización de Naciones Unidas, la Organización de Estados Americanos y la Comisión de Derechos Humanos de Argentina. Su testimonio forma parte oficial de tantísimos testimonios que se han presentado ante la Comisión Nacional de Investigación de los Desaparecidos. Abajo hemos escogido sólo una parte del testimonio que ella cuenta y que tiene que ver con «La Escuelita».

ANTES DE LEER

En grupos de tres o cuatro estudiantes comenten lo siguiente. Compartan después sus observaciones con el resto de la clase.

1. ¿En qué situación cree que usted estaría dispuesto a arriesgar su seguridad o su vida en relación a un gobierno que no respeta la democracia o los derechos humanos? O sea, ¿qué cree que lo impulsaría a usted a salir a la calle a protestar algo importante, a unirse a otros que piensan igual, a organizar y participar en actividades que pudieran interpretarse como antigubernamentales?

2. Si usted fuese arrestado(a) injustamente y «desaparecido(a)», ¿cómo cree que podría sobrevivir una experiencia tan demoledora? ¿Qué haría? ¿Es algo difícil de imaginar?

3. ¿Qué leyes internacionales existen que condenan y castigan crímenes contra la humanidad? ¿Puede mencionar algunos casos que hayan llegado a los tribunales en el siglo pasado o en el actual? Piense en tantas dictaduras brutales que ha habido y existen todavía en diferentes regiones del mundo.

4. Un testimonio es un documento, un registro de algo que ha ocurrido. ¿Para qué cree que sirve dar un testimonio oficial a comisiones gubernamentales que investigan violaciones de derechos humanos? ¿Qué significado tiene para familiares y amistades de los que no llegaron a poder dar su testimonio? ¿Qué significado tiene para que sobreviven terribles violaciones de sus derechos humanos y para las futuras generaciones de esas naciones?

5. ¿Cree que hay hay actos o conductas que son imperdonables e inolvidables? Explique.

LA ESCUELITA DE BAHÍA BLANCA

Este es el único testimonio de los campos de concentración del sur de Argentina y muy especialmente de los existentes en la zona de Bahía Blanca.

Presentación

Mi nombre es Alicia Mabel Partnoy, argentina, nací en Bahía Blanca el 7 de Febrero de 1955, DIN 11.314.756.

El 19-9-74 contraje matrimonio con Carlos Samuel Sanabria, argentino nacido en Bahía Blanca el 15-9-53, con quien tuve una hija Ruth-Irupé,

5

quien nació el 28-6-75. Estudiábamos en la Universidad Nacional del Sur (Bahía Blanca), yo en el departamento de Humanidades y mi esposo en Ingeniería, habiendo sido yo delegada de curso y ambos activistas de la Juventud Universitaria Peronista. En el momento de nuestra detención mi esposo estaba trabajando en un negocio de venta de neumáticos "Casa Cincotta".

El día 12 de enero de 1977 al mediodía, soy detenida por personal del ejército uniformado, en mi domicilio de Canadá 240, Dto 2, Bahía Blanca; minutos después el mismo personal detiene a mi esposo en su local de trabajo. Se nos traslada al Comando del V Cuerpo de Ejército y de allí a un campo de concentración: «La Escuelita». A partir de ese momento pasamos a ser por espacio de 5 meses, dos nombres más en la interminable lista de miles de detenidos-desaparecidos, víctimas de la dictadura militar argentina.

Permanecimos 3 meses y medio en "La Escuelita", sujetos a torturas físicas y psicológicas, acostados permanentemente. De allí el 25 de abril de 1977 somos trasladados a la cárcel de Villa Floresta (Bahía Blanca), donde por 52 días estamos totalmente incomunicados, separados y en celdas de castigo. A mediados de junio de 1977—150 días después de la detención— el Poder Ejecutivo Nacional emite un decreto por el cual pasamos a estar a su disposición. A los pocos días de nuestra detención-desaparición, en el comando del V Cuerpo de Ejército a mi familia le habían mostrado un papel supuestamente firmado por nosotros donde "declarábamos haber sido puestos en libertad".

El 22 de agosto de 1977 mi esposo es trasladado a la cárcel de Rawson. Durante el traslado, esposado y vendado es objeto de golpes brutales. Permanece hasta octubre de 1979 en dicho establecimiento penal en condiciones infrahumanas de detención. Yo soy trasladada a Villa Devoto, esposada, vendada y sentada (con la cabeza entre las piernas) sobre el aparato de calefacción del avión en un viaje con escalas que dura 10 horas.

A fines de 1979, luego de tres años de prisión se nos otorga el derecho a dejar el país y llegamos a Estados Unidos, Carlos el 22 de octubre y yo junto a mi pequeña hija el 23 de diciembre de 1979.

Este testimonio es una prueba más de la existencia de detenidos desaparecidos en Argentina y de la responsabilidad total que cabe a la Junta Militar en la realización de crímenes contra la humanidad.

Me uno al pedido de los familiares de las víctimas y del pueblo de mi país, que hoy reclaman el total esclarecimiento de la situación de los detenidos-desaparecidos:

Aparición con vida de los detenidos desaparecidos.
Aparición de los niños secuestrados y nacidos en cautiverio.
Juzgamiento y castigo de los culpables.

Responsabilizo al Gobierno Militar de Argentina por cualquier represalia que se tome sobre la persona o los bienes de mi familia que vive en el país.

Me constituyo en testigo de cargo y me responsabilizo por todo lo expuesto en este testimonio. Estoy dispuesta a declarar ante cualquier organismo que investigue la violación de los derechos humanos en mi país.

El que sigue es el relato de la pesadilla en que la Dictadura Militar Argentina nos sumió (a mí y a mi familia) por espacio de tres años. Si hemos podido salir vivos de ese infierno ha sido por la presión ejercida sobre el gobierno argentino desde dentro y fuera del país por todos aquellos (personas u organismos) que luchan por la plena vigencia de la Constitución y los Derechos Humanos en mi tierra. Por eso, por los que todavía sufren en manos de quienes sangrientamente se apoderaron del gobierno de mi patria el 24-3-76, es que exhorto a no abandonar esta justa lucha por la vida y la libertad de miles de hombres, mujeres y niños argentinos.

Detención y tortura

El 12 de enero de 1977, me encontraba en mi casa con mi hija Ruth Irupé (de un año y medio), cuando escuché que sonaba insistentemente el timbre de calle. Era mediodía. Caminé los 30 metros de pasillo que separaban mi departamento de la puerta principal. Cuando llegué alguien estaba pateando con fuerza la puerta. Pregunté: ¿quién es? y me respondieron: Ejército; mientras seguían golpeando. En ese momento recordé los miles de asesinatos, desapariciones y torturas, que desde hacía casi un año venía perpetrando el ejército. Solo atiné a tratar de escapar y corrí por el pasillo saltando el paredón trasero de la casa. Entonces me dispararon desde uno de los techos vecinos. Mi hija, que me había seguido por el pasillo rumbo a la puerta, rompió a llorar. No pude verla ni supe que habían hecho con ella hasta cinco meses después. Ni siquiera supe si esa bala la había alcanzado. Entre cinco soldados me metieron a la fuerza en el camión del ejército. Ante los reclamos por mi hija sólo recuerdo la mirada de odio del que debía ser el jefe de la operación. Había al menos tres vehículos militares en la cuadra y se había obligado a los vecinos a permanecer dentro de las casas. Toda la comitiva se dirigió al lugar de trabajo de mi esposo, a unas 15 cuadras de nuestro domicilio y allí lo detuvieron, llevándonos a ambos al Comando del V Cuerpo de Ejercito, sede del Ejército en Bahía Blanca.

Allí permanecimos, en lugares separados hasta la tarde, en que luego de tomarnos declaración con los ojos vendados y esposados fuimos del mismo modo; trasladados al Campo de concentración. Cuando bajé del vehículo en que me llevaron, pude distinguir gracias a que mi venda estaba un poco floja, la fachada de una vieja casa en cuyo frente se leía en grandes letras negras: A.A.A. (Alianza Anticomunista Argentina), grupo para policial responsable de numerosos secuestros, torturas y asesinatos y con el cual el ejército insiste en no tener relación.

Adentro de la casa, entre burlas, gritos y malos tratos, tomaron nota de la ropa que llevaba puesta y me robaron [ilegible] un anillo. Luego me preguntaron:

Militar: ¿Quiénes somos nosotros?

Yo: El Ejército

Mil.: No, quién te detuvo?

Yo: El Ejército

Mil.: El Ejército te dejó en libertad y nosotros te agarramos - te encontramos en la calle.

Era 1977 y los militares hacían cínicos y absurdos esfuerzos por deslindar responsabilidades.

Me llevaron a una pieza y me obligaron a acostar sobre un colchón. Allí, con las manos atadas atrás, escuche durante toda la noche voces de hombres y mujeres: "Señor, agua", "Señor, quiero ir al baño", "Señor, pan". Nadie respondía. De a ratos entraba alguien y golpeaba a algunos, o gritaba insultos. Se oían quejidos.

Escuché durante toda la noche los gritos de mi marido en la tortura. Después supe que lo habían atado desnudo a una cama metálica y le habían aplicado electricidad (picana) en las sienes, las encías, el pecho, los testículos; supe que lo habían golpeado brutalmente. Luego me pareció escuchar sus quejidos en la habitación contigua, a la mañana, cuando me obligaron a levantarme descalza, pude ver —por un resquicio de abajo de la venda— que él estaba tirado en el piso, también había sangre en el suelo y me hicieron pisarla.

Me llevaron a interrogar a la cocina, había allí unos cinco o seis militares, entre interrogadores y guardias. Me pusieron una picana al lado mientras gritaban "Máquina" (así llaman a la tortura con picana); con un arma me apuntaban en la sien y apretaban el gatillo. Decían que iban a matar a mi hija. Me golpearon y luego cínicamente me leyeron el testimonio de una mujer a la que habían torturado salvajemente. Me decían que ellos no me estaban haciendo nada de eso, que por lo tanto todo eso era mentira—yo sabía que no era mentira—. Pero luego hicieron venir a mi esposo para que me contara su tortura.

Casi no podía hablar porque tenía la boca llagada y la lengua lastimada de haberla mordido cuando le aplicaban electricidad. Después de golpearme y amenazarme con "hacerme jabón" (por ser judía), me hicieron volver a la habitación diciéndome que en dos semanas me iban a venir a buscar de nuevo y me iban "a matar, si no te acordás de las cosas". Me sobresaltaba varias veces al día al oír el motor del auto de los torturadores, pensaba que venían a buscarme. Pasaron dos semanas y no volvieron.

Descripción de "La Escuelita"

La vieja casa donde funcionaba el campo de concentración esta ubicada atrás del Comando del V Cuerpo de Ejército a unas 15 cuadras de un motel alojamiento llamado "Tú y Yo", sobre el "camino de la Carrindanga" (camino de cintura). El lugar es llamado por los militares "Sicofe". Esta cerca de una vía del ferrocarril, se podía oír el paso de los trenes, los tiros de práctica del Comando de Ejército y el mugido de vacas.

Constaba de dos habitaciones donde se encontraban las camas cuchetas en las que permanecíamos acostados los prisioneros. Cuando llovía, el agua caía a chorros dentro de las piezas, empapándonos ya que no nos podíamos mover. El piso de esas habitaciones era de madera, con huecos y roturas; las paredes amarillentas y las ventanas, altas y con rejas coloniales tenían postigos verde oscuro. Siempre espiando por debajo de la venda podía ver desde mi cama la inscripción A.A.A. en la pared de una de las piezas; había un pizarrón en la pared opuesta. En el medio de esas habitaciones había un balcón con piso de baldosas, donde se instalaba un guardia a controlar que no nos moviéramos ni habláramos.

150 También había allí una cama con un prisionero. Una reja clausuraba esa parte de la casa. Luego de un pasillo, venía la habitación de los guardias. La cocina y el baño (donde a veces nos duchábamos). Se atravesaba una puerta para salir al patio, donde estaba la "sala de tortura", la letrina adonde nos llevaban a hacer nuestras necesidades y un aljibe que
155 utilizaban para torturar colgando a las personas durante horas con el cuerpo sumergido allí. También había una casilla rodante donde dormían los guardias. Luego agregaron una o dos casillas más para otros detenidos-desaparecidos.

Este es el plano aproximado del lugar. En más de 100 días, se dieron
160 muchas oportunidades de espiar por debajo de la venda, a pesar de los algodones que nos colocaban, de la cinta adhesiva que nos pegaban a la piel o de los golpes que recibíamos ante la sospecha de que espiábamos. A pesar de que podría reconocer perfectamente el lugar si lo viera, hay algunas imprecisiones en el dibujo, sobre todo en lo que respecta a la
165 ubicación de los lugares en el patio.

Personal

La guardia estaba compuesta en su mayor parte por personal de Gendarmería Nacional. Había dos turnos de 12 guardias cada uno, que con algunas variaciones debidas a sus cambios de destino, custodiaban a los detenidos-desaparecidos por intervalo de dos meses cada turno.
170 Había dos jefes de turno permanentes que controlaban día por medio el "campo".

Estos jefes (aparentemente oficiales) estaban encargados de la tortura, en los interrogatorios, y también tomaban parte en los secuestros y traslados. Algunos guardias participaban en la tortura y en los
175 operativos (secuestros)—de lo cual se vanagloriaban—, recibían a cambio dinero extra y además el beneficio de repartirse el "botín". Todos los guardias eran encargados de la diaria tortura física y sicológica consistente en el maltrato y la humillación permanente que luego describiré.
180 Había dos interrogadores (personal de Inteligencia) que aparentemente supervisaban el "trabajo" de los jefes de turno y que venían imprevistamente o cuando habla nuevos secuestrados. Cada tanto venían comitivas especiales, precedidas por un estado de nerviosismo de los guardias —que en esas oportunidades limpiaban el
185 piso. En una de esas recorridas pude ver -por un resquicio de la venda —un par de botas militares y parte de un pantalón verde oliva. De todos modos el ruido de las botas sonaba aterrador sobre el piso de madera —aun antes de haberlas visto (tanto los guardias como los jefes usaban ropa civil, esmerándose en que su calzado fuera silencioso para que
190 nunca tuviéramos exacta noción de donde se encontraban). También había un "médico" o enfermero en el último tiempo.

Los turnos de guardia se distribuían de la siguiente manera: 3 grupos de 4. Cada grupo tenía un día de turno, un día de descanso (en que estaban autorizados a salir del lugar) y un día de "retén" en que se quedaban a reforzar la guardia en caso necesario. El grupo de refuerzo era el encargado de ir a buscar la comida al comando. El grupo diario rotaba en los siguientes puestos: Uno adentro de las piezas, uno en el pasillo, uno en la garita de afuera y el cuarto móvil. Luego de meses de estar atenta a los ruidos y a las voces, y a las conversaciones que podía captar entre ellos, pude darme cuenta de cuántos eran y cómo se organizaban. Todos se llamaban entre ellos por sobrenombres; las descripciones físicas aproximadas puedo darlas gracias a lo que espié bajo la venda floja y a que en las pocas oportunidades en que nos podíamos bañar ellos se colocaban una capucha negra al quitarnos la venda.

El encargado de nuestro traslado a la cárcel fue el oficial Núñez (alias Mono), que se desempeñaba como encargado de los "detenidos especiales" (presos políticos) en la cárcel de Villa Floresta (Bahía Blanca).

Interrogadores: Tío, Pelado.

Jefes de turno:

- Chiche: Alrededor de 22-23 años, Alto y delgado (unos 70 kg de peso; 1.80 m aprox de estatura). Cabello lacio, ojos marrones, tez blanca, rasgos regulares. En un arranque de "audacia" me ordenó que lo mirara sin venda, haciendo alarde de que el no tenía miedo a "los subversivos". Tenía una sonrisa autosuficiente, lo mismo que su forma de hablar, su voz era ligeramente nasal.

- Turco: 26-28 años, alto, más corpulento que Chiche (80 kg - 180 m aprox). Cabello ondeado, ojos oscuros, cejas anchas y juntas.

Primer turno de guardia: Desde mediados de diciembre hasta mediados de febrero de 1977.

- Viejo: De baja estatura, muy delgado, de unos cuarenta años, se vanagloriaba de haber estado en un campo de concentración en Tucumán y de estar haciendo dos turnos seguidos de dos meses cada uno.

- Gato-Vaca: Gordo, de mediana estatura, unos 35 años.

- Gordo Polo: Gordo, alrededor de 1.70 m de estatura, unos 28 años. Decía ser de Neuquén.

- Otros: Flaco, Vaca, Indio, Perro y 5 más cuyos alias no recuerdo.

Segundo turno de guardia: Desde mediados de febrero hasta alrededor del 22 de abril de 1977.

- Abuelo: Alrededor de 1.70 m de estatura, corpulento pero no gordo, ojos oscuros y cabello oscuro con entradas. Unos 35 años, de la provincia de Santa Fe. Se jactaba de ser un mercenario y participaba en los operativos.

- Heriberto Labayén: (alias Zorzal o Vasco) 33 años, alrededor de 1.75 m de estatura. Cabello oscuro, lacio, ojos marrones, usaba bigote. Su madre vivía en Niñiguau (o similar) población pequeña cercana a San Martín de los Andes. Suboficial de Gendarmería.

- Chamamé: Unos 1.80 m, delgado, correntinos 30 años, cabello y ojos oscuros. Estuvo un mes y luego se fue. Comentaban que lo habían arrestado en un barco por un problema de estafa dentro del ejército.

- Peine: De unos 38 años, alrededor de 1.75 m. Suboficial de Gendarmería. Cabello oscuro y con entradas, bigote ancho, ojos oscuros.

- Pato: Cerca de 40 años, alrededor de 1.70 m, corpulento ojos oscuros, bigote renegrido, hablar "ceceoso". Decía ser electricista (además de militar) y hablaba siempre de su "señora e hijos", casi siempre estaba borracho, suboficial de Gendarmería.

- Moro: Unos 18 años, alrededor de 1.80 m, delgado.

- Bruja: De nombre Roberto, mendocino. Alrededor de 1.70 m, delgado, de unos 20 años.

- Otros: Tino y Perro y 3 más cuyos alias no recuerdo.

Alrededor del 23 de abril volvió el primer turno pero sólo dos días hasta nuestro traslado a la cárcel no pude identificarlos bien.

Condiciones de vida en "La Escuelita"

Un promedio de unas quince personas sobrevivíamos en condiciones infrahumanas, donde a la incertidumbre sobre nuestro destino final y el temor permanente a la muerte —que se prolongaba por largos meses— se sumaban la tortura física y la carencia de las cosas mas elementales para cubrir las necesidades humanas.

Obligados a estar acostados, a veces inmóviles o boca abajo durante largas horas, con los ojos vendados y las muñecas atadas fuertemente (en los hombres se solía utilizar esposas). Cubiertos con una sucia manta cuanto las temperatura alcanzaba varios grados bajo cero, éramos obligados a cubrirnos hasta la cabeza cuando el calor era fuerte.

La venda en los ojos era fuertemente ajustada, aunque en oportunidades pasaban guardias que no las ajustaban lo cual era usado como excusa en la guardia siguiente para pegarnos "por no avisar". Frecuentemente nos tapaban también los oídos con la venda. Muchas veces se nos permitía hacer nuestras necesidades una sola vez por día y luego de muchas horas de pedirlo. Otras veces los guardias nos ofrecían llevarnos al baño pero eran tantos los golpes, empujones y malos tratos que recibíamos en el trayecto que preferíamos no ir.

En una de esas idas al baño me rompieron un diente empujándome contra la reja que cerraba la entrada a las habitaciones. Otras veces nos hacían formar un "trencito"; entraban a gritos en las habitaciones, golpeándonos con un garrote de goma nos apuraban a que nos pusiéramos los zapatos, que buscábamos a tientas alrededor de la cama. Luego nos hacían formar en hileras de 4 o 5, tomados unos de las ropas de los otros, a veces podíamos tomar la mano de alguien, ellos no lo sabían y su propósito era humillarnos y reírse de nosotros, pero ese contacto con una mano solidaria nos reconfortaba. El baño en cuestión era una letrina sin puertas, en el patio. Mientras hacíamos nuestras necesidades éramos observados por los guardias que nos insultaban. Estábamos tan debilitados que nos desmayábamos muy frecuentemente cuando nos levantábamos para ir al baño.

285 Estábamos muy sucios, nos bañábamos cada 20 días y en el transcurso no se nos permitía lavarnos las manos, con las que solíamos comer muchas veces a falta de cubiertos. Nos echaban polvos insecticidas tóxicos sobre el cuerpo y el cabello "para combatir pulgas y chinches". Mientras nos bañábamos éramos observadas por los guardias encapuchados, luego del baño, nos
290 volvíamos a colocar la misma ropa sucia. A veces, cuando saqueaban las casas solían traer algunas ropas al "campo" y una vez obligaron a todos los hombres a vestir camisones de mujer y vestidos mientras se secaban sus pantalones. El objetivo era humillarlos. En días muy fríos solían bañar a los hombres con una manguera en el patio, como a los animales.

295 La comida consistía en almuerzo a la 1 (13 horas) y cena a las 7 (19 horas); o sea que durante 18 horas seguidas no probábamos bocado. Vivíamos con hambre permanentemente. Yo adelgacé 10 kg. llegando a pesar 45 kg (mido 1.64 m). A la comida escasa, falta total de azúcares y frutas, se sumaba el hecho de que la situación de estrés
300 permanente hacía que nuestro organismo consumiera mayor cantidad de calorías. Solíamos temblar durante horas de frío, a veces en verano. Comíamos nuestro plato de comida con los ojos vendados, sentados en la cama y con el plato sobre la falda, apoyado en la almohada. Cuando había sopa o guisos líquidos los golpes eran permanentes
305 porque los guardias pretendían que mantuviéramos el plato derecho, cosa imposible con los ojos vendados.

Cuando teníamos sed podíamos pedir agua durante horas sin obtener más respuesta que amenazas o golpes. Hablar estaba prohibido y era castigado con golpes de cachiporra de goma, puñetazos o
310 quitándosenos el colchón. Una vez que me encontraron hablando me llevaron a los empujones hasta la cocina, me obligaron a desnudarme y a colocarme bajo una gota de agua que caía por un agujero del techo, ya que estaba lloviendo. Estuve media hora parada allí y luego me pegaron fuertes patadas. En otra oportunidad, me colocaron en la
315 misma pieza con mi esposo después de 3 meses de no vernos.

Luego de dos días de escuchar atentamente tratando de encontrar un momento para hablar, creíamos que no nos observaban y alcanzamos a cruzar algunas palabras, pero nos estaban escuchando: fuimos brutalmente golpeados y por supuesto separados de habitación. Nunca voy a olvidarme
320 del día de mí cumpleaños, el 7 de febrero: me permitieron sentar en la cama; también había música ese día: estaban torturando a Carlos Mario D'Ilaqua y a Hugo Pvonpíndal y pretendía tapar los gritos con el ruido de la radio.

Cuando detenían a gente nueva solían traer buena comida, nos decían que: "debíamos estar contentos" en esas oportunidades. El día en que
325 detuvieron a "Benjamín" —un muchacho de 17 años— nos habían traído un trozo de queso para la cena. Benjamín, casi un niño, fue brutalmente golpeado; después de tenerlo todo el día sin comer, alternativamente colgado de los brazos y sumergido en el pozo de agua y parado al sol, lo

trajeron a nuestra habitación. Allí le ataron las manos a los pies de mi
cucheta (yo estaba en la cama de arriba). Toda la noche estuvo allí parado
y desnudo, recibiendo los golpes de los guardias que entraban a cada rato
diciendo que "estaban aburridos" y "querían boxear un poco".

Lo golpeaban en el estómago y caía, quedando colgado de las manos;
lo obligaban a levantarse y lo volvían a golpear. En un intervalo alcancé
a pasarle unos trozos de queso y de pan por debajo de la manta: debía
colocármelos entre los dedos de los pies y alcanzárselos hasta su mano, ya
que de otro modo nos podían descubrir.

El clima de violencia era permanente, nos amenazaban constantemente
gatillando sus armas en nuestra cabeza o boca. Una vez, a uno de los
guardias que estaba parado enfrente de mi cucheta se le escapó un tiro
adentro de la habitación, podía haber sido fatal.

Había cosas insólitas: un día nos trajeron a todos cepillos de dientes y pasta
dental, no teníamos nada, casi no nos bañábamos y a duras penas nos
llevaban al baño, ¿nos dejarían lavar los dientes? Un día cuando nos llevaron
al baño nos dieron un vaso de agua para que nos laváramos los dientes, yo
no pude resistir unos minutos más parada y me desmayé. A los dos días nos
quitaron todo: la pasta dental era de los Laboratorios del Ejército Argentino.

En los últimos tiempos trajeron un médico o enfermero que venía a
preguntarnos como estábamos: como las mujeres no menstruábamos
nos decía que nos iba a poner una inyección pero que iba a ser "antes
de ir a la cárcel". Escuché que les decía que les iba a poner esa inyección
a Zulema Izurieta y a María Elena Romero la noche en que las sacaron
de allí. Minutos después sentí como hablaban con la voz del que se está
durmiendo por efecto de la anestesia.

Las Madres de la Plaza de Mayo incluye madres, abuelas, cónyuges y otros familiares y amistades de personas desaparecidas. Aun hoy día se reúnen en Buenos Aires para exigir justicia y obtener respuestas sobre el paradero de sus seres queridos.

Artículo de prensa: Revista

BUSCO A MI HERMANO

La última dictadura argentina (1976–1983) robó la identidad de
centenares de niños y bebés que fueron secuestrados junto a sus
padres o nacieron en centros clandestinos de detención. De muchos
se apropiaron los militares, otros fueron vendidos o entregados a
instituciones de menores, perdiendo su verdadera identidad. Otros
hijos de desaparecidos, como Nicolás Placci y Gastón Mena, fueron
criados por sus familias de sangre, pero luchan por encontrar a sus
hermanos, a los bebés que sus madres llevaban en el vientre cuando
fueron secuestradas.

Texto de Astrid Riehn

NICOLÁS

Nicolás Placci se enteró de su verdadera identidad a los seis años, cuando
le preguntó a quien creía su madre por qué se veía tan vieja al lado de las
demás mamás de sus compañeritos de escuela. Fue entonces que su abuela
materna le confesó que, en realidad, no era su madre, sino su abuela, y que
sus verdaderos padres habían tenido "problemas con la policía por pensar
diferente" y que no se sabía dónde estaban.

A sus 32 años, Nicolás debió entender lo difícil que tuvo que haber sido
para su abuela explicarle a un niño que recién empezaba a leer y escribir
que sus padres eran dos de los 30,000 desaparecidos que dejó la última
dictadura en Argentina. "Recuerdo que nunca mencionó la palabra
muerte. Por eso, durante mucho tiempo, me senté en el cordón de la
vereda de mi casa a esperar que volviera mi mamá", cuenta Nicolás.

Tenía apenas seis meses cuando sus padres, Alba Noemí Garófalo, de 22
años, y Eduardo Daniel Placci, de 21, fueron secuestrados. Formaban parte
de la organización armada del peronismo de izquierda Montoneros que
había pasado a la clandestinidad un año antes.

El 7 de diciembre de 1976, Alba dejó a su niño de seis meses en casa de
una vecina del barrio de San Martín, en la provincia de Buenos Aires,
donde vivía desde hacía poco tiempo, y le pidió que se lo cuidara un ratito,
que iba a hacer un trámite y volvía. Alba nunca regresó. Nadie volvió a
ver tampoco a su marido, Eduardo. Al otro día, un "grupo de tareas",
nombre con que se conocía a los grupos estatales de represión ilegal que
secuestraban durante la dictadura, allanó la casa en que vivían los padres
de Nicolás, pero no los encontró: se habían ido.

A las 48 horas de que Alba dejara a su hijo con los vecinos, los abuelos
maternos de Nicolás recibieron un llamado anónimo en el cual les
explicaron dónde se encontraba su nieto, gracias a lo cual fue recuperado
y criado por su familia. Nicolás logró reconstruir su historia de adulto,
a través de sus propias investigaciones, que incluyeron contactos con
aquellos vecinos que lo cuidaron durante 48 horas y entrevista con

compañeros de militancia de sus padres. A sus abuelos no les gustaba mucho hablar del tema.

Su historia sigue siendo un gran rompecabezas al que le faltan varias piezas, pero hoy cree que su madre lo dejó a conciencia en casa de los vecinos para salvarlo, ya que probablemente tuvo que huir al enterarse de que el cerco de sus perseguidores se estrechaba. "Contacté a la hija de la vecina años más tarde y me contó que les había llamado la atención la cantidad de pañales que había puesto mi mamá en el cochecito", explica Nicolás, que está seguro de que fue Montoneros quien alertó a sus abuelos.

Lo que sigue es tristemente conocido: nunca más se volvió a saber de sus padres, que pasaron a engrosar la larga lista de desaparecidos. "Me siento un verdadero afortunado porque, a pesar de haber estado muy cerquita de ser llevado a un instituto de menores o de caer en manos de un apropiador, fui entregado a mi familia biológica y me crié con ellos. No todos corrieron la misma suerte, y muchos más aún deben estar viviendo una pesadilla atrapados en el desconocimiento de su verdadera identidad", comenta.

Investigando, Nicolás se enteró de que, al momento de ser secuestrada, su madre estaba embarazada de dos meses. Por eso entró en contacto con la asociación Abuelas de Plaza de Mayo (ver recuadro).

Nicolás no sabe si su madre llegó a dar a luz a ese hermano o hermana. Los secuestrados eran torturados salvajemente en los centros clandestinos de detención y las embarazadas no eran la excepción. Sin embargo, no pierde las esperanzas de que haya nacido en alguna de las maternidades clandestinas que funcionaron durante la dictadura (Campo de Mayo, ESMA, Pozo de Banfield) y que, algún día, en la búsqueda de la verdad, puedan reencontrarse.

GASTÓN

Gastón Mena fue criado por la hermana de su padre y el hermano de su madre, sus tíos, que a la vez estaban casados. Las sospechas de Gastón también comenzaron en la escuela, cuando se dio cuenta de que a sus hermanos los llamaban por un apellido distinto del suyo, Álvarez. Cuando le preguntó el porqué a quien creía su madre, le dijo que él llevaba su apellido de soltera, Mena, para continuarlo.

Sin embargo, la verdad llegó cuando tenía 11 años y jugaba al fútbol en la calle con sus hermanos, hijos de sus tíos. Un vecino del barrio se le acercó y le dijo: "Sos (eres) igual a tu papá", refiriéndose a su padre con un apodo que no era el de su padre de crianza. Fue entonces cuando sus padres adoptivos no tuvieron más remedio que decirle la verdad, que sus verdaderos padres eran Graciela Marta Álvarez y Hugo Francisco Mena. "Me dijeron que los habían secuestrado los soldados. Fue rarísimo porque, a los 11 años, para mí los soldados eran lo más", recuerda Gastón a sus 34 años.

Hoy sabe que sus padres militaban en la Juventud Peronista y que cayeron en un control policial de una autopista el 19 de abril de 1976. Los propios

85 compañeros de militancia de sus padres entregaron a Gastón, que por ese entonces tenía tres años, a sus tíos. "Después de conocer la verdad, vino toda una época de rebeldía y de bronca. Años más tarde decidí comenzar a averiguar sobre mis verdaderos padres. De casualidad conocí a una abogada que se interesó por mi tema y puso todo en marcha para

90 recuperar los restos de mis padres", cuenta.

Los restos aparecieron en sendas fosas en los centros de detención clandestino de Campo de Mayo y de Avellaneda; pudieron ser identificados por un equipo de antropólogos que, además, estableció que, poco antes de morir, su madre había dado a luz a un niño. A través del equipo de

95 antropólogos, Gastón logró contactar a Sonia, una vieja compañera de militancia de su madre que estuvo detenida con ella en Campo de Mayo y que la vio embarazada. Desde entonces, confiesa Gastón, Sonia es como "una segunda mamá".

"La relación con mi familia de crianza no es muy fluida—explica—.

100 De vez en cuando veo a mis viejos pero tengo mucho dolor y bronca. El tema de mis padres biológicos es un tema del que ellos no hablan. Cuando lo pueden evitar lo evitan. Esto me da bronca e impotencia porque no estamos hablando de un hombre y una mujer cualquiera. Son mis padres, sus propios hermanos a los que secuestraron,

105 torturaron y mataron. ¡Y encima de esto hay otro hijo perdido!", afirma.

Gastón comenta con tristeza que no tiene recuerdos de sus padres, que apenas se le vienen a la cabeza imágenes en las que está jugando en una casilla con una bomba de agua. "Nada más… no tengo recuerdos. Ojalá

110 tuviera…". Desde que se enteró, a los 16 años, de que tiene un hermano o hermana, no pierde las esperanzas de encontrarlo.

"Estoy recontra-ilusionado con mi hermana; no sé por qué, pero me imagino que tuve una hermana. Y a la vez tengo miedo al reencuentro, de cómo se lo pueda tomar (Nota del editor: algunos de los jóvenes que se

115 enteran de su verdadera identidad rechazan a sus familiares biológicos). Pero quiero y tengo la esperanza de encontrarla".

NIETOS RECUPERADOS

Desde 1977, la ONG Abuelas de Plaza de Mayo, formada por mujeres que buscaban a sus nietos desaparecidos, lucha por localizar y restituir a sus familias legítimas a todos los niños secuestrados por la represión política.

120 Algunos de estos niños fueron secuestrados junto a sus padres y otros nacieron en cautiverio. Una de las formas de búsqueda es mediante el Banco de Datos Genéticos, donde figuran los mapas genéticos de todas las familias que tienen niños desaparecidos.

En 1983, con el inicio de la democracia, Abuelas, candidata a recibir el

125 Premio Nobel de la Paz ese año, tenía 190 carpetas abiertas con casos de niños desaparecidos. En 2001 ya eran 300. Sin embargo, se estima que los niños apropiados fueron 500.

En mayo de 2008, Abuelas logró recuperar a la nieta número 90, Laura Ruiz Dameri, que nació en el centro de detención clandestino de la ESMA en 1980 y fue apropiada ilegalmente por el exprefecto Antonio Azic, condenado a prisión en el marco de una causa que investiga el robo de bebés durante la dictadura. La prueba de ADN para identificarla se le hizo por orden judicial, sin su consentimiento. Sus hermanos de sangre, Marcelo y María de las Victorias, la buscaban desde hacía años.

ACTIVIDAD

Mire, si es posible, una o dos películas que traten el tema de los desaparecidos en Argentina. Recomendamos dos títulos: *La historia oficial* y *Cautiva*. Además, recomendamos a los estudiantes que traten de ver el documental *Madres de la Plaza de Mayo*, que se indica en las sugerencias al final del capítulo. También explore los sitios web de: Madres de Plaza de Mayo, Abuelas de Plaza de Mayo, Hijos de Plaza de Mayo y Amnistía Internacional (en español), para informarse mejor.

📖 Cuento

Luisa Valenzuela (1938) nació en Buenos Aires, Argentina. Desde jovencita, trabajó como periodista en *Quince abriles*, una revista para adolescentes, y luego en el periódico *La Nación*. Vino a los Estados Unidos por primera vez en 1969 con una beca Fulbright para participar en un taller para escritores organizado por la Universidad de Iowa. Volvió nuevamente a los Estados Unidos en 1979. Vivió muchos años en Nueva York, luego de los cuales regresó a su patria, Argentina. Ha dado clases de composición literaria en varias universidades estadounidenses. Julio Cortázar y Carlos Fuentes, famosos escritores hispanoamericanos, han elogiado su obra, y varias revistas estadounidenses académicas le han dedicado números monográficos. Entre sus muchos libros, se pueden citar *Los heréticos* (1967), *Libro que no muerde* (1980), *Cambio de armas* (1982) *Crimen del otro* (1989), *La travesía* (2001) y *Tres por cinco* (2010).

La escritora argentina, Luisa Valenzuela

ANTES DE LEER

En grupos de tres o cuatro estudiantes comenten lo siguiente. Compartan después sus observaciones con el resto de la clase.

1. Si usted se quedara desamparado(a) y sin dinero por razones ajenas a su voluntad, ¿qué haría para conseguir comida, ropa y otras necesidades? ¿No repararía en hacer algo que le pareciera inmoral? Especifique.

2. ¿Es importante para usted lo que pasa con el cuerpo después de la muerte? ¿Por qué? ¿Donaría sus órganos, por ejemplo? ¿Cómo piensa que reaccionaría su familia?

LOS MEJOR CALZADOS

°**descuartizada:** *hecha pedazos*

°**rengo:** *cojo* 5

°**picana:** *vara puntiaguda*
°**chiche:** *perfecto*
10

°**tronchar:** *cortar, impedir*
°**baldío:** *terreno sin cultivos* 15
°**canje:** *cambio*

°**yerba mate:** *hierba que se usa como el té; el mate es el utensilio para* 20 *preparar la infusión*
°**finado:** *muerto*

°**apostolado:** *enseñanza, propagación de una idea*
°**merodear:** *andar sin* 25 *rumbo*

°**zanjón:** *zanja grande y profunda*

°**jactarse:** *alabarse,* 30 *vanagloriarse*

Invasión de mendigos pero queda un consuelo: a ninguno le faltan zapatos, zapatos sobran. Eso sí, en ciertas oportunidades hay que quitárselo a alguna pierna descuartizada° que se encuentra entre los matorrales y sólo sirve para calzar a un rengo°. Pero esto no ocurre a menudo, en general se encuentra el cadáver completito con los dos zapatos intactos. En cambio las ropas sí están inutilizadas. Suelen presentar orificios de bala y manchas de sangre, o han sido desgarradas a latigazos, o la picana° eléctrica les ha dejado unas quemaduras muy feas y difíciles de ocultar. Por eso no contamos con la ropa, pero los zapatos vienen chiche°. Y en general se trata de buenos zapatos que han sufrido poco uso porque a sus propietarios no se les deja llegar demasiado lejos en la vida. Apenas asoman la cabeza, apenas piensan (y el pensar no deteriora los zapatos) ya está todo cantado y les basta con dar unos pocos pasos para que ellos les tronchen° la carrera.

Es decir que zapatos encontramos, y como no siempre son del número que se necesita, hemos instalado en un baldío° del Bajo un puestito de canje°. Cobramos muy contados pesos por el servicio: a un mendigo no se le puede pedir mucho pero sí que contribuya a pagar la yerba mate° y algún bizcochito de grasa. Sólo ganamos dinero de verdad cuando por fin se logra alguna venta. A veces los familiares de los muertos, enterados vaya uno a saber cómo de nuestra existencia, se llegan hasta nosotros para rogarnos que les vendamos los zapatos del finado° si es que los tenemos. Los zapatos son lo único que pueden enterrar, los pobres, porque claro, jamás les permitirán llevarse el cuerpo.

Es realmente lamentable que un buen par de zapatos salga de circulación, pero de algo tenemos que vivir también nosotros y además no podemos negarnos a una obra de bien. El nuestro es un verdadero apostolado° y así lo entiende la policía que nunca nos molesta mientras merodeamos° por baldíos, zanjones°, descampados, bosquecitos y demás rincones donde se puede ocultar algún cadáver. Bien sabe la policía que es gracias a nosotros que esta ciudad puede jactarse° de ser la de los mendigos mejor calzados del mundo.

PARA COMENTAR

Trabajando en parejas, contesten las siguientes preguntas sobre "Los mejores calzados". Justifiquen su opinión cuando sea necesario. Luego pueden comparar sus respuestas con las de otros compañeros.

1. ¿Cuál es el tono del cuento y qué logra la autora con el estilo que usa?

2. ¿Por qué los mendigos no pueden utilizar las ropas de los cadáveres?

3. La autora dice: «Apenas asoman la cabeza, apenas piensan (y el pensar no deteriora los zapatos) ya está todo cantado y les basta con dar unos pocos pasos para que ellos les tronchen la carrera». ¿Quiénes son «ellos» en este pasaje? ¿A qué se refiere al decir «ya está todo cantado»?

4. Según el narrador, ¿cuál es el consuelo de los mendigos?

5. ¿Por qué no permiten los policías que los familiares se lleven los cuerpos de sus seres queridos?

6. ¿Cuál es la ironía de la última oración del cuento?

PARA ESCRIBIR

Hay ironía en la intención de un autor o autora cuando utiliza un tono jocoso e incluso cómico para tratar algo muy serio. El uso de la ironía es un arma eficaz para convencer al lector del punto de vista del autor.

Uno de los ejemplos más famosos del uso de la ironía en la literatura inglesa es *A Modest Proposal* de Jonathan Swift, donde el autor propone que la gente se coma a los niñitos irlandeses para aliviar así el problema del hambre en Irlanda y ofrece recetas para cocinarlos.

Escriba una breve composición de entre 75 y 100 palabras en la que explique cómo Valenzuela utiliza la ironía en el cuento "Los mejores calzados" y cuál, en su opinión, es su intención o verdadero objetivo. Dé ejemplos específicos, acordándose de usar comillas al citar el texto.

 # Cuento

Hernando Téllez (1908–1966), nativo de Bogotá, Colombia, ejerció el periodismo en importantes diarios de su país. Sirvió como cónsul colombiano en Marsella, Francia, y fue senador de la república. Se distinguió primeramente a nivel nacional como ensayista, pero su fama continental se debe más bien a sus cuentos y sobre todo al que se reproduce a continuación, "Espuma y nada más", ampliamente antologizado desde su aparición. El relato fue impreso originalmente en la colección *Cenizas para el viento y otras historias*, publicada en 1950.

ANTES DE LEER

En grupos de tres o cuatro estudiantes comenten lo siguiente. Compartan después sus observaciones con el resto de la clase.

1. ¿Con qué frecuencia va usted a la peluquería? ¿A qué peluquería o salón de belleza va? ¿Cómo es? ¿Elegante? ¿Modesto(a)?

2. ¿Tiene un(a) peluquero(a) favorito(a)? ¿Cómo es? ¿Puede describirlo(la)?

3. ¿Cómo pasa usted el tiempo mientras espera turno o mientras el(la) peluquero(a) hace su trabajo?

4. ¿Ha experimentado alguna vez un dilema serio, al haber tenido que decidir entre dos posibilidades de igual peso pero las dos son indeseables? ¿Cuáles eran esas posibilidades? ¿Cómo pudo resolver el dilema?

5. Según su opinión, ¿cuál es la diferencia entre ser cobarde y ser prudente? ¿Existen situaciones donde la cobardía se convierte en prudencia, o viceversa? ¿Cuáles?

ESPUMA Y NADA MÁS

°**badana:** *piel curtida de carnero u oveja, usada para afilar*

°**ribeteado:** *adornado*

°**kepis:** *gorro militar*

°**escarmentar:** *servirle a uno de lección para el futuro*

°**reponer:** *responder*

°**parroquiano:** *que acostumbra el mismo negocio*

No saludó al entrar. Yo estaba repasando sobre una badana° la mejor de mis navajas. Y cuando lo reconocí me puse a temblar. Pero él no se dio cuenta. Para disimular continué repasando la hoja. La probé luego sobre la yema del dedo gordo y volví a mirarla contra la luz. En ese instante se quitaba el cinturón ribeteado° de balas de donde pendía la funda de la pistola. Lo colgó de uno de los clavos del ropero y encima colocó el kepis°. Volvió completamente el cuerpo para hablarme y, deshaciendo el nudo de la corbata, me dijo: "Hace un calor de todos los demonios. Aféiteme". Y se sentó en la silla. Le calculé cuatro días de barba. Los cuatro días de la última excursión en busca de los nuestros. El rostro aparecía quemado, curtido por el sol. Me puse a preparar minuciosamente el jabón. Corté unas rebanadas de la pasta, dejándolas caer en el recipiente, mezclé un poco de agua tibia y con la brocha empecé a revolver. Pronto subió la espuma. "Los muchachos de la tropa deben tener tanta barba como yo". Seguí batiendo la espuma. "Pero nos fue bien, ¿sabe? Pescamos a los principales. Unos vienen muertos y otros todavía viven. Pero pronto todos estarán muertos". "¿Cuántos cogieron?" pregunté. "Catorce. Tuvimos que internarnos bastante para dar con ellos. Pero ya la están pagando. Y no se salvará ni uno, ni uno". Se echó para atrás en la silla al verme con la brocha en la mano, rebosante de espuma. Faltaba ponerle la sábana. Ciertamente yo estaba aturdido. Extraje del cajón una sábana y la anudé al cuello de mi cliente. El no cesaba de hablar. Suponía que yo era uno de los partidarios del orden. "El pueblo habrá escarmentado° con lo del otro día", dijo. "Sí", repuse° mientras concluía de hacer el nudo sobre la oscura nuca, olorosa a sudor. "¿Estuvo bueno, verdad?" "Muy bueno", contesté mientras regresaba a la brocha. El hombre cerró los ojos con un gesto de fatiga y esperó así la fresca caricia del jabón. Jamás lo había tenido tan cerca de mí. El día en que ordenó que el pueblo desfilara por el patio de la escuela para ver a los cuatro rebeldes allí colgados, me crucé con él un instante. Pero el espectáculo de los cuerpos mutilados me impedía fijarme en el rostro del hombre que lo dirigía todo y que ahora iba a tomar en mis manos. No era un rostro desagradable, ciertamente. Y la barba, envejeciéndolo un poco, no le caía mal. Se llamaba Torres. El capitán Torres. Un hombre con imaginación, porque ¿a quién se le había ocurrido antes colgar a los rebeldes desnudos y luego ensayar sobre determinados sitios del cuerpo una mutilación a bala? Empecé a extender la primera capa de jabón. El seguía con los ojos cerrados. "De buena gana me iría a dormir un poco", dijo, "pero esta tarde hay mucho que hacer". Retiré la brocha y pregunté con aire falsamente desinteresado: "¿Fusilamiento?" "Algo por el estilo, pero más lento", respondió. "¿Todos?" "No. Unos cuantos apenas". Reanudé de nuevo la tarea de enjabonarle la barba. Otra vez me temblaban las manos. El hombre no podía darse cuenta de ello y ésa era mi ventaja. Pero yo hubiera querido que él no viniera. Probablemente muchos de los nuestros lo habrían visto entrar. Y el enemigo en la casa impone condiciones. Yo tendría que afeitar esa barba como cualquier otra, con cuidado, con esmero, como la de un buen parroquiano°, cuidando de que ni por un sólo poro fuese a brotar una gota de sangre. Cuidando de que en los pequeños remolinos no se desviara la hoja. Cuidando de que la piel quedara limpia, templada°, pulida, y que al pasar el dorso de mi mano por ella, sintiera la superficie sin un pelo. Sí. Yo era un revolucionario clandestino, pero era también un barbero de conciencia, orgulloso de la pulcritud° en su oficio. Y esa barba de cuatro días se prestaba para una buena faena.

Tomé la navaja, levanté en ángulo obicuo las dos cachas°, dejé libre la hoja y empecé la tarea, de una de las patillas hacia abajo. La respondía a la perfección. El pelo se presentaba indócil° y duro, no muy crecido, pero compacto. La piel iba apareciendo poco a poco. Sonaba la hoja con su ruido característico, y sobre ella crecían los grumos de jabón mezclados con trocitos de pelo. Hice una pausa para limpiarla, tomé la badana de nuevo y me puse a asentar° el acero, porque yo soy un barbero que hace bien sus cosas. El hombre, que había mantenido los ojos cerrados, los abrió, sacó una de las manos por encima de la sábana, se palpó la zona del rostro que empezaba a quedar libre de jabón, y me dijo: "Venga usted a las seis, esta tarde, a la Escuela". "¿Lo mismo del otro día?" le pregunté horrorizado. "Puede que resulte mejor", respondió. "¿Qué piensa usted hacer?" "No sé todavía. Pero nos divertiremos". Otra vez se echó hacia atrás y cerró los ojos. Yo me acerqué con la navaja en alto. "¿Piensa castigarlos a todos", aventuré° tímidamente. "A todos". El jabón se secaba sobre la cara. Debía apresurarme. Por el espejo, miré hacia la calle. Lo mismo de siempre: la tienda de víveres y en ella dos o tres compradores. Luego miré el reloj: las dos y veinte de la tarde. La navaja seguía descendiendo. Ahora de la otra patillia hacia abajo. Una barba azul, cerrada. Debía dejársela crecer como algunos poetas o

°**templada:** *firme*

°**pulcritud:** *cuidado, esmero*

°**cacha:** *cada una de las hojas de una navaja*
°**indócil:** *rebelde, difícil*

°**asentar:** *afilar*

°**aventurar:** *arriesgarse a decir algo*

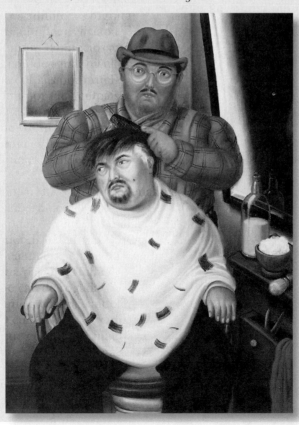

Autorretrato (*1994*), *de Fernando Botero, el conocido pintor colombiano*

como algunos sacerdotes. Le quedaría bien. Muchos no lo reconocerían. Y mejor para él, pensé, mientras trataba de pulir suavemente todo el sector del cuello. Porque allí sí que debía manejar con habilidad la hoja, pues el

°en agraz: *antes del tiempo regular o estipulado*

°crespo: *rizado, ensortijado*

75 pelo, aunque en agraz°, se enredaba en pequeños remolinos. Una barba crespa°. Los poros podían abrirse, diminutos, y soltar su perla de sangre. Un buen barbero como yo finca su orgullo en que eso no ocurra a ningún cliente. Y éste era un cliente de calidad. ¿A cuántos de los nuestros había ordenado matar? ¿A cuántos había ordenado que los mutilaran?... Mejor no pensarlo. Torres no sabía que yo era su enemigo. No lo sabía él ni lo sabían

80 los demás. Se trataba de un secreto entre muy pocos, precisamente para que yo pudiese informar a los revolucionarios de lo que Torres estaba haciendo en el pueblo, y de lo que proyectaba hacer cada vez que emprendía una revolución para cazar revolucionarios. Iba a ser, pues, muy difícil explicar que lo tuve entre mis manos y lo dejé ir tranquilamente, vivo y afeitado.

85 La barba le había desaparecido casi completamente. Parecía más joven, con menos años de los que llevaba a cuestas cuando entró. Yo supongo que eso ocurre siempre con los hombres que entran y salen de la peluquerías. Bajo el golpe de mi navaja Torres rejuvenecía, sí, porque yo soy un buen barbero, el mejor de este pueblo, lo digo sin vanidad. Un poco más de jabón, aquí,

°manzana: *nuez del cuello*

90 bajo la barbilla, sobre la manzana°, sobre esta gran vena. ¡Qué calor! Torres debe estar sudando como yo. Pero él no tiene miedo. Es un hombre sereno que ni siquiera piensa en lo que ha de hacer esta tarde con los prisioneros. En cambio yo, con esta navaja entre las manos, puliendo y puliendo esta piel, evitando que brote sangre de estos poros, cuidando todo golpe, no

95 puedo pensar serenamente. Maldita la hora en que vino, porque yo soy un revolucionario pero no soy un asesino. Y tan fácil como resultaría matarlo. Y lo merece. ¿Lo merece? No, ¡qué diablos! Nadie merece que los demás hagan el sacrificio de convertirse en asesinos. ¿Qué se gana con ello? Pues nada. Vienen otros y otros y los primeros matan a los segundos y éstos a los

100 terceros y siguen y siguen hasta que todo es un mar de sangre. Yo podría cortar este cuello, así ¡zas!, ¡zas! No le daría tiempo de quejarse y como tiene los ojos cerrados no vería ni el brillo de la navaja ni el brillo de mis ojos. Pero estoy temblando como un verdadero asesino. De ese cuello brotaría un chorro de sangre sobre la sábana, sobre la silla, sobre mis manos, sobre

105 el suelo. Tendría que cerrar la puerta. Y la sangre seguiría corriendo por el piso, tibia, imborrable, incontenible, hasta la calle, como un pequeño arroyo escarlata. Estoy seguro de que un golpe fuerte, una honda incisión, le evitaría todo dolor. No sufriría. ¿Y qué hacer con el cuerpo? ¿Dónde ocultarlo? Yo tendría que huir, dejar estas cosas, refugiarme lejos, bien lejos.

110 Pero me perseguirían hasta dar conmigo. "El asesino del Capitán Torres.

°degollar: *cortar la cabeza*

Lo degolló° mientras le afeitaba la barba. Una cobardía". Y por otro lado: "El vengador de los nuestros. Un nombre para recordar (aquí mi nombre). Era el barbero del pueblo. Nadie sabía que él defendía nuestra causa". ¿Y qué? ¿Asesino o héroe? Del filo de esta navaja depende mi destino. Puedo

115 inclinar un poco más la mano, apoyar un poco más la hoja, y hundirla. La piel cederá como la seda, como el caucho, como la badana. No hay nada más tierno que la piel del hombre y la sangre siempre está ahí, lista a brotar. Una navaja como esta no traiciona. Es la mejor de mis navajas. Pero yo no quiero ser un asesino, no señor. Usted vino para que yo lo afeitara. Y yo

cumplo honradamente con mi trabajo... No quiero mancharme de sangre. De espuma y nada más. Usted es un verdugo y yo no soy nada más que un barbero. Y cada cual en su puesto. Eso es. Cada cual en su puesto.

La barba había quedado limpia, pulida y templada. El hombre se incorporó para mirarse en el espejo. Se pasó las manos por la piel y la sintió fresca y nuevecita.

"Gracias", dijo. Se dirigió al ropero en busca del cinturón, de la pistola y del kepis. Yo debía estar muy pálido y sentía la camisa empapada. Torres concluyó de ajustar la hebilla, rectificó la posición de la pistola en la funda y, luego de alisarse maquinalmente los cabellos, se puso el kepis. Del bolsillo del pantalón extrajo unas monedas para pagarme el importe del servicio. Y empezó a caminar hacia la puerta. En el umbral° se detuvo un segundo y volviéndose me dijo:

—Me habían dicho que usted me mataría. Vine para comprobarlo. Pero matar no es fácil. Yo sé por qué se lo digo—. Y siguió calle abajo.

°**umbral:** *parte inferior de la puerta*

PARA COMENTAR

Trabajando en parejas, contesten las siguientes preguntas sobre "Espuma y nada más". Justifiquen su opinión cuando sea necesario. Luego pueden comparar sus respuestas con las de otros compañeros.

1. Según el capitán Torres le informa al barbero, ¿qué va a ocurrir por la tarde en el pueblo?

2. ¿Por qué supone el barbero que el capitán lo tiene como a uno «de los partidarios del orden»? ¿De qué orden se trata?

3. ¿Por qué se lamenta el barbero de tener al capitán como cliente?

4. ¿Qué propósito, en su opinión, tienen en el cuento las preguntas que le hace el barbero al capitán Torres?

5. La tarea de afeitar se describe minuciosamente en el relato. ¿Qué efecto o sensación producen estas imágenes en el lector?

6. ¿Cree que la decisión final del barbero de no matar a Torres es correcta o prudente? ¿Qué habría hecho usted en su caso?

7. ¿Pensó que el barbero iba a matar al capitán? ¿En qué momento cambió de opinión? Busque la cita en el texto.

8. ¿A qué se refiere el título del cuento?

PARA ESCRIBIR

Lea los siguientes temas. Luego escoja el que le interese más para escribir sobre el mismo. Comparta su trabajo con otro(a) compañero(a) e intercambien comentarios sobre lo que han escrito.

1. ¿Cree que el barbero se comportó como un cobarde y un traidor a la revolución, o que es una persona de alta moral y de altos principios humanos? ¿Debió haber matado el barbero al capitán Torres? Considere las posibles consecuencias que hubiera tenido el matar al capitán y las que va a tener el no haberlo matado. Defienda su opinión.

2. ¿Es necesario aceptar la violencia como medio para ser un verdadero revolucionario? Explique su posición y defina lo que significa e implica ser un verdadero revolucionario.

3. «Me habían dicho que usted me mataría. Vine para comprobarlo. Pero matar no es fácil. Yo sé por qué se lo digo». ¿Cómo entiende usted este sorprendente final?

4. Dele otro final al cuento, o continúe la narración después de que el capitán sale de la barbería.

Ensayo: Artículo de revista

LA RUTA DE LA MUERTE: EL PELIGROSO VIAJE DE LOS EMIGRANTES DE AMÉRICA CENTRAL PARA ALCANZAR "EL SUEÑO AMERICANO"

Texto de Aroa Moreno

Agobiados por el fantasma de la miseria y el hambre que azota Centroamérica, cientos de miles de indocumentados llegan cada año a México camino de Estados Unidos. En busca de una vida mejor, emprenden un peligroso viaje en tren en el que pueden perder la vida y en el que son víctimas de diferentes abusos y vejaciones. Una ruta que es conocida como "la ruta de la muerte" por el fatal destino que a menudo les espera.

La emigración centroamericana hacia Estados Unidos, un país en el que la comunidad hispana supera ya los 50 millones de personas, ha crecido mucho en los últimos años. Ellos son solamente la punta del iceberg de todos aquellos hombres, mujeres y menores que alguna vez decidieron abandonar sus casas, sus familias y su país para emprender un dificilísimo viaje hasta cruzar la frontera norte de México. Muchos se quedaron en el camino o fueron deportados a su país de origen.

El bajo nivel de vida existente en América Central, acentuado en los últimos años por la crisis, obliga a los emigrantes a enfrentarse a un mundo muy peligroso, ilegal y delictivo que irá haciendo su particular criba en el intento de los indocumentados por alcanzar su meta. Un viaje de difícil retorno.

Estos emigrantes son conocidos en Centroamérica como "mojados", o "espaldas mojadas". El nombre viene de los primeros tiempos de la emigración a EE.UU. cuando la entrada al país se hacía a nado por el cauce del Río Bravo. Actualmente, aunque las rutas cambian debido a las patrullas de vigilancia, ya que se hacen en su mayoría a través del desierto, poco han variado los métodos. Los ríos siguen siendo muchas veces puntos ciegos de las fronteras norte y sur mexicanas. Sin embargo, los "peajes" se pagan cada vez más caros: los peligros se han multiplicado y los emigrantes no solamente tienen que sortear la vigilancia del país que les espera al otro lado de la frontera. Bandas de delincuentes, mafias de trata de personas, "coyotes" (guías a los que pagan elevadísimas sumas de dinero)… asaltan por las noches a los indocumentados a lo largo del camino que recorren. Quien emprende el camino conoce los peligros, sabe que no será fácil y, aun así, se arriesga.

Luis es nicaragüense, espera en la Casa del Migrante de Tapachula, México, a que le llegue su turno: "A decir verdad, me gustaría que Dios me dijera qué va a pasar, porque esto es una aventura. Ahora veo muchos pájaros volando, no tengo nada seguro. Conozco el trayecto, pero el destino no. No sé qué pasará. Tengo miedo de morir, de subirme al tren, de perder una pierna, no dejo de pensarlo, pero me voy a subir".

La Casa del Migrante es una red de albergues que hay a lo largo de la ruta, donde los emigrantes pueden comer y dormir y pasar unos días. En ellas se informa al viajero de los peligros que conlleva el trayecto hasta el norte. Su director, Amílcar Vásquez, afirma que "la gente viene cegada por la ilusión del lujo y los privilegios de Estados Unidos que les venden, no ven más salida, no quieren morirse de hambre y tienen que emigrar". Pero las advertencias no parecen impresionar a los emigrantes. Su propósito seguirá adelante, tienen que lograr subirse a un tren conocido como "la bestia negra" por la cantidad de muertes y mutilaciones que provoca.

El primer filtro: México

El pequeño poblado de Tecún Umán, en la frontera entre México y Guatemala, es un histórico lugar de paso al que cada día llegan cientos de emigrantes centroamericanos en su éxodo. Al igual que en otras zonas fronterizas, los que llegan a Tecún Umán deambulan por sus calles construyendo caminos y diseñando estrategias para evadir la vigilancia mexicana y a las maras (bandas de delincuencia) que les esperan al otro lado del río Suchiate, que traza parte de la frontera natural entre los dos países.

Algunos llegan solos. Proceden de zonas rurales donde las condiciones de vida son duras. Se marchan para poder enviar dinero desde EE.UU. a sus familiares. Otros han pagado a un "coyote" para que gestione su viaje. Los "coyotes" suelen pertenecer a bandas ilegales que falsifican todo tipo de documentos y buscan rutas y transporte para llegar hasta la frontera norte. La media de dinero que pagan ronda los 6,000 dólares. La mayoría de los emigrantes que llega a Tecún Umán ha atravesado otras fronteras. En cada país les recibe un "coyote" distinto que se hará cargo del grupo de viajeros, pagará en los puestos fronterizos y se encargará de los sobornos, pero no acompañará al grupo. Un guía les llevará a través de los caminos hacia la frontera mexicana.

Llegar a la frontera sur mexicana obliga a los emigrantes a caminar durante horas a través de selvas y montañas, a atravesar ríos a nado, viajar sin moverse durante días en el falso suelo de un furgón, no comer... Los que viajan con "coyote", a veces, como se desplazan en grupo, tienen que permanecer hacinados semanas dentro de una habitación de hotel o pensión. Tendrán que esperar a que se calle la voz que corre por los alrededores de que un grupo de centroamericanos va camino de EE.UU. El aumento de flujo migratorio ha provocado que se refuerce la vigilancia de los puestos fronterizos. A estos efectivos se ha sumado también la Fuerza Naval. Naciones Unidas elaboró un informe ya en 2004 en el que se denunciaba la corrupción de policías y otras autoridades mexicanas por las violaciones a los derechos humanos y el mal trato dado a los indocumentados.

En 2009, según el informe "Víctimas invisibles: migrantes en movimiento en México", realizado por Amnistía Internacional, 64,061 indocumentados fueron detenidos por el Instituto Nacional de Migración (INM). El 94.2% procedía, según el informe, de El Salvador, Guatemala, Honduras y Nicaragua. El informe denuncia igualmente que "cientos de migrantes irregulares desaparecen o son asesinados cada año durante su viaje al norte. El viaje está plagado de peligros, tanto por las precarias formas de viajar como por la violencia de las bandas delictivas. No hay cifras fiables sobre el número de víctimas —no se dispone de datos oficiales exhaustivos—, y esto ha contribuido a limitar la sensibilización pública sobre el alcance del problema". Igualmente recoge, que uno de cada 12 migrantes es menor de edad y que el 60% de las mujeres que hacen este recorrido sufre "agresiones sexuales". El informe pone de manifiesto que muchas veces son las propias autoridades las que ejercen algún tipo de violencia o abuso contra los migrantes: "Aunque el número de casos de implicación directa de funcionarios en violaciones de derechos humanos contra migrantes irregulares ha disminuido en los últimos 10 años, esos abusos persisten. La mayoría ocurren durante operaciones autorizadas para hacer cumplir la ley general de población, llevadas a cabo por el INM, o cuando miembros del ejército o la policía detienen a migrantes irregulares para obtener un beneficio personal". Del total de detenidos, casi el 94% fue deportado de territorio mexicano de forma voluntaria.

Los que consiguen burlar la vigilancia comienzan a buscar la ruta. Una de las más conocidas es la Ruta Arriaga, con una extensión aproximada de 210 kilómetros. La aventura comienza en Chiapas y les lleva hasta Oaxaca o Veracruz, estados que diariamente son atravesados por cerca de 400 indocumentados, ya sea en tren o en vehículos por autopista.

Tierra de maras

La forma más económica para que los emigrantes abandonen Chiapas es intentando subirse a la "bestia", como llaman al ferrocarril. Esperan días y días, si hace falta, junto a las vías, duermen cerca de ellas vigilando que una máquina decelere su paso o pare para subirse a ella en marcha. Así es como los emigrantes pierden un brazo, el pie, una pierna, o la vida. Pueden ser mutilados o arrollados por el tren. Lo apuestan todo, ahorros, propiedades y piden préstamos para, a cambio, volver quizás con una prótesis en una pierna unos años más tarde sin haber podido cruzar territorio mexicano. Las vías del tren entrañan otro peligro para los emigrantes.

Ante la indiferencia del gobierno federal, la mara Salvatrucha siembra el terror en las cercanías de la frontera sur, donde roba, viola y mata. "Matar o morir" es su lema y cada muerte la llevan tatuada en forma de lágrima en el rostro. La Procuraduría General de Justicia de Chiapas define a la mara como una organización delictiva que incurre en todo tipo de crímenes. Cuentan con complejos sistemas de comunicación y armas muy poderosas; están involucrados en negocios con seres humanos, armas, y drogas; y han establecido impuestos que van de 180 a 570 dólares para "proteger" a los indocumentados de otras maras o ladrones mexicanos que les puedan asaltar.

La mayoría de sus miembros proceden de El Salvador, participaron en el combate contra la guerrilla en los años 80 y después se trasladaron a EE.UU. donde nació la mara. Actúan en grupos de cuatro a cinco maras que se mezclan con los indocumentados a bordo del tren de Chiapas-Mayab o en los alrededores de las vías y estaciones. Llevan armas, a veces, de grueso calibre y matan o mueren con la misma indiferencia.

El final del viaje

Pocos logran alcanzar la última estación de este viaje. Una vez que llegan a la frontera estadounidense, los emigrantes deberán sortear de nuevo patrulleras y disparos de los agentes de migración. Es el trayecto más corto y más intenso. El paso debe hacerse a pie. Muchos volverán a quedarse en esta frontera. Atrás queda un camino largo y peligroso, delante kilómetros de desierto por andar en condiciones extremas.

En el desierto de Nogales se mezclan los emigrantes, los "coyotes" y guías, las patrullas fronterizas y los grupos de socorro, que dejan agua y comida para ayudar a la supervivencia. En EE.UU. viven hoy, según diversos estudios, más de 8 millones de indocumentados de origen centroamericano. Son la minoría mayoritaria en el país.

Desde México, Honduras, Nicaragua, Guatemala, El Salvador... más de 500,000 emigrantes partirán hacia Estados Unidos el año que viene engrosando las listas de "la migra" (emigración). Compartirán la misma ilusión, la esperanza de llegar a su destino, de atravesar la inseguridad del trayecto y el dolor de dejar atrás a la familia y la tierra. Muchos serán deportados, otros buscarán oportunidades a lo largo del trayecto y una pequeña parte logrará concluir el viaje. Un destino que poco tendrá que ver con el que habían imaginado. Otros, con peor suerte, formarán parte de los "cementerios sin cruces" de Chiapas o de Arizona; no podrán volver para contar.

La película Sin nombre *(2009) trata de la dura y a veces trágica trayectoria que recorren muchos centroamericanos para atravesar México y llegar a los Estados Unidos.*

ACTIVIDADES PARA ESCOGER Y PARA ESCRIBIR

Lea los siguientes temas. Luego escoja el que le interese más para escribir sobre el mismo después de investigarlo fuera de clase. Comparta su trabajo con otro(a) compañero(a) e intercambien comentarios sobre lo que han escrito.

1. La población salvadoreña en los Estados Unidos.
2. Homeland Security y la frontera con México: Reglas del peligroso juego de cruzar la frontera.
3. El sueño americano. Vea la película *El Norte* con varios compañeros de clase y escriba una reseña interpretativa sobre la misma.
4. Violencia y riesgos al cruzar la frontera ilegalmente.
5. Historias de inmigrantes ilegales en los Estados Unidos: Familias unidas y separadas.

CAÑA AMARGA: EXPLOTACIÓN INFANTIL EN MÉXICO

Texto y fotografía de Samuel Mayo

Las gotas de sudor abren surcos por su cara polvorienta. En el mismo momento en que el filo del machete golpea la caña, Ricardo gime y cierra los ojos para protegerse de las astillas.

TUXTEPEC, MÉXICO - Golpea rápido y sin coherencia, como un boxeador novato, o algo más real, como un niño de nueve años que cuenta con los dedos las horas de trabajo, mientras el sol quema su piel y prueba uno a uno el sabor de la ceniza, el sudor, la sed…

Las coordenadas de su lucha son claras: seguir dando machetazos, una y otra vez, hasta amontonar una tonelada de caña y ganar 26 pesos más. Es poco, pero "menos es nada". O eso dice su tío, que observa al niño sentado frente al cañaveral en los últimos minutos del día.

A sus 42 años, Faustino sabe bien lo que significa la palabra "nada". De abuelos y padres cortadores, este indígena mazateco ha pasado toda su vida entre las llamas del sol, seis meses cortando caña y otros seis como jornalero en Xalapa de Díez, en un mísero rincón de este pueblo al sur de México que él llama "mi tierra". "Allí cultivamos

Por décadas, las condiciones de trabajo del corte de la caña ha sido una de las explotaciones más evidentes del campesino mexicano y cada día son más jóvenes los campesinos explotados.

maíz y chile para otras personas, nos pagan 25 o 30 pesos al día (cerca de 2 dólares), menos que cortando".

Cae el sol. Los machetes se callan. Faustino y Ricardo recogen los garrafones de agua vacíos, se unen a una treintena de cortadores más y caminan con los "huaraches" (sandalias de México) destrozados hacia el camión. Viajan de pie, como ganado, agarrados a una barra de hierro y la mente puesta en la 'galera', un albergue inhóspito de madera y hojalata donde intentarán dormir, un día más.

Durante los seis meses de zafra, un total de 3,000 hombres armados con machetes deben cosechar las cerca de 22,000 hectáreas de caña de azúcar que se extienden por la región de Tuxtepec, en el estado de Oaxaca. Tres mil hombres como Faustino para cubrir una inmensa extensión de cañaverales.

Trabajan hasta 14 horas diarias por 300 o 400 pesos a la semana (unos 30 dólares), soportando temperaturas de 40 grados y calmando el calor con aguardiente o marihuana.

México es el sexto productor de caña de azúcar en el mundo y, curiosamente, uno de los menos tecnificados. Alrededor de 176,000 cortadores entregan su vida en los cañaverales del país, aunque en esa lista no aparecen los niños que ya sostienen machetes con nueve años. Un informe publicado a principios de 2010 por la Comisión Nacional de Derechos Humanos (CNDH) habla de "violencia, explotación y abuso de niños" en las calles y campos de México. El organismo tiene documentados a 600,000 menores trabajando como jornaleros, niños que sufren graves alteraciones en su "desarrollo físico y mental". Muchos de ellos, como Ricardo, crecen en el infierno verde de los cañaverales.

ARRASTRANDO EL SUEÑO EN 'GALERAS'

Por los caminos de tierra que llevan hasta los albergues de Tuxtepec, hijos de cortadores, niños con la ropa desgarrada, salen de la maleza pidiendo dinero. No hablan, sólo se cruzan en el camino y levantan los brazos hasta alcanzar la ventanilla del coche con sus manos abiertas. La gente que vive en los alrededores ya no se molesta en mirar. Sus respuestas coinciden: "Nos hemos acostumbrado a verlos. Es parte del paisaje".

Entre estos 'invisibles' se encuentra Ricardo. Vive en un cuarto oscuro con paredes de hormigón, madera y tejado de chapa, una barraca sin ventilación que desprende un olor amargo. En un rincón hay una vieja estantería con una docena de libros que el niño observa desde la distancia. No sabe leer, aunque esto es sólo un detalle más en su raquítica hoja de vida: huérfano, sin estudios, sin casa, y una única habilidad: cortar caña.

En un viejo fogón al aire libre, la tía de Ricardo prepara una cena que se repite a menudo desde hace seis meses, quizá un año, quizá dos: frijoles, sopita y maíz... "Con las cucharadas contadas, para que todos coman lo mismo", dice María del Carmen con una sonrisa forzada, la de una mujer de 35 años responsable de alimentar a seis hijos y cuatro sobrinos con un puñado de monedas en el bolsillo.

En todas las regiones cañeras de México, niños como Ricardo viven historias paralelas. A los cortadores les une el pasado. Son hijos de jornaleros, han nacido en alguna comunidad miserable, y con la bota de sus patrones sobre la cabeza. Casi todos vienen del sur de México, de estados como Oaxaca, Chiapas o Guerrero. Muchos de ellos son indígenas que no han disfrutado de derechos como la educación o la sanidad. Son nómadas que se desplazan durante seis meses allí donde hay una tierra por labrar, y sólo cuando es casi una obligación regresan a casa, donde no tienen nada.

"Es un trabajo que se hereda de generación en generación. Los niños van con los padres y volverán a hacerlo sus hijos… La necesidad les obliga. Si descubrieran otra cosa mejor, saldrían de ahí inmediatamente", afirma Nashieli Ramírez, directora de la Fundación Ririki, una de las pocas organizaciones que trabajan directamente con los cortadores de caña.

Alrededor del 80% de los jornaleros llegan desde las montañas del sur de la República, contactados por 'enganchadores' y 'cabos'. Estos "traficantes de personas" les cobran un porcentaje de su salario por llevarles a estados del norte, como Sinaloa o Colima, donde deberán trabajar la mitad de la cosecha sólo para pagar sus deudas con el 'enganchador'.

Cuando los cortadores llegan hasta los cañaverales, son organizados en 'cuadrillas' o grupos de cosecha formados por 50 hombres y niños listos para cortar toneladas de caña durante seis meses. En este tiempo duermen en módulos de 20 o 25 habitaciones, separadas por bloques de hormigón o madera, llamados albergues o 'galeras'. En realidad, son los trasteros de productores adinerados que se utilizan para almacenar maquinaria oxidada, neumáticos y basura.

La galera que Ricardo comparte con 30 familias más se llama, paradójicamente, "La Esperanza". Muy cerca de Ricardo, dos niños desnudos cargan cubos de agua. Frente a ellos, tres chicas de 16 años amamantan a sus bebés mientras intentan Espantar a nubes de mosquitos que transmiten enfermedades endémicas como el dengue.

"Cuando nos enfermamos nos quedamos en la cama y aguantamos la fiebre allí, qué vamos a hacer", dice Faustino frente a una de esas construcciones con los suelos llenos de suciedad, wáteres públicos cubiertos de excrementos, y el persistente olor de la miseria. "No hay nada ni nadie por debajo de ellos. Son el último eslabón de la cadena productiva. Están solos y esto es lo más dramático", afirma la directora de Ririki.

CON SOMBRERO Y BOTAS DE CUERO

Conduciendo una camioneta "Hummer" plateada, la representante del grupo de cosecha 'La Esperanza', Claudia Barrera, llega hasta el cañaveral, mete el todoterreno entre la tierra segada, y sin bajarse del vehículo conversa con los cortadores. Uno de ellos señala el vehículo, y dirigiéndose al periodista exclama: "vea no más…".

La Confederación Nacional Campesina (CNC) y la Confederación Nacional de Propietarios Rurales (CNPR), las organizaciones de la industria cañera con más representatividad en el país, velan por los intereses de los productores y, en teoría, de sus cortadores. Pero los líderes locales tienen otro tipo de problemas. En abril de 2010 hubo enfrentamientos en las oficinas de la CNC en el Ingenio de San Miguelito, estado de Veracruz. "Líderes de la CNC se disputan el poder con piedras, machetes y bombas molotov", informaba el periódico local El Mundo de Córdoba.

La imagen del cañero con gorro de *cowboy*, camisa y botas de punta solucionando los problemas con una bolsa llena de dinero o a punta de pistola no está tan lejos de la realidad. Un productor local decía susurrando el nombre de la persona que ocupó el poder de la CNC en Tuxtepec durante varias legislaturas, José Soto Martínez, reconvertido a político en la actualidad. "Un líder no puede estar más de cuatro años en el poder, pero ya ve… Aquí lo llamamos Régimen. Es como Saddam Hussein en Irak, me entiende ¿no?", afirma escupiendo, con las manos metidas en los bolsillos, y un pie sobre una roca.

Entre otros negocios, los líderes de estas organizaciones han monopolizado la venta de agroquímicos en todo el país. La mayoría de los productores deben pedir préstamos para comprar estos agroquímicos, créditos que van directamente al bolsillo de los líderes cañeros. El negocio, sólo por fertilizantes, mueve alrededor de 2,900 millones de pesos en todo México.

La producción de caña en la República es la más cara del mundo y sus productores, los más pobres. Sólo en Tuxtepec, alrededor del 80% de los cañeros son "ejidatarios"; esto es, cultivan la tierra en común. Cultivan una media de tres a cinco hectáreas, pero no son propietarios. Otro 15% sí tienen papeles de propiedad, pero en la práctica tienen las mismas dificultades que los ejidatarios. Sin apenas dinero, todos ellos se ven obligados a pedir créditos al inicio de la zafra para costear los gastos. Al final de la cosecha, los que no acaban endeudados, obtienen mínimos beneficios.

Mientras los líderes se administran el poder, los latifundistas se ocupan en política sin importarles si sus cien hectáreas obtienen más o menos rendimiento, los cortadores de caña observan todo desde una isla donde pueden levantar la mano, pero nadie les da el turno para hablar.

"El corte de caña es una de las explotaciones más vergonzosas a que se somete al campesino mexicano", decía hace 40 años un cura defensor de los derechos del trabajador en México, Carlos Bonilla. La situación no ha cambiado mucho desde entonces. Pero lo peor no son las condiciones de los campesinos, lo peor es la certeza de que nada de esto va a cambiar.

JAVIER DE NICOLÓ: PADRE QUE AYUDA A LOS GAMINES DE BOGOTÁ

El sacerdote Javier de Nicoló con un grupo de gaminas que ha rescatado de las calles de Bogotá

Un ejemplo flagrante de otro tipo de injusticia y violación de derechos humanos es el caso de miles de niños desamparados que viven en las calles de muchas de las grandes ciudades latinoamericanas, donde personas que actúan como "vigilantes" o grupos secretos pagados por alguien clandestinamente,
5   los asesinan rutinariamente, en campañas de exterminio. A veces estos grupos mandan a matar a los jóvenes callejeros porque los consideran "estorbos" para los comercios y el turismo, y justifican su acción como un último recurso para prevenir el aumento de la delincuencia juvenil. Así ha ocurrido en el caso de muchos de los llamados gamines, los niños desamparados que viven
10 en las calles o los alcantarillados de Bogotá, Colombia; y de otros tantos que andan por las calles de ciudades de Brasil y otros países de Latinoamérica.

Un niño salvadoreño, que vive en un parque de su ciudad, declaró ante la prensa de televisión de su país: "Les pedimos que sean un poco comprensivos, que no se manchen las manos en matar así a la gente.
15 La verdad es que también nosotros somos humanos y no nos queremos morir de esa manera; queremos una oportunidad en la vida de ser alguien, de ser algo tan siquiera".[1]

Esa oportunidad se la ha dado a niños callejeros de Bogotá el sacerdote Javier de Nicoló, quien estableció un orfanato para brindarles hogar
20 y comida. Lo que empezó en los años setenta con un grupo de veinte muchachos ha crecido a servir ochocientos jóvenes al año. A diferencia de otros programas, éste depende mucho de la fuerza de voluntad del niño mismo; él tiene que dar el primer paso para pedir ayuda, e incluso son los niños que están a cargo de las operaciones del orfanato. Cientos de niños
25 que eran drogadictos, sin esperanza en la vida, ahora son graduados de su programa y trabajan y tienen vidas productivas; algunos se han graduado de la universidad, otros han vuelto a continuar la buena obra de Nicoló.

---

[1]San Salvador-Associated Press. "Niños de la calle salvadoreños denuncian asesinatos". *El Nuevo Herald/The Miami Herald*. Americana Latina, Sección B, p. 3. Sábado, 5 de agosto, 1995.

ACTIVIDAD

Lea las siguientes preguntas. Luego anote sus respuestas y coméntelas en clase en grupos de tres o cuatro estudiantes.

1. ¿Se ven muchos niños y niñas o jovencitos y jovencitas en su pueblo o comunidad pidiendo dinero o comida? ¿Suelen reunirse en un lugar determinado? ¿En cuál?

2. ¿Dónde y cómo viven los niños huérfanos según el artículo sobre los gamines? ¿Quién los ampara y ayuda? ¿Cómo es la vida de los niños explotados en México, según el artículo sobre los niños que cortan caña?

3. ¿Qué tipo de asistencia provee la ciudad, el condado, el estado o el gobierno federal para esos niños en Colombia o los explotados en México que cortan caña como esclavos? ¿Quién cree que puede o no puede ayudarlos o adoptarlos en ciertos casos? ¿Y en México? ¿Cuál es la situación de esos niños en ese pueblo, según la lectura?

4. ¿Puede mencionar otras fuentes de ayuda que existen en nuestras propias comunidades? ¿Cómo ayudan a aliviar el problema? ¿Qué dicen los documentos de las Naciones Unidos referente a los derechos de los niños? ¿Qué propondría usted en su propia comunidad? ¿Qué diferencias existen? Investigue el tema y recopile más información.

5. ¿Qué proyectos podría formular usted para ayudar a los niños huérfanos o desamparados de los Estados Unidos? ¿En Latinoamérica? ¿En África o Asia? ¿Cuáles son las organizaciones internacionales más conocidas y respetadas que ayudan a los niños pobres y desamparados del mundo?

LA POBREZA Y LAS MÁS DE 4,000 MAQUILADORAS EN LA FRONTERA: ABUSOS, VIOLENCIA, Y CONTAMINACIÓN AMBIENTAL

La enorme frontera entre México y los Estados Unidos no es un lugar seguro en muchos sentidos de la palabra. Se ha reportado ya por mucho tiempo que ha habido horrendos asesinatos y otros actos contra personas—muchas de las víctimas, mujeres— que tratan de cruzar la frontera desde
5 México para llegar a los Estados Unidos, y otras peronas, sencillamente gente que vive y trabaja en maquiladoras cerca de la frontera entre México y los Estados Unidos. Los sueldos, las condiciones de trabajo y de vida en general, en algunos de los pueblos fronterizos, son pésimas. En Ciudad Juarez, México, cerca de El Paso, Texas, ha habido muchos asesinatos
10 en los últimos 30 años, una violencia que llegó a alcanzar la atención internacional por su brutalidad.

Otro problema fronterizo serio es la gran cantidad de contaminación ambiental que hay en la frontera, la cual mucha gente ya llama "la frontera química" por haber tanta contaminación de químicos
15 que pueden afectar negativamente la salud de los residentes de las zonas de los dos países. Estos problemas de la frontera se han empeorado debido a la proliferación de las maquiladoras o plantas de trabajadores que emplean a más de un millón de personas, que forman mano de obra extremadamente barata para comerciantes de
20 los Estados Unidos. Parte del problema adicional es que aparte de que les pagan una miseria a los trabajadores, las regulaciones de seguridad para obreros son muchas veces muy bajas o sencillamente ignoradas por las compañías. Los trabajadores trabajan desde el amanecer hasta la puesta del sol y a veces se contaminan con químicos tóxicos. A
25 veces, se cuenta, que hay compañías que les ofrecen "vitaminas" a los trabajadores, pero estas píldoras son anfetaminas para que los obreros trabajen más y sean más productivos durante sus largas horas de trabajo en la fábrica. Por estas razones mucha gente protesta por lo que se ha venido a llamar "la globalización" pues se interpreta como la política
30 del abuso de los más pobres por los más ricos.

*Una fábrica
maquiladora en Tijuana*

ACTIVIDAD

1. **Ciudad Juarez.** Averigüe con uno o dos compañeros de clase, qué es lo que ha estado pasando en lugares como Juárez.

2. **¿Esclavos modernos?** Busque información sobre las maquiladoras y las condiciones de trabajo de estas personas y la asociación con corporaciones estadounidenses que se benefician al contratar por poco dinero a personas del extranjero.

3. **Trabajadores agrícolas y el uso de pesticidas.** Busque información y un documental, si puede, acerca del uso indebido de pesticidas y cómo han afectado a los trabajadores agrícolas en el pasado.

IV. El arte de ser bilingüe

LA ARGENTINA Y EL MATRIMONIO HOMOSEXUAL: UNA SOCIEDAD MÁS IGUALITARIA

El primer matrimonio legal en América Latina entre personas del mismo sexo tiene lugar en Ushuaia, provincia de Tierra del Fuego, Argentina, la ciudad más austral (southern) del hemisferio, el 28 de diciembre de 2009. Al día siguiente, la Ciudad de México aprueba una ley que legaliza el matrimonio entre personas del mismo sexo. A diferencia de los Estados Unidos donde sólo algunos estados lo han legalizado, en marzo y junio de 2010, los gobiernos de Argentina y México, respectivamente, pasan leyes para legalizarlo.

Tras la ley promulgada por la presidenta Cristina Fernández de Kirchner, en julio de 2010, la Argentina se convirtió en el primer país de Latinoamérica en aprobar el matrimonio entre personas del mismo sexo, un gran paso hacia una mayor igualdad.

Texto de Luciana Ferrando

El 21 de julio de 2010 es ya una fecha histórica: ese día se firmó la ley que autoriza el casamiento homosexual en la Argentina. Este país se suma a los otros nueve en el mundo en los que ya funciona esta ley. Las asociaciones locales de gays, lesbianas, bisexuales y transexuales, que ya habían obtenido una victoria en 2002, cuando se aprobó la

Ley de Unión Civil, ganaron por fin la batalla en la larga lucha por tener los mismos derechos que todos los ciudadanos.

CRONOLOGÍA DE UN MES MOVIDO

El 14 de julio, luego de más de 12 horas de debate, con 33 votos a favor y 27 en contra, el Senado de la Nación Argentina aprobó el proyecto de Ley de Matrimonio Igualitario. Afuera, en la Plaza de los Dos Congresos de la Ciudad Autónoma de Buenos Aires, miles de manifestantes festejaron la noticia. Una semana después, Cristina Fernández de Kirchner firmaba la promulgación de la ley. Después de recibir la ovación general y varias distinciones, la Presidenta declaró: "Hoy somos una sociedad más igualitaria que la semana pasada. Hace 58 años no podíamos votar las mujeres y vean dónde estamos". En sus declaraciones, Kirchner comparó esta nueva ley con la ley de 1947, en la que se aprobó el voto femenino, y con la ley del divorcio de 1987.

Transcurridos los ocho días para la entrada en vigencia de la ley, decenas de parejas del mismo sexo acudían a dar el sí en los registros civiles de todo el país.

A FAVOR Y EN CONTRA

La Iglesia católica, apoyada por representantes de otras religiones, fue la principal oposición a esta ley. Según el obispo Luis Villalba, "el matrimonio gay es la pretensión de igualar lo que es naturalmente distinto". Asimismo, el cardenal Jorge Bergoglio escribió en una carta pública que "es la envidia del demonio la que está dentro de esta ley" y el rabino ortodoxo Samuel Levin aseguró que "el matrimonio gay pone en terrible peligro la institución familiar".

Entre los que se pronunciaron a favor, se habló de sociedad laica, de minorías discriminadas, e incluso de sentimientos, tal como lo hizo el senador Jorge Banicevich: "El derecho al amor legal debe ser cubierto por las figuras jurídicas. No importa el sexo, porque el amor nos iguala. Nos debe unir, no desunir".

ESPERANZAS Y ESTADÍSTICAS

Buenos Aires. El día 22 de agosto, a un mes de sancionada la ley, el periódico *Clarín* aseguraba que "82 parejas homosexuales ya se casaron en todo el territorio argentino y más de cien tienen planeado hacerlo en los próximos meses. La mayoría de los nuevos matrimonios son de hombres. La ciudad de Buenos Aires encabeza la lista, y la edad promedio de las parejas es de entre 50 y 55 años".

Muchos convivían desde hace décadas y sólo desean sellar formalmente este pacto. "Hoy se dice: voy a un matrimonio homosexual", comentó uno de los primeros novios, "pero un día se va a decir voy a un casamiento y listo, punto final", subrayó entre el arroz y los aplausos de los invitados.

DIFERENCIAS Y COINCIDENCIAS ENTRE UNIÓN CIVIL Y CASAMIENTO

1. Con una unión civil —realizada en el registro civil, ante el juez— se puede recibir una pensión de organismos del gobierno de la ciudad, solicitar créditos bancarios conjuntos, pedir licencia en el trabajo en caso de enfermedad del cónyuge e integrar a la pareja al propio seguro médico.

2. A diferencia del matrimonio, la unión civil no permite la adopción ni la herencia en caso de muerte. En caso de separación, no hay división de bienes como en el caso de divorcio.

3. Para romper una unión civil, uno de los miembros de la pareja debe presentar en el registro civil un pedido de disolución de la unión. El acuerdo de la otra persona no es necesario para dar por finalizado el vínculo.

Proclama sobre los derechos humanos

ACTIVIDAD

Basándose en lo leído y comentado a lo largo del capítulo, la clase debe redactar una proclama sobre los derechos humanos. Deben seguir estos pasos:

1. En grupos de tres o cuatro estudiantes compongan una lista de los derechos que consideren fundamentales para todo ser humano, cualquiera sea su nacionalidad, edad, raza, religión, sexo u orientación sexual. Tengan en cuenta el modelo siguiente como guía.

2. Escojan un representante de cada grupo para leerle la lista a la clase. Presten atención a la lectura y tomen notas de lo que escuchen para poder realizar el paso 3.

3. Comparen la lista de su grupo con las de los demás grupos en la clase para escribir en la pizarra una «lista maestra». Tengan en cuenta las semejanzas y diferencias de las listas leídas en clase para no repetir los mismos puntos.

4. Discutan las ideas de la «lista maestra» para llegar a un acuerdo general de lo que van a incluir en la proclama de la clase.

TODO SER HUMANO

1. Debe tener libertad de palabra.
2. Ha de gozar...
3. Tiene derecho a...
4. Merece que...
5. Ha de respetar...
6. Debe poder...
7. Se le debe garantizar...

5. Escriban entre todos una proclama de una a dos páginas en la que combinen las ideas de todos los grupos de la clase.

6. Pueden presentar la proclama a una publicación hispana de la universidad o de la comunidad para su publicación.

PARA ESCRIBIR

Escoja uno de los temas siguientes para escribir un breve editorial para un periódico hispano de su comunidad. Puede usar las frases sugeridas en cada uno de los temas para comenzar su trabajo.

1. **Los niños desamparados en Latinoamérica.** ¿Qué hacer con los miles de niños desamparados que llenan las ciudades de Hispanoamérica?

   Una manera de aliviar la situación...

2. **La violación de los derechos humanos en el mundo.** ¿Qué papel y qué posición política deben adoptar los Estados Unidos en cuanto a las violaciones de los derechos humanos en países como Guatemala, Chile, Cuba, Colombia, China, Argelia, Liberia, India, Corea del Norte, etc.? ¿Qué críticas recibe los Estados Unidos de otros países en lo que se refiere a los derechos humanos? ¿La pena de muerte? ¿Falta de igualdad entre los sexos? ¿Falta de igualdad para las personas gay?

   Los Estados Unidos deberían...

3. **La injusticia.** Frente a la pobreza extrema, el hambre, el analfabetismo, las represiones y violaciones de derechos humanos, ¿se justifica alguna vez la violencia o se debe esperar sin remedio?

   Las soluciones a estos problemas...

4. **La violación de derechos humanos de grupos minoritarios en los Estados Unidos.**

   a. Escoja una situación del pasado; por ejemplo, los campamentos en los que se mantuvieron presos a miles de inocentes japoneses-americanos durante la Segunda Guerra Mundial; las leyes que discriminaban contra los africanoamericanos (conocidas como *Jim Crow laws*) y la violencia del Ku Klux Klan y de otros grupos racistas. ¿Qué otros grupos minoritarios han sufrido o sufren todavía violaciones de sus derechos humanos? ¿Qué piensa de tantos inmigrantes que son encarcelados indefinitivamente como consecuencia de extremas precauciones después de los ataques de 9/11? ¿Dónde empiezan nuestros derechos a interferir con los de otras personas?

      Si usted escribe sobre una época histórica determinada, adopte el punto de vista de una persona de esa época.

   b. Busque información en la red en el sitio de Amnistía Internacional y otros lugares, como los del ACLU (American Civil Liberties Union), MALDEF (Mexican American Legal Defense Fund), el NGLTF (National Gay & Lesbian Task Force), sobre las violaciones de los derechos humanos en los Estados Unidos hoy. ¿Qué tipo de violaciones y quejas se reportan y por cuáles grupos minoritarios? ¿Cuáles son los temas que resaltan aun en un sistema de gobierno democrático como el estadounidense? ¿Qué se escribe sobre la pena de muerte, por ejemplo, sobre todo en comparación con Canadá y con los países europeos? ¿Cómo se compara los Estados Unidos con España o Argentina en lo que se refiere a derechos de igualdad civil para las personas gay? ¿Cree que tendrá algo que ver con el puritanismo estadounidense?

5. **La crueldad contra los animales y la destrucción del medio ambiente como violación a los derechos humanos y del planeta.**

    Investigue el sitio web de PETA y otros grupos que protegen los animales contra la crueldad por parte de los humanos. Lea e investigue en español, cuáles serían varias buenas razones para convertirse en vegetariano.

    a. ¿Cómo se produce en masa tanta comida para tanta gente? ¿Qué problemas se han hallado al respecto?

    b. ¿Cuál es el peligro del abuso de tantos antibióticos en los alimentos como la carne, el cerdo y el pollo?

    c. ¿Ha pensado alguna vez en el animal y cómo creció y fue tratado, o cómo murió, cuando va al mercado a comprar carne o pollo? ¿O usted logra separar emocionalmente al animal del trozo de carne que le ponen en el plato?

    d. ¿Qué razones dan algunas personas que han decidido no comer animales? ¿Qué razones dan las personas que comen carne?

V. Unos pasos más: fuentes y recursos

A. PARA AVERIGUAR MÁS

Busque uno de los libros indicados a continuación u otro que su profesor o profesora le recomiende. Escoja un capítulo o una sección que le interese y prepare una lista de tres a cinco puntos principales, basados en la lectura. Anote sus impresiones generales. Prepárese para compartirlas oralmente en clase.

Biliografía selecta: Derechos humanos

Agosín, Marjorie. *Circle of Madness: Mothers of the Plaza de Mayo.* Fredonia, NY: 1992.

Argueta, Manlio. *Un día en la vida.* Madrid: Alfaguara, 1984.

Bragado Bretaña, Reinaldo. *La fisura: Los derechos humanos en Cuba.* Cátedra del pensamiento libre, 1998.

Cárdenas, Sonia. *Human Rights in Latin America: A Politics of Terror and Hope.* University of Pennsylvania Press, 2009.

Cleary, Edward J. *Mobilizing Human Rights in Latin America.* Kumarian Press, 2007.

Copertari, Gabriela. *Desintegración y justicia en el cine contemporáneo argentino.* Rochester, NY: Tamesis, 2009.

Cottom, Bolfy. *Los derechos culturales en el marco de los Derechos Humanos en México.* Miguel Angel Porrúa, 2010.

Feitlowitz, Marguerite. *A Lexicon of Terror: Argentina and the Legacies of Terror*. New York: Oxford University Press, 2011.

Foster, David William. *Violence in Argentinean Literature: Cultural Responses to Tyranny*. Columbia: University of Missouri Press, 1995.

Flores, Marcelo and Ansolabehere, Karina. *Diccionario básico de derechos humanos. Cultura de los derechos en la era de la globalización*. Flacso México, 2009.

Kaiser, Susana. *Postmemories of Terror: A New Generation Copes with the Legacy of the «Dirty War»*. New York: Palgrave, 2005.

Lekha Sriram, Chandra. *Confronting Past Human Rights Violations: Justice vs. Peace in Times of Transition*. Frank Cass, 2004.

Limón, Graciela. *En busca de Bernabé*. Houston: Arte Público Press, 1997. Original in English: *In Search of Bernabé*. Houston: Arte Público Press, 1993.

Menchú, Rigoberta. *Crossing Borders*. Translated and edited by Ann Wright. London: Verso, 1998.

Menchú, Rigoberta, con Elizabeth Burgos Debray. *Me llamo Rigoberta Menchú*. Barcelona: Seix Barral, 1993.

Murillo, Mario, and Jesus Rey Avirama. *Colombia and the United States: War, Terrorism, and Destabilization*. Seven Stories Press, 2003.

Padilla, Humberto. *Fuera del juego*. Río Piedras: Editorial San Juan, 1971. (Bibliografía del «Caso Padilla»).

Partnoy, Alicia. *The Little School: Tales of Disappearance & Survival in Argentina*. Traducida por la autora con Lois Athey y Sandra Braunstein. Pittsburgh: Cleis Press, 1986. (El original se titula *La Escuelita* y ya se ha publicado en español.)

Pérez Solla, María Fernanda. *Enforced Disappearances*. McFarland & Co., 2006.

Portela, Edurme M. *Displaced Memories: The Poetics of Trauma in Argentine Women's Writing*. Lewisburg, PA: Bucknell University Press, 2009.

Pitarch, Pedro, Speed, Shannon and Leyva-Solano, Xochitl. *Human Rights in the Maya Region: Global Politics, Cultural Contentions, and Moral Engagements*. Duke University Press Books, 2008.

Rodríguez, Ana, and Glenn Garvin. *Diary of a Survivor: Nineteen Years in a Cuban Prison*. New York: St. Martin's Press, 1995.

Solidaridad Española con Cuba, Publishers. *Hablan las Damas de Blanco, familiares de los presos de conciencia de la Primavera de Cuba*. Solidaridad Española con Cuba, 2008.

Thomson, Marilyn. *The Women of El Salvador: The Price of Freedom*. Sponsored by the Comisión de Derechos Humanos de El Salvador. Philadelphia: Institute for the Study of Human Issues, 1986.

Tula, María Teresa and Stephen, Lynn. *Este es mí testimonio, María Teresa Tula: luchadora pro-derechos humanos de El Salvador*. South End Press, 1999.

Thornton, Lawrence. *Naming the Spirits*. New York: Doubleday, 1995.

Timerman, Jacobo. *Chile: Death in the South*. (Traducido por Robert Cox de un manuscrito en español no publicado). New York: Vintage Books, 1987.

_____. *Cuba: A Journey*. Traducido al español por Toby Talbot. New York: Alfred A. Knopf, 1990.

Valladares, Armando. *Contra toda esperanza: 22 años en el «Gulag de las Américas»*. 1ra. edición para Hispanoamérica. Buenos Aires: Kosmos, 1985. Traducido al inglés bajo el título: *Against All Hope: The Prison Memoirs of Armando Valladares*.

Traducido del español por Andrew Hurley. New York: Alfred A. Knopf, Random House, 1986.

Wright, Thomas C. *State Terrorism in Latin America: Chile, Argentina, and International Human Rights.* Rowman & Littlefield Publishers, 2006.

B. PARA APRENDER

Películas

Con uno, dos o más compañeros de clase, escojan y vean una de las películas sobre violaciones de los derechos humanos recomendadas en la lista a continuación. Consulten las indicaciones dadas en el Capítulo 4 para escribir individualmente una breve reseña de un mínimo de dos páginas y un máximo de tres. Imprima el trabajo en su computadora. Consulte con su profesor(a) acerca de la posibilidad de dar un informe oral a la clase.

Colombia 2010 (59 min, 2010, Nacho Salgado) Desde hace 45 años Colombia está inmersa en un conflicto político, social y armado con ejecuciones extrajudiciales, ataques indiscriminados, hostigamiento, amenazas y múltiples transgresiones al derecho internacional humanitario.

Cruzando nuestras fronteras (55 min, 2010, Gladys Bensimon) Narrado por María Conchita Alonso, este premiado documental explora la trayectoria de las dictaduras en América Latina, y la Revolución Bolivariana de Venezuela; acontecimientos que han forzado a millones de latinoamericanos a salir de sus países.

Huellas en la tierra (27 min, 2007, Fernando Cola), El entonces Relator Especial de Naciones Unidas para los Pueblos Indígenas, Rodolfo Stavenhagen, visitó distintas organizaciones de Bolivia con el objetivo de evaluar la situación de los indígenas en el país.

La historia oficial (*The Official Story*). Argentina, 1984. Trata de los desaparecidos en Argentina durante la dictadura militar. Obtuvo el Óscar de la mejor película extranjera.

Las Madres de la Plaza de Mayo (*The Mothers of the Plaza de Mayo*). Documental sobre las madres de hijos desaparecidos en Argentina durante la llamada «Guerra Sucia». Testimonios y entrevistas con las madres. Argentina, 1985. Distribuida por Women Make Movies.

Cautiva. Una joven argentina, por medio de un juez federal, aprende que los padres que la criaron no son sus verdaderos padres, que fueron desaparecidos. Dirigida por Gastón Biraben. Argentina, 2004.

Crónica de una fuga. Producida por Oscar Kramer. Dirigida por Israel Adrián Caetano. Nominada para el Festival de Cannes, 2006.

La noche de los lápices (*The Night of the Pencils*). Basada en sucesos verdaderos, trata de la vida de un estudiante de secundaria que fue encarcelado durante el período de la dictadura militar. Argentina. 1986.

Before Night Falls, película sobre Reinaldo Arenas, escritor homosexual cubano. Basada en su autobiografía. Dirigida por Julian Schnabel, con Javier Bardem. Estados Unidos, 2000.

No habrá más penas ni olvido. (*Funny Dirty Little War*). Una película de Héctor Olivera acerca de la Argentina peronista. En español con subtítulos en inglés. Argentina, 1983.

Rojo amanecer. Película sobre la masacre de estudiantes que ocurrió en México en 1968. México, 1989.

Romero. Con Raúl Juliá, en el papel del arzobispo Oscar Arnulfo Romero (1917–1980), de San Salvador, defensor de los pobres y de los derechos humanos, asesinado mientras celebraba una misa. Estados Unidos, 1989.

Salvador. Sobre un periodista y fotógrafo estadounidense que documentó los sucesos relacionados con el conflicto civil del país. Estados Unidos, 1985.

El Salvador: The Seeds of Liberty. Documental de 30 minutos que narra el conflicto en El Salvador por medio de entrevistas con militares, líderes politicos y religiosos; contiene escenas del funeral del asesinado Arzobispo Oscar Romero y examina la violencia en contra de las misioneras norteamericanas en ese país. Estados Unidos, 1981.

Dateline: San Salvador. Documental sobre la guerra civil en El Salvador. Estados Unidos, 1987.

Missing. Película con Jack Lemmon y Sissy Spaceck, sobre la violencia, tortura y los desaparecidos en Latinoamérica. Estados Unidos, 1989.

Niños desaparecidos. Documental de Estela Bravo acerca de las madres y las abuelas que buscan a sus hijos y nietos desaparecidos durante la llamada «Guerra Sucia» en los años setenta y ochenta. En español sin subtítulos en inglés; 24 minutos, 1985.

State of Siege. Película sobre el terrorismo, dirigida por el mismo director de *Missing,* Costa Gravas. Estados Unidos, 1973.

Rigoberta Menchú: Broken Silence. Video de 25 minutos en el que la ganadora del Premio Nobel de la Paz de 1992 habla acerca de sus experiencias y aspiraciones para los pueblos indígenas. En inglés. Estados Unidos.

Conducta impropia (Improper Conduct). Documental del cinematógrafo Néstor Almendros sobre las violaciones de derechos humanos y la represión de los homosexuales en Cuba. Estados Unidos, Francia, 1984.

Nobody Listened. Documental/reportaje de PBS que contiene entrevistas y testimonios que cuentan sobre las violaciones de los derechos humanos en Cuba comunista. Estados Unidos, 1990.

Apartment 0. Película de suspenso acerca de un inglés que vive en Argentina y que le alquila una habitación a un hombre que tal vez no sea quien dice que es. En inglés y español. 1989.

Death and the Maiden. Dirigida por Roman Polanski, con Ben Kinsley y Sigourney Weaver. Basada en una obra de Ariel Dorfman, acerca de una mujer que está convencida de haberse encontrado después de muchos años con la persona que la había torturado. Estados Unidos, 1995.

Rodrigo D: No Future. Colombia, 1990. Acerca de los jóvenes callejeros de Medellín, la capital de las drogas en Colombia. En español con subtítulos en inglés.

School of the Americas, School of Assassins. Documental, narrado en inglés por Susan Sarandon. Este video de 20 minutos describe la asistencia militar y entrenamiento que los Estados Unidos ofrecen a naciones latinoamericanas en el U.S. Army School of the Americas. Distribuido por Films for the Humanities.

Los olvidados. Clásico del cine de Luis Buñuel, sobre niños mendigos de México. México, 1950.

Los niños abandonados (The Abandoned Children). Los protagonistas son niños de las calles de una ciudad colombiana. En español con subtítulos en inglés. Colombia, 1974.

Pixote. Fuerte película sobre la vida dura de los niños que viven en las calles en Brasil. En portugués con subtítulos en inglés. Brasil, 1981.

Territorio Comanche. Cuenta la historia de una periodista, Laura, que va a Sarajevo. Conoce allí a Mikel y a otros periodistas con quienes comparte la vida durante los peores momentos de esa ciudad. España, 1997.

El viñedo (*The Vineyard*). Basado en eventos verídicos, es la historia de un niño que roba uvas, pero que cuando lo agarran los guardias, le abren fuego. Un periodista trata de averiguar lo que realmente ha ocurrido. 88 minutos, 2000. Uruguay. Distribuida por LAVA (Latin American Video Archives; ver: www.latinamericanvideo.org o llamar 212-463-0108).

Casas de Fuego (*Houses of Fire*) Juan Bautista Stagnaro. Trata sobre un médico, Salvador Mazza, que dedica su vida a tratar de encontrar una cura para la enfermedad de Chagas. La comunidad médica ignora el problema y el médico se va a las zonas donde existe el problema para hacer sus investigaciones. Argentina, 107 minutos, 1995. Distribuida por LAVA (Latin American Video Archives; ver: www.latinamericanvideo.org).

La guerra de Chiapas. Carlos Mendoza/Canal 6 de julio. Documental sobre el conflicto en Chiapas. Se examina el fondo y los problemas de la zona. 38 minutos, 1994. Distribuida por LAVA (Latin American Video Archives www.latinamericanvideo.org).

Recursos de la red

Si desea explorar la red, vaya a http://www.wiley.com/college/nuevosmundos, donde encontrará una lista de sitios relacionados con el tema de este capítulo.

Comisión Interamericana de Derechos Humanos (OEA)
www.cidh.org/default.htm

Organización de Naciones Unidas (ONU) Derechos Humanos
www.un.org/es/rights

Projecto Desaparecidos en Argentina
www.desaparecidos.org/arg/

Human Rights Watch
www.hrw.org/es

Casa Alianza—Vivir en las calles
www.casa-alianza.org.uk/

UNICEF
www.unicef.org/spanish/

Archivo Documental Wordpress
archivodocumental.wordpress.com/category/derechos-humanos/

Capítulo Siete

La mujer y la cultura

"Los títulos de las novelas acerca de mujeres en América Latina son significativos: santa o monja, casada, virgen y mártir".

—Elena Poniatowska, *Mujer y literatura en América Latina*

Carmen Chacón, Ministra de Defensa de España, revisando las tropas estando encinta.

PARA ENTRAR EN ONDA

Para ver cuánto sabe del tema del capítulo, responda a este cuestionario lo mejor que pueda. Escoja la respuesta apropiada. Luego compruebe sus conocimientos consultando la lista de respuestas que aparecen invertidas al pie de este ejercicio.

1. ¿Quién fue la primera hispana elegida al Congreso de los Estados Unidos?
   a. Nydia Velázquez
   b. Ileana Ros-Lehtinen
   c. Linda Chávez

2. Sor Juana Inés de la Cruz
   a. fue una monja feminista del siglo XVII.
   b. escribió un famoso ensayo autobiográfico, "Respuesta a sor Filotea", en defensa del desarrollo de las habilidades intelectuales.
   c. fue llamada la Décima Musa y el Fénix de América por su gran erudición.
   d. todas las anteriores.

3. Las adelitas, mujeres soldados de la Revolución mexicana, adoptaron el nombre de la amante de Pancho Villa.
   a. verdadero
   b. falso

4. ¿Cómo se llamaba la traductora azteca de Hernán Cortés que lo ayudó a conquistar Tenochtitlán?
   a. Doña Marina   c. La Malinche
   b. Malintzín   d. todas las anteriores

5. Eva Perón, conocida a través del mundo como Evita, llegó a ser vicepresidenta de Argentina durante la presidencia de su marido, Juan Perón.
   a. verdadero
   b. falso

6. Ellen Ochoa es
   a. la primera hispana miembro del gabinete de un presidente estadounidense.
   b. la primera locutora hispana de un programa de noticias de una de las grandes cadenas de la televisión.
   c. la primera astronauta latina.

7. El marianismo se refiere a
   a. mujeres que tienen buenos modales.
   b. una manera de ser y de vivir basada en la conducta idealizada de la Virgen María, o sea, llevar una vida de sacrificio propio.
   c. un movimiento político-social latinoamericano del siglo XIX.
   d. una idea popular de nombrar a la primera hija María en honor a la Virgen.

8. La primera persona en Latinoamérica en ganar el Premio Nobel en Literatura fue
   a. Alfonsina Storni.
   b. María Luisa Bombal.
   c. Gabriela Mistral.
   d. Rosario Castellanos.

9. En 1877, este país latinoamericano fue el primero en permitir que las mujeres pudieran cursar estudios en las universidades de la nación.
   a. Argentina
   b. Cuba
   c. Colombia
   d. Chile

Respuestas: 1b, 2d, 3a, 4d, 5b, 6c, 7b, 8c, 9d

I. Conversación y cultura

La mujer y la sociedad en el mundo hispano

A pesar de los estereotipos que existen de la mujer latinoamericana y de figuras destacadas de la historia o de la cultura popular (tales como Sor Juana Inés de la Cruz, Eva Perón y Carmen Miranda), la realidad es que la mujer latinoamericana, al igual que la mujer española o la *U.S. Latina*, se
5 ha ido inventando su propia versión no sólo de lo que significa ser mujer, sino también de lo que significa ser feminista en sus circunstancias socio-históricas.

Por muchos años, mujeres pobres, mujeres de la clase media y de las clases económicas más acomodadas, han ido involucrándose
10 cada vez más en la vida social, cultural y política de la comunidad y de sus respectivos países. Sin embargo, llegar a altos cargos del poder gubernamental les resulta todavía difícil en algunos países. Igualmente, aun cuando hay más mujeres en profesiones que eran antes tradicionalmente masculinas, son los hombres los que controlan
15 y predominan en el ámbito del comercio internacional, en el mundo de los negocios y en la política interior y exterior. La etnicidad, la raza y la clase económica de la persona —sea hombre o mujer— también han sido factores que han separado y a veces han unido a las mujeres, como clase en sí o como grupo social.

20 En España y Latinoamérica, al igual que en los Estados Unidos, muchas mujeres trabajan muy duro desde el amanecer hasta el anochecer para

luego llegar al hogar y seguir trabajando para la familia, limpiando, cocinando y cuidando a los niños, o sea, haciendo el trabajo del que tradicionalmente se han ocupado. El machismo de la cultura hispana, la tradición, las costumbres culturales y los valores religiosos han perpetuado por siglos la idea de que la mujer debe ser una virgen santa, como lo es la Virgen María, y han ayudado a mantenerla en un rol inferior al del hombre.

Hoy día en muchos sectores de Latinoamérica y España, es obvio que el rol de la mujer ha variado. Muchas mujeres desempeñan nuevos y difíciles papeles en la sociedad de sus respectivos países. Unas veces por derecho propio y otras por sentido de independencia e igualdad, las mujeres han llegado a altos puestos profesionales o puestos directivos en empresas y en puestos gubernamentales. A veces, sin embargo, la mujer ha tenido que lanzarse a trabajar y competir en la economía por necesidad. En Nicaragua, por ejemplo, más de la mitad de los hogares están encabezados por mujeres. La necesidad económica de la clase media y de la clase baja, la inestabilidad política y la extendida pobreza en Latinoamérica, además del deseo humano de superarse y de avanzar en la vida, son sólo algunos de los factores que ayudan a explicar los cambios que están ocurriendo aún si se realizan a pasos lentos en ciertos sectores.

MESA REDONDA

A. *En grupos pequeños, contesten las preguntas y comenten los siguientes temas.*

1. ¿Cree usted que los niños y las niñas son educados de la misma manera en la sociedad de los Estados Unidos o cree que desde el momento en que nacen los niños, la sociedad comienza a tratar a los varones de forma diferente a las hembras? ¿Qué opina?

2. ¿En la sociedad hispana se educa a los dos sexos de la misma forma o de forma diferente? ¿Hay diferencias significativas?

3. ¿Qué diferencias puede usted observar entre su propia crianza y educación formal y la de sus hermanos o hermanas? Haga una lista breve y compare sus apuntes con sus compañeros. Si cree que no hay diferencias en la educación, explique las razones.

B. *En grupos de tres o cuatro, hagan dos columnas, una con los adjetivos que describan las características típicas que tradicionalmente se han considerado «masculinas» y otra con las «femeninas». Comparen sus listas con las de otros grupos y comenten las semejanzas y las diferencias. Al finalizar podrán hacer un diagrama de Venn en la pizarra, en el que combinen las características mencionadas por todos los grupos de la clase.*

II. Lectura

 **Ensayo**

ANTES DE LEER

En grupos de tres o cuatro estudiantes comenten lo siguiente. Compartan después sus observaciones con el resto de la clase.

1. ¿Cree que las mujeres ya han logrado conseguir la igualdad social en los Estados Unidos? ¿Piensa que todavía queda algo por hacer? ¿Qué?

2. ¿Cree usted que las mujeres han logrado conseguir igualdad en el poder político de los Estados Unidos? ¿Qué no han logrado y por qué cree que es así? Explique su respuesta.

3. ¿Cree que se trata a la mujer igual que al hombre en el trabajo? ¿Cuáles son algunas ventajas de ser mujer en el mundo de los negocios? ¿Y algunas desventajas?

4. ¿Piensa que la situación de la mujer en los Estados Unidos ha mejorado o empeorado como consecuencia del movimento feminista? Explique su respuesta.

5. Trate de recordar cuando era niño o niña. ¿Cómo eran las actitudes hacia los niños y las niñas por parte de sus padres, abuelos, parientes, y maestros o maestras de la escuela? ¿Había grandes diferencias en el trato? ¿En las expectativas? ¿En lo que se enseñaba en la escuela a los niños y a las niñas acerca de la historia y las contribuciones de las mujeres a la humanidad? ¿Cree que todo esto ha cambiado lo suficiente o no? Explique su opinión.

¿IGUALES O DIFERENTES? EL FEMINISMO QUE VIENE

de Amanda Paltrinieri

Cambiaron muchas cosas desde que las sufragistas del siglo pasado comenzaron a luchar para conseguir el voto femenino. Si hace 30 años todavía se ridiculizaba a las feministas como arpías°, histéricas, o varoneras y viejas feas que se metían a activistas porque no podían conseguir un hombre. Hoy esas caricaturas ya no corren.

°**arpía:** *una mujer fea y antipática*

5

Muchos de los postulados° feministas hicieron carne en la sociedad: ya no se discute que la mujer puede ocupar cualquier espacio; nadie mira como bichos raros a quienes deciden vivir solas, no casarse o no tener hijos, y lentamente se comienzan a combatir el acoso sexual y la violencia doméstica.

°**postulados:** *propuestas*

10 Quedan temas pendientes, pero lo cierto es que algo cambió, y muchas agrupaciones plantean que la igualdad está conseguida (o, al menos, instalada su idea) y que es tiempo de mirar hacia atrás, valorar aciertos, corregir errores y poner el acento en los valores femeninos: en otras palabras, en la diferencia.

15 Pocos dicen que la Revolución francesa no podría haberse hecho sin el protagonismo activo de las mujeres. Sin embargo, fueron ellas quienes marcharon hacia Versalles y obligaron a Luis XVI a ir a París, desde donde iba a serle más difícil escapar.

En medio de aquella efervescencia se crearon numerosos clubes de 20 mujeres, muchas de las cuales incluso tomaron las armas. Pero si pensaron que las cosas iban a cambiar para ellas, se equivocaron fuertemente: establecida la República, les dieron las gracias y las mandaron a casa. Acto seguido se negó la propuesta del marqués de Condorcet de dar la misma educación a mujeres y a varones.

25 Probablemente pocos movimientos feministas se hayan sentido tan traicionados como los de esa época. Olympe de Gouges, quien pertenecía a los sectores más moderados de la Revolución, autora de la declaración de derechos de la mujer y la ciudadana, fue a parar a la guillotina. En 1793 fueron cerrados los clubes de mujeres y al 30 año siguiente les prohibieron cualquier tipo de actividad política. De derechas o de izquierdas, las más destacadas perdieron la cabeza (literalmente) o debieron exiliarse.

Paralelamente, la Revolución Industrial produjo una paradoja: mientras las mujeres de clases acomodadas se quedaban en su hogar, las menos
°**pudientes:** *ricas* 35 pudientes° fueron incorporadas masivamente a las fábricas, pues les pagaban menos que a los varones y eran más sumisas que estos. Esta situación dio origen en el siglo XIX al movimiento sufragista. La del voto no era la única reivindicación, sino sólo la primera y la que podía unir a todas las mujeres más allá de sus diferencias políticas y sociales. En cada

Todos los años millones de personas conmemoran el Día Internacional de la Mujer el 8 de marzo. Esta manifestación se celebró en Madrid en 2010.

país el movimiento tuvo sus propias características: en los Estados Unidos, por ejemplo, estaba ligado a la lucha contra la esclavitud.

Las sufragistas protagonizaron huelgas y manifestaciones, y sufrieron fuertes represiones. Cada 8 de marzo, Día Internacional de la Mujer, se recuerda a las obreras estadounidenses que murieron quemadas en 1908, cuando se declaró un incendio en la fábrica que habían tomado.

La idea de que las mujeres eran tan explotadas como los obreros volcó a muchas feministas hacia el marxismo. Otro fiasco: aunque este denunciaba la explotación económica y sexual de la mujer, la restringía al marco de la lucha de clases y cualquier pretensión fuera de ese marco era considerada una "desviación burguesa". Los reclamos, en todo caso, había que dejarlos para después de la revolución. Pero la experiencia soviética dejó en claro que una cosa no tiene que ver con la otra: se estableció la igualdad por decreto, pero no se hizo nada por cambiar la mentalidad de la sociedad en ese aspecto.

Hoy parece absurdo considerar que la mujer no está capacitada para elegir autoridades o ser parte activa de la vida política y económica de cualquier sociedad. Sin embargo, el derecho a votar sólo se consiguió en las primeras décadas de este siglo (y no en todo el mundo). Eso sí: quedó demostrado que las sufragistas habían acertado al suponer que el voto sería sólo el primer paso, especialmente después de la Segunda Guerra Mundial, cuando la economía de tantos países descansó sobre los hombros femeninos.

Durante las décadas de 1960 y 1970 no quedó títere° con cabeza: si algo caracterizó esas décadas fueron los cuestionamientos. En ese período el feminismo resurgió y ganó la calle con reclamos, como el derecho de la mujer a disponer de su propio cuerpo o tener igualdad económica y profesional.

°**títere:** *marioneta*

Por boca de autoras como las estadounidenses Kate Millet y Sulamith Firestone comenzaron a oírse términos como "patriarcado", "género", "casta sexual", y con ellos los planteos sociales entraron también en el terreno de lo privado. "Lo personal es político", era la consigna. ¿Qué significa esto? Que como nuestra sociedad es patriarcal todos los varones, no importa la clase social a la que pertenezcan, se benefician económica, sexual, y psicológicamente. El ejemplo más claro es el del trabajo hogareño, que suele estar a cargo de la mujer (aunque ella además tenga un empleo fuera de su casa) y que carece de retribución.

Al llevar las discusiones a la esfera privada comenzaron a gestarse grupos de autoconciencia. Estos grupos permitieron dar otra dimensión al movimiento feminista: más que desde la teoría se comenzó a pensar desde las experiencias personales. Sin descuidar los espacios para estudiar y organizarse, se crearon otros que atendían a las necesidades de las mujeres de carne y hueso tales como las de tener guarderías o centros para mujeres maltratadas o víctimas de la violencia sexual.

Como todo movimiento, el feminismo evolucionó a la par de la sociedad: su escandalizadora irrupción en los años sesenta y setenta con manifestaciones en favor del aborto o actos como la quema de corpiños mostró —al igual que el hippismo o los movimientos estudiantiles— que los valores tradicionales de la sociedad occidental estaban en crisis y que debían discutirse. Los ochenta fueron años más conservadores y mostraron una paradoja que encuentra el ejemplo más acabado en la figura de Margaret Thatcher. Una mujer llegó a gobernar uno de los llamados "países centrales". Pero ¿hubo algo más masculino que ella? ¿Hay que masculinizarse para ganar un espacio en una sociedad de varones? Entonces, ¿a qué clase de mujer —y a qué clase de sociedad— se aspira?

Los noventa fueron precisamente eso, años de barajar y dar de nuevo. De la discusión —todavía no acabada— surge un nuevo feminismo que viene pisando fuerte: el de la diferencia.

Betty Friedan, fundadora de la principal organización feminista de los Estados Unidos, revisó su postura y opina que "no debemos dejar los valores de la familia a la derecha". Jane Roe, la mujer cuyo caso llevó a legalizar el aborto en ese país, se convirtió al catolicismo. Naomi Wolf, una de las más conocidas militantes del feminismo estadounidense, también cambió su posición ante el tema desde que tuvo una hija.

Probablemente el gran cambio es la aceptación del derecho a elegir cualquier opción. Ya no se trata de mirar por encima del hombro a la mujer que elige trabajar en su hogar o considerar "desnaturalizada" a quien prefiere no casarse o no tener hijos. Incluso cambió el concepto de familia. El modelo tradicional ya no es el único: las familias a cargo de una sola persona siguen en aumento, y ya no extraña ver a un varón que cambia pañales o que se encarga de buena parte del trabajo hogareño. "El hombre y la mujer han de asumir nuevos papeles —dice la escritora Erica Jong—, y yo creo que muchas parejas jóvenes se esfuerzan en experimentar con ello... Los hombres también están pasando malos momentos".

Retrato de la artista como la Virgen de Guadalupe, *de Yolanda M. López, 1978*

Así como el feminismo actual no es el mismo de los años sesenta, la sociedad incorporó muchos de sus planteos en esferas que podrían parecer insólitas. Es el caso, por ejemplo, de infinidad de empresas que (tras comprobar sus bondades) optaron por lo que se podría llamar estilo gerencial femenino, en el que las decisiones se toman desde la participación, en contraposición al estilo masculino, vertical, inapelable, y sujeto a errores. Muchas compañías —japonesas especialmente— están muy contentas con los resultados que obtuvieron desde que implementaron este sistema.

Ahora, bien: ¿qué es esto de un pensamiento femenino? "La mujer tiene una diferencia en relación con el hombre —opina la italiana Alessandra Bocchetti—, no sólo biológica, sino también histórica y de práctica cotidiana° que, les proporciona un saber. Las mujeres conocen a los seres humanos desde el lado menos heroico, en sus necesidades, en su cotidianidad, en sus debilidades... Creo que esa es su gran fuerza, su gran aporte a la sociedad: un don de realismo".

°**cotidiana:** *perteneciente a la vida diaria*

Para la sexóloga Shere Hite "el feminismo de los noventa debe estar basado en la diversidad: diversidad en los estilos de vida, en los objetivos y en las opiniones: a medida que crecemos, podemos asimilar y disfrutar de nuestras diferencias y conocernos mutuamente".

No todas las feministas coinciden con ellas: "Donde las situaciones de poder son jerárquicas —opina la española Celia Amorós— lo diferente queda bloqueado en el lugar de lo desigual". Para Susan Faludi, la idea de que la igualdad ya se ha conseguida es un engaño, pues considera que el patriarcado tiene numerosos recursos para perpetuarse.

"El fin del patriarcado no quiere decir que no exista dominio patriarcal —responden las partidarias de la diferencia—, sino que ya no significa nada en la mente de la mujer, e incluso ya en la de muchos varones".

Desde esta óptica, ya no hay más banderas de guerra: ellas sostienen que es tiempo de mediación y que las llamadas políticas de igualdad empequeñecen el sentido original de la diferencia sexual. Para ellas ya no se trata de pedir reconocimiento, sino de negociar, precisamente, desde la fuerza y la autoridad que da la diferencia.

La ley de cupo° femenino, por la que uno de cada tres cargos electivos corresponde a una mujer, es un buen ejemplo de esta discusión. Desde un ángulo, la medida cubre un bache: la política siempre estuvo dominada por los varones y con esta ley la mujer tiene una representación que tradicionalmente le fue negada. Desde el otro ángulo, es sólo un paliativo que suena a limosna. ¿Por qué plantear 30% para las mujeres? ¿Por qué no decir que ninguno de los dos sexos puede ocupar más de 70% de los cargos?

°**cupo:** *cuota*

Lo cierto es que muchas dicotomías (ama de casa/trabajadora, esposa y madre/mujer sola) han desaparecido, y no se trata de competir o no con el varón. "El hecho de que una mujer sea libre vuelve necesaria la amistad entre hombres y mujeres —afirma Alessandra Bocchetti, política y teórica feminista italiana. La vuelve obligatoria. Si no hay amistad entre hombre y mujer no existe posibilidad de hacer sociedad."

Investigación: Leonel Giordano © Nueva, 1997

PARA COMENTAR

Trabajando en parejas, contesten las siguientes preguntas sobre el artículo. Justifiquen su opinión cuando sea necesario. Luego pueden comparar sus respuestas con las de otros compañeros.

1. Según el artículo, ¿cuál fue el papel de las mujeres en la Revolución francesa?
2. De acuerdo con la autora, ¿cuál fue el origen del movimiento sufragista?
3. ¿A qué evento histórico se rinde tributo el 8 de marzo, Día Internacional de la Mujer?
4. ¿De qué década era la consigna feminista: «Lo personal es político»?
5. ¿Qué es la ley de cupo femenino? Explíquela.

PARA ESCRIBIR

Lea los siguientes temas. Luego escoja el que le interese más para escribir sobre el mismo. Comparta su trabajo con otro(a) compañero(a) e intercambien comentarios sobre lo que han escrito.

1. Describa la mujer que más impacto ha tenido en su vida. Usando ejemplos basados en hechos reales, destaque una o dos de sus cualidades más admirables.
2. Describa el personaje femenino que más admira, bien sea de la política, del comercio, de las artes, de la literatura, del cine o la televisión. Explique de forma detallada por qué la admira.
3. Dé su opinión sobre el feminismo, sus logros y sus fallos. Respalde sus ideas con hechos concretos.

Narrativa: Ensayo de revista

LA REVOLUCIÓN INACABADA

de Susana Santolaria

En un tiempo las mujeres fueron diosas de ciudades, pero no tenían derecho a ser ciudadanas, reinaron como vírgenes en iglesias gobernadas por hombres y dirigieron hogares y empresas, pero no les estaba permitido votar. Hasta que un día comenzaron a poner sobre el papel todo aquello que les daba derecho a ser
5 *ciudadanas, a seguir los dictados de su propia alma y a decidir quiénes gobernaban en sus ciudades.*

Corría el año 1848 cuando dos mujeres, Lucretia Mott y Elizabeth Cady Stanton, organizaron la primera Convención para el Derecho de las Mujeres, en Seneca Falls, Nueva York. De aquella reunión surgió un documento,
10 al que llamaron Declaración de Sentimientos, en el que denunciaban las restricciones que la ley imponía a las mujeres. Entre ellas, no poder votar,

ni presentarse a elecciones, ni ocupar cargos públicos o asistir a reuniones políticas. El escrito establecía tres fundamentos para lograr la igualdad real entre sexos: educación no discriminatoria, participación en la esfera pública e igualdad ante la ley.

Siguiendo las líneas trazadas por la convención de Seneca Falls, la pensadora Harriet Taylor Mill escribió en 1851 el ensayo "La emancipación de la mujer", en el que reivindicaba los derechos de la mujer por encima de supuestas diferencias naturales y prejuicios culturales. No era la primera vez que las mujeres protestaban por la negación de sus derechos y los ponían sobre el papel. Un siglo antes, la dramaturga y pensadora francesa Olympe de Gouges proponía que "la mujer que tiene el derecho de subir al cadalso debe tener también el de subir a la tribuna". Bajo esta premisa redactó la Declaración de los Derechos de la Mujer y de la Ciudadana, que no era otra cosa que una copia de la Declaración de los Derechos del Hombre y del Ciudadano de 1789. En ella matizaba algo que los revolucionarios franceses se habían dejado en el tintero: la igualdad de derechos para ambos sexos.

Por su parte, Mary Wollstonecraft publicaba en Inglaterra, en 1792, el libro titulado *Vindicación de los derechos de la mujer,* en el que pedía al Estado que emprendiera reformas en las leyes, el matrimonio y la educación. Con un sistema de enseñanza igualitaria, pensaba Mary, las mujeres podrían demostrar su capacidad para realizar las mismas tareas que el hombre, cosa que echaría por tierra el prejuicio de que su función social debía limitarse al cuidado del hogar. Y estaba en lo cierto, pues un siglo más tarde la Revolución Industrial, que llevó a la mujer al trabajo remunerado, propició una sucesión de cambios en cadena que ya no tendría marcha atrás.

No lo tuvieron fácil las primeras revolucionarias cuando se enfrentaron a prejuicios grabados a fuego en la mente colectiva durante siglos. Pero poco a poco, al tiempo que los países iban evolucionando, las reivindicaciones de estas mujeres fueron convirtiéndose en ley. Sin embargo, en los países con falta de libertades, las mujeres han encontrado dificultades para acceder a las universidades, y a empleos bien remunerados y estables. Esto ha impedido su presencia en las decisiones jurídicas, políticas, económicas y sociales que esos países necesitan para evolucionar.

De hecho, hoy podría decirse que el nivel de desarrollo de un país o de una cultura puede medirse por la posición que ocupa y el trato que recibe su población femenina.

En todo el planeta es creciente la participación de mujeres en puestos de alta responsabilidad política, social y económica. Esto es un avance, aunque algunas veces sea más teórico que práctico y varíe enormemente de una sociedad a otra. Por poner un ejemplo, en Europa la diferencia de salarios entre hombres y mujeres, en el mismo puesto de trabajo, es de un 20%. Esta brecha salarial tiene que ver también con la discriminación a la hora de acceder a puestos de responsabilidad y al hecho de que las profesiones mayoritariamente ejercidas por mujeres son las peor pagadas.

Suecia es el país que ha logrado una mayor igualdad en el campo laboral. ¿Cómo lo ha conseguido? Siguiendo el argumento que planteaban las

primeras revolucionarias, los suecos decidieron reformar drásticamente
sus libros de texto, la educación de los padres, las políticas de impuestos y
la legislación relativa al matrimonio y al divorcio, como punto de partida
para fomentar la igualdad de la mujer en el mercado laboral. Además de
prestar atención a las necesidades específicas de las madres trabajadoras,
con programas de ayuda y asesoría para aquellas que se reincorporan al
mercado de trabajo tras un período de maternidad.

En los últimos años, numerosas mujeres han llegado a ocupar posiciones
de poder político en el mundo, desde las reinas Isabel II de Inglaterra,
Beatriz de Holanda y Margarita II de Dinamarca, hasta la canciller alemana
Angela Merkel, pasando por la primera ministra croata Jadranka Kosor, la
brasileña Dilma Rousseff, la argentina Cristina Kirchner, la costarricense
Laura Chinchilla, la chilena Michelle Bachelet o la liberiana Ellen
Johnson-Sirleaf, entre otras muchas. Pero esta presencia femenina no
garantiza la plena igualdad de derechos y oportunidades entre hombres
y mujeres en la práctica. Porque, para que esto ocurra, toda la sociedad
tiene que estar involucrada en el proceso, independientemente de quien
gobierne. Como dice un proverbio africano, "para educar a un niño hace
falta un pueblo entero".

A pesar de todo lo que se ha conseguido, aún queda mucho por hacer; la
revolución no habrá logrado su cometido mientras continúe habiendo en
el mundo hábitos que llevan a la pérdida del respeto por la mujer como
ser humano, entre ellos, la mutilación genital femenina (135 millones de
mujeres y niñas la sufren en el mundo), la violación (una de cada tres mujeres
ha sido golpeada, coaccionada sexualmente o ha sufrido otro tipo de abuso
en su vida) y la prostitución (cuatro millones de personas la ejercen).

Así en la tierra como en el cielo

Hay muchas mujeres que han logrado el reconocimiento del Premio
Nobel. Pero son muchas más las que han contribuido al progreso de la
humanidad con inventos y descubrimientos ilustres. Algunas lo pagaron con
su vida, las hay que publicaron sus estudios bajo seudónimos y otras, también
es cierto, contaron con el apoyo de hombres y sociedades sin prejuicios.

En su libro *Las damas del laboratorio*, la periodista científica María José
Casado hace un recorrido por la ciencia para constatar la presencia de
mujeres en este campo desde hace más de 4,000 años. En la antigüedad,
mujeres como Tapputi-Belatekallin ejercieron con éxito la alquimia y la
medicina. Las enseñanzas de la matemática, astrónoma y filósofa Hipatia
de Alejandría eran seguidas por miles de hombres y mujeres de su época.
En la Edad Media las abadías regentadas por mujeres como Hildegarda
de Bingen fueron importantes cunas del saber. Trotula de Salerno fue una
autoridad en ginecología y María Cunitz de Silesia publicó en el siglo XVII
importantes trabajos de astronomía bajo el seudónimo de Urania Propicia.

La ilustración forjó talentos como la matemática Laura Bassi: madre,
investigadora, profesora universitaria y punta de lanza en la modernización
de la ciencia italiana. En el siglo XIX, Ada Byron, hija del famoso poeta
británico, fue precursora de la programación informática. Durante el

*Monserrate Román es una
científica puertorriqueña
que ayudó a la NASA en
el desarrollo de la Estación
Espacial Internacional. Su
trabajo en microbiología ha
ayudado a identificar cómo
se comportan los microbios en
la Estación Espacial.*

pasado siglo, la alemana Amalie Noether hizo grandes aportaciones al
álgebra abstracta; la irlandesa Alicia Boole Stott, a los estudios de la cuarta
105 dimensión; Marie Curie, a la física; Mary Leakey, a la antropología, y Jane
Goodall, al estudio de los primates, por poner algunos ejemplos.

Y también hay cientos de mujeres anónimas que construyen cada día la
historia cotidiana de los pueblos y naciones, aunque no se les asigne un
sueldo, ni se les entreguen galardones al éxito laboral.

NOSOTRAS

de Rosa Olivares

Un día al año el mundo nos mira oficialmente: el 8 de marzo, día
mundial de la mujer trabajadora. Lo que pasa el resto de los 364
días del año, de todos los años de la historia del mundo, no parece
interesar a nadie. Nosotras somos las mujeres, las madres, las hijas, las
5 amantes, las amigas. Las enfermeras, las secretarias, las maestras, las
azafatas, pero también somos, también podemos ser las catedráticas,
las médicos, las abogadas, las conductoras... En la Unión Europea más
del 80% de las mujeres tienen estudios universitarios, pero solamente
un 12% ocupan puestos de dirección. Podemos pero no podemos.
10 Somos maravillosas, pero no lo suficiente; eficaces y trabajadoras,
pero ojo con quitarle el primer puesto o el puesto de trabajo a un
hombre no tan maravilloso, ni tan eficaz, ni tan trabajador, y sobre
todo, no esperemos cobrar lo mismo que ellos por el mismo trabajo.
No, eso no es así en ningún país del mundo. Todavía no.

15 Somos nosotras las que morimos todos los días del año a manos
de los que más nos han querido, de los que nos quisieron tanto
que consideraron que éramos cosa suya. Somos nosotras, pero no
nos reconocemos en esa imagen que el hombre ha construido de

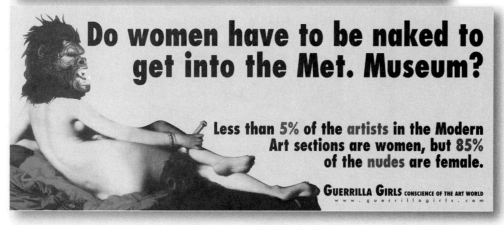

Do Woman Have To Be Naked To Get into the Met. Museum?, *1989. Guerrilla Girls. Cortesía de las artistas.*

nosotras. Porque sin duda somos bellas, sin duda somos madres, sin duda nos preocupamos por los demás, pero de ahí a ser símbolos y no mujeres hay un gran paso. Nunca quisimos que ellos, los hombres, fueran simplemente triunfadores, soldados, campeones, atletas, sólo quisimos que fueran como son, como sean, pero auténticos, no usurpadores, y nunca entenderemos por qué ellos sólo nos ven cuando salimos en ropa interior en un anuncio de perfume, o de chocolate, o de coches, o de cualquier cosa para la que nunca nos pondríamos en ropa interior.

Cuando las mujeres nos agrupamos para defendernos entonces las cosas cambian, y sólo nos agrupamos porque, de repente, somos feas, lesbianas, amargadas. Si nos aburrimos nos juntamos para reivindicar,

Cartel del gobierno español bajo la presidencia de José Luis Rodríguez Zapatero, cuyo gobierno puso en marcha varias leyes de igualdad y protección, como la Ley de protección contra la violencia de género de 2004. En 2007 España aprobó la Ley para la igualdad efectiva de mujeres y hombres.

y nuestros intereses son "cosas de mujeres", desvirtuando así cualquier intento de igualdad. Porque la igualdad no es algo que te regalan o te conceden, sino algo que ya tienes aunque no te lo reconozcan, un derecho con el que todos y todas nacemos. Pero no, las mujeres
35 somos relegadas hasta en el estudio sobre nosotras mismas: desde la ginecología hasta los estudios de género están copados por hombres.

Y en el 2011 las mujeres seguimos teniendo que estar desnudas para entrar en un museo, como en 1989 denunciaban las Guerrilla Girls, sólo que ahora tal vez en lugar de estar pintadas en un lienzo sea en una
40 performance, pero desnudas, finalmente. Se dice mucho, demasiado, que es el mundo del arte el que mas cómodo es para nosotras. ¿Por qué el arte y no la biogenética? Tal vez porque en el arte no hay riesgo, no hay tanto dinero, no hay tanto poder... Pero en cualquier caso es mentira: ¿cuántas mujeres dirigen museos en España? Y desde luego
45 no los más importantes, aunque eso no es lo esencial. Lo esencial es por qué a un hombre no se le exige lo mismo que se le exige a una mujer, y por qué a una mujer no se le perdonan las debilidades que a los hombres se les permiten con una sonrisa de complicidad.

Nosotras seguiremos trabajando el doble y ganando la mitad,
50 seguiremos pariendo y criando a los hijos, cuidando a todos menos a nosotras, pidiendo, a veces lastimeramente, un poco de igualdad. Seguiremos muriendo, real y simbólicamente, en manos de aquellos que juraron amor eterno y que no cumplieron. Seguiremos siendo imágenes en el calendario, intercambiables tal vez como mujeres
55 pero insustituibles como personas.

 Poesía

ANTES DE LEER

En grupos de tres o cuatro estudiantes comenten lo siguiente. Compartan después sus observaciones con el resto de la clase.

1. La virginidad y la castidad de la novia eran un requisito estricto en los matrimonios del pasado. ¿Cómo ha cambiado esta situación en la sociedad moderna?

2. ¿Cuáles son los derechos que la mujer ha logrado en la sociedad moderna y cuáles se le niegan todavía? ¿Por qué sucede eso?

3. ¿Se diferencian la mujer hispanoamericana y la estadounidense en sus responsabilidades domésticas y laborales (educación de los hijos, manejo del dinero, quehaceres, etc.)?

4. ¿Cuáles son las virtudes que busca un hombre en la mujer actualmente? ¿Cuáles son las que la mujer busca en el hombre?

5. ¿Tienen los prejuicios tradicionales masculinos la culpa de la condición social de la mujer en algunas áreas de Hispanoamérica? ¿O es otra la causa? Explique.

Sor Juana Inés de la Cruz (1648–1695) es la figura literaria más famosa del período colonial de Hispanoamérica. Nació en México, durante el virreinato español. Su padre era español y su madre, que era analfabeta, era criolla. Según Sor Juana nos cuenta en uno de sus escritos autobiográficos, ya había aprendido a leer a los tres años. Se cuenta que desde una temprana edad (a los 12 años) la niña precoz quería asistir a clases en la universidad, aunque fuera disfrazada de hombre, ya que en su época sólo los hombres podían asistir a la universidad.

A los 13 años de edad vivió en la corte como dama de honor de la virreina. Se destacó continuamente por su brillante inteligencia y sus diversos talentos. Entró a los 16 años en un convento de la orden de las Carmelitas Descalzas y, a partir de 1669 hasta su muerte, fue monja de la orden de San Jerónimo.

Su obra poética, escrita bajo la influencia del barroco español, ha sido considerada una de las cumbres artísticas de la época. Una gran parte de sus versos son de tema amoroso. Tan notoria fue su figura y su arte en el México colonial que aun durante su vida la llamaron la Décima Musa de México. Sus escritos le ocasionaron serios conflictos con las autoridades eclesiásticas y cuatro años antes de su muerte, siguiendo la orden del obispo de México, abandonó su quehacer literario y vendió su gran biblioteca, tal vez la más grande que hubiera entonces en el continente. Mientras cuidaba a las monjas enfermas en su convento, ella también se enfermó y murió durante la plaga que hacía estragos durante esa época. El gran escritor mexicano Octavio Paz escribió una biografía: *Sor Juana Inés de la Cruz, o las trampas de la fe.* En 1991 la directora argentina María Luisa Bemberg realizó una película sobre la vida de Sor Juana: *Yo, la peor de todas.*

Sor Juana Inés de la Cruz, *de Miguel Cabrera, 1780*

REDONDILLAS

Arguye de inconsecuentes el gusto y la censura de los hombres que en las mujeres acusan lo que causan

Hombres necios° que acusáis
a la mujer sin razón,
sin ver que sois la ocasión
de lo mismo que culpáis:

    si con ansia sin igual
solicitáis su desdén°,
¿por qué queréis que obren bien
si las incitáis al mal?

    Combatís su resistencia
y luego, con gravedad,
decís que fue liviandad°
lo que hizo la diligencia.

[...]

    Con el favor y el desdén
tenéis condición igual,
quejándoos, si os tratan mal,
burlándoos, si os quieren bien.

    Opinión, ninguna gana;
pues la que más se recata°,
si no os admite, es ingrata,
y si os admite, es liviana.

    Siempre tan necios andáis
que, con desigual nivel,
a una culpáis por cruel
y a otra por fácil culpáis.

    ¿Pues cómo ha de estar templada°
la que vuestro amor pretende,
si la que es ingrata, ofende,
y la que es fácil, enfada?

[...]

    Dan vuestras amantes penas
a sus libertades alas,
y después de hacerlas malas
las queréis hallar muy buenas.

    ¿Cuál mayor culpa ha tenido
en una pasión errada:
la que cae de rogada°,
o el que ruega de caído°?

    ¿O cuál es más de culpar,
aunque cualquiera mal haga:
la que peca por la paga°,
o el que paga por pecar°?

    Pues, ¿para qué os espantáis
de la culpa que tenéis?

°**necio:** *ignorante, tonto*

°**desdén:** *desprecio*

°**liviandad:** *ligereza, desvergüenza*

°**recatarse:** *cuidarse, tener prudencia*

°**templada:** *severa, rigurosa*

°**la que cae de rogada:** *la que "cae" después de recibir ruegos*

°**o el que ruega de caído:** *ruega después de haber caído*

°**la que peca por la paga:** *una prostituta*

°**el que paga por pecar:** *el que usa los servicios de la prostituta*

Queredlas cual las hacéis
o hacedlas cual las buscáis.
　Dejad de solicitar,
50　y después, con más razón,
acusaréis la afición°
de la que os fuere a rogar.
　Bien con muchas armas fundo°
que lidia° vuestra arrogancia,
55　pues en promesa e instancia,
juntáis diablo, carne y mundo.

°**afición:** *inclinación, entusiasmo o gusto por algo*

°**fundo:** *llego a ver, supongo*

°**lidiar:** *tener que ver, ocuparse*

PARA COMENTAR

Trabajando en parejas, contesten las siguientes preguntas sobre la poesía. Justifiquen su opinión cuando sea necesario. Luego pueden comparar sus respuestas con las de otros compañeros.

1. ¿Por qué se culpa al hombre de la debilidad moral de la mujer en el poema de Sor Juana?

2. ¿Cómo describiría usted a los «hombres necios» a los que se refiere el poema?

3. Según se dice en "Redondillas", la mujer nunca gana («si no os admite.../ si os admite...»). ¿Se refleja también en estas líneas la vida actual?

4. El poema de Sor Juana da a entender que en la época de la colonia (siglo XVII), se catalogaba a la mujer de acuerdo con una serie de códigos creados por el hombre. ¿En qué partes del poema se puede hallar prueba de esto?

5. ¿Qué recomendación hace Sor Juana a los «hombres necios»?

6. ¿Qué quiere decir la última estrofa, «... en promesa e instancia,/ juntáis diablo, carne y mundo»?

*La poeta argentina
Alfonsina Storni*

Poesía

Alfonsina Storni (1892–1938) nació en Suiza, pero creció y vivió la mayor parte de su vida en Argentina. Trabajó como maestra en Rosario y en Buenos Aires. Ganó fama primero en Argentina y luego en todo el mundo de habla española, por sus poemas y su actitud feminista. Su poesía de la primera etapa trata de las relaciones entre el hombre y la mujer en la sociedad argentina e hispanoamericana de la época. Storni critica en su obra la condición de la mujer mediante una fina y lírica ironía. Más tarde, hacia el final de su vida, su labor creativa adquirió un carácter más intelectual. En 1938, al saber que padecía de un cáncer incurable, se suicidó.

ANTES DE LEER

En grupos de tres o cuatro estudiantes comenten lo siguiente. Compartan después sus observaciones con el resto de la clase.

1. ¿Cuando se enamora, qué exige usted de la otra persona? ¿Por qué?

2. ¿Piensa que todavía se cree que el llanto de los hombres es una señal de debilidad, una indicación de una característica poco masculina? ¿De qué depende esa actitud?

3. ¿Qué entiende usted por feminismo? ¿Por qué aboga ese movimiento?

4. ¿Cree que existen dos patrones diferentes para juzgar al hombre y a la mujer en la vida social y profesional?

5. ¿Tienen su padre, hermano(s) o tío(s) una actitud diferente o igual a la suya en relación con los derechos de la mujer? ¿Por qué?

TÚ ME QUIERES BLANCA

De la colección *El dulce daño* (1918)

Tú me quieres alba;
me quieres de espuma;
me quieres de nácar°,
Que sea azucena°
5 sobre todas, casta.
De perfume tenue°.
Corola° cerrada.

Ni un rayo de luna
filtrado me haya,
10 ni una margarita°
se diga mi hermana.
Tú me quieres blanca;
tú me quieres nívea°;
15 tú me quieres casta.

Tú, que hubiste todas
las copas a mano,
de frutos y mieles
los labios morados.
20 Tú, que en el banquete
cubierto de pámpanos°,
dejaste las carnes
festejando a Baco°.
Tú, que en los jardines
25 negros del Engaño,

°**nácar:** *substancia dura que producen las conchas de mar*

°**azucena:** *tipo de flor* (lily)

°**tenue:** *delicado, suave*

°**corola:** *cubierta exterior de la flor*
°**margarita:** *tipo de flor* (daisy)

°**nívea:** *de blancura similar a la nieve*

°**pámpano:** *rama de la vid, el árbol de la uva*

°**Baco:** *dios griego del vino y las fiestas*

vestido de rojo
corriste al Estrago°.

°**estrago:** *daño, ruina*

Tú, que el esqueleto
conservas intacto,
30   no sé todavía
por cuáles milagros
(Dios te lo perdone),
me pretendes casta
(Dios te lo perdone),
35   me pretendes alba.
Huye hacia los bosques;
vete a la montaña;
límpiate la boca;
vive en las cabañas;
40   toca con las manos
la tierra mojada;
alimenta el cuerpo
con raíz amarga;
bebe de las rocas;
45   duerme sobre la escarcha°;
renueva tejidos
con salitre° y agua;
habla con los pájaros
y lévate° al alba.
50   Y cuando las carnes
te sean tornadas°,
y cuando hayas puesto
en ellas el alma,
que por las alcobas
55   se quedó enredada,
entonces, buen hombre,
preténdeme blanca,
preténdeme nívea,
preténdeme casta.

°**escarcha:** *el rocío*
(dew) *de las plantas*

°**salitre:** *nitrato de potasio,*
sal del mar

°**levarse:** *levantarse*

°**tornada:** *devuelta*

PESO ANCESTRAL

Tú me dijiste: no lloró mi padre;
tú me dijiste: no lloró mi abuelo;
no han llorado los hombres de mi
      raza,
5   eran de acero.

Así diciendo te brotó una lágrima
y me cayó en la boca...; más veneno
yo no he bebido nunca en otro vaso
así pequeño.

10 Débil mujer, pobre que entiende,
dolor de siglos, conocí al beberlo.
Oh, el alma mía soportar no puede
todo su peso.

HOMBRE PEQUEÑITO

Hombre pequeñito, hombre pequeñito,
suelta a tu canario que quiere volar...
yo soy el canario, hombre pequeñito,
déjame saltar.

5 Estuve en tu jaula, hombre pequeñito,
hombre pequeñito que jaula me das.
Digo pequeñito porque no me entiendes,
ni me entenderás.

Tampoco te entiendo, pero mientras tanto
10 ábreme la jaula, que quiero escapar;
hombre pequeñito, te amé media hora,
no me pidas más.

PARA COMENTAR

Trabajando en parejas, contesten las siguientes preguntas sobre los poemas de Storni. Justifiquen su opinión cuando sea necesario. Luego pueden comparar sus respuestas con las de otros compañeros.

1. «Tú me quieres blanca», le dice Storni al hombre. ¿Se refiere este adjetivo a la raza de la autora o a otro aspecto? ¿Qué interpretación le daría usted?

2. ¿Por qué le dice la voz lírica al «buen hombre» en el mismo poema que debe ir a la montaña, vivir en el bosque con los animales, dejar la ciudad y probar la naturaleza?

3. Después de cumplir con las recomendaciones el «buen hombre» puede pretenderla «blanca... / ...casta». ¿Por qué se hace posible lo que al principio se negaba?

4. ¿Por qué describe Storni en "Peso ancestral" la lágrima del hombre como «veneno»?

5. ¿A qué cree que se refieren las palabras «peso ancestral»?

6. ¿Cómo describiría al «hombre pequeñito» según lo sugerido por Storni en su poema?

7. ¿Cómo se relacionan el «hombre pequeñito», el «canario», y la «jaula» en el poema de Storni?

8. ¿Por qué quiere escapar de esa relación la autora?

 # Poesía

Rosario Castellanos (1925–1974) nació en la Ciudad de México y falleció en Tel Aviv, Israel, mientras servía de embajadora de su país. Se destacó en la poesía, la novela, el teatro y el ensayo. Varios de sus cuentos y novelas reflejan su preocupación por la población indígena de su país. Otro tema central de su obra es el papel que desempeña la mujer en la sociedad mexicana moderna. Los tres siguientes poemas son ejemplos de su poesía feminista coloquial.

KINSEY REPORT NO. 6

Señorita. Sí, insisto. Señorita.
Soy joven. Dicen que no fea. Carácter
llevadero°. Y un día
vendrá el Príncipe Azul, porque se lo he rogado
5   como un milagro a San Antonio. Entonces
vamos a ser felices. Enamorados siempre.

    ¿Qué importa la pobreza? Y si es borracho
lo quitaré del vicio. Si es un mujeriego
yo voy a mantenerme siempre tan atractiva,
10   tan atenta a sus gustos, tan buena ama de casa,
tan prolífica° madre
y tan extraordinaria cocinera
que se volverá fiel como premio a mis méritos
entre los que, el mayor, es la paciencia.

15   Lo mismo que mis padres y los de mi marido
celebraremos nuestras bodas de oro
con gran misa solemne.

No, no he tendido novio. No, ninguno
todavía. Mañana.

°**llevadero:** *amigable, fácil de tratar*

°**prolífica:** *que tiene muchos hijos*

PARA COMENTAR

1. En "Kinsey Report No. 6", ¿qué haría la narradora si su esposo resultara ser mujeriego y borracho?

2. ¿Por qué insiste en que la llamen señorita? ¿Qué implicaciones tiene esto en la cultura hispanoamericana?

3. En su opinión, ¿por qué la narradora no ha tenido nunca un novio?

4. Si tuviera que describir la actitud de la narradora con un solo adjetivo, ¿cuál escogería? ¿Por qué?

PARA ESCRIBIR

1. Escoja la poesía que más le haya gustado de esta sección.
2. Léala nuevamente y apunte dos o tres ideas sobre los aspectos que considere más importantes.
3. Basándose en sus apuntes, escriba un párrafo en el que explique lo que usted entendió después de leerla y analizarla nuevamente.
4. Comparta su trabajo con otro(a) compañero(a) e intercambien comentarios sobre lo que han escrito.

 Ensayo

Elena Poniatowska (1933) nació en París, de padre franco-polaco y madre mexicana. Desde los 9 años vivió en México, aunque ha residido también en los Estados Unidos. Se ha destacado a nivel mundial como novelista y periodista. Es una de las cultivadoras más conocidas del género conocido como literatura testimonial, donde se mezclan las técnicas del periodismo y la novela. Su primer éxito en este género fue la obra *Hasta no verte Jesús mío* (1969), donde ficcionaliza la vida de Jesusa Palancares, luchadora revolucionaria. También ha escrito sobre los amores del famoso pintor Diego de Rivera con su amante rusa Quiela y sobre la vida de la fotógrafa anarquista mexicana Tina Modotti. En *La Noche de Tlatelolco* interpreta los eventos de 1968 en México que condujeron a la muerte de estudiantes y trabajadores, masacrados por el ejército. Poniatowska se presenta a menudo en universidades norteamericanas, donde es muy respetada por sus escritos e ideas feministas. Su obra se ha traducido a muchos idiomas.

Elena Poniatowska

«*La literatura de las mujeres en México, después del caso único de Sor Juana, empieza ahora y está ligada irremediablemente al movimiento de la mujer.*»[1]

---

[1]Elena Poniatowska. Citado en *Puerta abierta. La nueva escritora latinoamericana.* Autoras: Caridad L. Silva-Velázquez y Nora Erro-Orthman. México: Editorial Joaquín Mortiz S.A., 1986.

MUJER Y LITERATURA EN AMÉRICA LATINA

La literatura de las mujeres en América Latina es parte de la voz de los oprimidos. Lo creo tan profundamente que estoy dispuesta a convertirlo en leitmotif,° en un ritornello,° en ideología.

...

La que hace surgir esta literatura es una realidad indignante y dolorosa. Queremos dejar constancia aquí y ahora, sin hacernos ilusiones, y meter nuestro rollo en un ánfora° que flote desesperadamente y llegue al otro lado del mar, al otro lado del tiempo, para que los que vengan sepan cuan alto fue el grito de quienes los antecedieron.

...

Las escritoras latinoamericanas venimos de países muy pobres, muy desamparados. No tienen ustedes idea a qué grado son pobres nuestros países, no puedo siquiera imaginarlos, imaginarlo. Porque la pobreza no es la del indigente europeo, la del clochard° que se envuelve filosóficamente en su abrigo de cuatro estaciones, no, la pobreza de América Latina es la de la indiferencia. No hay nadie ante quién pararse, nadie a quién decirle: "No he comido, hace días que no como" porque a nadie le importa, eso no importa. Ninguna sopa del Ejército de Salvación aguarda sobre el fuego, ningún albergue para pasar la noche. El hambre va haciéndose terrosa,° polvosa,° se esparce extenuada sobre las cosas de la tierra. La desolación° irremediable. Traten ustedes de hablar con alguien que tiene hambre, verán cómo se pierde su mirada. Los hambrientos siguen una rendija en el suelo y por allí se les va la mirada y no la recuperan. Como que no han percibido su propia existencia, no saben que viven. Crecen sí, pero en dolor, en esa renuncia calculada de la que ni siquiera son conscientes. Están solos al lado de todos porque viven al margen, hasta el ruido parece alejarse de ellos, el mundo los ha drenado. El suyo es un silencio de piedra.

...

No reclamamos para América Latina el patrimonio de la miseria mundial; sabemos que la hay en otros continentes, que la India está marcada por ella, que existe en África y en los países árabes. Pero declaramos, sí, un tipo particular de miseria, que no es la tercermundista°... sino de la soledad, el desconocimiento, la indiferencia. En los mapas del continente latinoamericano aparecen muchas extensiones pintadas de rojo como regiones inexploradas. Así nos sentimos nosotros, vírgenes, intactos, aún sin nombre, sin que nadie se proponga descubrirnos.

...

No pretendo afirmar que la literatura femenina empieza con las revoluciones del siglo XX en América Latina. No, no, sé bien que hubo otras batallas y que la mayor la ganó Sor Juana Inés de la Cruz, nacida en 1651, y que Octavio Paz considera aún el mayor poeta del siglo XX. Pero no lo fue a partir de su condición de mujer, al contrario; escribió en una romanza: "Yo no entiendo de esas cosas / Sólo sé que aquí me vine / porque si es que soy mujer, / ninguno lo verifique". La primera decisión de

Glosas marginales

°**leitmotiv:** *tema central que se repite*

°**ritornello:** *estribillo, repetición*

°**ánfora:** *cántaro antiguo de dos asas, para guardar y transportar el vino*

°**clochard:** *vagabundo*

°**terrosa:** *que parece de tierra, o está sucia como la tierra*

°**polvosa:** *polvorienta*

°**desolación:** *gran dolor o pena*

°**tercermundista:** *relativo al llamado Tercer Mundo: Asia, África y América Latina*

Sor Juana es salir de esa envoltura femenina que la lastra° y sobre todo la condena. No en vano se corta el pelo, para encerrarse a estudiar mientras éste crece, porque cabeza tan desnuda de noticias no puede ostentar tan apetecible adorno. Y porque es muy vehemente y poderosa su inclinación a las letras abandona la corte del Marqués de Mancera y a los diecinueve años entra al Convento de las Jerónimas. Sólo el encierro le brinda lo que ella busca y llama "las impertinencias de su genio" que son el querer vivir sola, el no tener ocupación obligatoria que embarace° la libertad de su estudio, ni rumor de comunidad que impida el sosegado silencio de sus libros. Tres siglos después, la mexicana Rosario Castellanos —quien deseó un orden hermoso y verdadero— siente que el mundo no sólo la defrauda sino le es hostil. Y los gritos a lo largo del continente se agudizan° hasta que Sylvia Plath aúlla° que la mujer ha sido el ser más vejado de la historia. Doblemente sometidas, una por la conquista, que trae aparejada la religión, otra por su condición de mujer, la visión femenina será siempre la de los vencidos; la mujer que no se somete al hombre está condenada al fracaso. Los títulos de las novelas acerca de mujeres en América Latina son significativos: "santa o monja, casada, virgen y mártir".

...

Si escritoras latinoamericanas que viven una situación de privilegio como Marta Traba, Griselda Gambaro, Claribel Alegría, se han aliado a los oprimidos, otras han querido darle voz a los que no la tienen. Tal es el caso de Jesusa Palancares, la protagonista de *Hasta no verte Jesús mío*, de Domitila la minera boliviana y de su antecesora Carolina María de Jesús. Su relato reúne la suficiente calidad como para acceder a la literatura. Quisiera detenerme en ellas porque más que nadie reflejan a las grandes mayorías del continente latinoamericano y a las enormes contradicciones que se desconocen en Europa. En América Latina las mujeres no somos una masa homogénea que compartimos idénticas tareas, como podría suceder en Europa. Lo dijo muy bien Domitila al enfrentarse, en el Año Internacional de la Mujer en México, a una líder mexicana que le pedía que dejara de hablar de masacres y del sufrimiento de su pueblo y hablara de "nosotras las mujeres ... de usted y de mí ... de la mujer, pues". "Muy bien, le dije, hablaremos de las dos. Pero, si me permite, voy a empezar. Señora, hace una semana que yo la conozco a usted. Cada mañana usted llega con un traje diferente; y sin embargo, yo no. Cada día llega usted pintada y peinada como quien tiene tiempo de pasar en una peluquería bien elegante y puede gastar buena plata en eso; y sin embargo, yo no. Y para presentarse aquí como se presenta, estoy segura de que usted vive en una vivienda bien elegante, en un barrio también elegante, ¿no? Y, sin embargo, nosotras las mujeres de los mineros tenemos solamente una pequeña vivienda prestada, y cuando se muere nuestro esposo o se enferma o lo retiran de la empresa, tenemos noventa días para abandonar la vivienda y estamos en la calle.

Ahora, señora, dígame, ¿tiene usted algo semejante a mi situación? ¿Tengo yo algo semejante a su situación de usted? Entonces, ¿de qué igualdad vamos a hablar entre nosotros? Si usted y yo no nos parecemos, si usted y yo somos tan diferentes, nosotras no podemos en este momento ser iguales, aún como mujeres, ¿no le parece?

°**lastrar:** *recargar algo, haciéndolo más pesado*

°**embarazar:** *dificultar*

°**agudizarse:** *hacerse más agudo*
°**aullar:** *dar aullidos o gritos muy fuertes*

Pero en aquel momento, bajó otra mexicana y me dijo:

—Oiga usted: ¿qué quiere usted? Ella aquí es la líder de una delegación
de México y tiene la preferencia. Además, nosotras aquí hemos sido muy
benevolentes con usted, la hemos escuchado por radio, por televisión, por
la prensa, en la Tribuna. Yo me he cansado de aplaudirle.

A mí me dio mucha rabia que me dijera esto, porque me pareció que
los problemas que yo planteaba servían entonces simplemente para
volverme un personaje de teatro al cual se debía aplaudir. Sentí como si
me estuvieran tratando de payaso"...

°**bufón:** *persona que*
hace reír

Los pobres son siempre los bufones,° los utilizables, los intercambiables,
la masa, el pueblo, los que sirven de telón de fondo, los que viven otra
vida, los exiliados también; su situación de inferioridad los condena y ellos
mismos se condenan.

...

El otro pavor es el de la tortura. Pueden ustedes alegar que mi visión
es parcial; que en América Latina suceden otras muchas cosas además
de la tortura, la desaparición, el hambre. Es cierto. Dentro de la
literatura latinoamericana, los temas son múltiples y esplendorosos, y no
necesariamente giran en torno a la desgracia. A nadie puede impedírsele
ver el mundo desde arriba, desde el espacio cósmico y resulta bien poético

°**constatar:** *comprobar*

constatar° con Yuri Gagarin que la tierra es azul.

...

Poco a poco nos enteramos de secuestros en América Latina, de opositores
políticos cuyas casas son sitiadas a las cuatro de la mañana cuando rechinan
las llantas de un automóvil, se escuchan portazos, el ruido de gente que
corre y luego nada, salvo los vecinos que al día siguiente murmuran
temerosos. "Anoche... un operativo". Pero no sabíamos que una

°**asir:** *coger, agarrar*

mujer que va caminando a nuestro lado, tomada de nuestro brazo, asida°
a nuestra sonrisa, súbitamente podría desaparecer, así de un momento a
otro. Alaíde Foppa se fue a Guatemala y murió del corazón en la segunda
tortura. La otra tortura es la del hambre, las mazmorras° el hambre, y los

°**mazmorra:** *calabozo*
o prisión subterráneas

desaparecidos del hambre; los niños asidos a la sonrisa del padre que se
suicida porque no consigue empleo.

...

Nada. Por eso escribimos. Escribimos para explicarnos lo incomprensible,
para dejar constancia, para que los hijos de nuestros hijos sepan. Escribimos
para ser. Escribimos para que no nos borren del mapa. Escribimos en América
Latina porque es la única manera que conocemos para no desaparecer o para
dar testimonio de los desaparecidos por la política y el hambre. Escribimos
para que sepan que durante un espacio de tiempo y luz —un lapso dirían
los científicos— vivimos sobre la tierra, fuimos un punto, una referencia, un
signo, una partícula que se movió, proporcionó energía, calor, se unió a otras
partículas. Por eso escribimos. Escribimos como los hombres que inscriben su
nombre en los muros de la cárcel; lo dejan grabado con las uñas, rascan los

muros con las manos, con los dientes, con toda la fuerza que traen adentro, con toda la rabia de esta vida que les quieren quitar. Escribimos un momento antes del edicto° y la condena, un momento antes de que nos lleven al paredón. Somos, lo sabemos, los condenados de la tierra y así escribimos, como alucinados. Somos las Locas de la Plaza de Mayo en torno a quienes se hace el silencio todos los jueves. Nadie se asoma a la Plaza a la hora en que se reunen y sacan sus pañuelos blancos y las maltratadas fotografías de sus hijos, de sus hijas, con las esquinas dobladas por el uso. Escribimos en América Latina para reclamar un espacio, para descubrirnos ante los demás, ante la comunidad humana, para que nos vean, para que nos quieran, para integrar la visión del mundo, para adquirir alguna dimensión, para que no se nos borre con tanta facilidad. Escribimos para no desaparecer.

Quizás esto no tenga que ver con la literatura; no he hablado de estilos ni de características, ni siquiera he mencionado a muchas autoras. No disertaré acerca de las dos ramas de la literatura; la realista y la fantástica, la marxista o la estructuralista. Nunca he sabido dividir absolutamente nada, nunca he podido acomodar temas en sus distintas categorías. De hecho no soy capaz de analizar tendencias, corrientes, variantes críticas, metodologías. Ni siquiera sé bien lo que digo o lo que hago porque no tengo imágenes preconcebidas ni de mí misma, ni de los demás, ni del mundo que nos rodea. No les pregunté a ustedes: ¿Son woolfianas° ¿Son proustianas° Sólo puedo hablar de lo obvio, pegar mis cuernos a la tierra, embarrar mis belfos° de lodo. Por eso aventurar° que América Latina es un continente expuesto, un continente en peligro y en el cual peligra la vida de los hombres. Son muchos los genocidios invisibles en África, en América Latina, además de los visibles en El Salvador, en Guatemala, que ya están escandalizando al mundo. También hay genocidios inaudibles° contra el pueblo, a través de la fractura grotesca de su economía. Son sus palabras mudas y sus voces airadas las que recogemos, por eso la escritura de América Latina, y sobre todo la de las mujeres, es ya la de los de a pie, las de los que comen tierra, la de los desamparados, la literatura de los que tienen más de cien años de atraso y también, ¿por qué no?, la literatura de los que se levantan en armas, la del fusil en la mano, la de la rabia.

°edicto: *ordenanza, ley*

°woolfianas: *relacionado con las ideas o teorías de la escritora inglesa Virginia Woolf (1882–1941)*

°proustianas: *relacionado con las ideas o teorías del escritor francés Marcel Proust (1871–1922)*

°belfo: *labio, generalmente del caballo*

°aventurar: *proponer una idea arriesgada*

°inaudible: *que no se oye o escucha*

PARA COMENTAR

1. ¿Por qué quiere la autora convertir el tema de la literatura femenina en América Latina en un «leitmotif, un ritornello»?

2. ¿En qué se diferencia, según Poniatowska, la pobreza en Hispanoamérica de la de Europa?

3. ¿Qué relación puede hallar entre lo que Poniatowska cuenta sobre Sor Juana y lo que la poetisa misma refiere en los versos suyos estudiados anteriormente?

4. En la anécdota de Domitila que se incluye, ¿por qué dice al final la narradora «que los problemas que yo planteaba servían... para volverme un personaje de teatro al cual se debía aplaudir»?

5. Escribe la autora: «Por eso escribimos». ¿Cómo se vincula la realidad de Hispanoamérica (torturas, hambre, secuestros, violencia), según la autora, con la literatura que producen las escritoras del continente?

6. Cuando Poniatowska escribe «no les pregunté a ustedes: ¿son woolfianas? ¿son proustianas?», parece que se dirige únicamente a un público femenino. ¿Cree usted que el tema de la lectura es importante también para uno masculino? Explique por qué.

7. ¿Piensa usted que la literatura femenina de los Estados Unidos tendrá una motivación diferente a la de América Latina? ¿Abogan por diferentes cosas las autoras?

PARA ESCRIBIR

Escriba en uno o dos párrafos su reacción ante el ensayo de Poniatowska. Escoja una de estas preguntas como punto de partida.

1. ¿Está usted de acuerdo o en desacuerdo con la autora en cuanto a cuál debe ser el tema central de la literatura femenina en América Latina?

2. ¿Cree usted que serían diferentes o iguales las preocupaciones, las aspiraciones y las metas de las mujeres y de los hombres?

Mujer de Tehuantepec, *foto tomada por la fotógrafa Tina Modotti, 1929*

 Ensayo

Mercedes Ballesteros (1913–1995) fue una ensayista, novelista y cuentista española de familia aristocrática de Madrid. Después de estudiar filosofía y letras en la Universidad de Madrid, comenzó a publicar principalmente artículos humorísticos en periódicos y revistas de la época. Sus novelas y cuentos se centran en la mujer y los niños españoles, hacia los cuales Ballesteros muestra gran simpatía. Así se aprecia en el breve ensayo siguiente, donde la escritora hace uso de un fino sentido del humor y de ironía.

ANTES DE LEER

A. *Hagan la siguiente encuesta en parejas. Tomen notas de las respuestas de su compañero(a). Luego, compartan los resultados de la encuesta con otras parejas. Pueden hacer una tabla en la pizarra con los resultados de toda la clase.*

1. ¿Cuál ha sido el libro que más le ha impactado y por qué? Comente sobre el tema, la trama, el mensaje y los personajes.

2. ¿Qué prefiere leer: cuentos, biografías, historias de misterio, de amor, de ciencia ficción, de aventuras?

3. ¿Qué autoras ha leído en inglés o español?

4. ¿Está suscrito(a) a algún club de libros por correspondencia?

5. ¿Compra libros a menudo? ¿Frecuenta las librerías de libros nuevos o prefiere las de libros usados? ¿Cuál es su librería favorita? ¿O prefiere encargar los libros por el Internet?

6. ¿Cuáles son los tema que más le interesan?

7. ¿Marca o señala usted sus libros cuando encuentra una idea interesante?

8. ¿Les presta sus libros a amigos y familiares?

9. ¿Se deshace del libro después de leerlo? ¿Lo vende, lo regala? ¿Lo presta?

10. ¿Qué opina usted de la gente que bota los libros? ¿Qué otro uso podrían darse a estos libros que no tienen otro destino mejor?

B. *En grupos de tres o cuatro estudiantes comenten lo siguiente. Compartan después sus observaciones con el resto de la clase.*

1. Según su opinión, ¿existen todavía áreas de la vida cotidiana, cultural o profesional que son sólo dominio del hombre y otras sólo de la mujer?

2. De sus padres, ¿a quién le gusta más la lectura, a su padre o a su madre? ¿A sus hermanos o hermanas? ¿A qué lo atribuye?

3. ¿Por qué razón se le hacía dificultoso a la mujer en el pasado el acceso a los estudios de nivel superior?

4. ¿Qué se puede adquirir a través de la lectura y del estudio de libros, además de conocimiento e información y una profesión o un oficio?

5. ¿Por qué diría usted que los libros son tan importantes en la vida moderna?

6. ¿Conoce o ha usado usted los libros electrónicos? ¿Qué sabe de ellos? ¿Qué ventajas y desventajas ofrecen a los lectores? ¿Cuál cree usted que es el futuro del libro, en vista de los rápidos cambios tecnológicos que están ocurriendo?

LA MUJER Y LOS LIBROS

°**pasar por las mientes:** *ocurrírsele, considerarlo*

°**frac:** *chaqueta de hombre*

°**Gustavo Adolfo Bécquer:** *(1836–1870) poeta español, famoso por su poesía amorosa* 5

°**Ramón de Campoamor:** *(1817–1901), poeta español muy popular en su tiempo* 10

°**tirada:** *serie de palabras*

°**José de Espronceda:** *(1808–1842), poeta romántico español* 15

°**regirse:** *guiarse*

°**a deshora:** *tarde, no a la hora acordada*

°**pantufla:** *zapatilla* 20

°**chapado:** *educado, formado*

°**acatamiento:** *respeto, obediencia*

°**motu proprio:** *a su manera* 25

°**labores de aguja:** *labores para coser o bordar algo*

°**osada:** *atrevida, valiente* 30

°**rapar:** *arrebatar, quitar violentamente*

°**aguantar la mecha:** *soportarlo todo* 35

El índice de analfabetismo femenino entre la clase media española fue muy crecido hasta el pasado siglo. Tan penoso estado de cosas se superó a principios de este, pero sin mayor provecho. Las mujeres sabían leer, pero no leían. La sirvienta nueva, al llegar a una casa, solía preguntar qué procedimiento debía usar para limpiar «los libros del señor». No se le pasaba por las mientes° que la señora usase la biblioteca. El libro se consideraba un objeto específicamente masculino, como podría serlo un frac°.

Cierto que alguna que otra dama leía las *Rimas* de Bécquer°, las *Doloras* de Campoamor° y hasta las había tan cultas que se sabían tiradas° de versos de "El tren expreso" de Espronceda°; pero de ahí no pasaban.

Muy culpables de semejante atraso fueron los varones pertenecientes a esa generación que se regía° por el cortés precepto de la «mujer honrada, la pata quebrada y en casa». Y ya se sabe que la mujer española de la clase media es especialmente virtuosa y, en consecuencia, se pasaba el día encerrada, con las zapatillas del marido debajo del brazo por si al rey del hogar se le ocurría venir a deshora° y no encontraba a punto la cómoda pantufla° con la que descansar de sus viriles quehaceres. No hay que olvidarse de que también era peculiaridad muy destacada del marido chapado° a la antigua tener un genio de todos los demonios y si no se le rendía el reverente acatamiento° a que estaba acostumbrado —índice de que la mujer no tenía aún la pata bastante quebrada— se la quebraba él de *motu proprio*°.

Frotando dorados y haciendo empanadillas y labores de aguja° se le pasaba la vida a la dama de antes, de la cual solía decir su marido con orgullo de sultán «es una santa» y de paso le proporcionaba todos los medios para alcanzar la santidad.

En las casas entraba la prensa, pero ya se sabía que era «el periódico del señor» y la mujer más osada° no se habría atrevido a echarle una ojeada a las noticias. Si alguna se arriesgaba a hacerlo, su esposo la reconvenía rapándole° el papel: «Tú de eso no entiendes», y le daba a cambio una patata para que la pelara.

Después de pasarse la mencionada esposa siglo tras siglo aguantando mecha°, con una resignación y una paciencia que al mismo Job le harían ponerse colorado, llegó un día en que dijo: «Basta». Tiró por la ventana el calcetín que estaba zurciendo° y echó una mirada alrededor para ver qué era eso que les hacía decir a los hombres que la vida era una cosa tan agradable. Cogió un libro, se interesó en su lectura y sólo se decidió a soltarlo cuando la empezaba a ahogar la humareda que salía de la cocina.

40 La pierna de cordero se había achicharrado°; pero la mujer había dado un paso de gigante en el camino de la civilización. El paso de gigante le costó una buena bronca; pero ya se sabe que las broncas alegran la vida del matrimonio.

°**zurcir:** *remendar, arreglar una prenda de vestir con hilo y aguja*

°**achicharrado:** *quemado*

PARA COMENTAR

Trabajando en parejas, contesten las siguientes preguntas sobre La mujer y los libros. Justifiquen su opinión cuando sea necesario. Luego pueden comprobar sus respuestas con las de otros compañeros.

1. ¿Por qué no leía o leía poco la mujer española de principios del siglo XX?

2. ¿Qué significa el dicho «la mujer honrada, la pata quebrada y en casa» según la lectura?

3. ¿Cómo se puede relacionar el acatamiento (obediencia) que el hombre esperaba de su mujer en la casa, con el hecho de que la mujer no tenía acceso a los libros o no tenía la costumbre de leer?

4. ¿Cómo explica usted la siguiente afirmación irónica de Ballesteros: «solía decir su marido con orgullo de sultán 'es una santa'»?

5. ¿Por qué al tener más libertad de leer, ha dado la mujer «un paso de gigante en el camino de la civilización»?

6. ¿Hasta qué punto es similar la situación narrada aquí con la que existía en muchos países de Hispanoamérica, o en algunas comunidades de los Estados Unidos?

7. ¿Qué hay detrás de la afirmación «las broncas alegran la vida del matrimonio»?

PARA ESCRIBIR

Lea los siguientes temas. Luego escoja el que le interese más para escribir sobre el mismo. Comparta su trabajo con otro(a) compañero(a) e intercambien comentarios sobre lo que han escrito.

1. Escriba uno o dos párrafos acerca de las características que definían en el pasado a la mujer española de clase media. ¿Cuáles eran las limitaciones impuestas por el matrimonio de entonces? ¿Qué esperaba de ella el esposo?

2. Escriba un párrafo sobre un libro que haya leído en español o en inglés, o que le gustaría leer por recomendación de amigos, de familiares o de reseñas de revistas.

3. Escriba una breve composición de una a dos páginas sobre el tema: «El estudiante hispano en los Estados Unidos y la importancia de la lectura en español».

Entrevista: Rosa Montero

de Carmen Aguirre y José Ángel Gonzalo

«Hay que reivindicar nuestro derecho a ser imbéciles y malvadas como los hombres.»

Rosa Montero es una prestigiosa periodista y autora que siempre ha defendido los derechos de las mujeres. Hacemos un pequeño repaso a lo que significa el feminismo y ser feminista hoy, el papel de la mujer en la actualidad y las nuevas relaciones de pareja.

Rosa Montero siempre ha sido descrita como una periodista y escritora progresista y feminista. ¿Qué significan estos dos términos en el siglo XXI?

Pues no creas que ha sido siempre así, ni muchísimo menos. Entre otras cosas porque cuando escribes en un periódico opinando durante tanto tiempo siempre tienes partidarios y detractores. Me han llamado de todo. Y no siempre progresista. Y luego, no sé lo que se entiende por progresista en el siglo XXI. Realmente, no sé ya qué es la derecha y qué es la izquierda, por ejemplo. Entonces yo me defino más bien como radical, es decir una persona que intenta ir a la raíz de las cosas, no en el sentido de extremista. Radical y librepensadora: en el sentido de que efectivamente intento pensar por mí misma más allá de los prejuicios y de los tópicos amparadores de grupo. Y lo de feminista tampoco ya se dice tanto pero muchas veces, cuando te lo dicen, te lo dicen de una manera peyorativa. Desde luego yo reivindico la palabra feminista porque es una palabra histórica y hermosa.

La escritora Rosa Montero

Pero es también equívoca semánticamente porque parece lo contrario de machista; y no es. No tiene nada que ver. Entonces me siento más cómoda definiéndome como antisexista. Y a mí me parece que eso es una cosa básica de toda la gente mínimamente normal, razonante y pensante de principios del siglo XXI. Hombres y mujeres debemos ser antisexistas como debemos ser antirracistas.

Vemos que se está llegando en muchos países o se ha llegado a la igualdad legal en las sociedades. Sin embargo, la mujer sigue estando discriminada muchas veces, o no llega a alcanzar esas cuotas de poder que tienen los hombres en los gobiernos, en las empresas, ¿piensa que hemos fracasado como sociedad?

No, para nada. En realidad, lo primero es que la revolución antisexista es vertiginosa. Es decir, en 100 años hemos cambiado una trayectoria de milenios. Y verdaderamente la velocidad es de no creérselo. Hace poco se celebró el centenario de la primera mujer universitaria en España. Hasta 1900, no sé si era 1916 o algo así, no podían estudiar las mujeres en España en la universidad, por ejemplo. Hasta mediados, casi mediados del siglo pasado no pudieron votar las mujeres en muchísimos sitios. En Francia, después de la Segunda Guerra Mundial. Y de entonces hemos pasado a lo que hay hoy. Yo creo que la velocidad es increíble, en este cambio en concreto. O sea, es como para sentirse satisfechos y orgullosos.

Y luego, pues, efectivamente sigue habiendo sexismo. Bueno, hay que diferenciar entre los países industrializados y, yo qué sé, Afganistán, por ejemplo. Aun así resulta que la incorporación de la mujer también a los trabajos y a todos los registros de la sociedad está siendo enorme.

Muchos pensamos que la verdadera revolución del siglo XX ha sido la de la incorporación de la mujer justamente al trabajo, a la ciencia y a los puestos de decisión y poder. ¿Cree usted que esta revolución de la igualdad de la mujer cambiará el mundo en el sentido de hacerlo mejor?

Desde luego lo hace mejor en el sentido de que lo hace más libre y más igualitario. Era lo del eslogan de la Revolución francesa: «Igualdad, libertad y fraternidad». Y en ese eslogan, cuando se hablaba de igualdad en el siglo XVIII, pues todavía esa igualdad no incluía a las mujeres. Entonces, sin duda, ya eso lo hace mejor porque, en efecto, hace que ese principio moral, que es un principio moral tremendamente válido y necesario, sea real. Pero luego, aparte de eso, las mujeres pueden hacer todo tipo de tropelías. Es más, es que lo que hay que reivindicar: nuestro derecho a ser imbéciles como los hombres y ser malvadas como los hombres, o sea, exactamente igual, somos seres humanos.

Aún hoy muchas mujeres trabajan dentro y fuera de casa, hacen doble jornada. ¿Hasta cuándo va a seguir siendo tan dura la vida cotidiana de las mujeres?

Cada día es relativamente menos dura, depende en qué zonas también, nuevamente. Así que yo creo que existe una cierta evolución en esto. Luego también, lo primero que tenemos que hacer es asumirlo las mujeres y exigirlo nosotras. Que también hay el síndrome de la «*superwoman*», de la «supermujer» que tiene que hacerse cargo de todo, y eso es una de las cosas que tenemos... de ese lugar nos tenemos que bajar nosotras porque no es justo para nosotras y, sin embargo, lo asumimos. Entonces, eso es un cambio que tenemos que hacer nosotras mentalmente. Y pasa por un cambio esencial que es el de asumir nuestro propio deseo: uno de los grandes problemas que tiene la mujer, que afortunadamente las nuevas generaciones ya están cambiando, es que no vive para su propio deseo, sino para el deseo de los demás: de los padres, de los novios, de los hermanos y hermanas, de los hijos… o sea, de los demás. Es decir, que siempre antepone los deseos de los otros al suyo propio y eso hace que seas un adulto patológico de alguna manera.

La vida cotidiana de la mujer en la pareja está llena de frustraciones, de sueños no cumplidos. Parece que la mujer busca siempre su «príncipe azul», pero ¿no les pedimos demasiado a los hombres? ¿No tenemos que aprender que nosotras tampoco somos princesas?

Totalmente. Hay un cómico francés que dice una frase tremenda y que tiene toda la razón: el fracaso del matrimonio es porque las mujeres se casan con los hombres pensando que van a cambiar, y los hombres se casan con las mujeres pensando que no van a cambiar. Porque las mujeres se casan con hombres que no son como ellas los sueñan pero ellas se creen que son así, solo que ellas los van a rescatar de sí mismos y los van a convertir en ese príncipe maravilloso y tal y cual. Y es totalmente irreal, totalmente infantil e injusto: tú no puedes exigir a nadie que cambie de lo que es. Y los hombres se casan con esas mujeres pensando que todo el tiempo van a seguir mirándoles con esa mirada embelesada que les mira la mujer al principio. Y luego, cuando el hombre no cambia, evidentemente, porque sigue siendo quien es, y cuando la mujer empieza a caer del guindo de su propio espejismo y empieza a ver que el hombre no está a la altura de sus sueños, empieza a ser muy cruel con el hombre. Muy cruel. Empieza todo el rato ese resquemor, esa rabia, esa irritación, ese decirle: «Y haz esto, y no lo haces. Y no estás a la altura». Entonces, de ahí sale muchísimo dolor para ambas partes.

El día a día de muchas mujeres está lleno de soledad, está lleno de frustraciones, que destroza la vida en pareja. Pero luego, por otra parte, vemos que esa misma cotidianidad, esa costumbre es la que le une a su pareja. En esto, evidentemente, hay una contradicción. ¿Es posible resolver esta contradicción?

La vida es contradictoria. Y las emociones, ni te cuento. Y las relaciones de pareja están llenas de esa contradicción, de odiar y amar a la persona, en el mejor de los casos. En el peor, es solo odio. Y se acaban. Pero en el mejor de los casos, quién no ha odiado en algún momento a su pareja. O sea, eso es así. La grandeza de una pareja que se mantiene es que, a pesar de eso, prefieres escoger y termina ganando el cariño. A pesar de eso, prefieres escoger seguir queriéndolo.

BACHELET, MEDICINA PARA CHILE (Y EL RESTO DEL MUNDO)

Michelle Bachelet (1951) es médica y, entre marzo de 2006 a marzo de 2010, fue presidenta. Son dos términos que hasta no hace tanto tiempo no existían (en su forma femenina) en castellano. También es socialista y está divorciada, dos categorías que hasta hace aún menos, estaban prohibidas en Chile (el Partido Socialista se legalizó en 1990 y el divorcio en 2004).

Texto de Daniel Cabrera

Michelle Bachelet, presidenta de Chile de 2006 a 2010

Ella misma también estuvo prohibida en su país. Fue durante la dictadura militar de Augusto Pinochet. Tras ser torturada en la siniestra Villa Grimaldi, tuvo que exiliarse en la antigua República Democrática de Alemania (RDA), en 1975. No se conoce el dato, pero es posible que por las calles de Leipzig se cruzara en alguna ocasión con Angela Merkel, posterior cancillera (si se acepta el neologismo) de Alemania, que en aquella época estudiaba física en la universidad de la ciudad donde residía Bachelet. Ambas comparten dos características que hasta hace poco nunca habían ido unidas en sus respectivos países: han llegado a ser presidentas y son mujeres.

La lucha por la igualdad

Michelle Bachelet fue la sexta mujer que accedió a la presidencia de un país en la historia de América Latina y la cuarta en ser elegida en un

proceso democrático, tras la nicaragüense Violeta Chamorro, la guyanesa
Janet Jagan y la panameña Mireya Elisa Moscoso[1]. Su mandato supuso,
sin lugar a dudas, una ampliación de las oportunidades de las mujeres
respecto a los hombres en una nación que aún no ha logrado cerrar
completamente las heridas dejadas por la sangrienta represión de la
dictadura militar (la democracia no se reinstauró en Chile hasta 1990).

El «socialismo renovado», como se denominó la corriente que a finales de
los 80 defendió el abandono de los postulados marxistas y la moderación
de la propuesta del Partido Socialista, se consolidó como opción
democrática en el país andino con políticos tan carismáticos como Ricardo
Lagos o la propia Bachelet.

Bachelet es agnóstica y laicista declarada y, tras un divorcio, ha tenido
varias relaciones sentimentales, y hasta una hija sin volver a pasar por
la vicaría. Su llegada a la presidencia fue todo un símbolo de apertura
social en un país en el que la influencia de la Iglesia Católica ha sido
tradicionalmente enorme.

La médica-presidenta inició sus estudios de medicina en 1970 en Chile.
Su detención, cinco años después, le impidió finalizar sus estudios, cosa
que no lograría hasta 1982. Tras ser encarcelada por la Dirección de
Inteligencia Nacional (la DINA), ella y su madre salieron de prisión y
partieron al exilio gracias a los contactos que tenían con militares. Su
primer destino fue Australia, donde vivía su hermano Alberto, pero
finalmente se establecerían en la RDA, la zona soviética de Alemania.

Bachelet se estableció en Leipzig y continuó su instrucción universitaria
en Berlín. A su vuelta a Chile se estableció como médica cirujana pediatra.
A partir de ahí comenzó su fulgurante carrera en el campo de la salud
pública, a pesar de que en el 1982 se le denegara el acceso al sistema de
sanidad del estado por «razones políticas». A partir de la llegada de la
democracia sí pudo desempeñar varios cargos en el sistema estatal, hasta
ser nombrada Ministra de Sanidad por Lagos en el 2000. Bachelet también
llegaría a ser Ministra de Defensa antes de ocupar la jefatura del estado.

Reducir la desigualdad en un país de una gran diversidad cultural y étnica
fue uno de los grandes objetivos de su programa de gobierno. Chile, pese
a ser el país más desarrollado de Latinoamérica, era también el que tenía
un peor reparto de la riqueza a su llegada al palacio presidencial de La
Moneda.

En una de sus primeras visitas oficiales al extranjero, la Presidenta señaló
que su meta era que esa diversidad cultural se reflejara en su política:
«Asumir que nuestro país es un país diverso y que está privilegiado de tener
dentro de su nación una etnia como la rapa-nui, como la etnia mapuche,
como kawésqar, como atacameño, como aymaras, etcétera. Es un pueblo
que tiene etnias diversas, y esa diversidad tiene que expresarse en nuestras
políticas culturales, en nuestras políticas patrimoniales, además de en las
políticas sociales, económicas, etcétera».

---

[1]Tras Bachelet, han llegado dos nuevas mujeres a la cima del poder: Cristina
Fernández de Kirchner, en el 2007, en Argentina, y Laura Chinchilla Miranda,
en el 2010, en Costa Rica.

Heridas de guerra

El día 11 de septiembre de 2000, Michelle Bachelet fue nombrada Ministra de Sanidad por el recién elegido presidente de Chile, Ricardo Lagos. Imposible no recordar entonces otro 11-S, el de 1973. Ese día, el bombardeo al Palacio de La Moneda supuso el triunfo del golpe de estado de Augusto Pinochet, y el general Alberto Bachelet, responsable de la Oficina de Distribución de Alimentos durante el gobierno de Salvador Allende, fue detenido e «interrogado» en la Academia de Guerra Aérea bajo la acusación de traición. Tras meses de torturas, falleció a causa de un ataque al corazón en marzo de 1974 en la Cárcel Pública. El padre de la médica cirujana, Michelle Bachelet, murió por falta de atención médica, según se cita en varias reseñas biográficas de la presidenta.

Su hija Michelle, que se había incorporado durante el mandato de Allende a las Juventudes Socialistas, decidió entonces continuar sus actividades «subversivas» de apoyo a los perseguidos por la dictadura, y en enero de 1975, Michelle Bachelet y su madre, la arqueóloga Ángela Jeria, fueron detenidas en su casa por la DINA y trasladadas al centro de torturas del régimen militar, Villa Grimaldi.

Más de 30 años después, cuando Bachelet llega a ser presidenta de Chile, el responsable último de las torturas y asesinatos de la dictadura, Augusto Pinochet, es un anciano supuestamente desvalido que había logrado esquivar ágilmente con su silla de ruedas los intentos de algunos jueces de llevarle ante los tribunales. Las acusaciones que pesaban sobre él eran variadas: unas veces crímenes cometidos durante su régimen y otras de apropiación de dinero público (al menos 35 millones de dólares).

Quién sabe lo que pensaría el viejo patriarca cuando otro día 11, esta vez en el mes de diciembre de 2005, una mujer socialista ganaba sobradamente la primera vuelta de las elecciones. Bachelet expresó el sentir de muchos chilenos en el discurso que pronunció tras la ratificación de los resultados.

Política curativa

Una de las primeras medidas de la nueva presidenta en la formación de su gobierno fue lograr la paridad entre hombres y mujeres: «Hemos puesto un gobierno paritario porque queremos que el mérito y talento de hombres y mujeres en nuestro país nos permita llevar adelante este programa».

La primera acción de gobierno de la mandataria chilena también tuvo una fuerte carga simbólica: gratuidad del sistema de salud pública para mayores de 60 años. Así, Bachelet iniciaba su mandato con un golpe de efecto en el campo que mejor domina, la sanidad.

En sus años de gobierno, prestó una primordial atención a las políticas de género. Bajo su mandato, se pusieron en marcha diversos programas para la defensa y promoción de los derechos de las mujeres. Así, durante el período de 2006 a 2009 se abrieron 61 Centros de la Mujer, organismos destinados a la protección de las víctimas de la violencia de género, y la diferencia salarial entre hombres y mujeres se redujo. El resultado fue el

105 salto de 30 puestos en *el Global Gender Gap Report* del 2010: Chile pasó de ocupar la posición 78ª en la que se encontraba en el años 2006 a la 48ª, de un total de 134 países analizados.

Su gestión, apoyada también con un crecimiento económico considerable, hizo que al dejar su cargo tuviera un nivel de aprobación poco usual:
110 cuando Bachelet dejó el sillón presidencial, la mayoría de las encuestas otorgaban un apoyo de la población superior al 80%.

Con esta hoja de servicios, la ONU no dudó en confiarle las riendas de la nueva agencia para «la igualdad de género y el empoderamiento de la mujer»[2]: ONU Mujeres. El 14 de Septiembre de 2010 esta chilena
115 era presentada por el Secretario General de las Naciones Unidas, Ban Ki Moon, como la persona encargada para llevar a cabo la difícil tarea de conseguir una sociedad más justa donde los derechos de las mujeres no se vean vulnerados. Moon se mostró «convencido de que bajo su dirección, podremos mejorar las vidas de millones de mujeres y niñas de
120 todo el mundo».

Desde esta nueva posición Bachelet tiene ahora la oportunidad de aplicar las mismas recetas, la misma medicina, que utilizó en su país y que tan buenos resultados dieron.

---

[2]Esta definición es la que encabeza la página de ONU Mujeres en internet (http://www.unwomen.org/es/), si bien la palabra empoderamiento no está recogida en el Diccionario de la Real Academia de la Lengua.

ACTIVIDAD

1. Resuma en una página (en inglés) la información más importante de lo que ha leído en este artículo en español sobre Bachelet.

2. Investigue un poco en qué sentido la política de Bachelet y la de José Luis Rodríguez Zapatero (España) han tenido mucho en común en lo que se refiere a leyes de igualdad para hombres y mujeres. Exlique en breve, por escrito y luego en clase, lo que haya averiguado por medio de su investigación por periódicos y el Internet.

Mercedes Sosa

Mercedes Sosa (1935–2009) ha sido llamada «la Voz de América Latina», «la Diva del Folclor» en Hispanoamérica. Ella es en efecto una de las voces más famosas y personales del continente. Su música es tan poderosa y única que a sus conciertos acude un público de variadas tendencias políticas, al cual seduce apasionadamente su arte.

Mercedes Sosa nació en la provincia de Tucumán, Argentina, región de ese país donde se mantuvo la población indígena aun después de la

*La cantante argentina,
Mercedes Sosa*

colonización y la independencia. Su padre era un trabajador ocasional y su madre lavandera. En ella confluyeron la sangre quechua paterna y la francesa materna. Fue a partir de 1962 que se dio a conocer en el mundo de la música, con su participación en el entonces floreciente movimiento de la nueva canción o nueva trova, de claro tinte político e ideológico. Desde entonces se ha presentado en toda Hispanoamérica, Europa y los Estados Unidos con éxito rotundo.

Su música trata principalmente de la injusticia imperante en muchos países de América Latina y también de la opresión bajo las dictaduras militares, así como de la desigualdad económica y social en su país y de otros del continente. Mercedes Sosa se ha manifestado por un arte en defensa de los derechos humanos y de los oprimidos de cualquier parte del mundo.

Durante la dictadura militar que sufrió Argentina a partir de 1976, Mercedes Sosa continuó cantando en el país, pero su situación se fue volviendo cada vez más precaria y peligrosa, por lo cual decidió abandonar su patria, y exiliarse en Francia y España, en 1979. Por tres años actuó en Europa, llevando su voz y su mensaje al público europeo. Cuando la democracia fue reestablecida en su patria la cantante retornó y su regreso se convirtió en una fiesta nacional.

Mercedes Sosa ha interpretado las canciones de los más distinguidos trovadores del continente. Sus versiones son justamente famosas porque tanto letra como música adquieren una nueva y potente dimensión en su voz y personalidad. Su arte conmueve profundamente y traspasa las barreras del idioma, de las ideologías y las culturas.

Aun cuando la cantante era mayor de 65 años, se mantuvo sumamente activa y realizaba a menudo giras continentales, habiendo estado en diferentes ciudades de los Estados Unidos varias veces, cantado en Lincoln Center, Carnegie Hall y en Miami, al igual que en otros países de Sur América y Europa. Cantó en el Coliseo Romano y en la Capilla Sistina y fue representante-embajadora para la UNICEF.

En 1995 Sosa recibió el Gran Premio del Consejo Argentino de la Música de la UNESCO y un premio del Fondo de Desarrollo para la Mujer de las Naciones Unidas (UNIFEM), condecoración que celebra su preocupación por divulgar la problemática de la mujer en Hispanoamérica y sus llamados al desarrollo social y al respeto de los derechos humanos en el mundo. Recibió premios Grammy y trabajó con conocidos artistas como Joan Baez, Nana Mouskouri, Gal Costa, Pata Negra, Milton Nascimiento, Luciano Pavarotti, Shakira, Lila Downs y Sting, entre muchos más.

ACTIVIDAD

En grupos de tres o cuatro estudiantes, o individualmente, trate de escuchar grabaciones de Mercedes Sosa o de ver un video en YouTube de una de sus actuaciones. Algunos de sus álbumes más conocidos son Mercedes Sosa, En vivo en la Argentina *y* Escondido en mi país. *Luego, escriba uno o dos párrafos con sus impresiones sobre lo que ha visto o escuchado y léalo en clase. Si trabaja en grupo, combine sus párrafos con los de sus compañeros. Podrán así realizar un breve informe en conjunto y presentarlo oralmente en clase.*

IV. El arte de ser bilingüe

BREVES REPRESENTACIONES TEATRALES

ACTIVIDAD

Basándose en lo leído y comentado en clase a lo largo del capítulo, van a trabajar en parejas para crear diálogos en español basados en las siguientes situaciones redactadas en inglés. Deben seguir estos pasos:

1. Con un(a) compañero(a) de clase, escojan una de las situaciones. Decidan quién va a representar a cada personaje independientemente del sexo de cada uno. (Las mujeres pueden representar a los hombres y viceversa).

2. Lean cuidadosamente la situación escogida y hagan una lista del vocabulario en español que necesitarán para representar esa situación.

3. Escriban entre los dos un bosquejo del diálogo que tendrá lugar entre los dos personajes, dividiéndose entre los dos las palabras anotadas en el paso 2. Tengan en cuenta que las palabras pueden ser usadas por ambos.

4. Lean individualmente la parte correspondiente al personaje elegido y hagan las correcciones necesarias. Cada uno(a) puede también agregar otros elementos a su parte, si lo considera necesario.

5. Ahora ensayen una lectura del diálogo en pareja. No olviden darle la entonación y los gestos necesarios para hacer «realista» la lectura.

6. Leánle su escena a la clase. Antes de comenzar deberán indicar qué papel representa cada uno, el hombre o la mujer.

7. Presten atención a la lectura de los demás. Se realizará una votación en clase para escoger las dos mejores escenas.

Escena 1: Your in-laws, who love gourmet food, are coming to dinner and you have an important exam to study for. You had agreed to make a special dinner that evening but suddenly you realize that you need much more time to study. Your partner does not really know how to cook, but you need to convince him/her to do the cooking or you won't do well on the test. Your partner refuses to even try because he/she does not want to make a fool of himself/herself. Convince him/her to work it out somehow.

Escena 2: You left school in order to marry. You have stayed at home raising three children and they are already going to primary school. Now you want to go back to school to finish your degree. But your partner does not agree with the idea at all because he prefers that you stay home taking care of the children. There have been arguments about this issue. Your partner thinks you should stay home until the kids start high school. You strongly disagree. Convince your partner of your personal and professional need for self-improvement while you still have the motivation and energy.

Escena 3: Even though you started a full-time job, you have been doing all of the housework. You get home very tired and you have repeatedly asked your partner to do his/her share of the work. Somehow it never gets done, however, and there is always an excuse. This situation is poisoning the relationship. Convince your partner of the need to divide the chores. Your partner is going to point out that he/she is overworked and that he/she cannot do anymore. Get your partner to agree to change his/her stance.

Escena 4: You have been denied promotion while one of your close work associates of the opposite sex has been promoted. You think you are being discriminated against because of your gender, and you say it directly to your supervisor, who denies it and says that it is all in your mind. Convince your supervisor that he/she has been unjust. Use the *usted* form of address.

Escena 5: You have a job interview at a big corporation. You are certain you have the qualifications for this position, but you sense that the interviewer thinks otherwise, judging by the questions he/she is asking you. The position requires extensive travel to Latin America and the ability to make executive decisions on the spot. Convince the interviewer that you meet and surpass the qualifications for the job. Use the *usted* form of address.

V. Unos pasos más: fuentes y recursos

A. PARA AVERIGUAR MÁS

Busque uno de los libros indicados a continuación u otro que su profesor o profesora le recomiende. Escoja un capítulo o una sección que le interese y prepare una lista de tres a cinco puntos principales basados en la lectura. Anote sus impresiones generales. Prepárese para compartir esto oralmente en clase.

Bibliografía selecta: La mujer

Agosin, Marjorie. *A Woman's Gaze: Essays on Latin American Women Artists.* White Pine Press, 1998.

Andre, Maria Claudia and Paulino Bueno, Eva. *Latin American Women Writers: An Encyclopedia.* Routledge, 2007.

Cámara Betancourt, Madeline. *Cuban Women Writers: Imagining a Matria.* Palgrave Macmillan, 2008.

Castillo-Speed, Lillian. *Chicana Studies Index. Twenty Years of Gender Research, 1971–1991.* Berkeley: Chicano Studies Library Publications, 1992.

Chaney, Elsa M. *Muchachas No More: Household Workers in Latin America and the Caribbean.* Philadelphia: Temple University Press, 1989.

Correas Zapata, Celia and Allende, Isabel. *Short Stories by Latin American Women: The Magic and the Real.* Modern Library, 2003.

De Beauvoir, Simone. 1950. Traducción del inglés. *El segundo sexo.* Editorial Sudamericana, 2005.

Erro-Peralta, Nora, and Caridad Silva-Nuñez, eds. *Beyond the Border: A New Age in Latin America's Women's Fiction.* San Francisco: Cleis Press, 1991.

Falcón, Lidia. *La violencia que no cesa.* Barcelona: Vindicación Feminista, 2003.

García Lorca, Federico. *La casa de Bernarda Alba.* En *Obras completas.* Madrid: Aguilar, 1993.

Gil Ambrona, Antonio. *Historia de violencia contra las mujeres.* Madrid: Cátedra, 2008.

Hirigoyen, Marie-France. *Mujeres maltratadas: Mecanismos de violencia en a pareja.* Barcelona: Paidos Ibérica, 2006.

Marting, Diane E. *Women Writers of Spanish America: An Annotated Bio-Bibliographical Guide.* Westport: Greenwood Press, 1987.

Miller, Francesca. *Latin American Women and the Search for Social Justice.* Hanover: University Press of New England, 1991.

Morcillo, Aurora. "Women in Portugal and Spain." *Encyclopedia of Women in World History.* Bonnie Smith, ed. New York: Oxford University Press, 2008.

Mujica, Bárbara. *La despedida* en *Nosotras, Latina Literature Today.* Tempe: Bilingual Press/Editorial Bilingüe, 1986.

Navarro-Aranguren, Marysa. *Latin American Feminism.* En *Americas: New Interpretive Essays.* Alfred Stepan, ed. New York: Oxford University Press, 1992.

Paredez, Deborah. *Selenidad: Selena, Latinos, and the Performance of Memory.* Duke University Press Books, 2009.

Partnoy, Alicia. *You Can't Drown the Fire. Latin American Women Writing in Exile.* Pittsburgh: Cleis Press.

Preciado Martín, Patricia. *Songs My Mother Sang to Me: An Oral History of Mexican American Women.* Univ of Arizona Press, 1992.

Puértolas, Soledad. *Compañeras de viaje.* España: Anagrama, 2010.

Ramírez, Leonard G. et al. *Chicanas of 18th Street: Narratives of a Movement from Latino Chicago* (Latinos in Chicago and Midwest). University of Illinois Press, 2011.

Silva-Velázquez, Caridad. *Puerta abierta: La nueva escritora latinoamericana.* México: Joaquín Mortiz, S.A., 1986.

Stavans, Ilan. *Latina Writers.* Greenwood Press, 2008.

Woolf, Virginia. *Una habitación propia.* 1929. Traducción del inglés. Barcelona: Seix Barral, 2009.

Bibliografía selecta: Autoras hispanas

LATINOAMÉRICA

Araújo, Helena. *Esposa fugada y otros cuentos viajeros.* Hombre nuevo Editores, 2009.

Allende, Isabel. *La casa de los espíritus.* España: Plaza & Janes, 1983.

Bombal, María Luisa. *La última niebla.* Buenos Aires: Ediciones Andina (5ª edición), 1970.

Cabrera, Lydia. *Cuentos negros de Cuba.* 3ª edición. Miami: Ediciones Universal, 1993.

Castellanos, Rosario. *Álbum de familia.* México: Joaquín Mortiz, 1979.

_____. *Meditación en el umbral.* México: Fondo de Cultura Económica, 1985.

_____. *Oficio de tiniemblas.* México: Joaquín Mortiz, 1972.

_____. *Poesía no eres tú: Obra poética 1948–1971.* México: Fondo de Cultura Económica, 1975.

Da Cunha, Gloria. *La narrativa histórica de escritoras latinoamericanas.* Corregidor, 2004.

De Vallbona, Rima. *Mujeres y agonías.* Houston: Arte Público Press, 1986.

Dovalpage, Teresa. *Muerte de un murciano en La Habana.* Anagrama, 2006.

Escobar, Melba. *Duermevela.* Planeta, 2010.

Estrada, Lucía. *Las hijas del espino.* Hombre nuevo Editores, 2006.

Esquivel, Laura. *Como agua para el chocolate.* New York: Doubleday/Bantam Doubleday Publishing Group, 1989.

Ferré, Rosario. *Antología personal: 1992–1976.* Río Piedras: Editorial Cultural, 1994.

_____. *Sitio a Eros.* México: Joaquín Mortiz, 1980.

Garro, Elena. *Los recuerdos del porvenir.* Madrid: Ediciones Siruela, 1994.

Montero, Rosa. *Historias de mujeres.* Alfaguara, 1995.

Naranjo, Carmen. *Mujer y cultura.* Ciudad Universitaria Rodrigo Facio, Costa Rica: Editorial Centroamericana, 1989.

Nettel, Guadalupe. *Pétalos y otras historias incómodas.* Anagrama, 2008.

_____. *Otro rumbo para la rumba.* Ciudad Universitaria Rodrigo Facio, Costa Rica: Editorial Centroamericana, 1989.

Orrantia, Marta. *Orejas de pescado.* Colombia: Planeta, 2009.

Peri Rossi, Cristina. *El museo de los esfuerzos inútiles.* Barcelona: Seix Barral, 1983.

_____. *Otra mirada sobre el mismo paisaje: Encuentro con mujeres escritoras.* Oviedo: Fundación de Cultura/Ayuntamiento de Oviedo, 1995.

Poniatowska, Elena. *Testimonios de una escritora: Elena Poniatowska en micrófono. La sartén por el mango,* editado por Patricia Elena González and Eliana Ortega.

_____. *El recado. En cuentistas mexicanos siglo XX.* México: Universidad Nacional Autónoma, 1976, 285–286.

_____. *Querido Diego, te abraza, Quiela.* México: Ediciones Era, 1978.

_____. *Tinísima: Novela.* México: Ediciones Era, 1992.

Porzencanski, Teresa. *Historias para mi abuela.* 1970.

Rivera, Iris y Wernicke, María, *Haiku pintado a cuatro manos.* Calibroscopio, Colección Líneas de arena, 2009.

Sborovsky, Carolina. *El bienestar.* El fin de la noche, 2010.

Somers, Armonía. *La inmigrante.* En *Puerta abierta: La nueva escritora Latinoamericana.* Editado por Caridad Silva-Velázquez y Nora Erro-Orthman. México: 1988, 205–222.

LOS ESTADOS UNIDOS

Alarcón, Norma, ed. Chicana *Critical Issues.* Berkeley: Third Woman Press, 1993.

Álvarez, Julia. *How the García Girls Lost Their Accents.* Chapel Hill: Algonquin Books of Chapel Hill, 1991.

Capetillo, Luisa. *Nation of Women: An Early Feminist Speaks Out / Mi opinión sobre las libertades, derechos y deberes de la mujer* (Recovering the U.S. Hispanic Literary Heritage Project Series). Arte Publico Press, 2005.

Castillo, Ana. *Massacre of the Dreamers: Essays on Xicanisma.* Albuquerque: University of New Mexico, 1994.

_____. *The Mixquiahuala Letters.* New York: Anchor Books, Doubleday, 1992.

Chávez, Denise. *Last of the Menu Girls.* Houston: Arte Público Press, 1987.

García, Cristina. *Las hermanas Agüero.* New York: Vintage Español, 1997.

Galindo, D. Letticia and Gonzales, María Dolores. *Speaking Chicana: Voice, Power, and Identity.* University of Arizona Press, 1999.

Guzmán, Sandra. *The Latina Bible.* Three Rivers Press, 2002.

Hospital, Carolina, ed. *Los atrevidos: Cuban American Writers.* Ediciones Ellas/ Linden Lane Press, 1988.

Mohr, Nicholasa. *Nilda.* Houston: Arte Público Press, 1986.

_____. *Rituals of Survival. A Woman's Portfolio.* Houston: Arte Público Press, 1985.

Morraga, Cherríe. *This Bridge Called My Back: Writings by Radical Women of Color,* 1981. [La traducción al español se titula: *Esta puente, mi espalda: voces de mujeres tercermundistas en los Estados Unidos.* Cherrie Moraga y Ana Castillo, Eds. Traducido por Ana Castillo y Norma Alarcón. San Francisco: ISM Press, 1988.]

Obejas, Achy. *We Came All the Way from Cuba So You Could Dress Like This?* San Francisco: Cleis Press, 1994.

Rebolledo, Tey Diana, and Eliana S. Rivero, eds. *Infinite Divisions: An Anthology of Chicana Literature*. Tucson: Arizona University Press, 1993.

Rebolledo, Tey Diana. *Women Singing in the Snow: A Cultural Analysis of Chicana Literature*. Tucson: University of Arizona Press, 1995.

Ruiz, Vicki and Sánchez Korrol, Virginia. *Latina Legacies: Identity, Biography, and Community (Viewpoints on American Culture)*. Oxford University Press, 2005.

B. PARA DISFRUTAR Y APRENDER

Películas

Con uno, dos o más compañeros de clase, escojan y vean una de las películas recomendadas de la lista a continuación. Consulten las indicaciones dadas en el Capítulo 4 para escribir individualmente una breve reseña de un mínimo de dos páginas y un máximo de tres. Entregue el trabajo impreso. Consulte con su profesor(a) acerca de la posibilidad de un informe oral para la clase.

3 Américas (Argentina), 2007, 98 min.

Amores perros (México), 2000, 154 min.

¡Ay Carmela! (España), 1991, 105 min.

Bodas de sangre (España), 1981, 72 min.

Cama adentro (Argentina), 2004, 86 min.

La casa de Bernarda Alba (España), 1987, 99 min.

Cautiva (Argentina), 2004, 115 min.

Como agua para el chocolate (México), 1992, 105 min.

Cría (España), 1977, 115 min.

Danzón (México), 1992, 103 min.

El laberinto del fauno / Pan's Labyrinth (España), 2006, 119 min.

El nido (España), 1987, 109 min.

Eva Perón (Argentina), 1996, 120 min.

Fortunata y Jacinta (España), 1969, 108 min.

Frida (México), 2002, 108 min.

How the Garcia Girls Spent their Summer (Estados Unidos), 2005, 128 min.

La Belle Epoque (España), 1993, 109 min.

La ciénaga (Argentina), 2001, 100 min.

La flor de mi secreto (España), 1996, 107 min.

Las flores amarillas en la ventana (Argentina), 1996, 95 min.

La historia oficial (Argentina), 1985, 110 min.

La mala educación (España), 2004, 106 min.

La mitad del cielo (España), 1986, 127 min.

La regenta (España), 1974, 90 min.

Lucía (Cuba), 1985, 160 min.

Maldeamores (Puerto Rico), 2007, 90 min.

Mujeres al borde de un ataque de nervios (España), 1988, 88 min.

Princesas (España), 2005, 119 min.

Secretos del corazón (España), 1997, 105 min.

Spanglish (Estados Unidos), 2004, 131 min.

Te doy mis ojos (España), 2003, 109 min.

The Circle / Dayereh (Irán), 2000, 90 min.

Tristana (España), 1970, 98 min.

Todo sobre mi madre (España), 1999, 101 min.

Viridiana (España), 1961, 90 min.

Y tu mamá también (México), 2001, 106 min.

Volver (España), 2006, 121 min.

Filmes recomendados de María Luisa Bemberg

Señora de nadie (Argentina), 1982, 98 min.

Camila (Argentina), 1984, 105 min.

Miss Mary (Argentina) 1986, 100 min.

Yo, la peor de todas (México), 1990, 107 min.

De eso no se habla (Argentina), 1994, 102 min.

Documentales

Women of Latin America. Serie bastante interesante de 13 videos disponibles en español o en inglés, que nos deja ver cómo es la vida en diferentes países de Latinoamérica. Producido por RTVE, cada video dura 58 minutos. Distribución: Films for the Humanities.

In Women's Hands. 60 minutos. Video de excelente calidad, de la serie de 10 videos llamada *Americas*, televisada en PBS. Narrado por Raúl Juliá. Para más información, llamar a The Annenberg/CPB (1-800-LEARNER).

Made in L.A. (70 min., 2007, Almudena Carracedo) Documentary that follows the remarkable story of three Latina immigrants working in Los Angeles garment sweatshops as they embark on a three-year odyssey to win basic labor protections from trendy clothing retailer Forever 21.

Miss Universe in Perú. 32 minutos, 1986. Sobre el concurso de belleza de 1982, muestra los grandes contrastes que existen en la sociedad peruana: la belleza del concurso se opone a la pobreza y la miseria de la mayoría de las mujeres. Para más información, llamar a Women Make Movies (212-925-0606).

Women of Hope: Latinas abriendo camino. 29 minutos. Trata de los logros de mujeres latinas de los Estados Unidos. Entre las mujeres que hallamos en la película están: la puertorriqueña congresista Nydia Velázquez, la escritora chicana Sandra Cisneros, y muchas más. Contiene mucha información histórica. Producido por el Bread and Roses Cultural Project y distribuido por Films for the Humanities. En inglés.

The Status of Latina Women. 26 mins. Explora las diferencias entre las latinas de Estados Unidos y las mujeres de Latinoamérica. Distribuido por Films for the Humanities. En inglés.

Recursos de la red

Si desea explorar la red, vaya a http://www.wiley.com/college/nuevosmundos, donde encontrará una lista de sitios relacionados con el tema de este capítulo.

Centro Cultural Sor Juana Inés de La Cruz
www.arts-history.mx/ccsorjuana/index.html

Agenda de las Mujeres—El Portal de las Mujeres Argentinas,
    Iberoamericanas y del MERCOSUR
agendadelasmujeres.com.ar/

United Nations Inter-Agency Network on Women and Gender Equality (IANWGE)
www.un.org/womenwatch

MADRE, Organización Internacional de Derechos Humanos de la Mujer
www.madre.org

Guía de género
guiagenero.mzc.org.es/

Mujeres Latinas en Acción
www.mujereslatinasenaccion.org

Mujeres en la historia
mujeresquehacenlahistoria.blogspot.com/

Organización de Mujeres de las Américas
www.oas.org/oma/

Capítulo Ocho

Cruzando puentes: El poder de la palabra, la imagen y la música

Hoy en día todo está al alcance de la mano en un teclado de computadora gracias al Internet.

PARA ENTRAR EN ONDA

Para ver cuánto sabe del tema del capítulo, responda a estas preguntas lo mejor que pueda. Escoja la respuesta apropiada. Luego compruebe sus conocimientos, consultando la lista de respuestas que aparecen invertidas al pie de este ejercicio.

1. María Hinojosa es
    a. una destacada especialista en tecnología.
    b. una conocida periodista.
    c. una famosa muralista mexicana.

2. Es posible tener acceso a noticias en español las 24 horas del día por medio de la computadora.
    a. verdadero   **b.** falso

3. Televisa es una de las la productoras de televisión más grandes del mundo y forma el conglomerado más importante de medios de comunicación en español.
    a. verdadero   **b.** falso

4. Editorial América, que publica las revistas *Vanidades, Hombre, Mecánica Popular* y *Cosmopolitan en español*, está ubicada en
    a. Nueva York.   **c.** Los Ángeles.
    b. Bogotá.   **d.** Miami.

5. Oprah Winfrey ha dicho que ella es la «Cristina en inglés», refiriéndose a Cristina Saralegui, conductora de un exitoso programa de televisión.
    a. verdadero   **b.** falso

6. ¿Cuál fue la primera universidad estadounidense (fuera de Puerto Rico) en ofrecer una maestría (*master's degree*) en periodismo en español?
    a. La Universidad de California en Los Ángeles
    b. La Universidad de Nuevo México en Albuquerque
    c. La Universidad Internacional de la Florida en Miami
    d. No se otogran títulos de periodismo en español en los Estados Unidos.

7. Shakira, Carlos Vives y Juanes
    a. son cantantes mexicanos.
    b. son cantantes dominicanos.
    c. son cantantes colombianos.

8. Para el año 2020 se calcula que uno de cada _____ adolescentes (*teeangers*) de la población en los Estados Unidos, va a ser latino; eso quiere decir que este segmento de la población hispana va a aumentar un 60%.
    a. 3
    b. 5
    c. 10

Respuestas: 1b, 2a, 3a, 4d, 5a, 6c, 7c, 8b

📖 ¡Extra! ¡Palabras, imágenes, y música por el Internet!

Las nuevas tecnologías son maravillosas, ¿verdad? Por ejemplo, ¿le gustaría poder leer la edición eléctronica del periódico argentino llamado *Clarín* o prefiere leer *La Nación*? ¿Es usted colombiano que vive en los Estados Unidos y quisiera leer noticias de su país
5 diariamente? ¿Sabía que puede leer *El Espectador* o *El Tiempo* (de Bogotá) y muchos otros periódicos de Colombia en la red? ¿Tal vez usted es cubanoamericano y quisiera aventurarse a leer por curiosidad la prensa internacional sobre Cuba y desde Cuba, y las noticias publicadas en Miami donde hay tantos cubanos? Eche un vistazo a
10 *Cubanews*, *Notinet*, *Radio y TV Martí*, *CubaPress*, *Granma* (periódico oficial comunista de Cuba) y *El Nuevo Herald* (periódico en español del *Miami Herald*). Puede leer diferentes puntos de vista, los del mundo que tiene la libertad de prensa y los que no la permiten. Compruebe usted mismo.

15 Si le gusta leer periódicos y revistas y disfruta de estar al tanto de eventos y espectáculos de música, teatro y cine, podrá buscar información

Más y más estudiantes hispanos de los Estados Unidos se están graduado de la universidad y terminando carreras de todo tipo en las ciencias, las humanidades y en campos de las nuevas tecnologías que se van desarrollando en el siglo XXI. Otros campos de mucho interés hoy día se relacionan con el diseño y desarrollo de páginas electrónicas, el estudio de medios, como el cine y la televisión, y el periodismo cibernético.

fácilmente por medio del Internet. Por ejemplo, ¿en qué películas ha actuado el famoso actor español Antonio Banderas? Siendo él un ejemplo de un actor que hace películas tanto en español como en inglés, podemos buscar información sobre sus películas hechas en los Estados Unidos y otras hechas en España, su país de origen.

Hoy día, por correo electrónico, Facebook, Twitter, iPhones, iPads y otros aparatos, podemos mantenernos más al tanto de lo que ocurre en otras partes del mundo, y no sólo sobre eventos y noticias sino también de lo que está pasando en las artes en las grandes y pequeñas ciudades, gracias a los medios de comunicaciones electrónicos y a los avances de la tecnología. Por medio del Internet podemos traer a las pantallas en nuestros hogares noticias y artículos de periódicos y revistas de otras ciudades y países, como videos, libros en línea, películas y música de estaciones de radio de diferentes países a través de sitios en la red que ofrecen música a la medida o gusto del consumidor, lo mismo la clásica que la popular, jazz o folclórica, y programas en diferentes lenguas. Explore, por ejemplo, la aplicación TuneIn Radio donde podrá escuchar radio de todas partes del mundo.

En el siglo XXI más y más personas dependemos del uso de la computadora, los *smartphones* y los dispositivos portátiles como el iPad, para buscar información, planear nuestros viajes, entretenernos con juegos, o leer libros digitalizados. Por ejemplo, ¿desea planear un viaje a España y quisiera informarse acerca de lo que está pasando en el país antes de partir? Busque en los sitios web de *El País Digital, La Vanguardia, El ABC, El Mundo,* etc. ¿Su familia es mexicana y quisiera mantenerse en contacto con las noticias de México? ¿Sabía que puede leer fácilmente *El Nacional, El Excelsior, La Jornada, El Diario de Yucatán, La Opinión, El Heraldo de Chihuahua,* y muchos más? ¿Le gusta el cine y quiere buscar información sobre festivales de cine para ver si puede asistir a uno de ellos, como el Miami International Film Festival?

Para encontrar rápidamente en el Internet un directorio de periódicos, noticias y revistas de Latinoamérica, clasificadas por país, sólo tiene que visitar www.zonalatina.com. Y si es música lo que le interesá más, explore los sitios de sus cantantes y grupos favoritos. ¡Diviértase! ¡Explore en español y en inglés sus nuevos mundos!

MESA REDONDA

A. *En parejas, hagan la siguiente encuesta. Tomen nota de las respuestas de su compañero(a).*

1. ¿Dónde tiene usted acceso al Internet? ¿Cuánto tiempo hace que lo usa?

2. ¿Lo usa en su casa, en la universidad o en ambos lugares? ¿Lo usa todo el tiempo?

3. ¿Qué periódicos o revistas lee en la red? ¿Con qué frecuencia?

4. ¿En qué idioma los lee? ¿En inglés o en español? ¿En ambos?

5. ¿Tiene sitios favoritos que usa con frecuencia? ¿Cuáles son?

6. ¿Ve películas en su computadora? ¿Cómo las consigue? ¿Qué ha visto recientemente en español? ¿Prefiere ver películas en casa o en el cine? Explique.

7. ¿Quiénes son sus actores favoritos hispanos que han hecho películas en inglés y en español? ¿Qué es lo que más admira de ellos?

B. *Compartan los resultados de la encuesta anterior con otras parejas para hacer una tabla en la pizarra como se indica en la sección C.*

C. *Escriban el número de cada pregunta en la pizarra y calculen un resultado total aproximado de la clase para cada pregunta.*

D. *Observen individualmente los resultados de la encuesta. Compartan sus observaciones con la clase.*

II. Lectura

 Narrativa biográfica

ANTES DE LEER

Conteste las preguntas siguientes en grupos de dos a cuatro estudiantes. Compartan después sus observaciones con el resto de la clase.

1. ¿Cómo se imagina que es la vida de los cantantes internacionales? ¿Cómo sería un día de trabajo? ¿Cuán duro cree que han tenido que trabajar los artistas que han alcanzado fama mundial? ¿Conoce algún ejemplo?

2. ¿Le gustaría tener el tipo de vida que lleva la gente famosa? ¿Le gustaría viajar mucho y vivir en hoteles gran parte del tiempo? ¿Cómo lidiaría con la prensa? ¿Evitaría a los periodistas o no le molestarían?

3. ¿Ha visto alguna actuación de Chayanne en telenovelas, películas o espactáculos en vivo? Si lo ha hecho, comparta sus impresiones con sus compañeros.

*Chayanne, el famoso cantante
y actor puertorriqueño*

BIOGRAFÍA: CHAYANNE

Nombre: Elmer Figueroa de Arce

Nacimiento: 28 de Junio 1968

Lugar: San Lorenzo, Puerto Rico

Paso a paso, Chayanne ha construido una carrera artística a prueba de
bombas. Su trayectoria musical se ha ido desarrollando con una solidez
poco común entre los artistas que, como él, iniciaron su camino en la
música apenas siendo niños. Cada uno de sus discos ha sido un escalón
hacia la cumbre, perfectamente estructurado, brindándole la experiencia y
seguridad que ahora se manifiestan de manera sorprendente.

Desde sus comienzos, Chayanne ha dado muestras de una innata capacidad
artística que le ha permitido llegar a ser uno de los nombres de primera
fila en el espectáculo latino internacional. Su pasado y su presente de
éxitos se proyectan, irremediablemente, hacia un futuro tan brillante como
esa mirada que refleja la ilusión, la esperanza y la decisión.

Responsable por impresionantes presentaciones en Puerto Rico y
América Latina, que a menudo comienzan y terminan con el uso de
tres helicópteros como transporte, Chayanne es un volcán de talento al
borde de erupción. Con más de 49 discos de oro y platino desde su debut
como solista en el año 1986, Chayanne, quien tomó sus primeros pasos
dentro de la industria cinematográfica estadounidense en 1998, junto a
Vanessa Williams en el éxito *Dance with Me* (*Baila Conmigo*), está listo para
convertirse en la próxima revelación latina en lograr el éxito dentro del
territorio «*crossover*».

Famoso por sus giras internacionales, Chayanne ha contado con
coreógrafos de la altura de Kenny Ortega (Michael Jackson, Cher) y Vince
Paterson (Madonna, Michael Jackson). El estallido de Chayanne ha sido
casi inevitable, no sólo por su demostrada aptitud dentro del mercado,
su enorme talento y presencia escénica, sino también por su energía y
dedicación sin limite.

Peter Watrous, del *New York Times*, expresó lo siguiente refiriéndose
a un espectáculo de Chayanne en Nueva York, que se vendió por
completo: «Chayanne y sus seis bailarines ofrecieron una presentación
espectacular con máquinas de humo y rayos láser, reproduciendo la
coreografía de un video y a la vez la estimulación visual del mismo…
pandemonio incitativo».

La demanda por Chayanne se esparce por todo el mundo y alcanza lugares
remotos como Turquía, Australia, Francia, Suiza, Luxemburgo, etc. En
toda América Latina es capaz de llenar estadios de fútbol. En los Estados
el Unidos, sus conciertos se agotan constantemente en escenarios como el
Radio City Music Hall de Nueva York, el Chicago Theatre de Chicago, el
Universal Amphitheater de Los Ángeles, el Dallas Star Plex de Texas, etc.
Ha ofrecido más de 240 presentaciones electrizantes, cada una contando
con un público promedio de 30,000 admiradores. Los números hablan por
sí mismos. Quien en una ocasión se refirió a James Brown como el hombre

más trabajador dentro del mundo del espectáculo, pudiera recapacitar si tuviera un encuentro con Chayanne.

«Siempre me enfoco en mi trabajo. Me dedico a él 24 horas al día», dijo Chayanne recientemente en una entrevista desde su oficina en Miami. «Lo hago para crecer, lo hago con entusiasmo, lo hago porque me encanta. Creo que si amas tu trabajo y lo haces con entusiasmo es cuando la gente cree o deja de creer. Si la gente cree que eres un falso, no vas a durar mucho». Afortunadamente, el público estadounidense conoce que la autenticidad de Chayanne no se limita a su lengua natal.

Aunque tradicionalmente ha interpretado sus canciones en español, Chayanne se ha dedicado continuamente a incrementar su repertorio en inglés. En cuanto a la pregunta de por qué el mundo le ha colocado los ojos al pop latino en este momento, Chayanne se encoge de hombres y especula. «Existe una onda latina, pero esto ocurre porque existe una calidad en la música, porque cuando uno de nosotros está en un escenario se presencia algo que ha sido perfeccionado —no es algo que estamos haciendo por primera vez. También me gusta que hay mucha sensualidad sin la necesidad de ser vulgar».

No hay duda que Chayanne ha resistido la prueba del tiempo —comenzó su carrera a la edad de 10 años cuando dejó atrás su pueblo natal de San Lorenzo, Puerto Rico, para formar la agrupación adolescente Los Chicos. Mientras el grupo alcanzó éxito considerable en América Central y el Caribe, Chayanne nunca olvidó sus raíces.

«Mi niñez consistió de la familia, las tradiciones, a las que me he apegado más y más», dijo el cantante, quien en 1993 fue nombrado una de las 50 personas más bellas del mundo, por la revista *People*. El camino ha resultado largo y gratificador para la personalidad que hizo historia en 1989 al aparecer en un comercial de Pepsi, el primero en español televisado en cadenas estadounidenses.

Cuando cumplió 17 años, Chayanne se mudó a México para comenzar una carrera como solista que ya ha dado muchos frutos. Participó en varias telenovelas y en la película *Linda Sara* del director nominado para el Óscar, Jacobo Morales, y su papel principal en *Dance with Me* junto a Vanesa Williams logró el elogio general de los críticos. «*Dance with Me* fue una experiencia única y maravillosa. Fue mi primera experiencia con el mercado americano a ese nivel de actuación», dijo Chayanne. «Aprendí lo increíble que es el cuerpo, ser capaz de dejar tu cuerpo y dejar que otro espíritu te lo llene. Cuando comienzas a actuar y hablar como la persona en tu tiempo libre y estás completamente sumergido en el personaje, es maravilloso, fascinante y me encanta».

Chayanne se somete a un largo proceso para completar cada álbum. «Tengo un equipo de personas que me ayudan a lograr la labor, aunque yo tengo la última palabra», dice Chayanne. «Escucho todas las canciones y exploro las posibilidades. Después decidimos las canciones que aparecerán en el álbum. Escogemos un concepto general, si va a ser más romántico, pop, pop caribeño, el cual es mi estilo y tengo que sentirlo». Lo que sea que el futuro guarde para Chayanne, él sabe que fluirá de la misma manera que él vive su vida, estrictamente desde el corazón.

PARA COMENTAR

Trabajando en parejas, contesten las siguientes preguntas sobre "Biografía: Chayanne". Justifiquen su opinión cuando sea necesario. Luego pueden comprobar y comparar sus respuestas con las de otros compañeros.

1. ¿De dónde es Chayanne y cuál es su nombre verdadero?
2. ¿Cómo y cuándo empezó su carrera artística?
3. Según Chayanne, ¿a qué le debe su éxito en el mundo del espectáculo?
4. ¿Qué quiere decir él cuando habla sobre «la onda latina» y la posibilidad de ser sensual sin ser vulgar?

PARA ESCRIBIR

1. Después de buscar suficiente información sobre un artista o actor de los Estados Unidos, América Latina o España, escriba un brevísimo informe sobre él o ella y su desarrollo artístico, su discografía o filmografía, según sea el caso, siguiendo el modelo del artículo de Chayanne.

2. Chayanne también ha trabajado en telenovelas (*soap operas*). Investigue la situación, calidad y el mercado de las telenovelas en español, sea en los Estados Unidos, América Latina o España. ¿Por qué son tan populares? ¿Cuáles son algunas famosas telenovelas del momento? ¿Cómo son diferentes a las telenovelas estadounidenses? ¿Cree que las telenovelas atraen a un público bilingüe y joven o atraen más a personas mayores ? Escriba sus ideas y haga un breve resumen en formato de esbozo que le pueda servir para informar a la clase sobre sus hallazgos.

Artículo periodístico

John Virtue es originalmente de Canadá. Trabajó con la United Press International (UPI) en Latinoamérica por más de 17 años. Vivió durante esos años en Venezuela, Brasil y México. En 1982 dejó el puesto de la UPI para asumir el papel de director del diario *El Mundo* en San Juan, Puerto Rico. Es profesor de periodismo y editor de *Pulso*, publicación sobre periodismo, que realiza la Facultad de Periodismo de la Florida International University, accesible en www2.fiu.edu/~imc/espanol/pulsoespanol.htm.

ANTES DE LEER

Contesten las preguntas siguientes en grupos de tres o cuatro estudiantes. Compartan después sus observaciones con el resto de la clase.

1. ¿Aproximadamente cuánto tiempo por semana usa la computadora? ¿Para qué la usa? ¿Cree que la gente se comunica más o menos debido a las computadoras? Explique.
2. ¿Usan sus padres computadoras? ¿Otros familiares? ¿Amistades? ¿Profesores? ¿Cree usted que las usan de forma adecuada? ¿Por qué?
3. ¿Cómo trata usted de mantenerse al tanto de lo que ocurre en el mundo y en su comunidad? ¿Con qué frecuencia escucha las noticias por radio o televisión en inglés o en español? ¿Tiene algunos programas

de noticias preferidos? ¿Tiene locutores favoritos? ¿Cuáles son y por qué?

4. ¿Cuáles son los programas de televisión disponibles en su comunidad? Sea específico(a) en su respuesta.

5. ¿Qué papel piensa que va a desempeñar la computadora en todas sus manifestaciones tecnológicas para el consumidor? ¿Cree que usted va a poder mantenerse al día con los adelantos tecnológicos que se producen a pasos gigantescos? Piense en cómo el teléfono, la máquina de fax, los teléfonos inalámbricos (celulares), el correo electrónico y el uso de las computadoras han impactado nuestras vidas. ¿Cómo es ahora el mundo con la computadora y cómo cree que va a ser en unos 5 años? ¿En unos 10 años?

EL FUTURO DEL PERIODISMO[1]

Mientras que la prensa escrita apenas está sumergiendo la punta de los pies en las aguas de la prensa electrónica, la radio y la televisión han navegado siempre en ellas y prometen ser cada vez más poderosas.

5 Tengo una colega costarricense que vive en una granja solitaria a dos horas de San José, a donde no llega ningún repartidor de periódicos. En los alrededores de la finca tampoco hay tiendas ni quioscos donde conseguir un ejemplar. Sin embargo, está más enterada de lo que ocurre en San José y en el mundo que muchos costarricenses.

10 Para saber cómo andan las cosas en el ámbito nacional, lee la página de *La Nación en Internet*, desde su computadora personal, y escucha la radio. Las

---

[1]Los desarrollos en la tecnolgía avanzan tan rápidamente que algunos datos de este artículo ya son «viejos» puesto que ya se ofrecen servicios interactivos por el Internet. CNN en Español (http://www.cnnenespañol.com) por ejemplo, es una magnífica fuente de noticias de último minuto, disponible las veinticuatro horas.

Los estudios de CNN En Español se encuentran en Atlanta, Georgia.

noticias internacionales las ve en televisión gracias a una antena parabólica que recibe señales vía satélite.

Si en lugar de ahora, hubiera vivido en esa granja hace cincuenta años, la radio hubiera sido su único medio de información. Y, setenta y cinco años atrás, habría estado completamente ignorante de lo que ocurría más allá del portón de su finca: sin periódico, sin radio, sin televisión.

Hoy en día, mi colega está sacándole partido al más reciente adelanto en los medios de comunicación. ¿Pero qué le depara el futuro a los periódicos, a los medios electrónicos de prensa y al público que utiliza estos servicios?

Echemos un vistazo a lo que algunos expertos auguran.

La cantidad de periódicos que, como *La Nación*, han abierto páginas en el Internet, es un signo positivo de que los dueños de medios de prensa y los editores están conscientes de que la industria debe adaptarse a los cambios revolucionarios que están produciéndose en las comunicaciones. Aun así, algunos expertos se cuestionan si la cultura del periódico es lo suficientemente adaptable como para adecuarse a los retos del siglo XXI.

«A la industria del periódico nunca le han gustado los cambios. Por el contrario, los ha mirado con recelo», afirma John Katz, exproductor ejecutivo de CBS News. «En el fondo, los periódicos han sido renuentes a cambiar debido a la arraigada creencia de que son medios superiores, serios y valiosos, mientras que consideran a los medios electrónicos como triviales y corrientes».

John M. Eger, director del Centro Internacional para las Comunicaciones de la Universidad Estatal de San Diego, asegura que los diarios han tratado de cambiar. «El problema es que los cambios están ocurriendo tan rápidamente, que la función básica del medio de prensa tradicional ha sido ignorada», escribió en una nota publicada en el San Diego Union. «La mayoría de los diarios y las revistas, por ejemplo, simplemente tratan de digitalizar el producto existente y entregarlo así mismo para su uso on line. Pero de esa manera no sirve».

Eger afirma que el mundo de los medios de comunicación on line es un medio completamente nuevo y sus usuarios son «una audiencia impaciente e intolerante» que demanda una nueva visión y un nuevo producto. «El problema es que los periodistas no están en control de sus destinos», dijo.

Para la mayoría, más que tomar la iniciativa, la industria de la prensa escrita ha sido forzada a reaccionar. Una excepción fue Knight-Ridder, la compañía que publica el *Miami Herald*. En los ochenta y principios de los noventa invirtieron más de cincuenta millones de dólares en Viewtron, un nuevo sistema de video interactivo. Básicamente la idea consiste en que el usuario puede decidir el contenido de su diario electrónico, utilizando incluso una computadora portátil en la habitación de un hotel.

«La prensa escrita no recuperará su posición dominante en los Estados Unidos—ni en ningún otro país—aferrándose a sus prácticas tradicionales», dijo Roger Fidler, director del Laboratorio de Diseño de Información de Knight-Ridder en Boulder, Colorado, en un artículo reproducido en *Pulso* en 1993. «Lo que los periódicos necesitan con desesperación es una nueva visión para el siglo XXI, algo que no dependa del papel impreso».

Fidler predijo la aparición de un periódico electrónico portátil del tamaño de una revista corriente, de un poco más de medio kilogramo de peso, con una pluma que permitiría al lector escribir en el propio panel y hasta llenar crucigramas. Fidler les pidió a los lectores que trataran de imaginarse cómo recibirían las noticias en el 2010.

«Mi panel ha sido diseñado para que busque las noticias que me resulten de interés en todos los medios de prensa disponibles. Las páginas, que se asemejan a las de un diario tradicional, se despliegan a la mitad de su tamaño para que pueda echarle una mirada rápida a los titulares y fotografías. Puedo pasar las páginas sin estirar los brazos, lo único que hago es tocar la esquina de la página».

Por una decisión de tipo económico, Knight-Ridder tuvo que cancelar Viewtron el año pasado.

Pero el nuevo tipo de periódico que Fidler predijo en la pantalla de una computadora es el modelo que los periódicos han adoptado para el Internet desde 1994. Sin embargo, la manera como se escriben y se editan los artículos tendrá que cambiar, pues la mayoría de los lectores serán personas acostumbradas a la televisión, que mantienen la atención en la palabra escrita por un período más corto.

Owen Youngman, director de prensa interactiva del *Chicago Tribune*, dijo a *Editor & Publisher* que es posible que ninguna noticia tenga más de veinticuatro líneas. «Si usted cree que a los lectores no les gustan los 'pases de página', piense entonces cómo se sentirán cuando tengan que lidiar con algo parecido», afirmó.

Ruth Gersh, director de los Servicios de Medios de Comunicación Múltiples de Associated Press, cree que la manera como el usuario tiene que moverse con la ayuda del cursor dentro de una página de computadora, algo inevitable en el caso de un periódico electrónico, obliga a buscar un estilo de redacción más simple. «El modelo de los medios electrónicos funciona bien», manifestó. «Por ejemplo, utilizar los nombres primero, en lugar de al final, utilizar secciones cortas dentro de una misma noticia, repetir nombres porque cuesta más trabajo ir hacia atrás en una página on line que darle la vuelta a una página de un diario».

Kevin McKenna, director editorial de *New York Times Electronic Media*, dijo a *Editor & Publisher* que cree que los periodistas tendrán que comenzar a contar las noticias en serie, utilizando segmentos de 400 a 500 palabras.

Steve Isaacs, exdirector de periódico, dijo a su propia publicación que el periodista del Internet tendrá que ser una persona experimentada, tanto en la prensa escrita como en la electrónica. Según opina, este tipo de profesional de la prensa tendrá que valerse de todos esos conocimientos para poder entrar en algo llamado «multimedia». «Como el mismo telégrafo dio lugar a la invención de la pirámide invertida, es cierto que el nuevo medio de prensa cambiará el periodismo», aseveró.

Muchos periodistas han comparado el impacto del nuevo periodismo electrónico con el del surgimiento del telégrafo. La pirámide invertida fue creada por periodistas durante la Guerra Civil de los Estados Unidos (1861–65) cuando los corresponsales de guerra enviaban sus notas,

utilizando el entonces modernísimo medio de comunicación llamado
105 telégrafo. Pero los corresponsales nunca tenían la certeza de que sus
noticias habían llegado a su destino, pues los postes del telégrafo eran blancos
militares frecuentes. Por lo tanto, decidieron cambiar el tradicional método
cronológico de narrar los hechos y comenzaron a ubicar los elementos más
importantes en el primer párrafo. Si tan sólo el primer párrafo llegaba, sus
110 editores dispondrían de suficiente información para sacar la noticia.

Tanto la radio como la televisión ven el Internet no como una amenaza,
sino como un medio para continuar su crecimiento. Sólo hay que escuchar
el criterio de Sean Silverthorne, en un artículo para *PC Week*: "La edad
dorada de la radio no pasó hace mucho tiempo. De hecho, podría estar de
115 vuelta. Pero no se moleste encendiendo su radiocasetera. Lo mejor está en
Internet, donde la nueva tecnología de compresión está creando todo un
espectro de *Web sites* que ofrecen ficheros de audio".

Docenas de estaciones comerciales de radio en los Estados Unidos y
Canadá están abriendo páginas en el Internet y ofreciendo programas que
120 los oyentes pueden escuchar desde sus computadoras personales.

El próximo gran cambio en la televisión será la transmisión de una señal
digital en lugar de la señal analógica que hoy en día se utiliza. La señal
digital abaratará el costo de la transmisión y permitirá la operación de
más canales. La razón es que, a diferencia de la señal analógica, el sistema
125 de señal digital comprime la información, con lo que permite la salida de
varios canales en lugar de uno, como hasta ahora.

La industria de la televisión espera que ambas señales coexistirán por un
período de diez a quince años. Luego, quienes quieran seguir utilizando
sus televisores actuales tendrán que comprar decodificadores digitales.

130 Esa cobertura a elección del usuario crea una amenaza para los diarios actuales
y para el papel tradicional de los periódicos comunitarios. Eger, del Centro
Internacional para las Comunicaciones, considera que la unidad nacional
también podría verse afectada por el nuevo medio en surgimiento. «Se ha
dicho que mientras más y más servicios nacionales y locales de éstos dominen
135 el mercado, ofreciendo —como ya lo hacen— más posibilidades a los lectores
para tener acceso a cientos de miles de fuentes informativas e informaciones,
podría producirse una fragmentación del público que normalmente sigue
las grandes noticias que tienden a mantener unida nuestra nación, sirviendo
como una suerte de centro de chismografía nacional».

140 Gerald Flake, un alto ejecutivo de la cadena de periódicos Thomson dijo al
Journal: «Existen preocupaciones, por supuesto, en cuanto al aspecto ético
de ese tipo de periodismo —si Microsoft tendrá la misma integridad que
The New York Times, por ejemplo— pero es un nuevo tipo de periodismo.
Sin embargo, de seguro los lectores y los televidentes saben cuando alguien
145 ha cruzado la línea ética; cuando, por ejemplo, una compañía comete el
pecado periodístico de disfrazar un comercial de noticia».

Todo esto parece bastante alejado de una tranquila granja de Costa Rica.
Pero esa granja está dentro de la «Ciudad Global» que concibió Marshall
McLuhan, el gurú canadiense de los medios de prensa, que murió en 1980,
150 mucho antes de que naciera el Internet, pero sabía que algo así iba a surgir.

PARA COMENTAR

Trabajando en parejas, contesten las siguientes preguntas sobre "El futuro del periodismo". Justifiquen su opinión cuando sea necesario. Luego pueden comprobar sus respuestas con las de otros compañeros.

1. ¿Cómo es que la colega costarricense del autor puede mantenerse totalmente al día acerca de lo que ocurre en el mundo, aun viviendo en un lugar apartado y aislado?

2. Según el artículo, ¿en qué se diferencia leer las noticias por el Internet de leer las noticias en el periódico? ¿Qué ventajas tiene leer las noticias por medio de la computadora? ¿Y por medio del periódico? ¿Cuáles son las desventajas?

3. ¿Cómo se compara, en su opinión, el uso de tecnología en los Estados Unidos con el de Latinoamérica? ¿Quiénes tienen más acceso a la tecnología y a la información y qué lo facilita?

4. ¿Cree que la falta de teléfonos de unos y el acceso a la tecnología de otros pueda crear un abismo aun más profundo entre las clases sociales en Latinoamérica? ¿Qué cree que pueda ocurrir si no se mejora la situación?

PARA ESCRIBIR

Lea los siguientes temas. Luego escoja el que le interese más para escribir sobre el mismo. Comparta su trabajo con otro(a) compañero(a) e intercambien comentarios sobre lo que han escrito.

1. Imagine que tiene un pariente o un(a) amigo(a) al que no le gustan las computadoras. Escríbale una breve carta personal para tratar de convencerlo(a) sobre los aspectos positivos que tienen las computadoras. No escriba más de 150 palabras.

2. Imagine que usted ha tenido varios «desastres» con la computadora y no se quiere arriesgar a tener ni una sola crisis más. Escriba una carta de una a dos páginas por correo electrónico a su amigo(a) experto(a) en computadoras, explicándole lo que le ha pasado. Dígale también por qué usted no quiere usar más ni el Internet ni la computadora.

3. Vocabulario de computación. Haga una lista de palabras en inglés que tengan que ver con la computadora y objetos y acciones relacionadas con ella. ¿Cómo diría esas mismas palabras en español? ¿Se pueden traducir? ¿Usa los términos en inglés aunque hay a veces un equivalente en español? ¿Qué observamos cuando utilizamos vocabulario en español que tiene que ver con la tecnología moderna?

📖 Narrativa autobiográfica

En Vive tu vida al rojo vivo, *María Celeste Arrarás, la popular presentadora de Telemundo, describe las experiencias que moldearon su carácter y su carrera. La puertorriqueña se inició como reportera en la isla y ahora presenta su propio programa en la cadena Telemundo/NBC. Arrarás, también autora de un libro sobre la fallecida cantante Selena, escribió este como legado para sus tres hijos.*

5

de María Celeste Arrarás

La reportera de televisión María Celeste Arrarás

VIVE TU VIDA AL ROJO VIVO (fragmento)

Mi mamá habla tres idiomas, toca el piano como concertista y obtuvo un título en química. Pero sacrificó sus sueños y aspiraciones en nombre del amor, una y otra vez.

10   Tras casarse se quedó en casa para criar a sus hijos y se convirtió en el complemento perfecto para mi papá. Pero cuando se divorciaron, todo cambió. Mi papá dejó su puesto de rector universitario por la política. Como no tenía ingresos, se le hacía difícil pagarnos el colegio privado y enviar la pensión. A mi mamá no le quedó otra alternativa que buscar trabajo. Fue un

15   brusco despertar. Le tocó empezar de abajo para salir a flote y, en el proceso, se aseguró de que su experiencia me sirviera de lección: "Estudiar mucho y tener carrera es la única garantía que tenemos en la vida".

Más que sus consejos, lo que dejó una gran huella en mí fue ver cómo rehizo su vida por segunda vez. Cuando su segundo marido la abandonó

20   con dos niños, uno de ellos discapacitado, salió adelante, a pesar de entonces ser una mujer mayor. Pasó 16 años trabajando arduamente y criando a mis hermanos.

Decidí, desde muy joven, que siempre sería la dueña de mis decisiones y que no me arriesgaría a perderlo todo por amor. Mi papá solía despertarme a las 5 a.m. para ir a nadar. No toleraba quejas. Recuerdo una vez que me dijo: «No metas el pie en la piscina, Mari. Si descubres que el agua está demasiado fría, nunca vas a zambullirte. Titubear es de personas mediocres».

Cada vez que ganaba una competencia o superaba mi propio récord, sus ojos brillaban de orgullo. Cuando en una competencia de 50 metros dorso, no sólo nadé mejor que nunca sino que establecí un nuevo récord para mi edad, pensé que finalmente había complacido al hombre que siempre me retó para que llegara más lejos. Pero a la mañana siguiente, mi papá sacó de su bolsillo su viejo cronómetro.

«Este es tu nuevo contrincante», dijo con el cronómetro colgado del cuello, haciendo tic-tic-tic, «el tiempo».

Como papá exigente, me convirtió en una hija competitiva, lo que me ha ayudado hasta el día de hoy.

Cuando me tocó debutar en la televisión a los 25 años y me sentí paralizada de emoción y nerviosismo, escuché el conteo regresivo del coordinador del estudio de televisión y me zambullí en ese nuevo reto como cuando lo hacía en la piscina. No fue por casualidad que clasificara para los Juegos Olímpicos antes de los 16 años ni tampoco que en el 2006 fuera escogida para la portada de la revista *Newsweek* como una de las mujeres más influyentes de mi generación.

Como me enseñó mi papá, en situaciones difíciles en que otros se hubieran dado por vencidos, yo me lancé de corazón: cuando recibí la primera gran oportunidad de trabajo en Nueva York, cuando decidí adoptar a un niño y cuando me pidieron por primera vez que ayudara a presentar el programa *Today*.

La vida a veces nos ofrece algo irresistible. Tras graduarme de la Universidad de Loyola en Luisiana, regresé a Puerto Rico y comencé a trabajar para una agencia de publicidad.

Pero mi mayor sueño era ser testigo de los eventos históricos, denunciar injusticias y hacer aportes a la sociedad.

Un día, conocí a un empresario que quería fundar en la isla un canal de noticias de veinticuatro horas. Estaba buscando jóvenes para trabajar como presentadores y reporteros.

El Canal 24 era el único que brindaba noticias internacionales al pueblo puertorriqueño desde la perspectiva de su propia gente. Nuestro grupo de novatos arrasó en la isla porque hacíamos los reportajes con entusiasmo y pasión. En mi nuevo trabajo y durante las presentaciones en vivo me sentía como un pez en el agua.

Entonces recibí una llamada del director de la estación principal en la isla, quien quería contratarme con un salario tres veces más alto y para un canal con mayor audiencia.

Rechacé la oferta. Hubiese pasado de ser la presentadora principal del pequeño Canal 24, a ser una reportera más de esa estación. A las pocas semanas, mi jefe me citó en su oficina. Sabía lo que había ofrecido el otro

70 canal y me dio lo que más necesitaba en ese momento de mi vida: un nuevo reto. Dijo que quería recompensarme con una de las asignaciones más codiciadas del momento: reportar desde la Unión Soviética. Gracias a ese reportaje fui reconocida por la Cámara de Comercio de Puerto Rico y conseguí durante la ceremonia una entrevista exclusiva con Jesse Jackson.

75 Eso atrajo la atención de uno de los periodistas presentes, quien terminó ofreciéndome trabajo en Nueva York y la oportunidad de incursionar en el importante mercado hispano de Estados Unidos. En esta ocasión, mi jefe del Canal 24 estuvo de acuerdo en que era una oportunidad que no podía dejar escapar.

80 Jamás fue mi intención salir en los titulares de Seúl. En 1988 reportaba desde la sede de los próximos Juegos Olímpicos, Corea del Sur. Antes de reunirme con un representante del Ministerio de Deportes, me advirtieron que en esa sociedad como tan tradicional, las mujeres tienen un rol pasivo y que además, seguramente, él insistiría en hablar sólo en

85 coreano.

Me llevé una grata sorpresa cuando entramos a su despacho y saludó a mi camarógrafo en perfecto inglés y con un firme apretón de manos. Me senté frente a él, pero se negaba a mirarme y dejó de hablar inglés. Cada vez que le hacía una pregunta, le respondía en coreano al camarógrafo, como si

90 yo fuera invisible. Fui tajante: «O me mira y me responde directamente en inglés o nos vamos».

Se quedó callado, mirando la pared. Le hice otra pregunta y esperé. Siguió hablando en coreano. Le di un golpecito en el hombro al camarógrafo y comencé a caminar hacia la puerta. Aunque habíamos viajado desde el

95 otro lado del mundo, yo estaba dispuesta a macharme antes de permitir que me siguiera humillando.

Noté que mi entrevistado continuaba sentado en su silla con una mirada atónita. Le di una última oportunidad. «¿Va a hablar inglés? ¿Me va a hablar a mí?» Para mi sorpresa, asintió. Habló en inglés e hizo un verdadero esfuerzo por mirarme a los ojos. Al finalizar, me marché con una

100 gran entrevista y con la frente en alto.

Cuando regresé a San Juan, supe que nuestra pequeña guerra fría fue noticia en los diarios y la televisión de Seúl. Como no hablo coreano, no sabría decir a quién pintaron de villano. Y, francamente,

105 no me importa.

Fuimos los últimos en llegar. La mayoría de los noticieros se habían volcado sobre un pueblito de Arizona cuando se regó la voz de que habían descubierto un túnel a través de la frontera que era utilizado para el contrabando de indocumentados y narcóticos.

110 Había varios equipos de periodistas apostados alrededor de la salida del túnel en territorio estadounidense, filmando, reportando y transmitiendo en vivo. La noticia ya no era noticia. Pero yo no había manejado sin parar desde California para regresar con las manos vacías.

115 Siempre he pensado que todo problema tiene más de una perspectiva y que toda noticia tiene más de un ángulo, de la misma manera que un túnel tiene dos entradas.

Mi camarógrafo y yo cruzamos la frontera en nuestro auto alquilado. Encontramos a un agente de policía igualito a los de las películas de Hollywood, flacucho, con una mirada maliciosa y lasciva.

«Señorita, no va a creer dónde termina el túnel», dijo, intentando en todo momento agarrarme la mano y ponerme el brazo alrededor de la cintura. Ofreció mostrarme la entrada del túnel si accedía a almorzar con él. Tras ir a una taberna local acompañados por mi camarógrafo, nos llevó a una imponente mansión y nos condujo a una sala de juegos. Debajo de la mesa de billar estaba la entrada del famoso túnel.

Mi camarógrafo comenzó a grabarlo todo mientras el policía revelaba con lujo de detalles cómo los narcotraficantes usaban el túnel para transportar la droga. Pronto, llegaron otros uniformados, quienes nos prohibieron seguir filmando. Aproveché que nadie me miraba para lanzar uno de los videos sobre la cerca a un terreno baldío detrás de la mansión. Minutos después, uno de los uniformados confiscó la otra cinta.

Durante ocho horas, permanecimos cautivos mientras los agentes atacaban el bar de la mansión. Cuando apenas podían moverse de la borrachera, mi camarógrafo me dio un codazo y salimos rápidamente. Nos subimos al vehículo, corrimos al lote, abrí la puerta lo suficiente como para recoger el video sin frenar y seguimos de largo hacia la frontera.

Esa noche las imágenes fueron transmitidas en Estados Unidos y unos 15 países de habla hispana. En esta vida hay mucha gente ingeniosa y si uno quiere destacar, tiene que serlo aún más. Hay que encontrar lo que hay al otro lado del túnel.

De los cobardes nunca se ha escrito nada. Cuando estallaron los civiles en Haití en 1991, Univisión pidió voluntarios. Jean-Bertrand Aristide acababa de ser derrocado por el ejército, y la violencia se había apoderado de las calles de Puerto Príncipe. Era una situación increíblemente peligrosa, pero sin pensarlo dos veces, levanté la mano.

Como los aeropuertos estaban cerrados a vuelos comerciales, mi equipo voló a Santo Domingo. En el hotel, nos encontramos con unos periodistas franceses. Hicimos un trato. Ellos tenían el permiso para aterrizar en Puerto Príncipe y nosotros teníamos el avión, así que viajaríamos juntos. Mi equipo y yo escribimos nuestro testamento en servilletas de papel, medio en broma y medio en serio. Aunque nadie lo dijo, todos teníamos miedo.

No habían pasado ni cinco minutos de nuestra llegada, cuando nos topamos con los primeros cadáveres ensangrentados, amontonados en la calle. El camarógrafo francés comenzó a filmar. Un grupo de hombres fuertemente armados nos rodearon. Uno de ellos me apuntó con el cañón de su rifle directamente en la sien. Vociferaba en creole con ojos desorbitados.

Pronuncié la única frase que recordaba de la clase de francés en el colegio: «*Je ne comprends pas*». El matón se quedó perplejo. Luego escuché los gritos del productor francés quien regañaba a su camarógrafo por filmar la escena y le pegaba en el brazo. Convencí al líder de la turba de que todo había sido un malentendido, así que éste bajó el rifle y dio media vuelta.

Al marcharnos, los franceses se rieron sin parar de lo sucedido. Habían perfeccionado la estrategia para salir de tales aprietos. El productor trató de calmarme: «Sólo te estaban apuntando. Preocúpate cuando los oigas cargar sus rifles».

Dos semanas más tarde, era hora de partir. Me sentía aliviada y satisfecha. Estábamos camino al centro, cuando escuchamos un tiroteo y le pedimos al chofer que nos llevara al lugar de donde provenían las balas. Terminamos justo detrás de los militares que disparaban contra una multitud. Nos bajamos del auto y nos acercamos poco a poco a los soldados, quienes no se percataron de nuestra presencia, hasta que mi camarógrafo, quien filmaba por encima de sus hombros, sin querer tocó a uno con su lente.

El oficial gritó algo. Sus soldados se voltearon y nos apuntaron con las armas. Escuchamos el clac-clac de los rifles y recordé lo que me había dicho el productor. Regañé al camarógrafo, dándole manotazos en la espalda. «¿Qué haces filmando todo esto? ¿Estás loco?»

El plan dio resultado. El jefe militar dio una orden y sus hombres bajaron las armas. Si hubiera vacilado, tal vez no habría vivido para contarla.

Después del nacimiento de Julián, mi deseo de adoptar no se desvaneció. Mientras mi esposo Manny y yo buscábamos un niño para adoptar, salí embarazada de Lara. Pero eso no importó. Finalmente, la agencia me envió por Internet la foto de un varoncito de trece meses en orfelinato cerca de Moscú. Su nombre era Vadim.

Cuando Manny y yo llegamos al orfanato, lo saludamos con palabras cariñosas, pero Vadim ni siquiera nos miró. Apenas podía sentarse. Su ropita sucia le quedaba grande. Pedimos llevarlo afuera, pero nos advirtieron que nunca había visto la luz del día. Los primeros meses con Adrián Vadim fueron difíciles para todos, pero especialmente para él. Necesitó terapia para hablar, sentarse, caminar y aprender a relacionarse con los demás. Pero la terapia más efectiva que recibió fue la que sólo el amor puede dar. Aprendió a mirarnos a los ojos, a abrazarnos y aprendió a amar.

Pensé al adoptarlo que estaba haciendo algo maravilloso por él, pero es él quien ha hecho algo maravilloso por mí.

Recuerdo que una vez me preguntó preocupado por qué Julián y Lara habían salido de mi barriga y él no. «Porque tú saliste de mi corazón», le respondí. «Eres tan especial que viajamos al otro lado del mundo sólo para buscarte».

Cuando mi hijo cumplió cinco años, le regalé la cajita de música que había comprado en Moscú la tarde que lo conocí.

«¿Qué es eso, mami?», me preguntó. «Es un pedacito de Rusia que he guardado para ti, una réplica de la famosa Catedral de San Basilio en la Plaza Roja». Adrián la guarda en un lugar especial. Al ver sus manitas sujetándola, pienso en todo lo que ha tenido que superar y que trajo un rayito de luz a nuestras vidas aunque él nunca había visto el sol.

Descubrí que Manny tenía una relación extramarital, gracias a mi excompañera de *Primer Impacto*, Myrka Dellanos, quien una tarde, me dijo que tenía algo muy doloroso que contarme. Una joven en un club le había soltado una bomba: «Siento lástima por María Celeste porque yo trabajo con la novia de su esposo, y él viene a visitarla a cada rato. Hasta la llevó a Chicago no hace mucho». Unas semanas antes, yo le había confiado a Myrka que me sentía muy molesta porque Manny se había ido a Chicago para un viaje de negocios, a pesar de que Miami estaba bajo amenaza de huracán.

Por fin entendí por qué había estado llegando a casa tan tarde, apagaba su celular y parecía tan distante. Llegué a la oficina de mi esposo y lo llamé desde el auto para que supiera que estaba abajo esperándolo.

«¿Hay algún problema?», preguntó.

«Sí, y tiene nombre: Selene».

Hubo un largo silencio. Admitió que había sido infiel. Dijo que sólo me amaba a mí. Le creí y lo perdoné porque yo también lo quería. Después de intentar durante meses salvar nuestra relación, me dejó dos días después de la Navidad del 2002. Sentí que lo había perdido todo y por varios meses estuve destrozada, furiosa y resentida. Pero algo que aprendí del divorcio de mis padres fue que mi única opción era aceptar lo inevitable.

El día en que Manny se iba a casar, pensé en mis hijos, quienes se preguntarían cómo tratar a la nueva esposa de su papá. Le envié a mi exesposo un breve mensaje de texto. «Felicidades en tu boda», escribí. «Espero que seas feliz».

Unos minutos más tarde, me respondió. «Gracias, Mari», decía su mensaje de texto. «Sé que lo dices con sinceridad».

Un mes después de la boda, la familia de mi exesposo celebró Nochebuena y nos invitaron a todos. Jugamos dominó, hablamos, bromeamos y comimos en la misma mesa. Al mes siguiente, cuando nuestra hija cumplió años, los invité a la casa para celebrar.

Si hubiera seguido con la guerra, mis hijos habrían sufrido y yo habría sufrido más que nadie.

Sé que a veces saco de quicio a mis hijos. Sé que les digo cosas que ellos creen ya, que parezco encontrarle defecto a todo y que no les doy una palmadita en la espalda con suficiente frecuencia.

Mi mamá es igualita. Aun hoy, a pesar de que soy una mujer «hecha y derecha», sus «sugerencias para mejorar» me ponen al rojo vivo. Sin embargo, con el tiempo he llegado a valorarlas.

Cuando empecé a trabajar como presentadora de noticias en Nueva York, después de cada transmisión llamaba a mi mamá, quien criticaba mi pronunciación, mis ademanes, el maquillaje y hasta la forma en que cruzaba las piernas. No me perdonaba una. «Si no lo hago yo, nadie lo hará. Yo quiero lo mejor para ti», decía.

A menudo me molestaba y juraba que no la volvería a llamar, pero al día siguiente, la escena se repetía. Era implacable. Pero gracias a eso mejoré casi todo lo que tenía que mejorar. Para mi asombro y horror

260 he descubierto que, con los años, me he convertido en una réplica de mi madre. Batallo con mis hijos para que hablen español y exijo buenos modales. Sé que lo detestan. Pero también algún día me lo agradecerán, así como le agradezco a mi mamá todas las cosas que me enseñó por mi propio bien.

265 Muchos dicen que la vida es una travesía. Y lo es. Lo que nadie nos dice es qué debemos llevar en el equipaje.

Yo viajo con una sola maleta que ha sobrevivido las tormentas que se me han cruzado en el camino. Es liviana porque sólo llevo lo esencial y porque he tirado por la bordad todo lo que me pueda retrasar.

270 Nada pesa más que los odios y resentimientos. Y los prejuicios sólo sirven para distorsionar la visión. Si nos empeñamos en cargar con ellos corremos el riesgo de perdernos las nuevas aventuras, posibilidades y descubrimientos que nos esperan. Entonces, ¿qué llevar en la maleta? Nuestros principios. Nos ayudan a encontrar el camino. Guardemos 275 los recuerdos felices y las memorias de aquellas relaciones que enriquecieron nuestra vida. Son testimonios de las escalas que hemos hecho a lo largo del camino y que le han dado razón de ser a nuestra jornada.

Naveguemos por un mundo que tenga propósito, no uno de habladurías 280 y cosas materiales. Hay menos personas transitando por ese camino, y uno avanza con mayor rapidez. Al final del viaje, lo que verdaderamente importa es estar en paz con nosotros mismos y saber que durante todo el camino hicimos lo correcto. Porque para ser un buen marinero, primero hay que ser un buen ser humano.

PARA COMENTAR

Trabajando en parejas, contesten las siguientes preguntas sobre el fragmento de Vive tu vida al rojo vivo. *Justifiquen su opinión cuando sea necesario. Luego pueden comprobar y comparar sus respuestas con las de otros compañeros.*

En breves palabras, ¿cómo describiría el tipo de persona que se revela en la selección de la autobiografía que acaba de leer? O sea, ¿cómo se muestra María Celeste Arrarás ante sus barreras o dificultades? ¿Cómo vence los obstáculos?

1. ¿Qué personas en su vida usted calificaría como una persona que es luchadora, que lucha por abrirse camino, forjarse un buen futuro para sí y la familia? ¿Cómo son y que les admira más de su manera de ser, su personalidad y valores?

2. ¿Ha tenido que confrontar situaciones difíciles y tomar decisiones que lo hayan ayudado a seguir adelante en una forma saludable y positiva? Si quiere, comparta algo de esto con sus compañeros y explique su actitud o filosofía positiva ante la vida para lograr éxito y felicidad.

3. Todos tenemos «equipaje». ¿Qué cuenta Arrarás acerca del tema? ¿Qué cree usted? ¿Existe alguien que no tenga «equipaje»? ¿Qué es lo más importante de ese «equipaje» que llevamos?

PARA ESCRIBIR

La felicidad y nuevos mundos por descubrir. ¿Cuál es la relación de la felicidad con la «entrada» a nuevos mundos o mundos que vamos descubriendo a través de la vida? Piense en los nuevos mundos en que usted ha participado hasta ahora, los mundos que ha ido descubriendo a través de los años. ¿Qué le ha traido felicidad y paz con sí mismo?

Escriba un breve ensayo de dos o tres páginas, acerca de qué mundo o mundos son los que usted piensa le darían aún más felicidad y cómo es que usted define o piensa acerca de la felicidad en nuestro mundo actual o en los mundos posibles que se pueden forjar o descubrir (exploración de otras tierras, música, fotografía, cine, filosofía, novelas, idiomas, culturas diferentes, arquitectura, exploración del espacio, la pintura, teatro, danza, poesía, etc.).

 # Cuento

Isabel Allende (1942) es una conocidísima autora chilena popular, que reside en los Estados Unidos, y que ha escrito muchas novelas y cuentos. Su obra se ha traducido a más de 25 idiomas. Entre los títulos más conocidos, se encuentran *La casa de los espíritus*, *De amor y de sombra*, *Eva Luna*, *Cuentos de Eva Luna*, *El pan infinito* y *Paula*. El siguiente cuento aparece en *Cuentos de Eva Luna*.

ANTES DE LEER

En grupos de tres o cuatro estudiantes comenten lo siguiente. Compartan después sus observaciones con el resto de la clase.

1. ¿A qué edad aprendió usted a escribir su nombre? ¿Recuerda cómo se sentía?

2. ¿Cuándo aprendió a leer y a escribir en español? Si fue después de aprender a leer y escribir en inglés, ¿cómo compararía las dos experiencias?

3. ¿Qué papel desempeña la palabra escrita en su vida? ¿Le gusta leer o escribir como pasatiempo? ¿Qué lee o escribe?

4. Recientemente, muchos políticos se han dado cuenta de la importancia del voto hispano y se dirigen a públicos hispanos en español. ¿Qué opina usted de este fenómeno?

5. ¿Qué dos palabras le gusta escuchar a usted?

Isabel Allende, novelista y cuentista chilena

DOS PALABRAS

Tenía el nombre de Belisa Crepusculario, pero no por fe de bautismo o acierto de su madre, sino porque ella misma lo buscó hasta encontrarlo y se vistió con él. Su oficio era vender palabras. Recorría el país, desde las regiones más altas y frías hasta las costas calientes, instalándose en las ferias y en los mercados, donde montaba cuatro palos con un toldo

5

de lienzo, bajo el cual se protegía del sol y de la lluvia para atender a su clientela. No necesitaba pregonar su mercadería, porque de tanto caminar por aquí y por allá, todos la conocían. Había quienes la aguardaban de un año para otro, y cuando aparecía por la aldea con su atado bajo el brazo, hacían cola frente a su tenderete. Vendía a precios justos. Por cinco centavos entregaba versos de memoria, por siete mejoraba la calidad de los sueños, por nueve escribía cartas de enamorados, por doce inventaba insultos para enemigos irreconciliables. También vendía cuentos, pero no eran cuentos de fantasía, sino largas historias verdaderas que recitaba de corrido, sin saltarse nada. Así llevaba las nuevas de un pueblo otro. La gente le pagaba por agregar una o dos líneas: nació un niño, murió fulano, se casaron nuestros hijos, se quemaron las cosechas. En cada lugar se juntaba una pequeña multitud a su alrededor para oírla cuando comenzaba hablar y así se enteraban de las vidas de otros, de los parientes lejanos, de los pormenores de la Guerra Civil. A quien le comprara cincuenta centavos, ella le regalaba una palabra secreta para espantar la melancolía. No era la misma para todos, por supuesto, porque eso habría sido un engaño colectivo. Cada uno recibía la suya con la certeza de que nadie más las empleaba para ese fin en el universo y más allá.

Belisa Crepusculario había nacido en una familia tan mísera, que ni siquiera poseía nombres para llamar a sus hijos. Vino al mundo y creció en la región más inhóspita, donde algunos años las lluvias se convierten en avalanchas de agua que se llevan todo, y en otros no cae ni una gota del cielo, el sol se agranda hasta ocupar el horizonte entero y el mundo se convierte en un desierto. Hasta que cumplió doce años no tuvo otra ocupación ni virtud que sobrevivir al hambre y la fatiga de siglos. Durante una interminable sequía le tocó enterrar a cuatro hermanos menores y cuando comprendió que llegaba su turno, decidió echar a andar por las llanuras en dirección al mar, a ver si en el viaje lograba burlar a la muerte. La tierra estaba erosionada, partida en profundas grietas, tos de animales blanqueados por el calor. De vez en cuando tropezaba con familias que, como ella, iban hacia el sur siguiendo el espejismo del agua. Algunos habían iniciado la marcha llevando sus pertenencias al hombro o en carretillas, pero apenas podían mover sus propios huesos y a poco andar debían abandonar a sus cosas. Se arrastraban penosamente, con la piel convertida en cuero de lagarto y los ojos quemados por la reverberación de la luz. Belisa los saludaba con un gesto al pasar, pero no se detenía, porque no podía gastar sus fuerzas en ejercicios de compasión. Muchos cayeron por el camino pero ella era tan tozuda que consiguió atravesar el infierno y arribo por fin a los primeros manantiales, finos hilos de agua, casi invisibles, que alimentaban una vegetación raquítica, y que más adelante se convertían en riachuelos y esteros.

Belisa Crepusculario salvó la vida y además descubrió por casualidad la escritura. Al llegar a una aldea en las proximidades de la costa, el viento colocó a sus pies una hoja de periódico. Ella tomó aquel papel amarillo y quebradizo y estuvo largo rato observándolo sin adivinar su

uso hasta que la curiosidad pudo más que su timidez. Se acercó a un
hombre que lavaba un caballo en el mismo charco turbio donde ella
saciara su sed.

—¿Qué es esto? —preguntó.

—La página deportiva del periódico —replicó el hombre sin dar muestras
de asombro ante su ignorancia.

La repuesta dejó atónita a la muchacha, pero no quiso parecer descarada
y se limitó a inquirir el significado de las patitas de mosca dibujadas sobre
el papel.

—Son palabras, niña. Allí dice que Fulgencio Barba noqueó el Negro
Tiznao en el tercer *round*.

Ese día Belisa Crepusculario se entero que las palabras andan sueltas
sin dueño y cualquiera con un poco e maña puede apoderárselas para
comerciar con ellas. Consideró su situación y concluyó que aparte de
prostituirse o emplearse como sirvienta en las cocinas de los ricos, eran
pocas las ocupaciones que podía desempeñar. Vender palabras le pareció
una alternativa decente. A partir de ese momento ejerció esa profesión y
nunca le interesó otra. Al principio ofrecía su mercancía sin sospechar que
las palabras podían también escribirse fuera de los periódicos. Cuando lo
supo calculó las infinitas proyecciones de su negocio, con sus ahorros le
pagó veinte pesos a un cura para que le enseñara a leer y escribir y con los
tres que le sobraron se compró un diccionario. Lo revisó desde la A hasta
la Z y luego lo lanzó al mar, porque no era su intención de estafar a los
clientes con palabras envasadas.

Varios años después, en una mañana de agosto, se encontraba Belisa
Crepusculario en el centro de una plaza, sentada bajo su toldo vendiendo
argumentos de justicia a un viejo que solicitaba su pensión desde
hacía diecisiete años. Era día de mercado y había mucho bullicio a su
alrededor. Se escucharon de pronto galopes y gritos; ella levantó los ojos
de la escritura y vio primero una nube de polvo y enseguida un grupo de
jinetes que irrumpió en el lugar. Se trataba de los hombres del Coronel,
que venían al mando del Mulato, un gigante conocido en toda la zona
por la rapidez de su cuchillo y la lealtad hacia su jefe. Ambos, el Coronel
y el Mulato, habían pasado sus vidas ocupados en la Guerra Civil y sus
nombres estaban irremisiblemente unidos al estropicio y la calamidad.
Los guerreros entraron al pueblo como un rebaño en estampida,
envueltos en ruido, bañados de sudor y dejando a su paso un espanto de
huracán. Salieron volando las gallinas, dispararon a perderse los perros,
corrieron las mujeres con sus hijos y no quedó en el sitio del Mercado
otra alma viviente que Belisa Crepusculario, quien no había visto jamas
al Mulato y por lo mismo le extraño que se dirijiera a ella.

—A ti te busco —le gritó señalándola con su látigo enrollado y antes
que terminara de decirlo, dos hombres cayeron encima de la mujer
atropellando el toldo y rompieron el tintero, la ataron de pies y manos y
la colocaron atravesada como un bulto de marinero sobre la grupa de la
bestia del Mulato. Emprendieron galope en direccion a las colinas.

100 Horas más tarde, cuando Belisa Crepusculario estaba a punto de morir con el corazón convertido en arena por las sacudidas del caballo, sintió que se detenían y cuatro manos poderosas la depositaban en tierra. Intentó ponerse de pie y levantar la cabeza con dignidad, pero le fallaron las fuerzas y se desplomó con un suspiro, hundiéndose en un sueño ofuscado.
105 Despertó varias horas después con el murmullo de la noche en el campo, pero no tuvo tiempo de descifrar esos sonidos, porque al abrir los ojos se encontró ante la Mirada impaciente del Mulato, arrodillado a su lado.

—Por fin despiertas, mujer —dijo alcanzándole su cantimplora para que bebiera un sorbo de aguardiente con pólvora y acabara de recuperar
110 la vida.

Ella quiso saber la causa de tanto maltrato y él le explicó que el Coronel necesitaba sus servicios. Le permitió mojarse la cara y enseguida le llevó a un extremo del campamento, donde el hombre más temido del país reposaba en una hamaca colgada entre árboles. Ella no pudo verle el
115 rostro, porque tenía encima la sombra incierta del follaje y la sombra imborrable de muchos años viviendo como un bandido, pero imaginó que debía ser de expresión perdularia si su gigantesco ayudante se dirigía a él con tanta humildad. Le sorprendió su voz, suave y bien modulada como la de un profesor.

120 —¿Eres la que vende palabras? —preguntó.

—Para servirte —balbuceó ella oteando en la penumbra para verlo mejor.

El Coronel se puso de pie y la luz de la antorcha que llevaba el Mulato le dio de frente. La mujer vio su piel oscura y sus fieros ojos de puma y supo al punto que estaba frente al hombre más solo de este mundo.

125 —Quiero ser Presidente —dijo él. Estaba cansado de recorrer esa tierra maldita en guerras inútiles y derrotas que ningún subterfugio podía transformar en victorias. Llevaba muchos años durmiendo a la intemperie, picado de mosquitos, alimentándose de iguanas y sopa de culebra, pero esos inconvenientes menores no constituían razón suficiente para cambiar
130 su destino. Lo que en verdad le fastidiaba era el terror en los ojos ajenos. Deseaba entrar a los pueblos bajo arcos de triunfo, entre banderas de colores y flores, que lo aplaudieran y le dieran de regalo huevos y pan recién horneado. Estaba harto de comprobar cómo a su paso huían los hombres, abortaban de susto las mujeres y temblaban las criaturas; por
135 eso había decidido ser presidente. El Mulato le sugirió que fueran a la capital y entraran galopando al Palacio para apoderarse del gobierno, tal como tomaron tantas otras cosas sin pedir permiso, pero al Coronel no le interesaba convertirse en otro tirano, de esos ya habían tenido bastantes por allí y, además, de ese modo no obtendría el afecto de las gentes. Su
140 idea consistía en ser elegido por votación popular en los comicios de diciembre.

—Para eso necesito hablar con un candidato. ¿Puedes venderme las palabras para un discurso? —preguntó el Coronel a Belisa Crepusculario.

145 Ella había aceptado muchos encargos, pero ninguno como ése; sin embargo no pudo negarse, temiendo que el Mulato le metería un tiro entre los ojos o, por aun, que el Coronel se echara a llorar. Por otra parte, sintió el impulso de ayudarlo, porque percibió un palpitante calor en su piel, un deseo poderoso de tocar a ese hombre, de recorrerlo con sus
150 manos, de estrecharlo entre sus brazos.

Toda la noche y buena parte del día siguiente estuvo Belisa Crepusculario buscando en su repertorio las palabras apropiadas para un discurso presidencial, vigilada de cerca por el Mulato, quien no apartaba los ojos de sus firmes piernas de caminante y sus senos virginales. Descarto las
155 palabras ásperas y secas, las demasiado floridas, las que estaban desteñidas por el abuso, las que ofrecían promesas improbables, las carentes de verdad y las confusas, para quedarse sólo con aquellas capaces de tocar con certeza el pensamiento de los hombres y de la intuición de las mujeres. Haciendo uso de los conocimientos comprados al cura por
160 veinte pesos, escribió el discurso en una hoja del papel y luego hizo señas al Mulato para que desatara la cuerda con la cual la había amarrado por los tobillos a un árbol. La condujeron nuevamente donde el Coronel y al verlo ella volvió a sentir la misma palpitante ansiedad del primer encuentro. Le paso el papel y aguardo, mientras el lo miraba sujetándolo
165 con la punta de los dedos.

—¿No sabes leer?

—Lo que yo sé hacer es la guerra —replicó él.

Ella leyó en alta voz el discurso. Lo leyó tres veces, para que su cliente pudiera grabárselo en la memoria. Cuando terminó vio la emoción en los
170 rostros de los hombres de la tropa que se juntaron para escucharla y notó que los ojos amarillos del Coronel brillaban de entusiasmo, seguro de que con esas palabras el sillón presidencial será suyo.

—Si después de oírlo tres veces los muchachos siguen con la boca abierta, es que esta vaina sirve, Corone —aprobó el Mulato.

175 —¿Cuánto te debo por tu trabajo, mujer? —preguntó el jefe.

—Un peso, Coronel.

—No es caro —dijo él abriendo la bolsa que llevaba colgada del cinturón con los restos del último botín.

—Además tienes derecho a una ñapa. Te corresponden dos palabras
180 secretas —dijo Belisa Crepusculario.

—¿Cómo es eso?

Ella procedió a explicarle que por cada cincuenta centavos que pagaba un cliente, le obsequiaba una palabra de uso exclusivo. El jefe se encogió de hombros, pues no tenía ni el menor interés en la oferta,
185 pero no quiso ser descortés con quien lo había servido tan bien. Ella se aproximó sin prisa al taburete de suela donde él estaba sentado y se inclinó para entregarle su regalo. Entonces el hombre sintió el olor

de animal montuno que desprendía de esa mujer, el calor de incendio que irradiaban sus caderas, el roce terrible de sus cabellos, el aliento de hierbabuena susurrando en su oreja las dos palabras secretas a las cuales tenía derecho.

—Son tuyas, Coronel —dijo ella al retirarse. —Puedes emplearlas cuanto quieras.

El Mulato acompañó a Belisa hasta el borde del camino, sin dejar de mirarla con ojos suplicantes de perro perdido, pero cuando estiró la mano para tocarla, ella lo detuvo con un chorro de palabras inventadas que tuvieron la virtud de espantarle el deseo, porque creyó que se trataba de alguna maldición irrevocable.

En los meses de setiembre, octubre y noviembre el Coronel pronunció su discurso tantas veces, que de no haber sido hecho con palabras refulgentes y durables, el uso lo habría vuelto ceniza. Recorrió el país en todas direcciones, entrando a las ciudades con aire triunfal y deteniéndose también en los pueblos más olvidados, allá donde sólo el rastro de basura indicaba la presencia humana, para convencer a los electores que votaran por él. Mientras hablaba sobre una tarima al centro de la plaza, el Mulato y sus hombres repartían caramelos y pintaban su nombre con escarcha dorada en las paredes, pero nadie prestaba atención a esos recursos de mercader, porque estaban deslumbrados por la claridad de sus proposiciones y la lucidez poética de sus argumentos, contagiados de su deseo tremendo de corregir los errores de la historia y alegres por primera vez en sus vidas. Al terminar la arenga del candidato, la tropa lanzaba pistoletazos al aire y encendía petardos, y cuando por fin se retiraban, quedaba atrás una estela de esperanza que perduraba muchos días en el aire, como el recuerdo magnífico de un cometa. Pronto el Coronel se convirtió en el político más popular. Era un fenómeno nunca visto, aquel hombre surgido de la Guerra Civil, lleno de cicatrices y hablando como un catedrático, cuyo prestigio se regaba por el territorio nacional conmoviendo el corazón de la patria. La prensa se ocupó de él. Viajaron de los periodistas para entrevistarlo y repetir sus frases, y así creció el número de sus seguidores y de sus enemigos.

—Vamos bien, Coronel —dijo el Mulato al cumplirse doce semanas de éxitos.

Pero el candidato no lo escuchó. Estaba repitiendo sus dos palabras secretas, como hacia cada vez con mayor frecuencia. Las decía cuando lo ablandaba la nostalgia, las murmuraba dormido, las llevaba consigo sobre su caballo, las pensaba antes de pronunciar su celebre discurso y se sorprendía saboreándolas en sus descuidos. Y en toda ocasión en que esas dos palabras venían a su mente, evocaba la presencia de Belisa Crepusculario y se le alborotaban los sentidos con el recuerdo del olor montuno, el calor de incendio, el roce terrible y el aliento de hierbabuena, hasta que empezó a andar como un sonámbulo y sus propios hombres comprendieron que se le terminaría la vida antes de alcanzar el sillón de los presidentes.

235 —¿Qué es lo que te pasa, Coronel? —le preguntó muchas veces el Mulato, hasta que por fin un día el jefe no pudo más y le confesó que la culpa de su ánimo eran esas dos palabras que llevaba clavadas en el vientre.

—Dímelas, a ver si pierden su poder —le pidió su fiel ayudante.

—No te las diré, son sólo mías —replicó el Coronel.

240 Cansado de ver a su jefe deteriorarse como un condenado a muerte, el Mulato se echó el fusil al hombro y partió en busca de Belisa Crepusculario, Siguió sus huellas por toda esa vasta geografía hasta encontrarla en un pueblo del sur, instalada bajo el toldo de su oficio, contando su rosario de noticias. Se le plantó delante con las piernas 245 abiertas y el arma empuñada.

—Tú te vienes conmigo —ordenó.

Ella lo estaba esperando. Recogió su tintero, plegó el lienzo de su tenderete, se echó el chal sobre los hombros y en silencio trepó al anca del caballo. No cruzaron ni un gesto en todo el camino, porque al 250 Mulato el deseo por ella se le había convertido en rabia y sólo el miedo que le inspiraba su lengua le impedía destrozarla a latigazos. Tampoco estaba dispuesto a comentarle que el Coronel andaba alelado, y que lo que no habían logrado tantos años de batallas lo había conseguido un encantamiento susurrando al oído. Tres días después llegaron al 255 campamento y de inmediato condujo a su prisionera hasta el candidato, delante de toda la tropa.

—Te traje a esta bruja para que le devuelvas sus palabras, Coronel, y para que ella te devuelva la hombría —dijo apuntando el cañón de su fusil a la nuca de la mujer.

260 El Coronel y Belisa Crepusculario se miraron largamente, midiéndose desde la distancia. Los hombres comprendieron entonces que ya su jefe no podía deshacerse del hechizo de esas dos palabras endemoniadas, porque todos pudieron ver los ojos carnívoros del puma tornarse mansos cuando ella avanzó y le tomó la mano.

PARA ESCRIBIR

1. Explique de qué manera inventa Belisa Crepusculario su propio destino. Dé ejemplos específicos del texto.

2. «Consideró su situación y concluyó que aparte de prostituirse o emplearse como sirviente en las cocinas de los ricos, eran pocas las opciones que ella podía desempeñar. Vender palabras le pareció una alternativa decente». Explique.

3. Investigue el nivel de analfabetismo en este país y el porcentaje de estudiantes que no terminan la escuela secundaria. ¿Hay mucha variación entre los diferentes grupos étnicos o clases socioeconómicas?

¿Entre varones y hembras? Escriba un ensayo que explique la importancia de una educación formal. ¿Qué posibilidades le brinda la educación a las personas de bajos recursos en este país? ¿Cuáles son las opciones hoy día para una persona que no ha tenido mucha educación?

4. En el caso de los hispanos en los Estados Unidos, no hay suficientes oportunidades en las escuelas para que los niños bilingües desarrollen el español —su lengua materna— junto con el inglés, la lengua mayoritaria. Se sabe que el desarrollo de la primera lengua ayuda al desarrollo de la segunda. Sin embargo, las políticas del lenguaje en los Estados Unidos no apoyan lo suficiente el desarrollo y mantenimiento de las lenguas heredadas. Investigue la importancia y la necesidad para los Estados Unidos de poder llegar a ser una sociedad competente en español y otras lenguas, aparte del inglés.

Ensayo

Gabriel García Márquez (1928) es considerado por la crítica como uno de los novelistas más importantes del siglo XX. Este ilustre colombiano inició su carrera de escritor trabajando como periodista en Cartagena y Bogotá. Su novela más conocida, *Cien años de soledad* (1967), es un magnífico ejemplo del estilo conocido como realismo mágico. Ganó el Premio Nobel de Literatura en 1982 y ha seguido escribiendo y publicando ininterrumpidamente a través de los años aun en su vejez.

Gabriel García Márquez, el renombrado periodista y novelista, ganador del Premio Nobel de Literatura de 1982

ANTES DE LEER

1. En una hoja aparte haga una lista de las 10 palabras en español que usa con más frecuencia. Intercámbiela con un(a) compañero(a).

2. Lea la lista de su compañero(a) y observe las semejanzas y diferencias que existen con las palabras que usted ha incluido. ¿Tienen la lista palabras en común? ¿Cuántas? ¿Cuáles son?

3. ¿En qué situaciones usa usted las palabras incluidas en su lista? ¿Se refieren esas palabras a algún tema especial? ¿A cuál?

4. ¿Tiene usted problemas con la ortografía cuando escribe en español? ¿Y con la gramática? ¿Cuáles? Haga una lista de cuatro o cinco problemas.

5. ¿Qué propondría usted para simplificar la gramática y la ortografía españolas? Haga una breve lista de cuatro o cinco puntos. Intercámbiela con un(a) compañero(a).

6. Proceda de la misma forma que en el punto 2, observando en este caso las sugerencias de su compañero(a).

BOTELLA AL MAR PARA EL DIOS DE LAS PALABRAS

A mis 12 años de edad estuve a punto de ser atropellado por una bicicleta. Un señor cura que pasaba me salvó con un grito: ¡Cuidado!

El ciclista cayó a tierra. El señor cura, sin detenerse, me dijo: «¿Ya vio lo que es el poder de la palabra?» Ese día lo supe. Ahora sabemos, además, que los mayas lo sabían desde los tiempos de Cristo, y con tanto rigor que tenían un dios especial para las palabras.

Nunca como hoy ha sido tan grande ese poder. La humanidad entrará en el tercer milenio bajo el imperio de las palabras. No es cierto que la imagen esté desplazándolas ni que pueda extinguirlas. Al contrario, está potenciándolas: nunca hubo en el mundo tantas palabras con tanto alcance, autoridad y albedrío como en la inmensa Babel de la vida actual. Palabras inventadas, maltratadas o sacralizadas por la prensa, por los libros desechables, por los carteles de publicicdad; habladas y cantadas por la radio, la televisión, el cine, el teléfono, los altavoces públicos; gritadas a brocha gorda en las paredes de la calle o susurradas en las penumbras del amor. No: el gran derrotado es el silencio. Las cosas tienen ahora tantos nombres en tantas lenguas que ya no es fácil saber cómo se llaman en ninguna. Los idiomas se dispersan sueltos de madrina, se mezclan y confunden, disparados hacia el destino ineluctable de un lenguaje global.

La lengua española tiene que prepararse para un oficio grande en ese porvenir sin fronteras. Es un derecho histórico. No por su prepotencia económica, como otras lenguas hasta hoy, sino por su vitalidad, su dinámica creativa, su vasta experiencia cultural, su rapidez y su fuerza de expansión, en un ámbito propio de 19 millones de kilómetros cuadrados y 400 millones de hablantes al terminar este siglo. Con razón un maestro de letras hispánicas en Estados Unidos ha dicho que sus horas de clase se le van en servir de intérprete entre latinoamericanos de distintos países. Llama la atención que el verbo *pasar* tenga 54 significados, mientras en la República de Ecuador tienen 105 nombres para el órgano sexual masculino, y en cambio la palabra *condoliente*, que se explica por sí sola, y que tanta falta nos hace, aún no se ha inventado. A un joven periodista francés lo deslumbran los hallazgos poéticos que encuentra a cada paso en nuestra vida doméstica. Que el niño desvelado por el balido intermitente y triste de un cordero dijo: «Parece un faro». Que una vivandera de la Guajira colombiana rechazó un cocimiento de toronjil porque le supo a Viernes Santo. Que don Sebastián de Covarrubias, en su diccionario memorable, nos dejó escrito de su puño y letra que el amarillo es «la color» de los enamorados. ¿Cuántas veces no hemos probado nosotros mismos un café que sabe a rincón, una cerveza que sabe a beso?

Son pruebas al canto de la inteligencia de una lengua que desde hace tiempo no cabe en su pellejo. Pero nuestra contribución no debería ser la de meterla en cintura, sino al contrario, liberarla de sus fierros normativos para que entre en el siglo ventiuno como Pedro por su casa. En ese sentido me atrevería a sugerir ante esta sabia audiencia que simplifiquemos la gramática antes de que la gramática termine por simplificarnos a nosotros. Humanicemos sus leyes, aprendamos de las lengua indígenas a las que tanto debemos lo mucho que tienen todavía para enseñarnos y enriquecernos, asimilemos pronto y bien los neologismos técnicos y científicos antes de que se nos infiltren sin digerir, negociemos de buen corazón con los gerundios bárbaros, los qués endémicos, el dequeísmo parasitario, y *devuélvamos* al subjuntivo presente el esplendor de sus esdrújulas: *váyamos* en vez de *vayamos*, *cántemos* en vez de *cantemos*, o el armonioso *muéramos* en vez del siniestro *muramos*. Jubilemos la ortografía, terror del ser humano desde la cuna, enterremos las haches rupestres, firmemos un tratado de límites entre la ge y jota, y pongamos más uso de razón en los acentos escritos, que al fin y al cabo nadie ha de leer *lagrima* donde diga *lágrima* ni confundirá *revólver* con *revolver*. ¿Y qué de nuestra be de burro y nuestra ve de vaca, que los abuelos españoles nos trajeron como si fueran dos y siempre sobra una?

Son preguntas al azar, por supuesto, como botellas arrojadas a la mar con la esperanza de que le lleguen al dios de las palabras. A no ser que por estas osadías y desatinos, tanto él como todos nosotros terminemos por lamentar, con razón y derecho, que no me hubiera atropellado a tiempo aquella bicicleta providencial de mis 12 años.

PARA COMENTAR

Trabajando en parejas, contesten las siguientes preguntas sobre "Botella al mar para el dios de las palabras". Justifiquen su opinión cuando sea necesario. Luego pueden comprobar sus respuestas con las de otros compañeros.

1. ¿Quién casi atropella al autor cuando tenía 12 años? ¿Cómo se salvó?

2. ¿Qué quiere decir García Márquez cuando dice que aprendió «el poder de la palabra»?

3. ¿Por qué cree usted que le gustaría al escritor simplificar la gramática y la ortografía españolas? ¿Está de acuerdo o no? (Puede referirse a los puntos 7 y 8 de Antes de leer?)

4. En un discurso que hace algunos años pronunció el autor, dijo que debemos «enterrar la letra *h*». Es decir, él cree que no se debe usar al escribir ya que es una letra muda que no se pronuncia en español. ¿Qué le parece la idea del autor de «enterrar la letra *h*»? ¿Cree que esta idea sería aceptada por la Real Academia de la Lengua? ¿Por la gente hispanohablante?

5. ¿Cree usted que nos estamos encaminando hacia un lenguaje global? ¿Por qué?

6. ¿Ha tenido usted problemas para comunicarse con hispanohablantes de otros países? ¿Qué problemas ha tenido? Al final, ¿se pudieron comunicar? Explique.

PARA ESCRIBIR

Escriba un breve ensayo de 150 a 200 palabras sobre la importancia que le presta la sociedad al arte de escribir. Incluya por lo menos tres razones por las cuales se debería hacer un esfuerzo por mejorar la escritura.

Explique cómo, según su experiencia, se puede mejorar la escritura gradualmente. Refiérase a la importancia que ha tenido la lectura, en inglés o en español, en su caso. Comparta su trabajo con otros compañeros e intercambien comentarios sobre lo que han escrito. Puede corregir su trabajo después de escuchar las observaciones de sus compañeros y antes de entregárselo a su profesor(a).

ANTES DE LEER

1. ¿Qué autores de lengua inglesa o española (en original o traducción) ha leído o quisiera comenzar a leer? ¿Le gusta leer cuentos, novelas, ensayos, artículos de revista, autobiografías o artículos de prensa?

2. ¿Qué sabe sobre el significado de recibir el Premio Nobel? ¿Qué otras personas puede recordar que hayan recibido un Premio Nobel en cualquier categoría? ¿De dónde viene el premio?

3. ¿Cuán difícil cree que debe ser llegar a ser escritor profesional, de calidad, con éxito internacional? ¿Qué cree que se requiere, entre otras cosas?

4. Los grandes escritores se traducen a muchos idiomas. ¿Qué piensa de la literatura en traducción? ¿Cuáles cree que son las ventajas o desventajas de leer literatura traducida? ¿Qué piensa del arte y ciencia de la traducción que nos ayuda a cruzar fronteras y poder conocer otros mundos?

 Narrativa: Discurso

LA LENGUA COMÚN

de Mario Vargas Llosa

Este V Congreso Internacional de la Academia de la Lengua Española que hoy se inaugura en Valparaíso coincide con el comienzo de las celebraciones en Hispanoamérica de los doscientos años de las luchas por la independencia. Es de esperar que, con este motivo, haya una abundante emisión de discursos patrióticos en todo el Nuevo Mundo recordando el vasallaje del que la emancipación libró a las nuevas repúblicas, los horrores de la colonización, el exterminio de tantos pueblos indígenas, su sometimiento y explotación a lo largo de los

Mario Vargas Llosa, ganador del Premio Nobel de Literatura de 2011.

tres siglos coloniales, el saqueo de las riquezas americanas y el rodillo
compresor para el espíritu crítico y el libre pensamiento que significaron
la censura eclesiástica y la vigilancia de la Inquisición.

Todo eso está muy bien, desde luego, pero lo estará menos, me temo,
que en aquellos discursos no se mencionará casi (y tal vez sin casi) el
hecho crucial de que las Repúblicas independientes que surgieron de
la Emancipación americana fueron no sólo patéticamente incapaces de
resolver los problemas sociales de discriminación, explotación y exclusión
de los indígenas heredados de la colonia, sino que, en muchos casos,
los agravaron. En algunos países, incluso, fue durante la República
que se cometieron verdaderas operaciones de exterminio de grandes
poblaciones de lo que José María Arguedas llamó «la nación cercada» del
mundo indio.

La celebración de los doscientos años de las luchas por la independencia
de América no debe ahorrar la crítica a los errores y atropellos del
pasado, desde luego. Pero no debería, tampoco, estar exenta de
autocrítica, es decir, del reconocimiento de que nuestras Repúblicas
no supieron estar a la altura de los altos ideales que proclamaron al
constituirse. La libertad siguió brillando por su ausencia durante largos
períodos de nuestra historia en los siglos XIX y XX por culpa de las
dictaduras militares, los caudillos, las revoluciones y las guerras civiles, y
la justicia reinó sólo para minorías privilegiadas en tanto que las mayorías
languidecían en la pobreza y la marginación. Ha habido excepciones,
desde luego, países que han avanzado y otros que se han estancado y aun
retrocedido, pero la regla general ha sido, en lo que se refiere al mundo
indígena, que con la independencia muy poco cambió y a veces empeoró.

Ahora bien, sentada esta premisa, la celebración de estos dos siglos no
debería insistir sólo en las lacras del pasado y el presente, sino subrayar
también todo lo positivo y feliz que trajo a nuestra América su articulación
con el resto del mundo gracias a la llegada de los europeos a sus playas,
cordilleras y selvas. Y de todo ello, lo más importante y duradero, qué duda
cabe, fue la lengua castellana. Esa lengua que justamente por aquellos
años alcanzaba en la península ibérica un período de consolidación, al
que seguiría otro de esplendor, y que, a partir de entonces, y en gran
parte debido a su arraigo en el continente americano, dejaría de ser sólo
la lengua de Castilla y España y se convertiría en la de muchos pueblos y
países, una lengua sin fronteras, denominador común de sociedades muy
diversas a las que acercó e integró, haciéndolas compartir una historia y
una tradición y ser, desde entonces, las provincias hermanas de una misma
civilización.

Una lengua es mucho más que un sistema convencional de expresiones
que permite entenderse a los miembros de una colectividad. Es, sobre
todo, una manera de ser y de pensar, de soñar e imaginar, de sentir y
de amar. Un patrimonio que nos permite apropiarnos de un pasado
histórico y cultural, de un legado que, por el mero hecho de constituir
la materia a la que la lengua que hablamos dio expresión y forma, es
también nuestro, parte constitutiva e inseparable de lo que somos. La
lengua que hablamos habla también a través de nosotros y, además
de lo que queremos decir con ella cuando la usamos, dice lo antigua

que es, la multitud de fuentes que la nutren, y evoca la miríada de acontecimientos, hechos culturales, poetas, pensadores, prosistas, cantores y artistas o simples habladores que a lo largo de los siglos y las geografías la han ido formando y transformando. La lengua nos sitúa en el mundo, ordena nuestra vida y nos modela psicológicamente. No nos enemista pero sí nos diferencia de quienes usan otros códigos y vocablos para expresarse. Pero esa relación entre comunidades de idiomas diferentes no es rígida sino fluida, hecha, sobre todo en la realidad cada vez más interconectada de nuestro tiempo, de continuos intercambios. El español se ha enriquecido a lo largo de su historia con los aportes griegos, latinos y árabes en la antigüedad; al llegar a América, con la savia de las lenguas prehispánicas y, en la edad moderna, con la influencia del italiano, el francés y, sobre todo, el inglés. Esos añadidos no la debilitaron; por el contrario, sirvieron para mostrar lo apta que era para recibir préstamos sin perder por ello su identidad y consistencia, para metabolizar esos injertos.

Por eso, el español es una lengua universal y moderna y eso hace de todos los que tenemos el privilegio de tenerla como lengua materna, potencialmente al menos, hombres y mujeres universales y modernos. Hablar de la modernidad de una lengua es delicado, sobre todo desde la perspectiva de las que no lo son, las que lo fueron alguna vez y luego dejaron de serlo, o siempre permanecieron confinadas en un ámbito social pequeño y este confinamiento las congeló.

El español es una lengua moderna no sólo porque la hablemos varios cientos de millones de personas en el mundo —este factor cuantitativo es importante pero no único— sino porque, a lo largo de su historia, ha ido evolucionando y adecuándose a las nuevas circunstancias históricas, culturales y sociales, de modo que nunca se quedó desfasada con la actualidad de una vida que cambia sin cesar en función del avance del conocimiento científico, la evolución de las costumbres, las creencias, los paradigmas éticos y estéticos y de su cotejo con las otras lenguas representativas de la modernidad.

Esa ha sido una de las consecuencias más provechosas para los latinoamericanos del arraigo del español en nuestro suelo: ser propietarios y servidores de una lengua que es un pasaporte permanente para salir del pasado, ser ciudadanos del presente y formar parte de una comunidad que trasciende las fronteras de nuestro lugar de origen y nos instala en la vanguardia de la actualidad. Para España, crecer culturalmente y extenderse por América, significó universalizarse, escapar de la reclusión provinciana, volverse una historia, una cultura y una lengua trasnacionales.

Con España llegaron aquí y pasaron a ser nuestros Cervantes, Góngora, Quevedo, Lope, Calderón, Pérez Galdós, Ortega y Gasset, Lorca, Cernuda, y gracias a América el español se enriqueció con Sor Juana Inés de la Cruz, Juan Ruiz de Alarcón, el Inca Garcilaso de la Vega, Rubén Darío, Pablo Neruda, Gabriela Mistral, César Vallejo, Jorge Luis Borges y muchos creadores más. Pero la España que llegó a América no vino sola; traía con ella la materia y las fuentes que la habían alumbrado, es decir, Grecia, Roma, el cristianismo, el Renacimiento y todo lo que llamamos la cultura occidental. Una cultura llena de ruido y de furia, como todas, desde luego, pero, hechas las sumas y las restas, una cultura que no sólo traería discriminación, prejuicios, intolerancia y censura, sino también espíritu crítico, rebeldía, derechos humanos, soberanía individual, democracia, libertad y legalidad. Todo eso está inscrito de manera indeleble en la lengua que hablamos, como un secreto corazón que palpita en ella, alimenta nuestros sueños y nos defiende contra la decadencia y el aislamiento. Una lengua viva mantiene vivos a sus hablantes si en ella crepitan los anhelos de una vida más plena, más justa y más libre. Y nada atiza más la fogata de estos anhelos que una gran literatura, porque las grandes creaciones narrativas, poéticas y dramáticas nos incitan a desear un mundo distinto, más intenso, bello y perfecto que el que nos tocó. Ese espíritu inconforme y refractario es por fortuna un rasgo acentuado y constante de nuestra literatura. Ésta ha tenido siempre una rama crítica y díscola frente al poder. Y para demostrarlo bastaría citar sólo el caso ejemplar del dominico fray Bartolomé de Las Casas, que, a mediados del siglo XVI, es decir, en plena conquista y colonización, lanzó las más feroces condenaciones de la «destrucción de las Indias» que, a su juicio, cometían sus compatriotas. Lo hizo porque, para él, la moral y los principios estaban por encima de las razones del Estado y la política.

La lengua que hablamos nos unió. Recordemos lo dispersos, aislados y enemistados que andábamos cuando las tres carabelas del Almirante llegaron al mar Caribe. Habíamos creado grandes imperios pero nos desconocíamos y a menudo nos entrematábamos porque hablábamos lenguas distintas, adorábamos dioses bárbaros y no podíamos entendernos. Lo que los previsores incas pretendieron con el *runa simi* o lengua general, unificar a todos los pueblos y culturas que incorporaban al Tahuantinsuyo de grado o de fuerza difundiendo el quechua, no tuvo tiempo de cuajar en la historia, por la brevedad del destino del Incario: un siglo apenas. Pero el español lo logró. Prendió entre nosotros, se aclimató, prosperó, se impregnó de las vivencias nativas sin desprenderse de las que traía y gracias a ella una corriente de entendimiento y cercanía circula desde hace cinco siglos entre todos los pueblos hispanohablantes de América y Europa, y algunas avanzadillas que hablan también nuestra lengua en el resto del mundo. El español ha sido nuestro *runa simi*, nuestra lengua general.

¿Por qué el español no se desintegró como el latín y dio origen a un vasto abanico de lenguas particulares? Pudo ocurrir, desde luego, en el pasado, cuando las comunicaciones entre los países eran lentas y difíciles, las distancias nos mantenían desunidos y quienes iban y venían por la enorme geografía del español eran una pequeña minoría. La razón es que no sólo la lengua nos unía. Además de ella y gracias a ella otros denominadores comunes se fueron tendiendo entre ese gran número de sociedades y países: creencias, valores, ideas, costumbres, mitos, formas artísticas e instituciones, sentimientos y designios de los que la lengua común fue semilla y fermento. Aún en los períodos más violentos de nuestra historia, los de las guerras cainitas y las invasiones, ocupaciones y litigios fronterizos azuzados por el nacionalismo cerril, aquel fondo compartido de idioma, cultura, legado histórico y problemática común, preservó la unidad recóndita que resulta del español, esa llave mágica del entendimiento y la comprensión que ha sobrevivido a todos los desgarramientos, querellas y confrontaciones.

Una lengua común no es una aplanadora que uniformiza e iguala aboliendo los matices y contrastes que existen entre países, regiones, comarcas e individuos. Es más bien una placenta que irriga la diversidad y la promueve, sin dejar por ello que la parte se separe del todo, se aísle y marchite. El español es una lengua frondosa y múltiple, en la que caben todas las excepciones y variantes. De ellas se alimenta el tronco común, aquel río que se robustece y renueva con todos los afluentes que a él llegan. El tiempo, que en el pasado se cernía como una amenaza para la unidad del español, en el presente trabaja a favor de ella. La globalización, el prodigioso desarrollo de las comunicaciones, sobre todo audiovisuales, ahora fortalece la lengua común gracias a un intercambio rápido y generalizado de vocablos, expresiones, modismos y regionalismos que por intermedio de los libros, películas, programas de televisión o «chateos» del Internet se incorporan velozmente a nuestra realidad lingüística.

América Latina, observada en su conjunto, es una magnificación de ese fantástico cuento de Jorge Luis Borges: el *Aleph.* Casi todo el universo humano y natural está presente en ella. Todas las geografías y climas del planeta, el mar, las montañas, los desiertos, las selvas. Las nieves y el calor tórrido, la templanza, el fuego y el hielo. Y casi todas las razas, culturas y religiones de la humanidad han venido, antes o después de la llegada de españoles y portugueses, a añadirse al abigarrado contingente de civilizaciones y culturas prehispánicas para delinear, a lo largo de los siglos de nuestra incorporación al resto del mundo, esa personalidad plural y varia, con vínculos recientes o remotos con los cuatro puntos cardinales, que es la de América Latina. Esa diversidad es nuestra mejor riqueza, desde luego. Se puede ser indio, negro, amarillo, blanco, cobrizo e hijo de todos los mestizajes posibles, sin dejar de ser genuinamente latinoamericano, así como ser cristiano, budista, judío, agnóstico, musulmán, ateo o rosacruz, sin que ello debilite la pertenencia de una persona a esta tierra donde nació o eligió como suya. Todos cabemos en este pequeño planeta donde, no sin roces o prejuicios estúpidos, llevamos quinientos años aprendiendo a convivir. Esta coexistencia ha servido para atenuar nuestras diferencias, pero no las ha borrado, felizmente, ni deberíamos permitir que las borre, porque la diversidad y los contrastes son riqueza, y nos mantienen conectados de manera constante y dinámica con el resto del mundo. Y tampoco pone en peligro nuestra unidad porque ella está asentada en ese denominador que prevalece sobre los factores disgregadores y separatistas: la lengua en la que hablamos, pensamos, leemos y escribimos.

Mientras ella esté aquí, y quién puede dudar que lo estará por mucho tiempo todavía, ella nos defenderá mejor que nada y que nadie contra aquel caos primordial del que las leyendas y mitos incaicos recogidos por los primeros cronistas de la conquista hablan con estremecimiento y horror. Ese miedo pánico es el mismo que se expresa en la metáfora bíblica de la Torre de Babel, la soberbia de unos seres empeñados en construir una escala al cielo a los que Dios castiga privándolos del habla común, condenándolos al desamparo y a la desconfianza de la incomunicación y a la inminente perspectiva de la violencia, pues, cuando los hombres dejan de dialogar y de entenderse, comienzan a desconfiar uno del otro, a odiarse y entrematarse. Eso es también la lengua que hablamos: un escudo contra el solipsismo, el recelo y la soledad, y un santo y seña que nos abre las puertas del resto del mundo.

En *La Florida del Inca*, el Inca Garcilaso de la Vega cuenta la historia terrible del soldado español Juan Ortiz que, en las luchas por la conquista de la Florida, fue capturado por los indios de los cacicazgos de Hirrihigua y de Mucozo. Por más de diez años permaneció Juan Ortiz entre sus captores, a cuyas costumbres y maneras llegó sin duda a acostumbrarse. Dos lustros después, una expedición de españoles encabezada por Baltazar de Gallegos lo rescata y devuelve a su vieja cultura. Y entonces, horror de horrores, el pobre Juan Ortiz descubre que ha olvidado su lengua materna y ya no sabe cómo contar su historia a sus salvadores. En su desesperación, para que lo reconozcan, sólo atina a balbucear (y de mala manera) el nombre de su ciudad natal: «Xivilla, Xivilla».

El Inca Garcilaso evoca este episodio con un sentimiento melancólico, pues, confiesa, a él también le está ya ocurriendo lo que a Juan Ortiz, por no tener en España «con quien hablar mi lengua general y materna, que es la general que se habla en todo el Perú... se me ha olvidado de tal manera... que no acierto».

Una lengua no solo se pierde por no tener con quién hablarla, debido a un secuestro o a la distancia, como le ocurrió a aquel conquistador sevillano conquistado. Se pierde también por negligencia y haraganería, por desaprovechar sus riquísimas posibilidades y matices, por no conocerla ni gozarla a través de la lectura de sus grandes clásicos y sus mejores prosistas, por no ejercitarla y servirse de ella de manera creativa. Una lengua se nos puede ir escurriendo de las manos o mejor dicho de la boca, dejándonos despalabrados, por culpa de la ignorancia, la mala educación y esa pereza que consiste en valerse del lugar común, el estereotipo y el clisé, lenguaje muerto que empobrece la inteligencia y agosta la sensibilidad de los hablantes. Que no nos ocurra nunca la desgracia que se abatió sobre el pobre soldado Juan Ortiz y nos veamos un día privados de esta lengua que es nuestra mejor credencial para sortear los desafíos del tiempo en que vivimos. Dejar que la lengua se nos pierda o empobrezca es perder mucho más que un medio de comunicarse: es perder la seguridad, la única identidad real que tenemos y rodar hacia ese caos primitivo, a esa behetría habitada por sonámbulos que tanto espantaba a los quechuas del antiguo Perú.

PARA COMENTAR

Trabajando en parejas, contesten las siguientes preguntas sobre "La lengua común". Justifiquen su opinión cuando sea necesario. Luego pueden comprobar sus respuestas con las de otros compañeros.

1. ¿De qué manera toca Vargas Llosa el tema de la colonización y la Inquisición en su discurso? ¿Qué dice y cómo lo hace?

2. Vargas Llosa hace la siguiente pregunta: «¿Por qué el español no se desintegró como el latín y dio origen a un vasto abanico de lenguas particulares?» ¿Cómo la contesta y qué opina usted?

3. ¿Qué recuenta Vargas Llosa sobre el Inca Garcilaso de la Vega?

4. ¿Qué nos cuenta que le ocurrió al soldado Juan Ortiz?

5. «Dejar que la lengua se nos pierda o empobrezca es perder mucho más que un medio de comunicarse: es perder la seguridad, la única identidad real que tenemos y rodar hacia ese caos primitivo, a esa behetría habitada por sonámbulos que tanto espantaba a los quechuas del antiguo Perú.» Así termina su discurso Vargas Llosa. ¿Está usted completamente de acuerdo con lo que dice? Explique su respuesta.

PARA ESCRIBIR

De tarea, averigüe quiénes son los escritores de habla hispana que han ganado el Premio Nobel. Después que haga la lista, escoja uno de los premiados y escriba un breve informe para la clase acerca de esa persona, su vida, su época y su obra.

III. Mundos hispanos

Música sin fronteras

Hay más de una manera de cruzar un puente, y si ese puente lo lleva a uno al mayor éxito en el difícil pero enorme mercado de la música en los Estados Unidos, ¡cuidado con el tráfico en ambas direcciones! El término *crossover hit* no tuvo su origen para describir a los artistas latinos
5   que han buscado conquistar nuevos mercados cantando en inglés, sino para describir a los artistas de música *country* que empezaron a grabar canciones dirigidas al público más amplio de música pop. Cantantes como Shania Twain, Faith Hill, y hasta el venerado Johnny Cash (que será tal vez el único septuagenario que ha grabado un tema de los Nine Inch Nails)
10 son quizás los casos más conocidos de artistas que lograron el «cruce» con éxito. Otro *crossover* se dio con el *rap* cuando hace varios años logró cruzar al mercado de la corriente dominante (*mainstream*), lo cual produjo artistas como Ice T y Vanilla Ice. O, como indicamos anteriormente, puede referirse a los muchos artistas hispanohablantes de hoy día, que deciden
15 tomar el arriesgado paso de sacar un disco compacto en inglés. Triunfar

Enrique Iglesias, hijo de Julio Iglesias, cantante popular, igual que su padre

en el mercado angloparlante en los Estados Unidos es una de las metas que estrellas latinas como Ricky Martin, Shakira y Enrique Iglesias han logrado alcanzar. Hasta Thalía, la conocidísima cantante mexicana, ha probado las aguas de este tentador mercado estadounidense.

20 Para la dinastía musical de los Iglesias, anhelar esta manzana dorada no es nada nuevo. Hace unos 20 años Julio Iglesias grabó con Willy Nelson el tema *"To All the Girls I've Loved Before"*. ¿Quién hubiera pensado que un muchacho madrileño que soñaba con una carrera de futbolista iba en 1984 a ganar el premio de mejor canción del año de la American Academy 25 of Country Music? Su hijo Enrique no se queda corto en sus deseos de igualar los logros de su padre. En 1999 grabó *Enrique*, su primer disco compacto en inglés. Aunque en él no canta en su idioma natal, el rasgueo de una guitarra española en el fondo logra señalar claramente que nunca dejará atrás ese ángel latino que lo llevó al triunfo internacional.

30 El ejemplo femenino por excelencia de este fenómeno es la colombiana Shakira. Como su pedigrí de roquera es impecable —se crió escuchando la música de Led Zeppelin y los Rolling Stones— para ella, el reto mayor fue aprender inglés. Y como no sólo interpreta sino que también escribe su propio material, tuvo que sumergirse en los ritmos de los versos 35 estadounidenses, lo cual hizo estudiando a maestros tan variados como el poeta Walt Whitman y el cantautor Leonard Cohen. ¿El resultado? Con *Laundry Service, Oral Fixation* y *She Wolf*, lanzado en 2010, ha vendido más de 20 millones de álbumes, entre los tres, a nivel mundial.

Como con todo puente, hay los de ambos lados que quieren llegar a la otra 40 orilla. Cantantes latinos que se identifican por completo con el mercado en inglés intentan captar su pedacito del creciente mercado disquero latino. El hecho de que sean bilingües y biculturales les ofrece unas enormes ventajas tanto profesionales como personales ya que pueden moverse entre dos lenguas y dos mundos que tienen tanto que ofrecer.

45 Una que, al igual que Shakira, tuvo que romper la barrera del idioma antes de entrar en un nuevo mercado, fue Christina Aguilera. Aunque es latina, en su casa no hablaban español, así que tuvo que aprender el idioma antes de grabar el disco *Mi reflejo* en el año 2000. Algunas de las canciones, como "Genio atrapado", son traducciones de sus éxitos en inglés, pero otras son 50 composiciones nuevas escritas en español. Jennifer López también hizo una incursión en el mercado latino cuando en 2007 lanzara su disco *Como ama una mujer*.

¿Por qué tanto énfasis en el mercado latino por parte de artistas y productores? La población latina está creciendo a un paso de galope, mientras que el resto 55 de la población se queda atrás: se calcula que para el año 2020 la población hispana adolescente habrá incrementado 60%, mientras que la población adolescente en general tan sólo crecerá un 8%. Y el mercado adolescente es el mercado que manda: tienden a tener dinero disponible para comprar discos compactos, ropa, videos y, en muchos casos, son los jóvenes los que 60 determinan qué marca de ropa va a estar de moda y quién va a ser el próximo mega estrella de la música o del cine. El mercado de jóvenes latinos no es fácil de captar; como los artistas latinos del canto, resisten clasificaciones fáciles y, como se han criado con influencias fuertes de ambas culturas, disfrutan la nueva realidad hispana en los Estados Unidos de poder tener lo mejor de dos mundos sin decidir ser sólo de un lado o del otro.

65

Shakira, famosa cantante colombiana, que canta en inglés y en español

ACTIVIDADES

El mercado latino en los Estados Unidos

1. **Canciones en inglés y en español.** Escoja una canción favorita en inglés e intente hacer una traducción al español que funcione con la música. ¿Será fácil o difícil la tarea? ¿Qué canciones populares conoce que han tenido éxito tanto en un idioma como en otro?

2. **Cantantes favoritos.** Prepare un breve informe biográfico para la clase sobre uno o dos de sus cantantes latinos favoritos. Seleccione un tema de un disco compacto, haga copias de la letra para la clase y tóquelo para que lo escuchen y sigan la letra. También intente traer una foto del artista.

3. **La música y el mercado latino.** Explore el mercado musical latino en su comunidad. ¿Hay tiendas de música que se dedican a vender discos compactos en español? ¿Hay estaciones de radio en español? ¿Cuántos hay y qué tipo de música tocan? ¿Ofrecen noticias o algún otro servicio en español a sus radioyentes hispanos?

4. **Medios de comunicación.** Investigue el mercado del mundo de espectáculos o el de los medios de comunicaciones en los Estados Unidos. ¿Qué estrategias usan para intentar captar el creciente mercado latino en este país? Puede concentrarse en el mercado de los negocios, del cine, de las grandes cadenas de distribución de DVD como Blockbuster o Netflix, las estaciones de televisión como ABC, NBC, CBS, Fox, Univisión, Telemundo, CNN, o explorar otro sector del mundo de la farándula y sus estrellas.

Cristina Saralegui (1948, La Habana, Cuba) es la conocida presentadora del programa de televisión, *El Show de Cristina*, que se trasmitía cinco veces a la semana desde Miami y era visto por más de cien mil millones de personas a nivel internacional, haciéndolo el programa televisivo de mayor audiencia en el mundo entero por años. Ahora es animadora del programa *Pa'lante con Cristina*. Cristina estudió comunicaciones en la Universidad de Miami y muy pronto comenzó a trabajar en la Editorial América en revistas tales como *Vanidades* y *Cosmopolitan* en español. En la siguiente selección de su reciente autobiografía, *¡Cristina! Confidencias de una rubia*, cuenta sobre la época de sus estudios universitarios, sobre el desarollo de sus destrezas lingüísticas en español y sobre las variedades léxicas que encontramos en la lengua.

¡Cristina! Confidencias de una rubia

Me matriculé en la Universidad de Miami, estudiando comunicaciones, con una segunda especialización —lo que los estadounidenses llaman un *minor*— en redacción creativa (o *creative writing*). Durante el último año de estudios, la universidad requería un internado en alguna publicación: todos
5 mis compañeros decidieron hacer este internado en el diario principal de la ciudad, *The Miami Herald*, pero yo quise hacerlo en *Vanidades*, porque me avergonzaba haber perdido tanto el español. Era capaz de hablarlo en la casa pero no de escribirlo, porque es importante aclarar que mi educación fue en inglés.

10 [...]

La directora de *Vanidades* era Elvira Mendoza, una periodista colombiana sumamente inteligente y de un sarcasmo acerbo cuando se trataba de

La periodista cubanoamericana Cristina Saralegui, animadora del programa de televisión Pa'lante con Cristina.

criticar a un empleado... Aunque Elvira había descartado mi primer
artículo durante mi internado, mi salvación fue que al menos le gustaba
mi estilo y mi manera de formular las preguntas en las entrevistas. Debido
a ello... me asignaba algunos artículos para la revista, por los cuales me
pagaba una pequeña suma aparte. Por supuesto, yo los escribía en inglés,
y ella a su vez se los mandaba a traducir al jefe de redacción. Un buen
día se hartó del procedimiento, porque aquello le estaba costando doble.
Veredicto: O aprendía a escribir en español, o no podía seguir en *Vanidades*.

Yo tenía ventitrés años cuando eso. Sin otra alternativa, me senté ante
una máquina de escribir, con un diccionario de inglés a español y otro de
sinónimos para tratar de redactar un artículo de belleza... y lo escribí en
español, aunque posiblemente en un español totalmente inventado por mí.
Para mi alivio y desagravio, cuando se lo entregué a Elvira, le encantó. ¡Y me
quedé en *Vanidades*! De más está decir que tuve que aprender al trote y sobre
la marcha con Elvira Mendoza. Pasé los mayores sustos de mi vida durante
esos primeros tiempos, pero permanecí veinte años en esa empresa.

Hoy puedo decir que fue en *Vanidades*, en 1970, donde me inicié en el
periodismo. Aprendí a redactar todo tipo de artículos, desde temas
de belleza y modas, hasta noticias internacionales. Considero que mi
mayor logro durante esa etapa fue la adquisición de un vocabulario
panamericano, que fue lo que más me sirvió para conseguir el trabajo que
ahora desempeño en la televisión.

Vanidades circula en veintitrés países, y en cada uno se habla un español
diferente, sin que necesariamente sea el castellano correcto. Siempre me
ha maravillado que en algunos de nuestros países la gente piense que
ellos son los únicos poseedores de la verdad gramatical y de vocabulario
con respecto a nuestro idioma, cuando al español correcto se lo llevó el
viento, y ahora se encuentra en las páginas «vetustas» de un gigantesco
mataburros° de la Real Academia. Y esto lo menciono para todos los idiotas
que se pasan la vida corrigiendo al vecino.

Utilizar el vocabulario panamericano consiste, por ejemplo, en poder
escribir una receta de cocina de un plato que se come en toda la América
Latina, como los frijoles en cubano, y saber que en Puerto Rico se les llama
habichuelas, que en Venezuela se les dice caraotas, que en Chile se les
conoce por porotos, y que en México se varía su pronunciación a fríjoles.
¡Y sólo me refiero a la palabra frijoles! Así, durante mis años en *Vanidades*
aprendí a expresarme en un español que no se encuentra en ningún lado,
pero que tiene la enorme ventaja de que todo el mundo lo entiende. Ahora
pienso que ese factor también me ayudó a convertirme en una buena
comunicadora en la televisión. Igualmente aprendí—aunque en privado
soy bastante mal hablada—a no decir determinadas palabras que son
obscenidades en otros países; detrás de mi buró, como si fuese el onceavo
mandamiento, colgué la frase NO COGER. A pesar de que los cubanos y
los españoles utilizamos el verbo en su acepción correcta (como sinónimo
de asir, agarrar, sujetar, tomar), en México significa «tener relaciones
sexuales». Los mexicanos utilizan los sinónimos, pero nunca «coger». Ellos
no «cogen», y si «cogen», no lo cuentan. Ahora imagínese nuestra expresión

°**mataburros:**
*así se les llama en
la jerga coloquial de
algunos países a los
diccionarios*

cubana «coger la guagua», que quiere decir «tomar el omnibus». En Chile
«guagua» significa «bebé». Así que, entre Chile y México, «coger la guagua»
quiere decir «tener relaciones sexuales con un bebé». ¡Y ya bastante se dice
de *El Show de Cristina* sin que yo meta la pata debido a todas estas cuestiones
idiomáticas!

ACTIVIDADES

1. **Intercambio y conversación.** Pregunte a un(a) compañero(a) si ha
trabajado en alguna revista o periódico. Si lo ha hecho, ¿que tipo
de trabajo hacía? ¿Ha hecho alguna entrevista en español alguna
vez? ¿Ha sido entrevistado usted o alguien que usted conoce?
Cuente.

2. *Pa'lante con Cristina.* En grupos de tres o cuatro estudiantes o
individualmente, vean *Pa'lante con Cristina.* Tome notas mientras lo
ve acerca del desempeño de la conductora del programa y de los
puntos más importantes del mismo. Escriba uno o dos párrafos con
sus impresiones y léalo en clase. Si trabaja en grupo, combinen sus
párrafos con los de los demás miembros del grupo para realizar un
informe en conjunto y leánlo en clase.

3. **Autobiografía.** Siguiendo el modelo de la autobiografía de Cristina,
escriba una breve autobiografía. Incluya los siguientes puntos y añada
los que crea apropiados:

   a. Lugar de nacimiento y estudios realizados.

   b. Sus conocimientos de español y la utilidad que tuvieron en su
   primer trabajo.

   c. Algún episodio gracioso o importante de su primer trabajo.

   d. Los logros que ha tenido en su vida hasta ahora. Cómo sus
   conocimientos de español lo(a) han ayudado para obtener esos
   logros.

   e. Cómo piensa seguir practicando y desarrollando sus conocimientos
   de español después de terminar este curso. Mencione tres
   actividades, como mínimo, que piensa llevar a cabo.

IV. El arte de ser bilingüe

CÓMO PREPARAR UNA HOJA DE VIDA EN ESPAÑOL

Si piensa buscar trabajo en el mercado hispanoparlante de España,
Latinoamérica o de los Estados Unidos, le será necesario poder preparar
su hoja de vida (*curriculum vitae*) en español. Para hacerlo necesitará tener
en cuenta la información general siguiente, que pudiera usar para hacer
un primer borrador de su hoja de vida o *curriculum vitae*.

Datos personales

Apellido(s):   Nombre:

Lugar y fecha de nacimiento:

Nacionalidad:

Dirección de domicilio y teléfonos:

Nombre del lugar donde trabaja actualmente:

Dirección y teléfono: Fax:

Correo electrónico:

Nombre, relación, y teléfonos de persona a contactar en caso de emergencia:

Puesto al que aspira

Estudios y experiencia profesional

Estudios realizados y títulos:

(Fechas)   (Diplomas o títulos recibidos y los nombres de las
                     instituciones)

Experiencia profesional o empleo:

(Fechas)   (Puestos y compañías; cargo que tuvo o descripción de
                     responsabilidades)

Conocimientos o destrezas adicionales

(Es importante incluir aquí que usted es bilingüe y explicar más o menos
sus habilidades en los dos idiomas, o sea, que puede no sólo conversar
sino que puede leer y escribir en los dos idiomas. ¿Qué otras destrezas
pudiera incluir? ¿Manejo de una computadora? ¿Programas específicos
que pudiera mencionar, como Microsoft Word o Microsost Office, Lotus,
Power Point, etc.)

Asociaciones profesionales

(Lista de organizaciones profesionales a las que pertenece)

Servicio y ayuda a la comunidad

(¿Es voluntario en alguna organización de su comunidad? ¿Participa en alguna
directiva, comité, o consejo de las escuelas o de alguna empresa no luctativa?)

Pasatiempos

(¿Cine? ¿Deportes? ¿Instrumentos que toca? ¿Leer? ¿Cocinar? ¿Hacer
ejercicios? Coleccionar algo en particular?¿Viajar? ¿Estudiar idiomas?)

Referencias

(Nombres de personas y/o compañías, con información para comunicarse
con ellos; o sea, dirección o correo electrónico y teléfonos)

ACTIVIDADES

A. Proyecto: Hacer una hoja de vida

1. Lea con cuidado la información anterior. Cópiela luego en una hoja aparte. Trate de completar los datos que se le piden lo más detalladamente posible y adapte el formato a sus necesidades según convenga o sea necesario.

2. Intercambie lo que ha escrito con un(a) compañero(a). Corrija todos los errores de ortografía, puntuación y gramática de su compañero(a) y devuélvaselo. Intercambie sugerencias para mejorar la presentación, apariencia, contenido y orden de la información del borrador del resume.

3. Lea con cuidado las correcciones que su compañero(a) ha hecho. Recuerde que ese hoja de vida puede ayudarlo(a) a obtener el trabajo que usted desea.

4. Pase en limpio la versión final de su hoja de vida. Haga una buena corrección de pruebas.

B. La entrevista de trabajo: ¡Vamos a practicar!

1. Imagine que usted es el jefe o la jefa de personal de una compañía latinoamericana privada y que va a entrevistar a una persona que busca trabajo (un compañero(a) de clase será quien hace el papel o rol de la persona que está solicitando trabajo). Fije en su mente para propósitos de este ejercicio, qué tipo de compañía o empresa es la suya. Pónganse de acuerdo antes de empezar el pequeño intercambio formal.

2. Piense en las preguntas que le haría al solicitante, basadas en la hoja de vida que él o ella ha escrito y en el puesto que le pudiera ofrecer (decida de antemano cuáles son los puestos que se han anunciado en el periódico y revistas profesionales).

3. Si hace el rol de la persona que solicita trabajo, piense y prepare las preguntas que le haría a usted su posible empleador y en las respuestas que usted le daría. Así podrá ir a la entrevista con más confianza y mejor preparado. Ahora piense y prepare algunas preguntas que le pudieran hacer a usted. ¿Qué más cree que pudiera hacer para prepararse para una entrevista de trabajo? ¿Cómo pudiera averiguar más sobre la compañía o institución donde busca empleo?

4. Ahora represente con su compañero(a) la posible entrevista. Recuerde que se van a tomar turnos para representar al empleador y al solicitante de trabajo, en diferentes circunstancias y situaciones de empleo. Sean creativos. ¡Buena suerte! ¡Ojalá consiga el puesto!

ACTIVIDAD: PROYECTO COMUNITARIO

Las librerías y las bibliotecas de su comunidad

Hoy día tanto las grandes librerías, como *Borders* y *Barnes & Noble,* y librerías independientes más pequeñas, incluyen en sus estantes libros, revistas, periódicos y hasta discos y películas en español, para el creciente número de lectores-consumidores que también desean comprar libros en su idioma heredado. El factor que hace de esto una realidad es la gran demanda por parte del consumidor latino, algo que se traduce en ganancias significativas para estas empresas que están al tanto y escuchan lo que quiere el mercado hispano. Sin embargo, siempre se puede mejorar lo que se ofrece a los consumidores. La situación de las bibliotecas públicas es distinta y muchas tienen problemas económicos por falta de fondos gubernamentales.

Averigüe la situación de las librerías y las bibliotecas de su comunidad o ciudad. ¿Qué ofrecen o no ofrecen a la comunidad latina? Por ejemplo, tienen periódicos y revistas en español de otros países? ¿Cuáles? ¿Qué otros les pudiera recomendar que incluyeran en sus estantes? ¿Ofrecen en sus librerías y bibliotecas comunitarias, lecturas u otras actividades (presentaciones de libros, discusión sobre novelas populares u obras clásicas, presentaciones de películas, seguidas por análisis y discusión en grupo con el público)? Averigüe lo que pueda y tome apuntes. Luego haga una lista de:

1. los puntos más importantes sobre lo que halló
2. las recomendaciones concretas que pudiera hacerle a las bibliotecas o librerías de su comunidad en términos de un posible mejor servicio a la comunidad latina: materiales específicos que quisiera que adquirieran eventualmente y programación de actividades artísticas o comunitarias relacionadas con las culturas hispánicas (lecturas, actividades para niños bilingües, exhibiciones de arte y de fotografías, actuaciones de música o de obras teatrales, películas, reuniones de grupos u organizaciones de la vecindad, etc.).

V. Unos pasos más: fuentes y recursos

A. PARA AVERIGUAR MÁS

Busque una de las publicaciones indicadas a continuación, u otras que su profesor o profesora le recomiende. Escoja un artículo en español que le interese y prepare una lista de tres a cinco puntos basados en la lectura. Anote sus impresiones generales. Prepárese para compartirlas oralmente en clase. Si tiene acceso al Internet, podrá explorar muchas de las siguientes publicaciones por medio de sus sitios en la red.

Bibliografía selecta: Periodismo

Alcayaga, Cristina. *Agenda de la democracia.* Serie: Sección de Periodismo y Ensayo. México: Publicaciones Mexicanas, 1993.

Bielsa, Esperansa. *The Latin American Urban* Crónica*: Between Literature and Mass Culture.* Lexington Books, 2006.

Cates, Jo A. *Journalism: A Guide to the Reference Literature.* Englewood, NJ: Libraries Unlimited, 1990.

Díaz de Villegas Freyre y Aile, José Luis y Villares, Luis. *Ser periodista. La vida y legado de Carlos M. Castañeda*. Fundación Educativa Carlos M. Castañeda, 2006.

Ferreira, Leonardo. *Centuries of Silence: The Story of Latin American Journalism*. Praeger, 2006.

Fox, Elizabeth and Waisbord, Silvio. *Latin Politics, Global Media*. University of Texas Press, 2002.

García-González, María Nieves. *Periodismo, publicidad, cine, comunicación audiovisual y relaciones públicas*. Madrid: Fragua, 2008.

González, Aníbal. *Journalism and the Development of Spanish American Narrative*. Cambridge University Press, 1993.

Guerrero Fuertes, Diego. *Guía práctica Facebook*. Madrid: Starbook, 2011.

Henestrosa, Andrés. *Periódicos y periodistas de Hispanoamérica*. México: Publicaciones Mexicanas, 1990.

Iglesias Prieto, Norma. *Medios de comunicación en la frontera norte*. México: Fundación Manuel Buendía: Programa Cultural de las Fronteras, 1990.

Koch, Tom. *Journalism for the 21st Century: On Line Information, Electronic Databases, and the News*. Greenwood Press, 1991.

Knudson, Jerry W. *Roots of Revolution: The Press and Social Change in Latin America*. University Press Of America, 2009.

Martín-Barbero, Jesús, et al. *Periodismo y cultura*. Bogotá: Tercer Mundo Ediciones, 1991.

McCombs, Maxwell. *Estableciendo la agenda: el impacto de los medios en la opinion pública y en el conocimient*o. Paidos Iberica Ediciones, 2006.

Ordoñez, Jaime, ed. *Periodismo, derechos humanos y control del poder político en Centroamérica*. San José: Instituto Interamericano de Derechos Humanos, 1994.

Pulso del periodismo. Revista sobre periodismo. Miami: Programa de Periodismo de la Universidad Internacional de la Florida, 1990 (Vol. 1, no. 1, enero/marzo 1990).

Rabago, José Felix. *Guía práctica Anaya Multimedia*. Edición 2010. Madrid: Anaya, 2010.

Ramos, Jorge. *No Borders: A Journalist's Search for Home*. Rayo; Harper Collins Publishers, 2002.

Roy, Joaquín. *Periodismo y ensayo: De Colón al Boom…José Martí, Octavio Paz, Camilo José Cela, Mario Vargos Llosa, Carlos Fuentes*. Universitat de Lleida, 2000.

Saez, José L. *Periodismo e independencia en América Latina*. Santo Domingo: Ediciones MSC, 1990.

Sevillano Calero, Francisco. *Propaganda y medios de comunicación en el franquismo*. Universidad de Alicante/Digitalia, 2009.

Sims, Robert Lewis. *El primer García Márquez: Un estudio de su periodismo de 1948–1955*. Potomac, MD: Scripta Humanistica, 1991.

Soto, Rubén. *Univision, un hogar lejos del hogar*. Voces de hoy, 2009.

Torres, Micha. *Manual de periodismo ambiental*. San Isidoro: Fundación para la Conservación de la Naturaleza, 1994.

Waisbord, Silvio R. *Watchdog Journalism in South America*. Columbia University Press, 2000.

Periódicos

ABC (España)

Américas (revista de la Organización de Estados Americanos, OEA)

El Economista (México)

El Nacional (México)

El Espectador (Colombia)

La Nación (Costa Rica)

La Nación (Argentina)

El Nuevo Herald (Miami)

El País (España)

El País (Uruguay)

El Tiempo (Colombia)

Clarín (Argentina)

La Tercera (Chile)

El Nuevo Día (Puerto Rico)

El Universal (México)

La República (Perú)

El Mundo (España)

La Opinión (Los Ángeles)

El Diario La Prensa (Ciudad de Nueva York)

Revistas

Newsweek en español

People en español

Selecciones del Readers Digest

Time en español

National Geographic en español

Vanidades

Hola

Mecánica Popular

Selecciones en español

Letras libres

Recursos de la red

Si desea explorar la red, vaya a http://www.wiley.com/college/nuevosmundos, donde encontrará una lista de sitios relacionados con el tema de este capítulo.

BBC en español
www.bbc.co.uk/mundo/

CNN en Español
www.cnnenespanol.com

Latino USA, National Public Radio (NPR)
www.latinousa.org

Gabriel García Márquez
www.themodernword.com/gabo

Isabel Allende
www.clubcultura.com/prehomes/isabel.php

Mario Vargas Llosa
www.mvargasllosa.com

Centro Virtual Cervantes
www.cvc.cervantes.es/obres/

Agencia Latinoamericana de Información
www.alainet.org

Asociación Técnica de Diarios Latinoamericanos
www.atdl.org

Fundación Nuevo Periodismo
www.fnpi.org/

Periodismo
www.periodismo.com

Prensa Latina
www.prensa-latina.cu

Radio Televisión Española
www.rtve.es

Revistas culturales
www.revistasculturales.com

Telemundo
msnlatino.telemundo.com

Univisión
www.univision.com

Apéndice A

Recursos del español para profesores y estudiantes

DICCIONARIOS

Alvar, Manuel. *Diccionario actual de la lengua española.* Barcelona: Vox, 1990.

Asociación de Academias de la Lengua Española. *Diccionario de americanismos.* Santillana, 2010.

Bleznick, Donald W. *A Sourcebook for Hispanic Literature and Language: A Selected, Annotated Guide to Spanish, Spanish-American, and United States Hispanic Bibliography, Literature, Linguistics, Journals, and Other Source Materials.* Lanham and London: Scarecrow Press, 1995.

Buitrago, Alberto, y Agustín Toriano. *Diccionario del origen de las palabras.* Espasa-Calpe, 2011.

Campos, Juana G., y Ana Barella. *Diccionario de refranes.* Espasa Calpe, 1993.

Carbonell Basset, Delfín. *A Dictionary of Proverbs, Sayings, Saws, Adages: English and Spanish / Diccionario de refranes, proverbios, dichos, adagios: castellano e inglés.* Barcelona: Ediciones del Serbal, 1996.

Corominas, Joan. *Breve diccionario etimológico castellano e hispánico.* Ediciones Gredos, 1987.

Deneb, León. *Diccionario de equívocos: definiciones, expresiones, frases y locuciones.* Madrid: Biblioteca Nueva, 1997.

Diccionario de expresiones idiomáticas/Dictionary of Idioms. Inglés-Español/Español-Inglés. Londres: Harrap's Books, Ltd., 1990.

Diccionario de la lengua española. Real Academia Española/Espasa Calpe, 2008.

El pequeño Larrouse ilustrado. Barcelona: Larousse, 2011.

Kaplan, Steven M. *Wiley's English-Spanish, Spanish-English Business Dictionary.* New York: Wiley, 1996.

Larousse Unabridged Dictionary: Spanish-English/English-Spanish. Barcelona: Larousse, 2008.

Martínez de Sousa, José. *Diccionario de ortografía de la lengua española.* Madrid: Editorial Paraninfo, 1996.

Orellana, Marina. *Glosario internacional para el traductor: Glossary of Selected Terms Used in International Organizations.* Santiago de Chile: Editorial Universitaria, 1990.

Real Academia Española. *Diccionario de la lengua española.* Espasa Calpe, 2003.

———. *Diccionario panhispánico de dudas,* 2006.

Seco, Manuel. *Diccionario de dudas y dificultades de la lengua española.* Espasa Calpe, 1998.

The Oxford Spanish Dictionary. Spanish-English/English-Spanish. Oxford University Press, 2003.

Vollnhals, Otto. *Dictionary of Information Technology: English-Spanish, Spanish-English.* Barcelona: Herder, 1997.

LIBROS DE GRAMÁTICA, DE TEXTO Y DE REFERENCIA

Canteli Dominicis, María, y John J. Reynolds. *Repase y escriba: Curso avanzado de gramática y composición.* John Wiley & Sons, 2011.

Fernández Ramírez, Salvador. *Gramática española.* 2da edición. 6 tomos. Madrid, 1991.

Gile Gaya, Samuel. *Ortografía práctica española.* Plaza Mayor, 2002.

Lapesa, Rafael. *Historia de la lengua española.* Octava edición. Gredos, 1980.

Moreno Cabrera, J.C. *Fundamentos de sintaxis general.* Madrid: Síntesis, 1987.

Mozas, Antonio Benito. *Gramática práctica.* Madrid: Editorial EDAF, 1992.

Onieva Morales, Juan Luis. *Fundamentos de gramática estructural del español.* Madrid: Editorial Playor, 1986.

Real Academia Española. *Nueva gramática de la lengua española* (2 vol.). Madrid: Espasa Calpe, 2010.

———. *Ortografía de la Real Academia Española. Edición revisada por las Academias de la Lengua Española.* Espasa, 2010.

Seco, Manuel. *Gramática esencial del español: Introducción al estudio de la lengua.* Espasa Calpe, 1994.

Solé, Yolanda R. y Carlos A. Solé. *Modern Spanish Syntax: A Study in Contrast.* Lexington: D.C. Heath, 1977.

Vivaldi, Gonzalo Martín. *Curso de redacción: Teoría y práctica de la composición y del estilo.* Paraninfo/Thompson Learning, 2000.

EL ESPAÑOL EN ESPAÑA, AMÉRICA LATINA Y LOS ESTADOS UNIDOS

Alvar, Manuel, con la colaboración de A. Llorente y G. Salvador, ed. *Atlas lingüístico y etnógrafo de Andalucía.* Madrid: Arco Libros, 1991.

Alvar, Manuel. *El español en dos mundos.* Madrid: Ediciones Temas de Hoy, 2000.

———. *Manual de dialectología hispánica: El español de América.* Barcelona: Editorial Ariel, 1996. Reimpreso en 2000.

———. *El español de los Estados Unidos: dicronía y sincronía.* Edición digital: Alicante: Biblioteca Virtual de Miguel de Cervantes, 2006.

———. *Lenguas peninsulares y proyección hispánica.* Madrid: South American Cooperation Institute, 1986.

Canfield, Lincoln D. *Spanish Pronunciation in the Americas.* University of Chicago Press, 1981.

Dalbor, John B. *Spanish Pronunciation: Theory and Practice.* Holt, Reinhart and Winston, 1997.

Entwistle, William J. *Las lenguas de España: castellano, catalan, vasco y gallego-portugués.* Madrid: Istmo, 1982.

Instituto Cervantes. *El español en el mundo 2009: Anuario del Instituto Cervantes.* Barcelona: Plaza Janés Editores, 2009.

Fontanella de Weinberg, María Beatriz. *El español de América.* Madrid, 1993.

Klee, Carol A., and Andrew Lynch. *El español en contacto con otras lenguas.* Washington University Press, 2009.

Klee, Carol A., and Luis A. Ramos-García, eds. *Sociolinguistics of the Spanish-Speaking World: Iberia, Latin America, United States.* Bilingual Review Press, 1991.

Lacorte, Manel, and Jennifer Leeman, eds. *Español en Estados Unidos y en otros contextos de contacto: Sociolingüística, ideología y pedagogía.* Iberoamericana, 2009.

Lapesa, Rafael. *Historia de la lengua española.* Gredos, 1986.

Lipski, John M. *El español de América.* Traducido del inglés, publicado por Longman en 1994. Cátedra, 1996.

Lope Blanch, Juan, ed. *El español hablado en el suroeste de los Estados Unidos.* Universidad Autónoma de México, 1990.

Mar-Molinero, Clare. *The Spanish Speaking World.* London: Routledge, 1997.

Penny, Ralph. *A History of the Spanish Language.* Cambridge University Press, 1991.

Potowski, Kim. ed. *Language Diversity in the United States.* Cambridge University Press, 2010.

Quilis, Antonio. *Tratado de fonología y fonética españolas.* Madrid, 1993.

Ramírez, Arnulfo. *El español de los Estados Unidos: el lenguaje de los hispanos.* Madrid: MAPFRE, 1994.

Resnick, Melvyn C. *Introducción a la historia de la lengua española.* Georgetown University Press, 1981.

Roca, Ana. *Research on Spanish in the United States: Linguistic Issues and Challenges.* Cascadilla Press, 2000.

_____. and John B. Jensen, eds. *Spanish in Contact: Issues in Bilingualism.* Cascadilla Press, 1996.

_____. and John M. Lipski, eds. *Spanish in the United States: Linguistic Contact and Diversity.* Berlin: Mouton de Gruyter, 1993.

Salvador, Salvador, et al. *Mapa lingüístico de la España actual.* Madrid, 1986.

Sánchez, Rosaura. *Chicano Discourse: Socio-historic perspectives.* Rowley, MA: Newbury House, 1983.

Seco, Manuel, y Gregorio Salvador. *La lengua española de hoy.* Madrid: Fundación Juan, March 1995.

Siguan, Miguel. *Multilingual Spain. European Studies on Multilingualism.* Amsterdam: Swets & Zeitlinger, 1993.

_____. *España plurilingüe.* Alianza, 1992.

Silva-Corvalán, Carmen. *Language Contact and Change: Spanish in Los Angeles.* Oxford University Press, 1994.

_____. *Spanish in Four Continents: Studies in Language Contact and Bilingualism.* Georgetown University Press, 1995.

Varela, Beatriz. *El español cubanoamericano.* New York: Senda Nueva de Ediciones, 1992.

Zentella, Ana Celia. *Growing Up Bilingual.* Oxford: Blackwell, 1997.

Apéndice B

La red en español y otras direcciones útiles

Center for Applied Linguistics
cal.org/heritage

España hoy: noticias
www.ucm.es/info/Periodico

Espéculo: revista literaria (Departamento de Filología Española, Universidad Complutense de Madrid)
www.ucm.es/info/especulo/numero2/index.htm

Instituto Cervantes: Centro patrocinado por el gobierno español, ofrece una fuente de información cultural y académica. Provee gratuitamente al público libros, videos y otros materiales educacionales.
www.cervantes.org

Langenscheidt's New College Spanish Dictionary
www.gmsmuc.de/english/look.html

Latin American Media & Marketing
www.zonalatina.com

Latin American Newspapers and News:
lanic.utexas.edu/la/region/news/

Library of Congress
www.loc.gov/

National Foreign Language Center:

www.nflc.org/

Online Dictionaries, Translation Sources, and Language Learning Assistance, Florida International University

www.fiu.edu/,library/internet/subjects/languages/translat.htm

Periódicos de América Latina:

www.zonalatina.com/Zlpapers.htm

Prensa latina:

www.prensa-latina.cu/

Real Academia Española:

www.rae.es

Revistas culturales:

www.revistasculturales.com

Revista puntoycoma:

www.pyc-revista.com/

The Wall Street Journal Américas: Noticias finacieras en español.

online.wsj.com/public/page/espanol-inicio.html

Yahoo! En Español:

español.yahoo.com

Apéndice C

Otros recursos: Películas, videos y audiovisuales

Netflix

For watching online unlimited films and TV shows, and Wii streaming movies.

www.netflix.com

Apple i-Tunes

For downloading music, films and TV shows.

www.apple.com/itunes

Facets Multimedia

Phone: (800) 331-6997. Facets Video, 1517 W. Fullerton Ave., Chicago, IL 60614.

www.facets.org

Films for the Humanities & Sciences

Phone: (800) 257-5126. PO Box 2053, Princeton, NJ 08543-2053.

www.films.com

The Mexican Film Resource Page

A page of information and links to Internet sources on Mexican cinema.

www.wam.umd.edu/~dwilt/mfb.html

Instituto Cervantes

The Institute lends videos, DVDs, and other materials for the cost of mailing, to members. Individual annual membership is about $50 and well worth it if you use their materials throughout the year. Online catalogs available and there are three Institutes in the United States (in New York City, Chicago, and Albuquerque, New Mexico).

www.cervantes.org

Organization of American States (OAS)

Phone: (202) 458-3985. Offers copies of materials from its video archives, covering culture, history, politics, the arts, and others. Charges only for the cost of duplications, tapes, and mailing.

www.oas.org/es/

Resources for Locating and Evaluating Latin American Videos

Ofrece guías, listas de distribuidores, lecturas recomendadas, recursos generales por país, información sobre colecciones de películas en universidades norteamericanas e información sobre festivales de cine.

salalm-audiovisual.pbworks.com/w/page/10075398/FrontPage

University of California, Berkeley

Links to film and video producers and distributors, PBS, Arts in Entertainment, broadcast programming, etc.

www.lib.berkeley.edu/MRC/Distributors.html

Apéndice D

Teaching Spanish as a Heritage Language: Recommended Readings

Alarcón, Irma. "Advanced Heritage Lerners of Spanish: A Sociolinguistic Profile for Pedagogical Purposes." *Foreign Language Annals* 43.2 (Summer 2010): 269–288.

American Association of Teachers of Spanish and Portuguese. Spanish for Native Speakers Committee. *Spanish for Native Speakers: AATSP Professional Development Series Handbook for Teachers K-12. A Handbook for Teachers.* Vol. 1, Fort Orlando, FL: Harcourt College Publishers, 2000.

Aparicio, Frances R. "Diversification and Pan-Latinity: Projections for the Teaching of Spanish to Bilinguals." *Spanish in the United States: Linguistic Contact and Diversity.* Ed. Ana Roca and John M. Lipski. Berlin: Mouton, 1991.

———. "La enseñanza del español para hispanohablantes y la pedagogía multicultural." In Colombi and Alarcón, *La enseñanza del español a hispanohablantes,* pp. 222–232.

Beaudrie, Sara. "Spanish Heritage Language Programs: A Snapshot of Current Programs in the Southwestern United States." *Foreign Language Annals* 44.2, (Summer 2011): 321–337.

Benjamin, Rebecca. "What Do Our Stdents Want? Some Reflections on Teaching Spanish as an Academic Subject to Bilingual Students." *ADFL Bulletin* (Association of Departments of Foreign Languages/Modern Language Association) 29.1 (Fall 1997): 44–47.

Carrasquillo, Angela, and Segan, Philip, eds. *The Teaching of Reading in Spanish to the Bilingual Student. La enseñanza de la lectura en español para el estudiante bilingüe.* 2nd ed. Mahwah, NJ, 1998.

Carreira, María. "Meeting the Instructional Needs of Heritage Language Learners: Approaches, Strategies and Research." In S. Beauderie and M. Fairclough, *Spanish as a Heritage Language in the U.S.: State of the Science.* Washington, DC: Georgetown Univetrsity Press. In press.

_____. "Preserving Spanish in the U.S. Opportunities and Challenges in the New Global Economy." In Lacorte, Manel and Cabal Krastel, Teresa, eds. *Romance Languages and Linguistic Communities in the United States.* [Selected Papers Presented at the Colloquium, 2000, at the University of Maryland]. College Park, MD: Latin American Studies Center, University of Maryland, 2002.

_____. "Validating and Promoting Spanish in the U.S.: Lessons from Linguistic Science." *Bilingual Research Journal* 24.3 (2000): 423–442.

_____. "Seeking Explanatory Adequacy: A Dual Approch to Understanding the Term "Heritage Language Learner.*" Heritage Language Journal* (UCLA, 2004).

_____. Guest Editor, with Nelleke Van Deusen Scholl. *Heritage Language Journal.* Special Issue on Identity. Fall 2010. Vol. 7.

_____. and Kagan, Olga. "Results of the National Heritage Language Survey: Implications for Teaching, Curriculum Design, and Professional Development" *Foreign Language Annals.* 2011.

_____. and Potowski, Kim. "Commentary: Pedagogical Implications of Experimental SNS Research" *Heritage Language Journal,* 8(1), 134–151.

Colombi, Cecilia M. "A Systematic Functional Approach to Teaching Spanish for Heritage Speakers in the United States." Linguistics and Education, 2009.

_____, and Francisco X. Alarcón, ed. *La enseñanza del español a hispanohablantes: Praxis y teoría.* Boston: Houghton Mifflin, 1997.

Correa, Marta. "Advocating for Critical Pedagogical Approaches to Teaching Spanish as a Heritage Language: Some Considerations.*" Foreign Language Annals* 44.2 (Summer 2011): 308–320.

Fairclough, Martha. Language "Placement Exams for Heritage Speakers of Spanish: Learning from Students' Mistakes." *Foreign Language Annals* 39.4 (December 2006): 595–604.

Gutiérrez, John R. "Teaching Spanish as a Heritage Language: A Case for Language Awareness.*" ADFL Bulletin* 29.1 (Fall 1997): 33–36.

Krashen, Stephen D., Tse, Lucy, and McQuillan, Jeff. *Heritage Language Development.* Culver City: Language Education Associates, 1998.

Leeman, Jennifer. "Engaging Critical Pedagogy: Spanish for Native Speakers." *Foreign Language Annals* 38.1 (March 2005): 35–45.

_____. "The Sociopolitics of Heritage Language Education." In S. Rivera-Mills and Daniel Villa, eds., *Spanish of the U.S. Southwest: A Language in Transition.* Madrid: Iberoamerica, 2010, pp. 309–317.

MacGregor, Patricia. "*Aquí no se habla español:* Stories of Linguistic Repression in Southwest Schools." *Bilingual Reseach Journal* (Fall 2000) Issue on *Heritage Language Instruction in the United States.*

McQuillan, Jeff. "How Should Heritage Languages Be Taught? The Effects of a Free Voluntary Reading Program." *Foreign Language Annals* 29.1 (March 1996). Online as of 2008.

Merino, Barbara J., Henry T. Trueba, and Fabián Samaniego, eds. *Language and Culture in Learning: Teaching Spanish to Native Speakers of Spanish.* Washington, D.C: Falmer Press/Taylor & Francis, 1993.

Peyton, Joy Kreeft, Ranard, Donald A., and McGinnis Scott, eds. *Heritage Languages in America: Preserving a National Resource.* Washington, DC: Center for Applied Linguistics and Delta Systems, 2001.

Potowski, Kim. "Experiences of Spanish Heritage Speakers in University Foreign Language Courses and Implications for Teacher Training." *ADFL Bulletin* (Spring 2002): 35–42.

———. *Fundamentos de la enseñanza del español a los hablantes nativos en los Estados Unidos* (*Foundations in Teaching Spanish to Native Speakers in the United States*). Madrid: Arco/Libros, 2005.

Roca, Ana. "Retrospectives, Advances, and Current Needs in the Teaching of Spanish to United States Hispanic Bilingual Students." *ADFL Bulletin* 29.1 (Fall 1997): 37–44.

———. *Teaching Spanish as a Heritage Language.* Hoboken, NJ: John Wiley & Sons. In preparation

———, and Colombi, M. Cecilia. *Mi lengua: Spanish as a Heritage Language in the United States.* Washington, DC: Georgetown University Press, 2003.

———, Marcos, Kathleen, Winke, Paula. *Teaching Spanish to Spanish Speakers* (*Resource Guide Online*). Washington, DC: Center for Applied Linguistics and ERIC Clearinghouse on Languages and Linguistics. www.cal.org.resources/faqs/rgos/sns.htm.

Valdés, Guadalupe. "Bilingulism, Heritage Learners, and SLA Research: Opportunities Seized or Lost? *The Modern Language Journal* 89.3 (Autumn 2005): 410–426.

———. "Bilinguals and Bilingualism." *International Journal of the Sociology of Language* (IJSL) 127, (1997): 25–52.

———. "Heritage Language Students: Profiles and Possibilities." In J.K. Peyton, D. Ranard, and S. McGinnis, eds., *Heritage Languages in America: Preserving a National Resource.* Washington, DC: Center for Applied linguistics and Delta Systems, 2001, 37–77.

———. "The Teaching of Minority Languages as Academic Subjects: Pedagogical and Theoretical Challenges." *The Modern Language Journal* 79.3 (Fall 1995): 299–328.

———. "The Teaching of Spanish to Bilingual Spanish Students: Outstanding Issues and Unanswered Questions." In Colombi and Alarcón, *La enseñanza del español a hispanohablantes,* pp. 8–44.

———, Joshua A. Fishman, Rebecca Chávez, and William Pérez. *Developing Minority Resources: The Case of Spanish in California.* 2006.

———, and Geoffrion-Vinci, M. "Chicano Spanish: The Problem of the 'Underdeveloped' Code in Bilingual Repretoires." *Modern Language Journal* 82.4 (1998): 473–501.

Webb, John B., and Miller, J. Barbara, eds. *Teaching Heritage Language Learners: Voices from the Classroom.* Yonkers, NY: American Council on the Teaching of Foreign Languages, 2000.

Zentella, Ana Celia, Ed. *Building on Strength: Language and Literacy in Latino Families and Communities.* New York: Teachers College/Columbia University Press, 2005.

Mapas

España

MAR CANTÁBRICO

FRANCIA

La Coruña

Santander

San Sebastián

Santiago

Bilbao
Vitoria

ANDORRA

León

Pamplona

PIRINEOS

Burgos

Río Ebro

Río Duero

Zaragoza

Barcelona

Porto

Segovia

Taragona

Salamanca

MENORCA

PORTUGAL

Ávila

Madrid

E S P A Ñ A

MALLORCA

40°   40°

Río Tajo

Toledo

IBIZA

ISLAS BALEARES

Valencia

Lisboa

Río Guadiana

Alicante

Río Guadalquivir

Córdoba

MAR MEDITERRÁNEO

Sevilla

Granada

SIERRA NEVADA

Cádiz

Málaga

Estrecho de Gibraltar

Algeciras

OCÉANO

ARGELIA

35°

ATLÁNTICO

MARRUECOS

| 0 | 100 | 200 Millas |

| 0 | 100 | 200 Kilómetros |

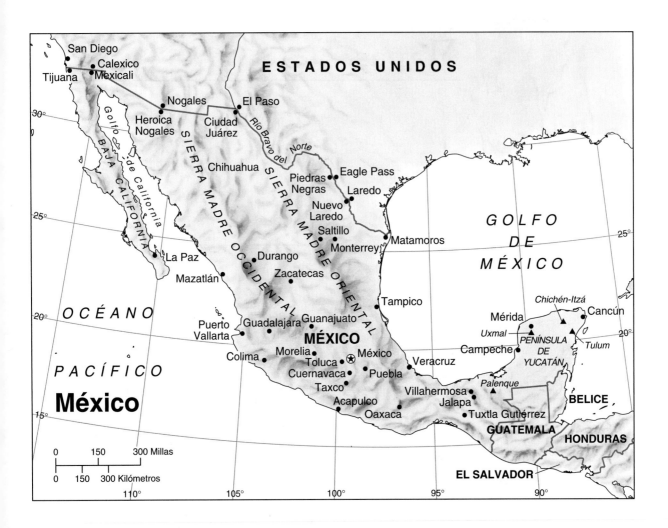

ESTADOS UNIDOS

San Diego
Calexico
Tijuana
Mexicali

Nogales
Heroica
Nogales
Ciudad
Juárez
El Paso

Río Bravo del Norte

Chihuahua

Piedras
Negras
Eagle Pass
Laredo
Nuevo
Laredo
Saltillo
Monterrey
Matamoros

30°
25°

Golfo
de California

BAJA CALIFORNIA

La Paz
Durango
Zacatecas

Mazatlán

SIERRA MADRE OCCIDENTAL
SIERRA MADRE ORIENTAL

Tampico

GOLFO
DE
MÉXICO

20°

OCÉANO

Puerto
Vallarta
Guadalajara
Guanajuato

MÉXICO

Colima
Morelia
Toluca
México
Cuernavaca
Puebla
Taxco
Acapulco
Oaxaca

Veracruz

Mérida
Chichén-Itzá
Cancún

Uxmal
Tulum

PENÍNSULA
DE
YUCATÁN

Campeche

Palenque
Villahermosa
Jalapa
Tuxtla Gutiérrez

BELICE

PACÍFICO

México

GUATEMALA
HONDURAS

EL SALVADOR

15°

25°
20°

0   150   300 Millas

0   150   300 Kilómetros

110°   105°   100°   95°   90°

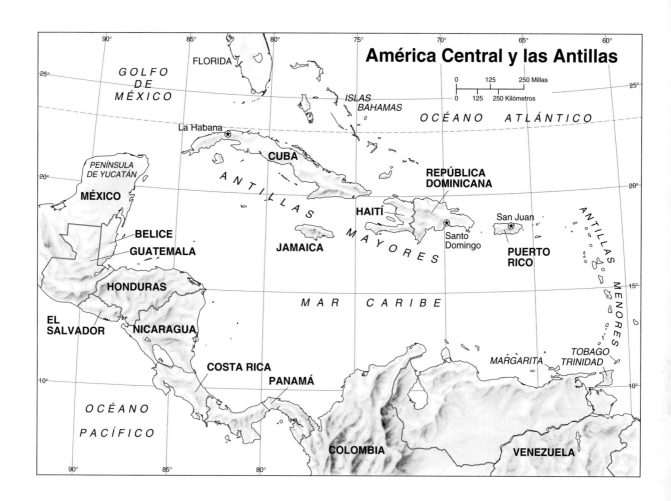

América Central y las Antillas

GOLFO DE MÉXICO

FLORIDA

ISLAS BAHAMAS

OCÉANO ATLÁNTICO

0   125   250 Millas
0   125   250 Kilómetros

La Habana

CUBA

PENÍNSULA DE YUCATÁN

MÉXICO

A N T I L L A S

REPÚBLICA DOMINICANA

HAITÍ

San Juan

ANTILLAS

BELICE

GUATEMALA

M A Y O R E S

JAMAICA

Santo Domingo

PUERTO RICO

MENORES

HONDURAS

EL SALVADOR

NICARAGUA

M A R   C A R I B E

COSTA RICA

PANAMÁ

MARGARITA

TOBAGO TRINIDAD

OCÉANO

PACÍFICO

COLOMBIA

VENEZUELA

América del Sur

Créditos de fotos

Chapter 1 Page 1: Aldo Murillo/iStockphoto. Page 3: Corbis-Bettmann. Page 8: Hernán Henríquez/© *El Nuevo Herald* [1995]. Page 10: Chuck Savage/Corbis Images. Page 13: Alberto Cristofari A3/Contrasto/ Redux Pictures. Page 21: Ulf Andersen/Getty Images. Page 26: George Napolitano/Getty Images. Page 35: Fernando León/Retna. Page 37: Arnold Turner/Wire Image/Getty Images. Page 38: Jaime Colson (1901–1975), "*Merengue*" 1938. Photo courtesy Museo Bellaport Collection, República Dominicana. Page 41: Bettmann/© Corbis.

Chapter 2 Page 53: David McNew/Getty. Page 55: "*Campesino*" by Daniel DeSiga, Artist. Son of Migrant farm workers. Page 57: Michael J. Howell/Liaison Agency, Inc./Getty Images. Page 58: Courtesy Rosaura Sánchez. Page 76: Jim West /Alamy. Page 81: Bryce Duffy/© Corbis. Page 85: Hulton-Deutsch Collection/Corbis. Page 86 top: Brian To/ FilmMagic/Getty Images. Page 86 bottom: Kurt Krieger/© Corbis.

Chapter 3 Page 95: Stephen Chernin/Getty Images. Page 97: Ramón Frade, "*El pan nuestro de cada día*" 1905. Óleo sobre lienzo, 60 1/4 x 38 1/4 inches. Colección Instituto de Cultura Puertorriqueña. Page 101: Robert Marien/© Corbis. Page 102: José Jiménez/*Primera Hora*/Getty Images. Page 106: Courtesy of Ediciones de la Discreta S.L. Page 108: Charles Eshelman/Getty Images, Inc. Page 115: Pablo Alfaro/Ricky Martin/Getty Images, Inc. Page 119: Photofest. Page 121 top: Reuters/ Hyungwon Kang/Landov LLC. Page 121 bottom: Tim Sloan/AFP/ Getty Images/Newscom. Page 124: Imagezoo/SuperStock. Page 130: The Kobal Collection, Ltd.

Chapter 4 Page 131: © AP/Wide World Photos. Page 133: Burgert Brothers Photograph Collection, University of South Florida Tampa Library Special Collections. Page 134: Joe Raedle/Getty Images, Inc. Page 135: Ron Watts/Corbis Images. Page 136: © 2010 Gibbs-Smith Publisher, Photograph © 2010 Amanda Marsalis Photography. Page 138: Rex Features/AP. Page 139: Cuban Heritage Collection, University of Miami Libraries, Coral Gables, Florida. Page 144: Ulf Andersen/Getty Images, Inc. Page 147: Bettmann/© Corbis. Page 152: Ulf Andersen/ Getty Images, Inc. Page 157: Ken Probst/Outline/Corbis. Page 159: Olivier Douliery/Abaca Press/MCT/NewsCom. Page 161: Alejandro Ernesto/epa/© Corbis. Page 175: Paul White/AP/Wide World Photos.

Chapter 5 Page 177: Courtesy Ana Roca. Page 179: Courtesy Ana Roca. Page 180: Author's Image Ltd./Alamy. Page 181: Public domain painting by Bartolomé Esteban Murillo. Page 183: Arturo Rodríguez/AP. Page 184: Buccina Studios/Getty Images, Inc. Page 185: Ken Welsh/Alamy. Page 189: Art Resource. Page 191: Bart Muhl/Hollandse Hoogte/Redux Pictures. Page 193: © Jim Hollander/epa/© Corbis. Page 197: AFP/A. Arrizurieta/Getty Images, Inc. Page 199: Juan Fernández-Oronoz. Page 201: Federico García Lorca. Granada, 1919. Fotografía de Rogelio Robles Romero-Saavedra. Page 205: Joaquín Sorolla Bastida, "*Cantaoras Flamencas,*" Museo Sorolla, Madrid. Page 206: © Isabella Stewart Gardner Museum, Boston, MA, USA/Bridgeman Art Library/NY. Page 207: Aguililla & Maran/Age Fotostock America, Inc. Page 208: Julio Donoso/Corbis Sygma.

Chapter 6 Page 219: © AP/Wide World Photos. Page 221: Agence France Presse/Corbis Images. Page 225: Sylvain Gaboury/FilmMagic/Getty Images. Page 226: Courtesy Amnesty International. Page 229: © 1998 Rupert Garcia. Photo courtesy of Rena Bransten Gallery, San Francisco, CA and Magnolia Editions, Oakland, CA. Page 230: Pablo Rivera/SuperStock. Page 232: EPA/Alejandro Ernesto/NewsCom. Page 237: Reuters/Claudia Daut/NewsCom. Page 238: © Erich Schlegel. Page 247: Andrés Stapff/Reuters/© Corbis. Page 251: Javier Moreno/PictureAlliance/dpa/NewsCom. Page 255: Fernando Botero, "*Self Portrait,*" 1994, courtesy Marlborough Gallery, NY. Reproduced with permission. Page 262: Focus Features/Photofest. Page 263: Samuel Mayo - *Punto y Coma.* Page 267: Photo courtesy Ofelia Munos Castillo, "El Espectador". Reproduced with permission. Page 269: Annie Griffiths Belt/Corbis Images. Page 270: Christina Quicler/Getty Images, Inc.

Chapter 7 Page 279: Javier Soriano/AFP/Getty Images. Page 284: Dominique Faget/AFP/Getty/NewsCom. Page 286: Yolanda M. Lopez, "*Portrait of the Artist as the Virgin of Guadalupe,*" 1978 Yolanda Lopez Papers, CEMA 11, Department of Special Collections, University Libraries, University of California, Santa Barbara. Page 290: Monsi Roman/NASA. Page 291: Copyright © by Guerrilla Girls/Courtesy www.guerrillagirls.com. Page 292: Hamilton/Rea/Redux Pictures. Page 294: © Alfredo Dagli Orti/The Art Archive/© Corbis. Page 296: Public domain. Page 301: Guillermo Granados/Notimex/NewsCom. Page 306: "*Woman of Tehuantepec*" Tina Modotti, Gelatin silver print, c. 1929, Philadelphia Museum of Art. Gift of Mr. and Mrs. Carl Zigrosser, 1968. Page 310: Quim Lienas/Getty Images, Inc. Page 313: Marcelo Hernández/dpi/© Corbis. Page 317: Javier Moreno/picture-alliance/dpa/NewsCom.

Chapter 8 Page 327: Mike Kemp/Rubberball/Getty Images, Inc. Page 329: Alex Slobodkin/iStockphoto. Page 332: Alexander Tamargo/Getty Images. Page 335: Jeff Greenberg/Alamy. Page 340: J. Emilio Flores/*La Opinión*/NewsCom. Page 347: Koen van Weel/AFP/Getty Images, Inc. Page 354: © EFE/Zuma Press. Page 357: Fotonoticias/WireImage/Getty Images. Page 364: Agencia El Universal/Especial/NewsCom. Page 365: Juan Naharro Gimenez/WireImage/Getty Images, Inc. Page 366: Miguel Rajmil/epa/© Corbis.

Créditos

Chapter 1 "En un barrio de Los Ángeles", from *Body in Flames/Cuerpo en Llamas* © 1990 by Francisco X. Alarcon. Used with permission of Chronicle Books LLC, San Francisco. Visit ChronicleBooks.com. / "La hispanidad norteamericana" in *El espejo enterrado: Reflexiones sobre España y el Nuevo Mundo* by Carlos Fuentes. México: Fondo de Cultura Económica, 1995. / "Mi nombre" and "Un sandwich de arroz" from *La casa en Mango Street* Copyright © 1984 Sandra Cisneros. Published by vintage Español, a divison of Random House, Inc. Translation copyright © 1994 by Elena Poniatowska. Reprinted by permission of Susan Bergholz Literary Services, New York. / "Introducción" of *Ritmo al éxito: Cómo un inmigrante hizo su propio sueño americano* by Emilio Estefan. New York: Penguin Group, 2010. / "El futuro del español en los Estados Unidos" from *La otra cara de América: Historias de inmigrantes latinoamericanos que están cambiando a los Estados Unidos*. México: Editorial Grijalbo, 2000. / "Latinos en Estados Unidos" song lyrics by Titti Sotto.

Chapter 2 "Se arremangó las mangas" by Rosaura Sánchez; from *Hispanics in the United States: An Anthology of Creative Literature*, Volume II, edited by Francisco Jiménez and Gary Keller. Copyright © 1982 Bilingual Press (Editorial Bilingue), Arizona State University, Tempe, AZ. Reprinted with permission. / "Living with an Accent" in *Atravesando fronteras: la autobiografía de un periodista en busca de su lugar en el mundo. (No borders: a journalist's search for home)* by Jorge Ramos. New York: Rayo, 2002. / "Homenaje a los padres chicanos" from *It's Cold* by Abelardo Delgado. Coypright © 1975 Barrio Publications. / "Mareo escolar" by José Antonio Burciaga in *Aventuras literarias* 6th edition by Ana Jarvis et al. Cengage Learning / "México Cinema: Chiles Rojos Picantes" by Duque Rueda. Reprinted with permission of *Revista Puntoycoma*.

Chapter 3 "La carta" by José Luis González, from *Antología personal*. Copyright © 1990 José Luis González. / "A José Martí" from *Julia de Burgos: Yo misma fui mi ruta*, Ediciones Huracán. / "Prólogo: Cómo se come una guayaba" and "Ni te lo imagines" from *Cuando era puertorriqueña/When I was Puerto Rican* by Esmeralda Santiago. Copyright © 1993 Vintage Books and Esmeralda Santiago. / "Un, dos, tres: Ricky Martin" by Francisco Rodríguez. Reprinted with permission of *Revista Puntoycoma*. / "Sonia Sotomayor: el sueño americano" by Santos Jiménez. Reprinted with permission of *Revista Puntoycoma*.

Chapter 4 "Mi raza" from *Lecturas hispánicas* by José Martí. Copyright © 1974. Reprinted with permission of Editorial Edil, Inc. / "Balada de los dos abuelos" by Nicolás Guillén. Reprinted with permission of heirs of Nicolás Guillén and Agencia Literaria Latinoamericana. / Excerpts from *Antes que anochezca* by Reinaldo Arenas. Copyright © 1992 Tusquets Editores. / "Entrevista a Daína Chaviano" appears in *Espada y Brujería*, Mayo-Junio, 2011, Revista Digital miNatura 111. Reprinted with permission of Ricardo Acevedo Espulja. / "Yoani Sánchez: La voz del nuevo periodismo" by José Ángel Gonzalo García. Reprinted with permission of *Revista Puntoycoma*. / "La Torre de Babel" by Belkis Cuza Malé. Reprinted with permission of *The Miami Herald*. / *Espanglish o spanglish: Producto de una nueva realidad* by Clara de la Flor. Reprinted with permission of *Revista Puntoycoma*.

Chapter 5 "Calés y payos" by Juan de Dios Ramírez Heredia, from *¡Aqui Sí!* by García Serrano et al. Copyright © 1993 Heinle and Heinle Publishers. Reprinted with permission. / "Ay, torito bueno: La abolición de los toros a debate" by Lázaro Echegaray. Reprinted with permission of *Revista Puntoycoma*. / "Pamplona, Hemingway y PETA" by José Ángel Gonzalo García. Reprinted with permission of *Revista Puntoycoma*. / "La Guitarra" and "Canción del jinete" by Federico García Lorca. Reprinted with permission of the heirs of Federico García Lorca and Mercedes Cansanovas Agencia Literaria S.C.

Chapter 6 "Esperanza," "Pastel de choclo," and "Dos más dos" from *Pruebas al canto*, by Ariel Dorfman. Copyright © 1980 Editorial Nueva Imagen. / "Esa tristeza que nos inunda" and "Canción del presidio político" from *Esa tristeza que nos inunda*. Copyright © 1985 Ángel Cuadra Landrove. / "Cuba y los derechos humanos", Reprinted with permission of *Revista Puntoycoma*. / "La escuelita", by Alicia Partnoy, www.desaparecidos.org/arg/condep/bahia/esquelita.html. Reprinted with permission. / "Busco a mi hermano" by Astrid Riehn. Reprinted with permission of *Revista Puntoycoma*. / "Los mejor calzados" from *Aquí pasan cosas raras* by Luisa Valenzuela. Copyright © 1975 Ediciones de la Flor, Buenos Aires. / "Espuma y nada más" by Hernando Téllez, from *Cenizas para el viento y otras historias*. Copyright © 1950 Bogotá. / "La ruta de la muerte" by Aroa Moreno. Reprinted with permission of *Revista Puntoycoma*. / "Caña amarga: Explotación infantil en México" by Samuel Mayo. Reprinted with permission of *Revista Puntoycoma*. / "Argentina y el matrimonio homosexual" by Luciana Ferrando. Reprinted with permission of *Revista Puntoycoma*.

Chapter 7 "¿Iguales o diferentes? El feminismo que viene" by Amanda Paltrinieri, from *Nueva*, August 6, 1997. / "La revolución inacabada" by Susana Santolaria. Reprinted with permission of *Revista Puntoycoma*. / "Nosotras" by Rosa Olivares, *Exit Express: Revista de Información y Debate sobre Arte Actual* no. 58, April/May 2011. Reprinted with permission. / "Kinsey Report No. 6" from *Meditación en el umbral: Antología poética* by Rosario Castellanos. Copyright © 1985 Fondo de Cultura Económica de México. Reprinted with permission. / "La mujer y los libros" from *El personal* by Mercedes Ballesteros, Copyright © 1975 by Mercedes Ballesteros. / "Entrevista: Rosa Montero" by Carmen Aguirre and

Índice